北京市社会科学基金重点项目（编号：13JDJGA024）
国家社会科学基金一般项目（批准号：14BTJ026）

低碳经济量化模型研究

廖明球 等 著

首都经济贸易大学出版社
Capital University of Economics and Business Press
·北京·

图书在版编目（CIP）数据

低碳经济量化模型研究/廖明球等著. -- 北京：首都经济贸易大学出版社，2020.1
ISBN 978-7-5638-3027-5

Ⅰ. ①低… Ⅱ. ①廖… Ⅲ. ①中国经济—低碳经济—量化模型—研究 Ⅳ. ①F124.5

中国版本图书馆 CIP 数据核字（2020）第 015672 号

低碳经济量化模型研究
廖明球 等 著

责任编辑 彭 芳
封面设计 风得信·阿东 FondesyDesign
出版发行 首都经济贸易大学出版社
地 址 北京市朝阳区红庙（邮编 100026）
电 话 （010）65976483 65065761 65071505（传真）
网 址 http：//www.sjmcb.com
E-mail publish@cueb.edu.cn
经 销 全国新华书店
照 排 北京砚祥志远激光照排技术有限公司
印 刷 北京九州迅驰传媒文化有限公司
开 本 710 毫米×1000 毫米 1/16
字 数 461 千字
印 张 26.75
版 次 2020 年 1 月第 1 版 2020 年 1 月第 1 次印刷
书 号 ISBN 978-7-5638-3027-5
定 价 79.00 元

前　言

习近平总书记的系列讲话强调生态文明建设的重要性，他提出“绿水青山就是金山银山”。绿色发展、低碳发展是生态文明建设的重要内容。绿色发展强调在发展经济的同时保护资源和环境。低碳发展则强调在发展经济的同时保护好大气环境，减少二氧化碳等温室气体的排放。在当今中国，低碳发展是深化改革与科学发展的重要内容，也是实现中国梦的重要方面。同时，世界各国在低碳发展方面也形成了共识。因此，研究低碳经济量化模型有着重要的理论和实际意义。

本书分别选择北京市和中国为研究对象，建立低碳经济量化模型进行研究。

研究北京市低碳经济的发展包括两个层次：总量层次，即通过技术进步从整体上减少二氧化碳等温室气体排放总量；结构层次，即通过调整产业结构减少二氧化碳等温室气体的排放量。具体研究时，总量层次采用计量模型中的单方程模型和多方程模型。单方程模型方面，从国民经济整体出发建立广义生产函数模型，研究技术进步问题；多方程模型方面，选取向量自回归模型，研究经济总量、能源消耗总量与二氧化碳排放总量之间的关系。结构层次采用投入产出模型，选取加边式矩阵方法对投入产出表进行设计和编制，以此建立低碳经济投入产出模型。两个模型衔接时主要是用计量模型启动投入产出模型，建立优化模型。优化模型的目标函数是 GDP 最大，约束条件包括经济约束、能耗约束、二氧化碳排放约束。在数据收集与处理方面，将原始数据进行分组分解并按国家编表年份（2010 年、2012 年）编制低碳经济投入产出表；在进行计量模型分析时，收集最综合的大样本时间序列数据。将投入产出模型作生产领域和最终使用领域的碳排放分析、碳排放强度分析；计量模型作广义生产函数分析、向量自回归分析与预测分析。两个模型结合起来作优化分析。最后，通过分析得出相关结论与政策建议，以供北京市相关领导和部门参考。

建立低碳经济统计数据库与量化模型，从时间层面、空间层面、产业结构层面研究中国减少二氧化碳等温室气体的排放问题。时间层面，收集全国 1953 年以来低碳经济方面的数据，建立随机时间序列模型（ARIMA 模型与 VAR 模型）进行分析与预测，从总量上研究我国的碳减排问题；从空间层面，收集全国 31 个省、市、区 20 世纪 90 年代以来的低碳经济面板数据，建立面板数据模型（变截距或变系数模型）进行分析与预测，从区域经济方面研究碳排放问题；产业结构层面，编制 2012 年中国碳排放投入产出表，建立低碳经济投入产出模型（碳排放模型）进行分析与预测，研究国家的产业结构调整问题。最后将三个层面的分析与预测结合起来，提出相应的政策建议，为政府从宏观层面进行碳减排提供决策依据。

《低碳经济量化模型研究》书稿包括前面介绍的两个课题报告：一是“北京市低碳经济量化模型与政策研究”，为北京市社会科学基金重点项目（编号：13JDJGA024），该项目于 2016 年 11 月 22 日结项；二是“中国低碳经济统计数据库及其量化模型研究”，为国家社会科学基金一般项目（批准号：14BTJ026），该项目于 2018 年 6 月 11 日结项。

本书分上、下两篇将两个研究报告列出，并保持两个研究报告的原貌。本书的出版得到了北京市重点学科“数量经济学”的经费支持，首都经济贸易大学出版社的编辑也付出了很大的努力，在此表示深深的感谢！

廖明球

2019 年 6 月

目　录

上　篇
北京市低碳经济量化模型与政策研究

下 篇
中国低碳经济统计数据库及其量化模型研究

上　篇

北京市低碳经济量化模型与政策研究

课题组成员

组长：

廖明球　首都经济贸易大学经济学院教授，博士生导师。负责北京市低碳经济量化模型的整体设计，以及总报告第一部分与第八部分的撰写，参与其他部分的撰写并组稿。

成员：

魏小真　北京市经济社会调查总队总队长，高级统计师。负责北京市 2010 年与 2012 年投入产出表编制的组织工作。

胡　晖　首都经济贸易大学经济学院副教授，硕士生导师。参与模型研究。

陈　江　首都经济贸易大学经济学院副教授，硕士生导师。参与模型研究。

张铁军　北京市统计局国民经济核算处处长，高级统计师。负责 2012 年北京市投入产出表的编制工作。

张恪渝　首都经济贸易大学 2013 级数量经济学博士生。负责 2012 年北京市低碳经济投入产出表的编制工作，以及总报告第七部分的撰写。

郭然然　首都经济贸易大学 2012 级数量经济学硕士生。负责北京市低碳经济计量经济学模型研究，以及总报告第二、第三与第四部分的撰写。

丁国庆　首都经济贸易大学 2012 级数量经济学硕士生。负责 2010 年北京市低碳经济投入产出表的编制工作，以及总报告附录的撰写。

郑晓光　北京市统计局国民经济核算处主任科员，高级统计师。负责 2012 年北京市投入产出表编制的具体工作。

张志强　首都经济贸易大学 2014 级数量经济学硕士生。负责 2012 年北京市低碳经济投入产出表的编制工作，以及总报告第五部分的撰写。

王凤龙　首都经济贸易大学 2014 级数量经济学硕士生。负责 2012 年北京市低碳经济投入产出表的编制工作，以及总报告第五部分的撰写。

赵啟麟　首都经济贸易大学 2011 级经济学实验班本科生。负责总报告第六部分的撰写。

彭文祎　首都经济贸易大学 2011 级经济学实验班本科生。参与总报告第五部分的撰写。

成果提要

绿色发展、低碳发展是党中央提出的当代中国的发展观,也是实现中国梦的重要内容。其核心思想是可持续发展。为此,我国制定并实施了一系列保护环境、减少碳排放的重要措施,并且将单位 GDP(国内或地区生产总值)的废气排放量作为考核各级政府工作的重要指标,同时采取一票否决制。本课题将投入产出模型和计量模型结合起来,构建低碳经济量化模型,一方面为政府实施碳减排政策提供新的分析方法,使社会各界以及各个行业关注单位 GDP 的二氧化碳排放量,把减少二氧化碳排放作为自觉行动;另一方面也完善了二氧化碳排放分析的模型与方法,使研究的结论和制定的政策更加符合实际并且具有可操作性。因此,本课题的研究内容有着重要的理论和实际意义。

发展低碳经济包括两个层面:总量层面,即通过技术进步从整体上减少二氧化碳等温室气体的排放总量;结构层面,即通过调整产业结构来减少二氧化碳等温室气体的排放量。本课题首先分别从以上两个层面研究低碳经济量化模型。具体研究时,总量层面采用计量模型中的单方程模型和多方程模型。单方程模型方面,从国民经济整体出发建立广义生产函数模型,研究技术进步问题;多方程模型则选取向量自回归模型,研究经济总量、能源消耗总量与二氧化碳排放总量之间的关系。结构层面采用投入产出模型,选取加边矩阵法对投入产出表进行设计和编制,从而建立低碳经济投入产出模型。通过计量模型启动投入产出模型,从而实现两个模型的衔接,建立优化模型。优化模型的目标函数是 GDP 最大,约束条件包括经济约束、能耗约束、二氧化碳排放约束。数据收集与处理方面,将原始数据进行分组分解并按国家编表年份(2010 年、2012 年)编制低碳经济投入产出表;计量模型分析则收集最综合的大样本时间序列数据。分析时,利用投入产出模型对生产领域和最终使用领域进行碳排放分析、碳排放强度分析,利用计量模型进行广义生产函数分析、向量自回归分析与预测分析,之后将两个模型结合起来进行优化分析。最后,通过分析得出相关结论与政策建议,以供北京市相关领导和部门参考。

本课题是北京市哲学社会科学规划研究基地重点项目,编号为 13JDJGA024。本课题承担单位为首都经济贸易大学,合作单位为北京市统计局。本课题开始时间为 2013 年 7 月,完成时间为 2016 年 11 月,历时两年半之久。本课题已经完成了预定的研究目标与研究任务,提出了研究报告和研究数据。

北京市低碳经济量化模型与政策研究总报告

【内容提要】北京市是全国政治、文化和国际交流的中心,保护大气环境、提升大国形象尤显重要。尽管北京已迈入后工业化时代,但产业结构和能源消耗结构仍需调整,减少二氧化碳的排放总量迫在眉睫。本研究报告在建立北京市低碳经济量化模型的基础上,对北京市的绿色发展、低碳发展提出重要的研究结论与政策建议。本书上篇分为八个部分,即低碳经济量化模型设计研究、能源消耗与二氧化碳排放现状分析、碳排放 C-D 生产函数模型的实证研究、低碳经济 VAR 模型的实证研究、2012 年低碳经济投入产出表的实证分析、单位 GDP 能耗预测与分析、低碳经济优化模型的实证研究、相关结论与政策建议,以及附录。

【关键词】北京　低碳经济　量化模型　政策研究

随着全球气候变暖、能源危机频现以及新一轮技术革命的兴起,"低碳经济"的概念应运而生。2003 年 2 月 24 日,英国发表能源白皮书《我们能源的未来:创建低碳经济》,成为世界上最早提出低碳经济的国家。低碳经济是指在可持续发展理念指导下,通过技术创新、制度创新、产业转型、新能源开发等多种手段,尽可能地减少煤炭、石油等高碳能源消耗,减少温室气体排放,达到经济社会发展与生态环境保护双赢的一种经济发展形态。

低碳经济作为农业文明和工业文明之后的一个很大进步,优点是"低排放、低污染",实质是发展优质能源、实现低碳排放,核心是新能源的开发和节能减碳技术的创新与应用。低碳经济有两个基本特征:一是在社会再生产的全过程中实现经济活动低碳化,即使二氧化碳排放量最小化乃至实现零排放;二是倡导能源经济革命,形成低碳能源和无碳能源的国民经济体系,实现清洁发展、绿色发展和可持续发展。

就北京而言,随着雾霾天气的不断增多和日益加重,转变经济发展模式已是刻不容缓。因此,研究北京的低碳经济有着重要的理论与现实意义。

第一部分　低碳经济量化模型设计研究

一、问题的提出

低碳经济是绿色经济的一个范畴。绿色经济泛指在经济发展过程中对资源和环境实行保护，要求从国内生产总值（GDP）中扣除资源耗减和环境降级的费用，计算绿色国内生产总值。资源耗减是指矿物耗减，森林中开采木材，水土流失对农业生产能力的影响，酸雨对农业与林业的影响；环境降级是指对鱼的过度捕杀，原始森林中开采木材，猎取野生动物，残余物排放对水、空气、鱼类和野生森林质量的影响。而低碳经济是指在经济发展过程中减少二氧化碳等温室气体的排放，保护好大气环境。

低碳经济与节能减排的概念既有密切的联系，也有不同点。在节能，特别是减少化石能源的消耗方面两者是相通的；不同之处是低碳经济强调减少二氧化碳等温室气体的排放，而一般的减排概念则要求减少废水、废物、废气的排放，即所谓减少“三废”排放。

发展低碳经济包括两个层面，一是总量层面，二是结构层面。总量层面是指某个国家（或地区）在经济发展过程中通过技术进步从整体上减少二氧化碳等温室气体的排放总量；结构层面是指某个国家（或地区）通过调整产业结构，发展碳排放强度低的产业，限制碳排放强度高的产业，以此减少二氧化碳等温室气体的排放量。

无论是从总量层面还是从结构层面都可以设计低碳经济量化模型，而已有的研究成果大都是分开设计的。从总量层面设计主要采用计量经济学模型，用得较多的是生产函数模型，其方法是在原有生产函数中增加能源，形成有技术、资本、劳动、能源四个因素的广义生产函数，以此研究节约能源型的低碳经济；也有采用向量自回归方法，将国内生产总值、能源消耗量和二氧化碳排放量三个总量指标结合起来，建立向量自回归模型研究低碳经济的。从结构层面设计主要采用投入产出模型，设计低碳经济投入产出表，尽管设计的表式不尽相同，但都是在分析某个行业的二氧化碳等温室气体的排放强度时，既可以分析单位总产出的碳排放强度，也可以分析单位增加值的碳排放强度。

本报告力求将已有的研究成果结合起来,既从总量层面设计低碳经济量化模型,也从结构层面设计低碳经济量化模型,并将两个层面模型结合起来,形成一个模型整体。总量模型主要用于预测未来年份的二氧化碳等温室气体排放总量,以进行碳排放等的总量控制;结构模型主要用于研究各个行业的二氧化碳等温室气体的排放强度,以便提出产业结构调整的政策建议。

二、低碳经济投入产出模型的设计

低碳经济投入产出模型是从结构层面研究低碳经济的模型。其设计包括投入产出表与投入产出模型的设计。

(一)低碳经济投入产出表的设计

低碳经济投入产出表的设计有两种方法,一种是嵌入法,另一种是加边矩阵法。嵌入法是在原有投入产出表的第Ⅰ、Ⅱ象限中嵌入碳排放矩阵,突出低碳经济投入产出表的主题,但打乱了原有投入产出表的分析框架。而加边矩阵法可以完整保留原有投入产出表的第Ⅰ、Ⅱ、Ⅲ和Ⅳ象限,在其下面加第Ⅴ、Ⅵ两个象限,使其成为分别反映生产领域和最终使用领域的碳排放矩阵,这样分析起来非常方便。本部分采用加边矩阵法设计低碳经济投入产出表,具体样式见表1.1。

表1.1　低碳经济投入产出表　　单位:亿元

投入 \ 产出		中间产品(使用) 1,2,…,n　合计	最终产品(使用) 消费　投资　出口　进口　合计	总产出
中间投入	1 2 ⋮ n 合计	Ⅰ x_{ij}	Ⅱ y_{ij}	
增加值	固定资产折旧 劳动者报酬 生产税净额 营业盈余 合计	Ⅲ h_{ij}	Ⅳ g_{ij}	
总投入				

续表

投入 \ 产出		中间产品(使用)		最终产品(使用)					总产出
		1,2,…,n	合计	消费	投资	出口	进口	合计	
二氧化碳等废气排放量(吨)	煤炭消耗:								
	二氧化碳								
	石油消耗:								
	二氧化碳	Ⅴ		Ⅵ					
	天然气消耗:	x_{ij}^{c}		x_{ij}^{c}					
	二氧化碳								
	⋮								
	炼焦、燃气:								
	二氧化碳								
	⋮								

该表由六个象限组成。第Ⅰ象限为中间投入(中间使用)象限,第Ⅱ象限为最终使用象限,第Ⅲ象限为最初投入象限,第Ⅳ象限为再分配象限。这四个象限是原有投入产出表存在的四个象限,第四个象限编表时一般空着。第Ⅴ象限反映生产领域的二氧化碳等废气排放量,第Ⅵ象限反映最终使用领域的二氧化碳等废气排放量。这两个象限是新加上去的,用来分析各行业、各用途(最终使用)的碳排放强度。需要强调的是,该表的第Ⅰ、Ⅱ、Ⅲ和Ⅳ象限(一般空着)是用价值量反映的,而第Ⅴ、Ⅵ象限则是用实物量反映的。

从第Ⅴ、Ⅵ象限内容来看,首先要弄清分行业(生产部门)、分用途(最终使用)的化石能源消耗量,包括煤炭、石油、天然气、焦炭与燃气等的消耗量,再推算各种化石能源消耗释放的二氧化碳等废气排放量。

(二)低碳经济投入产出模型的设计

低碳经济投入产出表设计出来以后,我们会根据设计方案收集数据,编制低碳经济投入产出表,以此建立低碳经济投入产出模型。因此,我们在设计中要先提出低碳经济投入产出理论模型。

低碳经济投入产出理论模型的平衡关系式(行平衡)是:

$$\begin{matrix}\text{生产领域二氧化碳}\\\text{等废气排放量}\end{matrix}+\begin{matrix}\text{最终使用领域二氧化碳}\\\text{等废气排放量}\end{matrix}=\begin{matrix}\text{二氧化碳等}\\\text{废气总排放量}\end{matrix}$$

设 X_i^c 为二氧化碳等废气排放总量, x_{ij}^c 为生产领域二氧化碳等废气排放量, y_{ij}^c 为最终使用领域二氧化碳等废气排放量, i 为某种废气排放, j 为某个行业或某种最终使用。

其行模型为：

$$\sum_{j=1}^{n} x_{ij}^{c} + \sum_{j=1}^{k} y_{ij}^{c} = X_{i}^{c} \qquad (i = 1,2,\cdots,m) \tag{1.1}$$

式(1.1)中的 n 表示 n 个生产(行业)部门，k 表示 k 种最终使用，m 表示 m 种废气。

引入生产领域直接碳排放系数 a_{ij}^{c}，其计算公式为：

$$a_{ij}^{c} = x_{ij}^{c}/X_{j} \tag{1.2}$$

式(1.2)中的 X_j 表示生产领域各行业部门(j 部门)的总产出。将式(1.2)代入式(1.1)，有：

$$\sum_{j=1}^{n} a_{ij}^{c}X_{j} + \sum_{j=1}^{k} y_{ij}^{c} = X_{i}^{c} \tag{1.3}$$

将上式用矩阵形式表示，有：

$$\boldsymbol{A}^{c}\boldsymbol{X} + Y^{c} = X^{c} \tag{1.4}$$

式中：A^c 为碳直接排放系数矩阵；X 为各生产部门总产出向量；Y^c 为最终使用领域的碳排放量；X^c 为整个国家(或地区)二氧化碳等废气排放总量。

式(1.4)是低碳经济投入产出模型的基本表达式。利用该模型表达式可以做出各种分析。比如，将经济投入产出模型表达式 $X = (I - A)^{-1}Y$ 代入式(1.4)有：

$$A^{c}(I - A)^{-1}Y + Y^{c} = X^{c} \tag{1.5}$$

式中：$(I-A)^{-1}$为列昂惕夫逆矩阵；Y 为最终产品列向量。

再如，利用 Y^c 矩阵的资料，结合 Y 矩阵的资料，可以计算单位最终产品的碳排放系数。这样，可以从生产领域到最终使用领域全方位地进行碳排放强度分析。为经济结构调整和最终使用(消费、投资、出口、进口)结构的调整提出政策建议。

三、低碳经济计量模型的设计

低碳经济计量模型的设计显得灵活多样，主要有单方程模型和多方程模型。

(一)单方程低碳经济计量模型的设计

单方程低碳经济计量模型在已有的成果中出现很多，但有代表性的是广义生产函数模型。可以从国民经济整体或者从第一、二、三产业出发建立广义生产函数模型。

设 Q 为总产出(或增加值)，A 为技术效率，K 为资本，L 为劳动，E 为能源，则低碳经济广义生产函数模型为：

$$Q = f(A,K,L,E) \tag{1.6}$$

式(1.6)与原有的生产函数比较,增加了 E 变量,故称为广义生产函数模型。为了方便分析,可以建立分第一、二、三产业的广义生产函数模型。

广义生产函数模型的计量形式大多采用柯布—道格拉斯函数形式。

$$Q = AK^{\alpha}L^{\beta}E^{\gamma}\mu \tag{1.7}$$

式中:α 为资本弹性系数;β 为劳动弹性系数;γ 为能源弹性系数;μ 为随机扰动项。

对式(1.7)取对数,有:

$$\ln Q = \ln A + \alpha\ln K + \beta\ln L + \gamma\ln E + \ln\mu \tag{1.8}$$

式(1.8)为双对数模型,利用它可以分析诸总量与总产出(或增加值)之间的数量关系。

(二)多方程低碳经济计量模型的设计

多方程低碳经济计量模型包括结构式模型和向量自回归模型两种。结构式模型也称联立方程模型,其模型中包括内生变量和先决变量,通过先决变量预测内生变量,在宏观经济计量模型中应用较多。向量自回归模型是将内生变量作为被解释变量,用内生变量的滞后变量作解释变量,即模型中没有外生变量。由于不需要先预测外生变量,所以该模型的预测功能比结构式模型强。我们建立低碳经济计量模型的目的是进行有关总量预测,故采用向量自回归模型。

根据低碳经济计量模型研究的重点,我们建立的二氧化碳等废气排放与经济、能源消耗总量的向量自回归模型(VAR 模型)如下:

设国内(或地区)生产总值为 GDP,能源消耗总量为 NH,二氧化碳等废气排放总量为 FP, $Y_t = (GDP_t \quad NH_t \quad FP_t)$,则 VAR(3)的表达式为:

$$Y_t = \Pi_0 + \Pi_1 Y_{t-1} + \Pi_2 Y_{t-2} + \Pi_3 Y_{t-3} \tag{1.9}$$

式中:Y_t 为 t 时期包含国内生产总值、能源消耗总量、二氧化碳等废气排放总量三个变量的向量;Y_{t-1},Y_{t-2},Y_{t-3}分别为该向量相对 t 时期的滞后一期、滞后二期、滞后三期的数值;Π_0,Π_1,Π_2,Π_3 分别为参数矩阵。

向量自回归模型预测功能较强,但存在过度参数化问题,解决的方法是进行脉冲响应分析和方差分解分析。

四、几点思考

当低碳经济量化模型设计出来以后,如何收集数据并进行量化分析,我们有以下几点思考。

（一）数据收集与处理问题

我们设计的低碳经济量化模型包括投入产出模型和计量模型，收集原始数据的工作量很大。为了节省数据收集的时间，我们必须与国家统计调查的时间同步。

我国逢2、7年份编制投入产出基本表，逢0、5年份编制投入产出延长表，因此我们必须选择国家编表年份编制某年的低碳经济投入产出表。编制低碳经济投入产出表应该先收集化石能源消耗总量，包括煤炭、石油、天然气、焦炭与燃气等的消耗总量，再根据每种化石能源的单位消耗（每吨或每立方米）所排放的二氧化碳等废气的额度，确定某个国家（或地区）某年的二氧化碳等废气排放总量。有了废气排放总量的总控制数后，再分行业（生产部门）、分用途（最终使用）进行分解，分解的依据是利用原投入产出表第Ⅰ、Ⅱ象限中化石能源消耗额行向量数据逐一分摊。

建立低碳经济计量模型，无论是广义生产函数模型还是向量自回归模型都需要收集最综合的数据，并且是时间序列数据。为了使其分析与预测更加深入，应该用大样本数据，一般最好是30年以上的数据。根据研究的思路，在向量自回归模型中，首先收集国内（或地区）生产总值（GDP）的数据；其次，收集能源消耗总量的数据，包括化石能源与非化石能源，为了使能源能够加总，用标准煤作为单位，即某年消耗了多少吨标准煤；最后，收集二氧化碳等废气排放量，采用立方米作实物量单位。为了研究的深入，可以对二氧化碳进行单独分析。在广义生产函数模型中，还需要收集资本、劳动等方面的数据。

（二）投入产出模型与计量模型的衔接问题

在设计低碳经济模型时，投入产出模型与计量经济模型是分开设计的，建立数据模型的时候也是分开的，主要原因是投入产出模型是某年的数据，而计量模型是时间序列数据。因此，在分析时应将两个模型有机地衔接起来。

低碳经济计量模型的任务是从总量层面研究经济、能源消耗、碳排放之间的关系。其中，广义生产函数模型主要用来预测经济总量，而向量自回归模型主要用来预测经济、能源消耗和碳排放等废气排放总量。

低碳经济投入产出模型的任务主要是从结构层面研究各行业（生产部门）、各用途（最终使用）的碳排放强度，即各行业、各用途的经济规模、能源消耗、碳排放之间的数量关系，为经济结构调整提出政策建议。

这两个模型的衔接方法主要是用计量模型启动投入产出模型。在预测方面，先用计量模型对后续年份的经济规模、能源消耗、碳排放等废气排放量进行总量预测。广义生产函数模型还可以预测分第一、二、三产业的经济总量。将预测的经济总量用投入产出模型进行分行业分解，推算出预测年份各个行业、各个用途的能源消耗、碳排放等废气排放量。

(三)量化分析问题

我们在低碳经济量化模型的设计中曾经提到量化分析问题,但仅此还不够,具体分析时尚需要展开。从设计的模型出发,利用低碳经济投入产出模型作低碳经济投入产出分析,利用低碳经济计量模型作低碳经济计量分析。

低碳经济投入产出分析,可以根据低碳经济投入产出表中第Ⅴ、Ⅵ象限的不同内容分开进行。利用第Ⅴ象限数据可以进行生产领域的碳排放分析,方法是计算某个行业(生产)部门单位总产出所排放的二氧化碳等废气数量,再深入一步可以计算该部门单位总产出消耗某种化石能源的数量与该化石能源排放的废气数量。为了政策分析的需要,还可以计算某部门单位增加值所排放的二氧化碳等废气数量,弄清低排放产业与高排放产业,为产业结构的调整提供依据。利用第Ⅵ象限数据可以进行最终使用领域的碳排放分析,方法是计算某用途(主要是消费)单位数额所排放的二氧化碳等废气数量,深层次是计算单位数额消耗某种化石能源与该化石能源的废气排放量,为最终使用内部结构调整提供依据。作预测分析时,可以先利用列昂惕夫逆矩阵与最终使用矩阵预测总产出向量,再预测生产领域的二氧化碳等废气排放量。在进行碳排放的强度分析时,可以先计算各生产部门的直接碳排放系数,再将列昂惕夫逆矩阵作为乘数矩阵,推算出各生产部门的完全碳排放系数。

低碳经济计量分析,可以分为广义生产函数分析与向量自回归模型分析。广义生产函数分析的重点是弹性系数分析,包括能源弹性系数分析。根据时间序列模型数据,计算能源对生产的弹性系数的平均水平。向量自回归模型分析的重点是脉冲响应分析和方差分解分析。脉冲响应分析是将向量自回归模型表示为移动平均模型形式,等于把时间序列向量自身的惯性趋势转化为一系列随机扰动、新生的白噪声扰动影响的叠加,该移动平均模型系数矩阵称为“脉冲—响应函数”,该函数是研究新生冲击的长期影响的方法。方差分解分析是把系统中每个内生变量的波动按其成因分解为与各方程新息相关联的多个组成部分,从而了解每个新息扰动对模型预测误差的相对作用。

将低碳经济投入产出分析与低碳经济计量分析结合起来,可以进行预测分析和政策模拟分析,为发展低碳经济提供决策依据。

第二部分　能源消耗与二氧化碳排放现状分析

本部分主要讨论北京市能源消耗与二氧化碳排放现状，为后续的模型研究奠定基础。

一、北京市能源消耗的现状分析

(一)能源消耗总量变化趋势

2013 年北京市能源消耗总量达到 7 354.18 万吨标准煤，比 1978 年的1 770.42 万吨标准煤增加了 5 583.76 万吨标准煤，年均增长 4.15%。而同期经济增长率年均为 10.3%，其能源弹性系数为 0.402 9。这一系数要好于全国同一时段的水平(0.531 7)。

从图 2.1 可以看出，北京市能源消耗趋势的变化大致分为四个阶段。第一阶段是 1996 年以前。这一阶段北京市能源消耗增长率维持在 5%左右，增长趋势缓慢。第二阶段是 1997—2002 年。这一阶段受 1997 年亚洲金融危机的影响，国内经济增速放缓，北京市的能源消耗总量增速呈现出相应的减缓趋势，基本维持在 2%，甚至接近零增长。第三阶段是 2002—2007 年。受 2001 年中国加入世界贸易组织(WTO)影响，从 2003 年开始国内经济发展态势良好，新一轮的经济增长开始偏向重工业化，北京市能源消耗总量同样出现了增长势头，增速多年逼近 7%，2004 年更是达到 10.57%。第四阶段是 2008 年至今。一方面，受 2008 年世界金融危机影响，全球经济不景气，导致国内出口贸易下滑；另一方面，气候变化和环境污染日益受到国内外各界的强烈关注，巨大的压力导致政府将节能减排纳入管理体制，财政部也出台了一系列政策鼓励淘汰高污染、高能耗的工厂设备，两方面的共同作用导致 2008 年以来北京市能源消耗增速自 2010 年达到最高点后开始下降，近两年能源消耗总量增速放缓，基本维持在 2%左右。

(二)能源消耗强度特点

能源消耗强度，也称为单位国内生产总值能源消耗，是反映能源消耗水平和能源消耗现状的主要指标，该指标反映了某个国家(或地区)对能源的利用水平，数

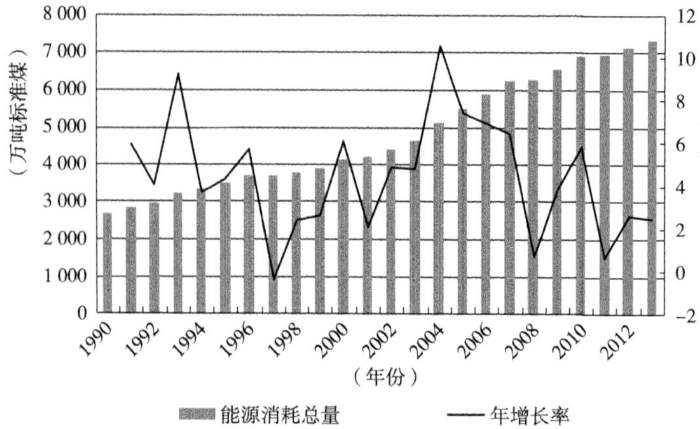

图 2.1　1990—2013 年北京市能源消耗总量及增长率

值越小越好。

从图 2.2 可以看出，1990 年以来，北京市的能源消耗强度显著下降，1990 年北京市的能源消耗强度为 5.43 吨标准煤/万元，到了 2013 年已经下降到 0.38 吨标准煤/万元（以 1990 年不变价计算），下降速度极其惊人，这说明我国的技术在不断进步，能源利用率有了显著提高。这段时间的变化大致分为两个阶段：1990—1996 年，能源消耗强度几乎呈一条倾斜角度为 45°的直线，即能源消耗强度持续快速下降，市场经济体制下资源的合理配置以及工业中轻、重工业比重的调整是导致这种变化趋势的主要原因；1997—2013 年，能源消耗强度呈一条平滑的曲线，即能耗消耗强度缓慢下降，由于在资源得到一定有效配置的基础上，政府继续对高能耗行业实行严格管制、淘汰落后产能、监督指导企业实施节能减排，故北京市能源消耗强

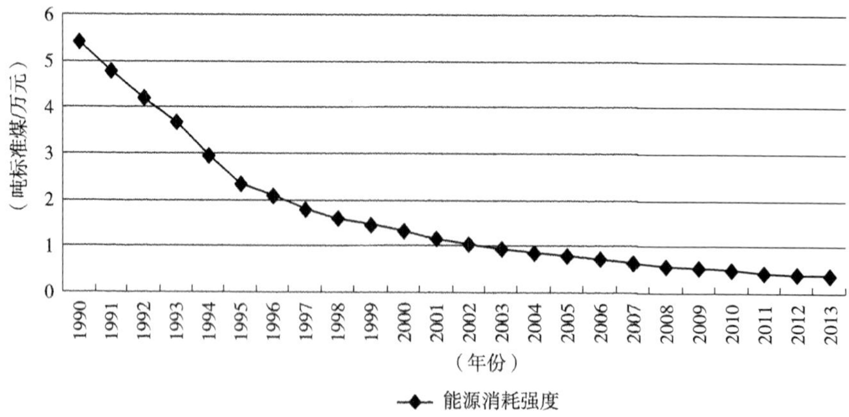

图 2.2　1990—2013 年北京市能源消耗强度变化

度继续下降,但速度有所减缓。

二、北京市二氧化碳排放的现状分析

(一)二氧化碳排放趋势分析

本研究二氧化碳排放总量的数据使用联合国政府间气候变化专门委员会(Intergovernmental Panel on Climate Change,IPCC)提供的方法计算而来。在计算排放量时,采用了各部门化石能源消费所排的二氧化碳量,并不包括生产中的二氧化碳排放(比如化学反应)。根据测算,北京市 2012 年二氧化碳排放量为 14 753. 33 万吨,与 1978 年的 3 443. 36 万吨相比,年均增长 4. 37%。其碳排放弹性系数为 0. 420 6。这一系数好于全国同一时段的水平(0. 735 2)。

北京市二氧化碳排放的变化趋势大致分为两个阶段(见图 2. 3):1978—2009 年呈现平稳上升趋势,二氧化碳排放总量由 1978 年的 3 443. 36 万吨增加到 2009 年的 16 175. 76 万吨,人均二氧化碳排放量由 3. 95 吨增加到 6. 50 吨,总量增长率基本维持在 10%以内,1990 年达到峰值,高达 47. 5%;2010 年以后,随着北京市雾霾的日益严重,政府加强节能减排,二氧化碳排放量出现负增长,总量开始下降,2012 年北京市有 14 753. 33 万吨二氧化碳排放总量,二氧化碳人均排放 5. 29 吨,分别较 2009 年下降了 8. 8%和 18. 5%。

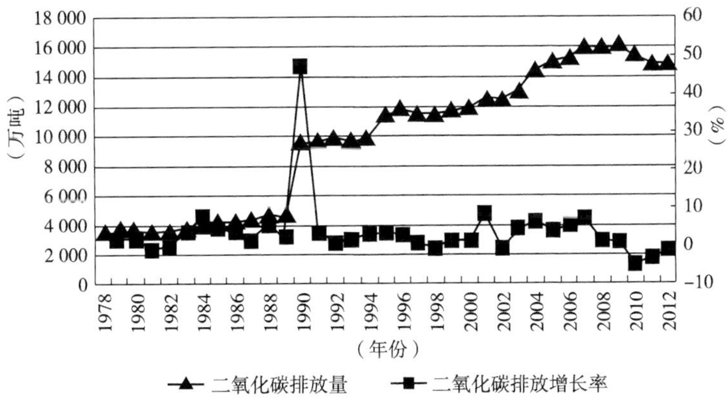

图 2. 3　1978—2012 年北京市二氧化碳排放情况

图 2. 4 是 2010 年北京市和主要经济合作与发展组织(OECD)国家的人均二氧化碳排放比较。世界银行数据库数据显示,2010 年北京市人均二氧化碳排放量为 5. 83 吨,明显低于除法国以外的各主要 OECD 国家,如美国、德国、日本、丹麦、韩

国等，说明北京市的节能减排是较有成效的。

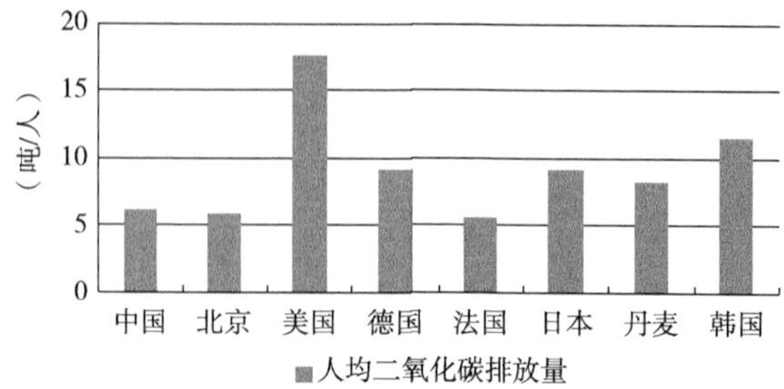

图 2.4　2010 年北京市与主要 OECD 国家的人均二氧化碳排放对比

（二）二氧化碳排放强度分析

二氧化碳排放强度也称单位国内生产总值二氧化碳排放量，是指每增加一单位 GDP 所产生的二氧化碳排放量。2000—2012 年，北京市单位 GDP 的二氧化碳排放量稳步下降，如图 2.5 所示，北京市二氧化碳排放强度由 2000 年的 3.79 吨/万元下降到 2012 年的 1.32 吨/万元（按 2000 年不变价计算），短短 13 年的时间，下降了 65%。这不仅说明北京市在大力发展经济的同时，注重技术进步，不断提高能源利用效率，也证明北京市这些年的减排工作取得了很大成就，正在低碳经济的道路上越走越好。

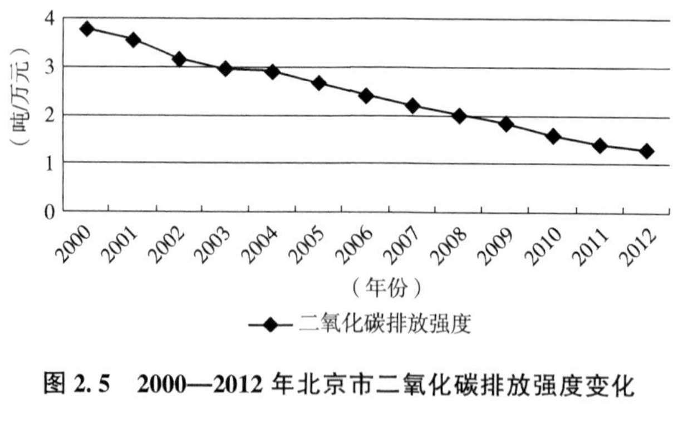

图 2.5　2000—2012 年北京市二氧化碳排放强度变化

第三部分　碳排放 C-D 生产函数模型的实证研究

众所周知,二氧化碳排放主要是由化石能源消耗引起的。本部分通过引入能源消耗量研究北京市二氧化碳排放的广义生产函数,具体办法是建立以资本、劳动和能源消耗量为投入要素的新 C-D 生产函数模型:

$$Y = AK^{\alpha}L^{\beta}E^{\gamma} \tag{3.1}$$

式中:Y 为产出;K、L、E 分别为资本、从业人员数和能源消耗量;α, β,γ 为产出弹性系数。

对考虑二氧化碳排放量的扩展 C-D 生产函数模型两边取自然对数,得到如下理论模型:

$$\ln Y = A + \alpha\ln K + \beta\ln L + \gamma\ln E \tag{3.2}$$

一、数据来源与处理

对以上生产函数模型所涉及的产出、资本、劳动和能源消耗量四个变量,分别通过 GDP、固定资本存量、从业人员数和能源消耗量四个指标来衡量,数据区间为 1978—2012 年,具体说明如下。

(一)总产出

用地区生产总值(GDP)来表示总产出,为了剔除价格因素的影响,将 GDP 统一换算成 1978 年价格水平,处理方式为:从《北京市统计年鉴》中得到各年份以 1978 为 100 的地区生产总值指数,用 1978 为 100 的地区生产总值指数乘以 1978 年的现价 GDP 得到 1978 年价格水平的 GDP 时间序列数据。

(二)资本投入

用固定资本存量与存货来表示资本投入,由于统计年鉴中没有提供其年度存量数据,故需自行计算。现有研究大都是在永续盘存法基础上计算资本存量的,只是细节处理上有很大差别。

本研究把《北京市统计年鉴(2005)》一书中的 2003 年资产负债账户的固定资产和存货作为已知期数据,将统计年鉴中公布的固定资本形成总额除以固定资产投资价格指数(1978 年=100)得到平减后的固定资本形成总额,存货增加除以原材料、燃料及动力购进价格指数(1978 年=100)得到平减后的存货增加。由于统计年鉴中查不到 1990 年以前的以上两种价格指数,因此用商品零售价格指数代替,1978 年的定基价格指数是由相应的价格指数(上年为 100)累乘得到的,用 2003 年的相应价格指数处理 2003 年已知的固定资产和存货数据,得到 1978 年不变价表示的 2003 年的固定资产和存货。利用存货增加(1978 年不变价)和 2003 年存货(1978 年不变价)推出历年的存货,具体计算公式为:

2004 年存货=2003 年存货+2004 年存货增加

依次往下类推直到 2012 年。

2002 年存货=2003 年存货-2003 年存货增加

依次往上类推直到 1978 年。

利用固定资本形成总额(1978 年不变价)和 2003 年固定资产(1978 年不变价)推出历年的固定资产,与存货不考虑折旧不同,固定资本形成总额需要考虑折旧,本书按照 5%的折旧率统一计算,具体计算公式为:

2004 年固定资产=2003 年固定资产×(1-5%)+2004 年固定资本形成总额

依次往下类推直到 2012 年。

2002 年固定资产=(2003 年固定资产-2003 年固定资本形成总额)/(1-5%)

依次往上类推直到 1978 年。

根据上述方法计算得到的存货与固定资产相加就是所需的 1978 年价格水平下的资本存量 K。

(三)劳动投入

用统计年鉴中公布的年末就业人数作为观测指标表示劳动投入,该指标反映了一定时期内北京市劳动力资源的具体利用情况。

(四)能源消耗量

统计年鉴中直接给出了北京市的能源消耗量具体数据。

在具体计算过程中,由于北京市 1995 年以前部分能源品种消耗量数据缺失,故采用粗略计算,1995 年以后采用 13 种能源消费品种的详细计算(见表 3.1)。

根据以上指标设计,计算整理得到北京市 1978—2012 年 GDP、资本存量、从业人员数、能源消耗总量及二氧化碳排放量的时间序列数据(如表 3.2 所示)。

表 3.1　北京市 1978—2012 年各种能源消耗量统计

年份	煤炭	焦炭	原油	燃料油	汽油	煤油	柴油	煤厂干气	液化石油气	其他石油制品	天然气	焦炉煤气	其他煤气
1978	1 059.6	164.4		92.7					17.1				
1979	1 038.8	178.6		109.0					18.3				
1980	1 018.0	192.7		125.3					19.5				
1981	1 055.6	164.7		119.5					20.8				
1982	1 044.4	177.2		105.4					21.8				
1983	1 091.6	172.8		109.6					22.4				
1984	1 200.7	179.4		109.9					23.4				
1985	1 272.9	185.5		107.3					21.2				
1986	1 307.2	184.8		113.0					22.8				
1987	1 293.1	195.5		116.9					22.4				
1988	1 394.8	202.0		123.2					20.6				
1989	1 414.2	211.4		121.5					21.5				
1990	2 413.0	231.4	681.0	228.5	57.0	43.2	48.0		24.2		0.8		
1991	2 413.0	231.4	681.0	228.5	56.6	43.2	48.0		22.3		0.8		
1992	2 477.1	280.2	681.0	238.3	56.8	43.2	48.0		1.4		0.8		
1993	2 359.7	381.5	676.7	119.0	65.7	59.5	49.0		21.2		1.1		
1994	2 295.8	489.9	672.4	105.2	74.6	75.8	49.9		21.5		1.3		
1995	2 692.1	500.7	654.7	196.2	75.4	65.8	51.3	3.9	21.0	174.9	1.2	16.2	2.6
1996	2 727.0	501.3	690.1	229.6	73.9	85.7	48.6	3.2	25.4	141.0	1.4	17.9	1.7
1997	2 581.0	480.2	694.8	200.0	72.6	88.6	52.7	3.6	26.9	193.4	1.8	15.6	3.1
1998	2 678.0	482.5	644.5	155.4	83.2	91.3	64.9	2.1	25.9	185.9	3.2	15.4	3.0
1999	2 651.0	441.3	724.1	114.4	92.7	110.4	70.7	4.9	30.2	175.8	7.6	14.3	2.5
2000	2 720.0	449.1	754.7	89.6	107.0	117.6	81.2	10.9	29.0	181.0	10.9	15.0	0.0
2001	2 675.0	429.6	700.5	78.4	138.7	129.3	108.5	12.3	31.2	211.0	16.7	13.8	92.7
2002	2 531.0	378.0	748.3	71.2	152.0	145.2	109.0	13.7	31.9	241.1	21.0	12.9	87.6
2003	2 674.0	438.3	726.7	66.1	165.2	137.9	110.4	12.2	34.8	267.7	21.2	13.5	90.2
2004	2 939.4	455.7	809.4	67.0	198.4	182.8	131.9	15.4	43.4	314.5	27.0	12.6	89.7
2005	3 069.0	397.4	799.6	65.9	235.2	189.4	141.0	41.8	46.1	337.9	32.0	12.3	85.7
2006	3 056.0	348.6	796.1	48.1	278.2	233.9	177.5	45.3	46.1	338.3	40.7	8.9	79.0

续表

年份	煤炭	焦炭	原油	燃料油	汽油	煤油	柴油	煤厂干气	液化石油气	其他石油制品	天然气	焦炉煤气	其他煤气
2007	2 990. 1	358. 2	950. 9	42. 9	325. 0	277. 1	192. 0	63. 5	67. 4	307. 0	46. 6	7. 7	72. 3
2008	2 748. 0	232. 9	1 116. 8	25. 6	341. 0	318. 4	227. 2	76. 5	65. 4	274. 8	60. 7	7. 7	41. 4
2009	2 665. 0	212. 0	1 162. 9	42. 4	364. 0	341. 9	240. 2	75. 0	48. 9	267. 8	69. 4	7. 6	43. 7
2010	2 635. 0	220. 5	1 116. 3	66. 7	372. 0	392. 6	237. 4	68. 4	46. 2	48. 5	74. 8	7. 7	0. 6
2011	2 366. 0	33. 3	1 105. 1	74. 7	389. 8	419. 9	241. 1	69. 6	48. 6	194. 8	73. 6	0. 7	0. 7
2012	2 269. 9	32. 3	1 075. 8	78. 2	415. 9	443. 3	215. 8	74. 1	45. 7	121. 7	92. 1	3. 6	0. 7

注:除天然气、焦炉煤气和其他煤气的单位是亿立方米以外,其他能源消耗量的单位均是万吨。

表 3.2　北京市主要投入产出年度数据

年份	GDP (亿元) Y	资本存量 (亿元) K	从业人员数 (万人) L	能源消耗总量 (万吨标准煤) E	二氧化碳排放量 (万吨) F
1978	108. 80	3 887. 46	444. 10	1 770. 42	3 443. 36
1979	119. 35	3 981. 53	470. 5	1 839. 06	3 511. 03
1980	133. 39	4 063. 13	484. 20	1 907. 70	3 578. 93
1981	132. 74	4 056. 47	511. 72	1 902. 60	3 544. 75
1982	142. 64	4 069. 04	535. 20	1 920. 40	3 533. 84
1983	166. 03	4 213. 95	552. 03	1 984. 70	3 661. 92
1984	194. 86	4 512. 48	556. 20	2 144. 10	3 956. 28
1985	211. 83	4 714. 90	566. 50	2 211. 40	4 148. 40
1986	228. 81	4 873. 46	572. 70	2 400. 00	4 300. 76
1987	250. 68	4 940. 93	580. 20	2 476. 00	4 360. 73
1988	282. 77	5 198. 76	584. 10	2 612. 62	4 614. 66
1989	295. 28	5 285. 77	593. 90	2 653. 20	4 691. 87
1990	310. 62	10 219. 52	627. 10	2 719. 30	9 592. 42
1991	341. 41	10 220. 40	634. 00	2 872. 00	9 586. 40
1992	379. 93	10 512. 15	649. 30	2 987. 50	9 862. 85
1993	426. 71	10 297. 17	627. 80	3 264. 63	9 669. 37
1994	485. 14	10 525. 12	664. 30	3 385. 92	9 860. 82
1995	543. 35	12 185. 75	665. 30	3 533. 33	11 520. 45
1996	592. 20	12 451. 44	660. 20	3 734. 52	11 791. 24
1997	652. 04	12 152. 89	655. 80	3 719. 22	11 497. 09
1998	713. 95	12 120. 87	622. 20	3 808. 10	11 498. 67

续表

年份	GDP（亿元）Y	资本存量（亿元）K	从业人员数（万人）L	能源消耗总量（万吨标准煤）E	二氧化碳排放量（万吨）F
1999	791.74	12 224.09	618.60	3 906.61	11 605.49
2000	885.20	12 605.77	619.30	4 212.00	11 986.47
2001	988.77	13 220.15	628.90	4 313.00	12 591.25
2002	1 102.47	13 173.47	679.20	4 503.94	12 494.27
2003	1 224.87	13 746.01	703.30	4 708.00	13 042.71
2004	1 397.54	15 395.23	854.10	5 140.00	14 541.13
2005	1 567.05	15 888.25	878.00	5 522.00	15 010.25
2006	1 770.72	16 198.46	919.70	5 904.11	15 278.76
2007	2 027.27	16 986.04	942.70	6 285.04	16 043.34
2008	2 211.90	16 900.56	980.90	6 343.70	15 919.66
2009	2 437.56	17 174.06	998.30	6 570.34	16 175.76
2010	2 688.67	16 463.22	1 031.60	6 954.10	15 431.62
2011	2 906.48	15 835.97	1 069.70	6 995.42	14 766.27
2012	3 130.28	15 860.63	1 107.30	7 177.70	14 753.33

注：各年GDP、资本存量均换算为1978年价格水平。根据能源消耗计算的二氧化碳排放数据将在第四部分采用。

二、单位根检验

由表3.3的ADF单位根检验可知，$\ln Y$、$\ln K$、$\ln L$、$\ln E$均为一阶单整的，其中，$\ln Y$和$\ln E$是10%且5%临界值水平上一阶平稳序列，$\ln K$和$\ln L$是10%临界值水平上一阶平稳序列。

表3.3　变量的单位根检验结果

序列	差分次数	(C,T,K)	DW值	ADF值	1%临界值	5%临界值	10%临界值	概率值	结论
$\ln Y$	1	$(C,0,2)$	1.69	−4.60	−3.66	−2.96	−2.62	0.00	I(1)
$\ln K$	1	$(C,0,3)$	2.08	−2.94	−3.67	−2.96	−2.62	0.05	I(1)
$\ln L$	1	$(0,0,1)$	1.96	−1.78	−2.64	−1.95	−1.61	0.07	I(1)
$\ln E$	1	$(C,0,2)$	2.10	−3.82	−3.66	−2.96	−2.62	0.01	I(1)

注：(C,T,K)表示ADF检验式是否包含常数项、时间趋势项以及滞后期数。

三、协整检验

单位根检验的结果表明三个变量是同阶单整的，符合做协整检验的条件。

表 3.4 的迹检验结果以及表 3.5 的最大特征值检验结果表明，在 5%的显著性水平下，四个变量 $\ln Y$，$\ln K$，$\ln L$ 和 $\ln E$ 之间具有长期稳定关系（协整关系）。

表 3.4　协整的迹检验结果

协整数量	特征值	迹统计量	显著性水平 5%的临界值	伴随概率 p 值
不存在	0.490 428	46.942 56	47.856 13	0.060 8
至少一个	0.312 035	24.694 48	29.797 07	0.172 7
至少二个	0.272 129	12.351 92	15.494 71	0.140 8
至少三个	0.055 093	1.870 084	3.841 466	0.171 5

表 3.5　协整的最大特征值检验结果

协整数量	特征值	最大特征值统计量	显著性水平 5%的临界值	伴随概率 p 值
不存在	0.490 428	22.248 07	27.584 34	0.207 9
至少一个	0.312 035	12.342 56	21.131 62	0.514 2
至少二个	0.272 129	10.481 84	14.264 60	0.182 2
至少三个	0.055 093	1.870 084	3.841 466	0.171 5

四、模型回归

四个非平稳变量有协整关系才可以直接进行最小二乘回归，否则是伪回归。回归方程如下：

$$\ln Y = -12.21 - 0.10\ln K - 0.21\ln L + 2.55\ln E \quad (3.3)$$

$$(-34.74)\,(-1.52)\,(-1.70)\,(21.28)$$

$$R^2 = 0.9972 \quad DW = 0.92 \quad F = 3\,671 \quad T = 35$$

由式(3.3)的回归结果可见，方程可决系数很高，F 统计值也很大，方程整体显著性较高，但是在 5%的显著性水平下，$\ln L$，$\ln K$ 系数的 t 检验不显著，而且 $\ln L$、$\ln K$ 系数符号与预期相反，不符合经济意义，这表明很可能存在严重的多重共线性。

五、模型检验与修正

(一) 多重共线性检验

下面通过解释变量的相关系数矩阵直观地判断变量间是否存在多重共线性。

由表 3.6 中的数据可知,解释变量间的线性相关程度很高,表明确实存在着多重共线性。为了消除多重共线性,一个有效的方法就是把经济理论分析得到的某些参数间的关系作为约束条件,将此约束条件和样本信息结合起来进行最小二乘估计。

表 3.6　解释变量间的相关系数

	lnK	lnL	lnE
lnK	1	0.84	0.94
lnL	0.84	1	0.94
lnE	0.94	0.94	1

根据新柯布—道格拉斯函数 $\alpha+\beta+\gamma=1$ 的条件,有 $\beta=1-\alpha-\gamma$,代入原模型(3.2),变换后得到新模型:

$$\ln\left(\frac{Y}{L}\right)=A+\alpha\ln\left(\frac{K}{L}\right)+\gamma\ln\left(\frac{E}{L}\right) \tag{3.4}$$

式中:$\frac{Y}{L}$、$\frac{K}{L}$、$\frac{E}{L}$ 分别代表单位有效劳动的产出、资本投入、能源投入。

对模型重新回归,回归方程如下:

$$\ln\left(\frac{Y}{L}\right)=0.06+0.33\ln\left(\frac{K}{L}\right)+0.55\ln\left(\frac{E}{L}\right) \tag{3.5}$$

(12.13)　　(−0.79)　　(9.08)

$R^2=0.7268$　$DW=2.06$　$F=41.24$　$T=35$

由式(3.5)的回归结果可以看出,F 值和 p 值都较为理想,并且各参数未出现违背经济意义的现象,修正了原有的多重共线性问题。

(二) 自相关检验

DW 即杜宾—瓦特森统计量,通过它可以检验有没有一阶自相关。$DW=2.06$,说明模型并不存在一阶自相关。我们继续使用 Breusch-Godfrey 检验残差项中是否存在二阶及以上的自相关性,F-统计量值达到 0.86(见表 3.7),无法拒绝不存在自相关的原假设。因此,我们可以断定,新模型拟合良好,可以用于进一步的分析。

表 3.7　Breusch-Godfrey 检验

F-statistic	0.858 162	Prob. F(2,29)	0.434 4
Obs * R-squared	1.899 805	Prob. Chi-Square(2)	0.386 8

(三)正态性检验

当残差不服从正态性的时候,t 统计量将不再服从 T 分布,从而导致 t 检验失效,因此要对残差进行正态性检验。检验结果如图 3.1 所示。

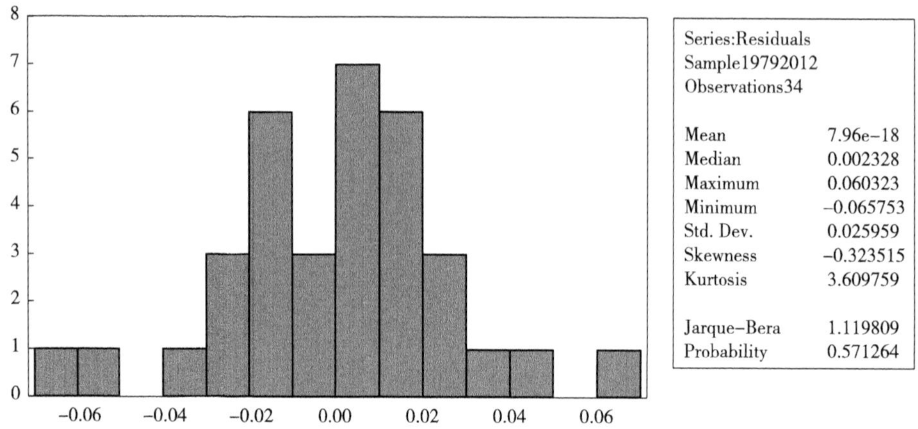

图 3.1　残差的正态性检验

由图 3.1 的残差正态性检验结果可知,JB 统计量的伴随概率 0.57 远大于 0.05,表明随机扰动项是正态性的假设成立,即残差序列服从正态分布。

(四)异方差检验

用 EViews 软件进行怀特异方差检验,结果如表 3.8 所示。怀特异方差检验的"Obs * R-squared"项后面的伴随概率分别为 0.87 和 0.85,均大于 0.05,表明所有检验结果都接受同方差的原假设,即不存在异方差问题。

表 3.8　不含交叉项乘积项的怀特异方差检验

F-statistic	0.144 485	Prob. F(2,31)	0.866 0
Obs * R-squared	0.314 007	Prob. Chi-Square(2)	0.854 7

六、模型分析

(一)模型回归结果分析

在成功修正原模型存在的多重共线性、自相关问题后,模型通过了一系列的经典假设,各项参数指标均较理想,确定最终回归模型如下:

$$\ln\left(\frac{Y}{L}\right) = 0.06 + 0.33\ln\left(\frac{K}{L}\right) + 0.55\ln\left(\frac{E}{L}\right) \tag{3.6}$$

$$(12.13) \qquad (-0.79) \qquad (9.08)$$

$$R^2 = 0.7268 \quad DW = 2.06 \quad F = 41.24 \quad T = 35$$

从系数显著性来看,所有变量 p 值均比 0.05 的显著性水平要小,表明模型回归的系数非常显著;从方程的整体显著性来看,F 值为 41.24,相应的伴随概率小于 0.05,接受所有待估参数不全为 0 的备择假设,意味着至少有一个解释变量系数不为零,模型整体显著;DW 为 2.06,不存在自相关问题。

该模型的经济含义是:单位有效劳动的平均产出 Y/L 受单位有效劳动拥有的资本投入 K/L 以及单位有效劳动拥有的能源投入 E/L 的显著影响,是两者的线性函数。根据 $\alpha + \beta + \gamma = 1$ 的条件,有 $\beta = 1-\alpha-\gamma = 1-0.33-0.55 = 0.12$,即资本产出弹性为 0.33、劳动产出弹性为 0.12、能源产出弹性为 0.55,表明北京市资本投入、劳动投入和能源消耗对经济增长的作用为正,资本投入、劳动投入和能源消耗每增长 1%,经济将增长 0.33%,0.12%和 0.55%。

(二)全要素生产率的增长率分析

将最终模型转换成新 C-D 生产函数的形式,记 $A = e^{0.06}$,则为:

$$Y = AK^{0.33}L^{0.12}E^{0.55} \tag{3.7}$$

等式两侧先取对数,然后求微分,再移项得到:

$$\frac{dA}{A} = \frac{dY}{A} - 0.33\frac{dK}{K} - 0.12\frac{dL}{L} - 0.55\frac{dE}{E} \tag{3.8}$$

根据式(3.8),由 GDP 增长率、资本投入增长率、劳动投入增长率以及能源投入增长率计算北京市全要素生产率的增长率,计算结果如表 3.9 所示。

表 3.9　产出、投入及全要素生产率的增长率(%)

年份	GDP 增长率	资本投入增长率	劳动投入增长率	能源投入增长率	全要素生产率增长率
1979	9.70	2.42	5.94	3.88	6.05
1980	11.76	2.05	2.91	3.73	8.68
1981	-0.49	-0.16	5.68	-0.27	-0.97
1982	7.46	0.31	4.59	0.94	6.29
1983	16.40	3.56	3.14	3.35	13.01
1984	17.37	7.08	0.76	8.03	10.53
1985	8.71	4.49	1.85	3.14	5.28
1986	8.01	3.36	1.09	8.53	2.08
1987	9.56	1.38	1.31	3.17	7.20
1988	12.80	5.22	0.67	5.52	7.96
1989	4.42	1.67	1.68	1.55	2.81
1990	5.20	93.34	5.59	2.49	-27.64
1991	9.91	0.01	1.10	5.62	6.68
1992	11.28	2.85	2.41	4.02	7.84
1993	12.31	-2.05	-3.31	9.28	8.28
1994	13.69	2.21	5.81	3.72	10.22
1995	12.00	15.78	0.15	4.35	4.38
1996	8.99	2.18	-0.77	5.69	5.23
1997	10.10	-2.40	-0.67	-0.41	11.20
1998	9.49	-0.26	-5.12	2.39	8.88
1999	10.9	0.85	-0.58	2.59	9.26
2000	11.80	3.12	0.11	7.82	6.46
2001	11.70	4.87	1.55	2.40	8.59
2002	11.50	-0.35	8.00	4.43	8.22
2003	11.10	4.35	3.55	4.53	6.75
2004	14.10	12.00	21.44	9.18	2.52
2005	12.13	3.20	2.80	7.43	6.65

续表

年份	GDP 增长率	资本投入增长率	劳动投入增长率	能源投入增长率	全要素生产率增长率
2006	13.00	1.95	4.75	6.92	7.98
2007	14.49	4.86	2.50	6.45	9.04
2008	9.11	-0.50	4.05	0.93	8.28
2009	10.20	1.62	1.77	3.57	7.49
2010	10.30	-4.14	3.34	5.84	8.05
2011	8.10	-3.81	3.69	0.59	8.59
2012	7.70	0.16	3.52	2.61	5.79

由图 3.2 可以看出,北京市全要素生产率的增长率有正有负,基本与 GDP 增长率表现出一致的变化趋势。从时间维度来看,1979—1992 年,全要素生产率的增长率的波动较为剧烈。1981 年首次出现了负增长,主要原因是总产出增长较慢且出现负增长。1990 年出现第二次负增长,也是最大的一次谷底,全要素生产率增长率降至-27.64%;与 1981 年出现负增长的原因不同,本次主要原因是资本投入增长率几乎达到产出增长率的 20 倍。1993 年之后,北京市全要素生产率的增长率变得比较平缓。

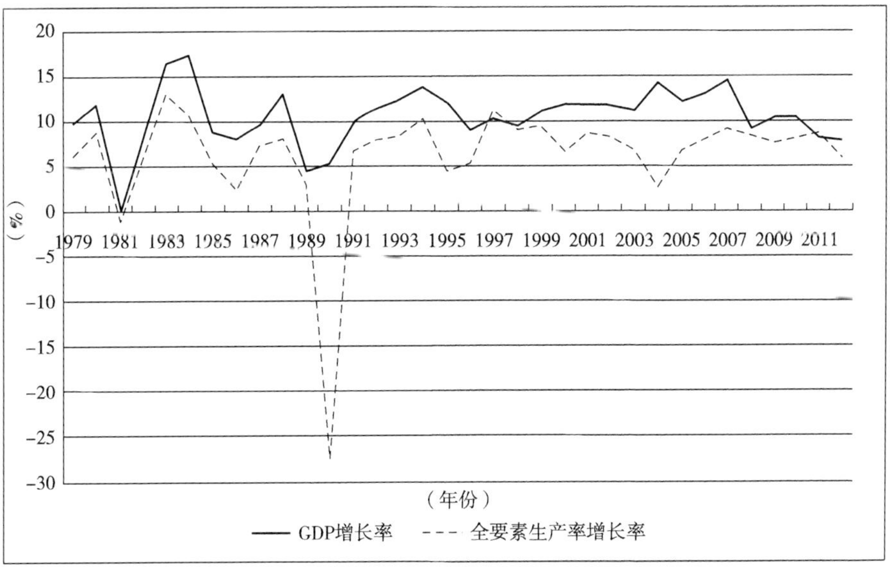

图 3.2　北京市 GDP 增长率与全要素生产率增长率趋势对比

(三)投入要素对产出的贡献率分析

投入要素贡献率指的是社会生产经营活动中用到的各种社会资源的投入所带来的产出的增加在全社会产出增加总量中的占比问题,实际计算时通常直接采用各生产要素投入增长率所带动的实际经济增长率占整个社会 GDP 增长率的百分比来计算。资本、劳动、能源以及全要素生产率的贡献率分别为:$\alpha\times(dK/K)/(dY/Y)$, $\beta\times(dL/L)/(dY/Y)$, $\gamma\times(dE/E)/(dY/Y)$, $(dA/A)/(dY/Y)$。根据表 3.9 中的数据可以计算出总产出(GDP)中各要素的贡献率。结果列于表 3.10。

表 3.10 北京市总产出(GDP)中各要素贡献率(%)

年份	资本投入贡献率	劳动投入贡献率	能源投入贡献率	全要素生产率贡献率
1979	8.23	7.35	22.00	62.42
1980	5.75	2.97	17.44	73.83
1981	10.78	-139.10	30.31	198.02
1982	1.37	7.38	6.93	84.32
1983	7.16	2.30	11.23	79.30
1984	13.45	0.53	25.43	60.60
1985	17.01	2.55	19.83	60.61
1986	13.84	1.63	58.57	25.95
1987	4.76	1.64	18.24	75.35
1988	13.46	0.63	23.72	62.20
1989	12.47	4.56	19.29	63.68
1990	592.35	12.90	26.34	-531.59
1991	0.03	1.33	31.19	67.44
1992	8.34	2.56	19.60	69.50
1993	-5.50	-3.23	41.46	67.26
1994	5.33	5.09	14.95	74.63
1995	43.40	0.15	19.94	36.52
1996	8.00	-1.03	34.81	58.21
1997	-7.84	-0.80	-2.23	110.87
1998	-0.90	-6.47	13.85	93.53

续表

年份	资本投入贡献率	劳动投入贡献率	能源投入贡献率	全要素生产率贡献率
1999	2. 57	-0. 64	13. 07	85. 00
2000	8. 73	0. 11	36. 45	54. 71
2001	13. 74	1. 59	11. 28	73. 39
2002	-1. 00	8. 35	21. 19	71. 47
2003	12. 93	3. 84	22. 45	60. 78
2004	28. 09	18. 25	35. 81	17. 86
2005	8. 71	2. 77	33. 69	54. 84
2006	4. 95	4. 38	29. 28	61. 39
2007	11. 07	2. 07	24. 48	62. 38
2008	-1. 81	5. 33	5. 61	90. 86
2009	5. 24	2. 08	19. 25	73. 43
2010	-13. 26	3. 89	31. 18	78. 19
2011	-15. 52	5. 47	4. 01	106. 05
2012	0. 69	5. 49	18. 64	75. 18

表 3. 10 中的负号说明该要素在总产出中所做的贡献为负，即其数值的变化与产出呈现反方向变化趋势。由表 3. 10 可以看出，大部分年份北京市的能源投入对产出的贡献率普遍大于资本和劳动的贡献率，说明北京市能源利用率较高。同时，全要素生产率的贡献率一直遥遥领先，对经济增长起到很大作用。

第四部分　低碳经济 VAR 模型的实证研究

本部分利用 VAR 模型研究北京市二氧化碳排放量与能源消耗量、GDP 之间的数量关系。有关数据见表 3.2。

一、模型的建立与检验

(一)原始数据的平稳性检验

1. 单位根检验

由于大部分经济变量是非平稳的,对不平稳变量直接进行回归分析可能得出与实际不符的结论,尤其是在大样本和较高单整阶数的情况下,易造成虚假回归,使得模型没有实际意义。因此,在建模之前应该首先考虑变量的平稳性检验,即单位根检验。本文采用常用的 ADF 单位根检验法,对 GDP 序列 Q、能源消耗量序列 E、二氧化碳排放量序列 F 进行平稳性检验。检验结果如表 4.1 所示。

表 4.1　原序列的 ADF 单位根检验结果

序列	差分次数	(C,T,K)	DW 值	ADF 值	1%临界值	5%临界值	10%临界值	概率值	结论
Q	2	(0,0,1)	1.84	−4.80	−2.64	−1.95	−1.61	0.00	$I(2)$
E	2	(0,0,1)	2.11	−6.19	−2.64	−1.95	−1.61	0.00	$I(2)$
F	1	(0,0,1)	2.01	−3.33	−2.64	−1.95	−1.61	0.00	$I(1)$

注:(C,T,K)表示 ADF 检验式是不是包括常数项、时间趋势项以及滞后期数。下同。

由表 4.1 可见,序列 Q 和 E 是二阶单整,F 是一阶单整,不符合接下来做协整检验的条件,因此将序列 Q,E,F 取对数,然后对序列 $\ln Q,\ln E,\ln F$ 进行 ADF 单位根检验,见表 4.2。

表 4.2　对数变换序列的 ADF 单位根检验结果

序列	差分次数	(C,T,K)	DW 值	ADF 值	1%临界值	5%临界值	10%临界值	概率值	结论
$\ln Q$	1	$(C,0,2)$	1.69	−4.60	−3.66	−2.96	−2.62	0.00	$I(1)$

续表

序列	差分次数	(C,T,K)	DW 值	ADF 值	1%临界值	5%临界值	10%临界值	概率值	结论
$\ln E$	1	(C,0,2)	2.10	−3.82	−3.66	−2.96	−2.62	0.01	$I(1)$
$\ln F$	1	(0,0,1)	2.00	−3.34	−2.64	−1.95	−1.61	0.00	$I(1)$

通过表 4.2 可以看出,时间序列 $\ln Q$,$\ln E$ 和 $\ln F$ 均为不平稳序列,通过一阶差分变成平稳序列,即三变量都是一阶单整的,记为 $I(1)$。

2. 协整检验

传统的向量自回归理论认为,通过单位根检验后的平稳序列可以直接建立 VAR 模型。对于不平稳序列,我们通常要经过差分,得到平稳序列以后再创建 VAR 模型,但是差分的过程通常会损失掉水平序列中的信息,且可能不再具有直接经济意义,因而建立的模型不便于解释。

协整理论为存在长期稳定关系的非平稳序列提供了直接建立 VAR 模型的依据,即一些经济变量本身是不稳定的,但有可能有一个线性组合使得各种非平稳变量组合变量是平稳的,即它们是协整的,这种线性组合就是通常所说的协整方程。

在进行协整检验之前,需要对变量先进行单位根检验,前面的 ADF 单位根检验已经得出 $\ln Q$、$\ln E$ 和 $\ln F$ 都是一阶单整序列,符合做协整检验的条件。由于 VAR 模型是无约束的,协整检验是有约束的,一般取 VAR 模型的最优滞后减去 1 作为协整检验的最优滞后,现在 VAR 的最优滞后为两期,所以协整检验的滞后期设为 1。接下来进行约翰森协整检验,具体检验结果见表 4.3、表 4.4。

表 4.3 协整的迹检验结果

协整个数	特征值	迹统计量	显著性水平 5%的临界值	伴随概率 p 值
不存在	0.452 841	36.578 63	35.192 75	0.035 2
至多一个	0.336 127	16.679 09	20.261 84	0.145 0
至多二个	0.091 320	3.160 168	9.164 546	0.551 2

表 4.4 协整的最大特征值检验结果

协整个数	特征值	最大特征值统计量	显著性水平 5%的临界值	伴随概率 p 值
不存在	0.452 841	19.899 54	22.299 62	0.104 6
至多一个	0.336 127	13.518 92	15.892 10	0.113 9
至多二个	0.091 320	3.160 168	9.164 546	0.551 2

由表 4. 3 的迹检验以及表 4. 4 的最大特征值验结果可以发现，在 5%的显著性水平下，两种协整检验方法的结论不一致，迹检验结果显示三变量间协整关系数目为 1，而最大特征值检验认为不存在协整关系。约翰森认为，当两者不一致的时候，最好以迹检验统计量为准。因此本研究认为 $\ln Q, \ln E, \ln F$ 之间存在一个协整关系。

当具有协整关系时，标准化协整向量的情况见表 4. 5，括号内表示的是估计的残差。协整向量可以写成：

$$\ln F = 17.47167 - 2.785393\ln E + 1.755730\ln Y \tag{4.1}$$

表 4.5 协整关系系数

1 Cointegrating Equation(s):		Log likelihood	172.679 5
Normalized cointegrating coefficients (standard error in parentheses)			
lnF	lnE	lnY	C
1.000 000	2.785 393	-1.755 730	-17.471 67
	(7.767 31)	(3.403 06)	(41.973 4)

(二)模型的建立

在利用 $\ln Q, \ln E$ 和 $\ln F$ 建立 VAR 模型之前，需要确定 VAR 模型的最优滞后阶数，本部分通过多种滞后期选择法则来综合考虑。由表 4. 6 可知，LR、FPE、AIC、SC 以及 HQ 多种选择准则均表明最优滞后是两期，因此本部分建立二阶滞后 VAR 模型。

表 4.6 向量自回归模型滞后期选择标准

滞后期	logL	LR	FPE	AIC	SC	HQ
0	33.629 89	NA	2.78E-05	-1.976 122	-1.837 349	-1.930 885
1	172.430 3	241.781 4	6.45E-09	-10.350 34	-9.795 251	-10.169 40
2	176.326 7	6.033 080	9.14E-09	-10.021 08	-9.049 666	-9.704 421
3	188.171 0	16.047 16	7.98E-09	-10.204 58	-8.816 852	-9.752 216
4	195.031 4	7.966 923	1.01E-08	-10.066 54	-8.262 495	-9.478 468

确定了最优滞后期为二期后，采用 OLS(最小二乘法)对模型系数进行估计，得 VAR(2)的回归结果，见表 4. 7。

表 4.7　VAR 模型方程回归结果

	lnY	lnE	lnF
lnY(-1)	1.392 554	0.345 689	-0.421 735
	(0.216 28)	(0.177 28)	(0.944 12)
	[6.438 70]	[1.949 92]	[-0.446 70]
lnY(-2)	-0.314 446	-0.084 071	0.338 011
	(0.225 88)	(0.185 15)	(0.986 04)
	[-1.392 09]	[-0.454 06]	[0.342 80]
lnE(-1)	-0.501 271	0.453 190	-0.344 291
	(0.270 81)	(0.221 98)	(1.182 16)
	[-1.851 01]	[2.041 56]	[-0.291 24]
lnE(-2)	0.260 863	-0.105 954	0.638 791
	(0.232 66)	(0.190 71)	(1.015 61)
	[1.121 24]	[-0.555 59]	[0.628 97]
lnF(-1)	0.023 024	0.054 783	0.869 635
	(0.044 25)	(0.036 28)	(0.193 19)
	[0.520 27]	[1.510 19]	[4.501 55]
lnF(-2)	0.027 480	-0.017 034	0.009 344
	(0.047 62)	(0.039 04)	(0.207 89)
	[0.577 02]	[-0.436 36]	[0.044 95]
C	1.090 120	3.356 655	-0.669 916
	(1.228 02)	(1.006 61)	(5.360 69)
	[0.887 70]	[3.334 62]	[-0.124 97]

注：lnY(-1)，lnE(-1)，lnF(-1)分别表示 lnQ，lnE，lnF 的一阶滞后项，lnY(-2)，lnE(-2)，lnF(-2)分别表示 lnQ，lnE，lnF 的二阶滞后项。圆括号内为标准差，方括号内为 t 统计量。

将上述回归结果写成方程形式，即得到：

$$\ln Y=1.392\ 554\ln Y(-1)-0.314\ 446\ln Y(-2)-0.501\ 271\ 4\ln E(-1)+0.260\ 863\ln E(-2)+0.023\ 024\ln F(-1)+0.027\ 480\ln F(-2)+1.090\ 120$$

$$\ln E=0.345\ 689\ln Y(-1)-0.084\ 071\ln Y(-2)+0.453\ 190\ln E(-1)-0.105\ 954\ln E(-2)+0.054\ 783\ln F(-1)-0.017\ 034\ln F(-2)+3.356\ 655$$

$$\ln F=-0.421\ 735\ln Y(-1)+0.338\ 011\ln Y(-2)-0.344\ 291\ln E(-1)+0.638\ 791\ln E(-2)+0.869\ 635\ln F(-1)+0.009\ 344\ln F(-2)-0.669\ 916$$

从表 4.8 的 VAR 模型方程检验结果以及表 4.9 的模型方程检验结果可以看出,各变量统计检验显著,R-squared 接近 1,拟合效果较好,F 统计量较大,方程整体显著性很强。另外,AIC 和 SC 值皆很低,表明选取了非常恰当的滞后阶数。

表 4.8 VAR 模型方程检验结果

R-squared	0.999 229	0.997 219	0.953 802
Adj. R-squared	0.999 051	0.996 577	0.943 141
Sum sq. resids	0.024 142	0.016 221	0.460 045
S.E. equation	0.030 472	0.024 978	0.133 019
F-statistic	5 612.749	1 553.756	89.465 42
Log likelihood	72.310 16	78.871 19	23.678 50
Akaike AIC	-3.958 191	-4.355 83	-1.010 818
Schwarz SC	-3.640 75	-4.038 389	-0.693 377
Mean dependent	6.419 474	8.197 042	9.095 313
S.D. dependent	0.988 908	0.426 924	0.557 844

表 4.9 VAR 模型整体检验结果

Determinant resid covariance (dof adj.)	7. 06E-09
Determinant resid covariance	3. 45E-09
Log likelihood	181. 019 1
Akaike information criterion	-9. 698 127
Schwarz criterion	-8. 745 804

(三)模型滞后结构检验

1. 模型稳定性检验

为了得到有意义的脉冲响应函数,避免其标准误差不准确,需要对 VAR 模型进行稳定性检验。被估计的 VAR 模型稳定的充分必要条件是特征方程式的全部特征根的模的倒数均比 1 小,即位于单位圆之内。对模型进行 AR 根检验,从图 4.1 可以看出,全部根的模的倒数值均位于单位圆内,即所估计的 VAR 模型是稳定的。

2. 格兰杰因果关系检验

格兰杰因果关系检验用来检验某个变量的滞后项对另一个或几个变量是否有

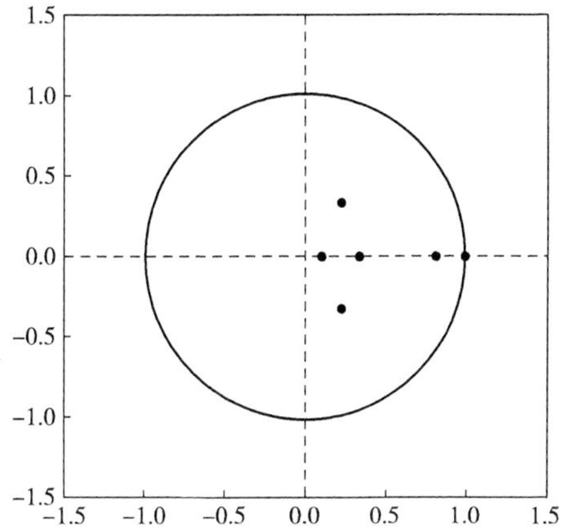

图 4.1　VAR 模型稳定性检验结果

影响的问题，它实际上是在利用 VAR 模型做一组系数的显著性检验。原假设为被检验变量不是因变量的格兰杰原因，如果检验的概率 p 值小于 5%的置信水平，则拒绝原假设，认为被检验变量是因变量的格兰杰原因；否则接受原假设，即被检验变量不是因变量的格兰杰原因。

表 4. 10 是 GDP、能源消耗和二氧化碳的二阶向量自回归模型的格兰杰因果关系检验结果，它对每个内生变量相对于其他内生变量的格兰杰因果关系都进行了检验。其中，All 表示所有解释变量的联合格兰杰因果关系检验，即通过显著概率 p 值与显著性水平的比较来判断解释变量的联合能否构成被解释变量的格兰杰原因。

表 4. 10　VAR 模型的格兰杰因果关系检验结果

Dependent variable：$\ln E$			
Excluded	Chi-sq	df	Prob.
$\ln Y$	12. 819 71	2	0. 001 6
$\ln F$	3. 888 518	2	0. 143 1
All	14. 851 12	4	0. 005 0
Dependent variable：$\ln F$			
Excluded	Chi-sq	df	Prob.
$\ln Y$	0. 218 453	2	0. 896 5
$\ln E$	0. 401 887	2	0. 818 0
All	1. 588 564	4	0. 810 8

续表

Dependent variable: ln*Y*			
Excluded	Chi-sq	df	Prob.
ln*E*	3. 433 885	2	0. 179 6
ln*F*	2. 960 065	2	0. 227 6
All	5. 538 300	4	0. 236 4

由检验结果可见:能源消耗方程中,能源消耗作为被解释变量对解释变量 GDP 和二氧化碳排放量进行格兰杰因果关系检验,GDP 的联合统计量值是 12. 819 71,概率值为 0. 001 6,在 5%的显著性水平下构成能源消耗量的格兰杰原因;二氧化碳排放量的联合统计量值为 3. 888 518,概率值为 0. 143 1,在 5%的显著性水平下不构成能源消耗量的格兰杰原因。二氧化碳排放量方程中,GDP 的联合统计量值是 0. 218 453,概率值为 0. 896 5,在 5%的显著性水平下不构成二氧化碳排放量的格兰杰原因。能源消耗的联合统计量值是 0. 401 887,概率值为 0. 818 0,在 5%的显著性水平下不构成二氧化碳排放量的格兰杰原因。GDP 方程中,能源消耗的联合统计量值是 3. 433 885,概率值为 0. 179 6,在 5%的显著性水平下不构成 GDP 的格兰杰原因。二氧化碳排放量的联合统计量值是 2. 960 065,概率值为 0. 227 6,在 5%的显著性水平下不构成 GDP 的格兰杰原因。

上述结果说明:GDP 和能源消耗间存在单向因果关系,二氧化碳排放量和 GDP 不存在因果关系。该检验结果同经济理论和经验是相符的,因为经济的发展需要消耗能源,即 GDP 的增加导致能源消耗增加,因而 GDP 是能源消耗的格兰杰原因,而能源消耗不会直接导致 GDP 的增加。从经济理论来看,能源消耗应该是二氧化碳排放的格兰杰原因,上述检验之所以没有验证这一结论,本研究认为一方面是由于样本空间的数据量比较少,另一方面是由于能源消耗中只有化石能源消耗产生二氧化碳,清洁能源是不排放二氧化碳的。

3. 滞后排除检验

滞后排除检验是对 VAR 系统中每一个滞后期进行排除检验。对于每一个滞后期,分别列出全部内生变量在一定显著性水平下对于每一个方程的χ^2(Wald)统计量,末尾一列是联合显著性水平。

由表 4. 11 的检验结果可以看出:对于滞后一期来说,全部内生变量在 1%显著性水平下对于每一个方程皆显著。滞后二期所有内生变量在 1%显著性水平下对于每一个方程均不显著。

表 4.11　VAR 模型的滞后排除检验结果

	ln$Y$	ln$E$	ln$F$	Joint
滞后一期	44.039 94	18.195 85	21.213 75	80.113 09
	[1.48e-09]	[0.000 401]	[9.50e-05]	[1.53e-13]
滞后二期	2.755 629	1.358 274	1.181 713	7.562 294
	[0.430 856]	[0.715 344]	[0.757 394]	[0.578 785]
df	3	3	3	9

注：方括号内为 t 统计量。

(四) 模型残差检验

1. 正态性检验

首先对残差进行正态性检验，该检验思路是将残差的第三、四阶矩与来自正态分布的那些矩进行比较，它是 J-B 残差正态检验在多变量情形下的扩展。残差正态性检验结果见表 4.12。

表 4.12　VAR 模型残差正态性检验结果

Component	Skewness	Chi-sq	df	Prob.
1	-0.222 964	0.273 420	1	0.601 0
2	0.070 255	0.027 147	1	0.869 1
3	2.405 226	31.818 11	1	0.000 0
Joint		32.118 68	3	0.000 0
Component	Kurtosis	Chi-sq	df	Prob.
1	2.448 406	0.418 352	1	0.517 8
2	1.511 873	3.044 967	1	0.081 0
3	10.855 73	84.854 57	1	0.000 0
Joint		88.317 89	3	0.000 0
Component	Jarque-Bera	df	Prob.	
1	0.691 773	2	0.707 6	
2	3.072 114	2	0.215 2	
3	116.672 7	2	0.000 0	
Joint	120.436 6	6	0.000 0	

从表 4. 12 输出的 JB 统计量检验值可知，接受随机扰动项服从正态分布的原假设，即残差正态性假设成立。

2. 自相关 LM 检验

上面对 VAR 模型的残差进行了正态性检验，接下来对残差进行自相关 LM 检验。检验结果见表 4. 13。

表 4. 13　VAR 模型残差自相关检验结果

Lags	LM-Stat	Prob
1	11. 554 86	0. 239 6
2	9. 995 680	0. 350 8
3	9. 832 612	0. 364 2
4	5. 668 585	0. 772 6
5	8. 439 050	0. 490 6
6	4. 503 554	0. 875 3
7	15. 161 41	0. 086 6
8	7. 735 197	0. 561 0
9	11. 992 43	0. 213 7
10	5. 263 999	0. 810 7
11	7. 376 576	0. 598 0
12	1. 176 193	0. 998 9

由 VAR 模型残差自相关检验结果可知，在 1%的显著性水平下接受残差序列不存在自相关的原假设，即无自相关问题。

3. 怀特异方差检验

怀特异方差检验是通过残差序列对每个回归量及回归量交叉项乘积的回归来实现的，并检验回归的显著性。检验结果如表 4. 14 所示。

表 4. 14　VAR 模型残差异方差检验结果

Joint test：		
Chi-sq	df	Prob.
153. 275 9	150	0. 410 5

由 VAR 模型残差异方差检验结果可知，对应伴随概率大于 0. 05，即在 5%的显著性水平下无拒绝残差序列同方差的原假设的理由，即认为 VAR 模型残差不存在

异方差。

二、模型分析

(一)脉冲响应分析

VAR 模型的系数只是一个一致估计量,仅能反映局部关系,要想分析 VAR 模型变量间全面复杂的动态关系,则需借助脉冲响应函数实现。通过脉冲响应函数可以清晰地看到一个变量一个标准差的变化对其他变量当前和未来取值的影响,以及冲击和影响在什么时间达到最大。根据估计的 VAR(2),接下来考察各变量的一个标准差大小冲击对于自身及其他变量的效应的大小以及持续性问题,所得脉冲响应图如图 4.2 至图 4.4 所示。

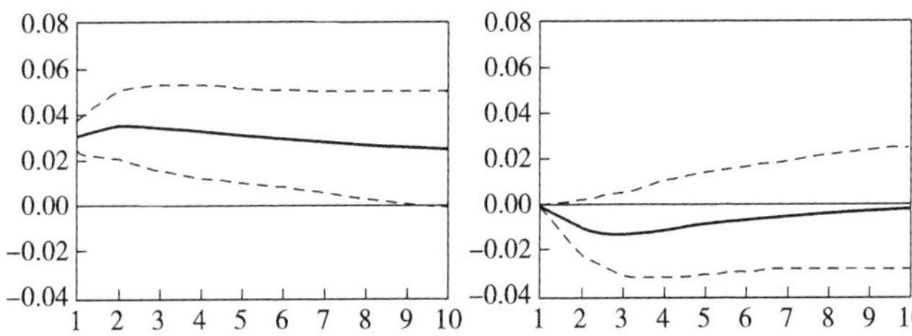

图 4.2　GDP 和能源消耗各自冲击对 GDP 的影响程度(从左到右)

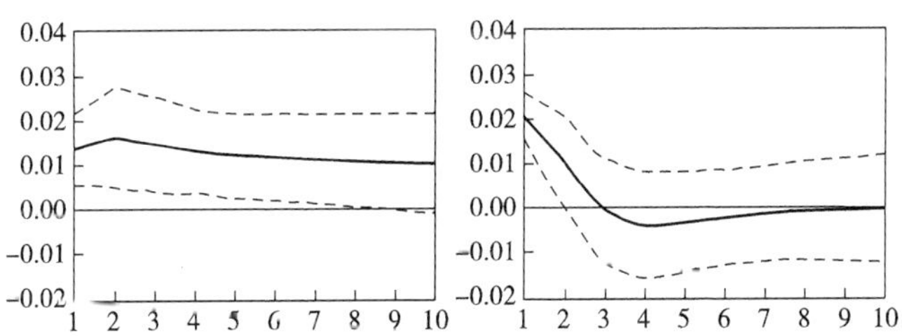

图 4.3　GDP 和能源消耗各自冲击对能源消耗的影响程度(从左到右)

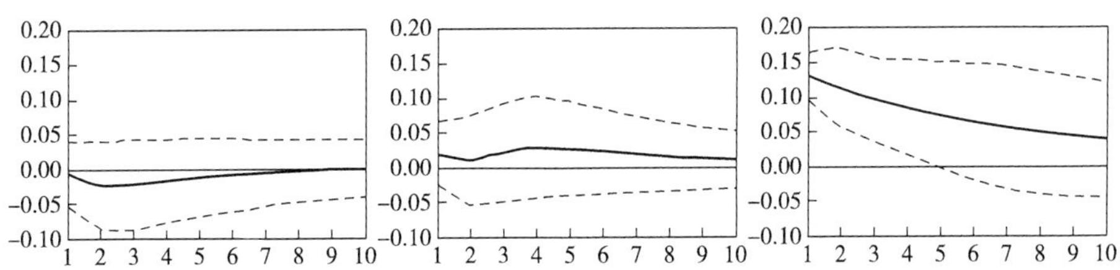

图 4.4　CDP、能源消耗和二氧化碳排放量各自冲击对二氧化碳排放量的影响程度(从左到右)

图 4.2 至图 4.4 是按照 $\ln GDP$, $\ln E$, $\ln F$ 的变量顺序得到的脉冲响应函数图。其中,横轴表示冲击作用的期间数,单位为年,这里将追踪期数设定为 10 年;纵轴为变量的变化程度;实线表示脉冲响应函数变化曲线,上下的虚线是正负两个标准差的影响范围。

图 4.2 是 GDP 的脉冲响应情况。其中,当 GDP 有一个正冲击后,其自身表现出先缓慢递增然后缓慢递减的同向反应,第二期达到最大,接近 0.04,即当年的经济增长对次年及以后的经济增长存在越来越弱的正向影响;当能源消耗有一个正冲击后,GDP 对来自能源消耗的扰动并没有立即做出反应,第一期影响接近于 0,第二期开始表现出较强的负向反应,第三期达到最大,为 0.02,之后开始逐渐递减,趋于稳定,即能源消耗增加受时滞性的影响不会立即影响到经济增长,从第二期开始对 GDP 产生负面影响,随着时间的推移,影响逐渐减弱。

图 4.3 是能源消耗的脉冲响应情况。其中,当 GDP 有一个正冲击后,能源消耗量表现出强烈的正向反应,由于经济体的时滞性,GDP 受到冲击后对能源消耗当年的影响略小于次年的影响,因而第二期达到最大,接近 0.02,之后略微减弱,收敛比较慢;当能源消耗有一个正冲击后,其自身随着时间的推移反应有正有负,第六期后趋于稳定,并逐渐消失。

图 4.4 是二氧化碳排放量的脉冲响应情况。其中,当 GDP 有一个正冲击后,二氧化碳排放量表现出负向反应,同样由于经济体的时滞性,GDP 受到冲击后对二氧化碳排放量的当年的影响略小于次年的影响,因而第二期影响达到最大,接近 0.02,之后逐渐减弱并趋于稳定,第七期以后基本消失;当能源消耗有一个正冲击后,二氧化碳排放量随着时间的推移表现出稳定的正向反应,截至第十期已非常微弱;当二氧化碳排放量有一个正冲击后,其自身表现出强烈的正向反应,且迅速递减,同样由于追踪期数有限,冲击持续时间较长,收敛较慢。

(二)方差分解分析

方差分解分析是将变量的预测方差分解到自身和系统其他变量上面的技术。因为 VAR 模型系统内一个变量的方差既可能是由自身引起的,也可能是由其他随机扰动项引起的,所以通过方差分解就可以得出每一个扰动项因素(包括自身)对模型系统内各变量的影响水平。见图 4.5。

从图 4.5 中的第一个方差分解图可以看出,在第一期的预测中,经济增长的预测方差都是由自身的变动引起的,能源消耗对经济增长的作用从第二期开始渐趋明显,GDP 自身贡献呈现出递减趋势。

从图 4.5 中的第二个方差分解图可以看出,在第一期的预测中,能源消耗的预测方差由 GDP 和能源消耗自身共同引起,两者贡献率分别为 29.4% 和 70.6%。随

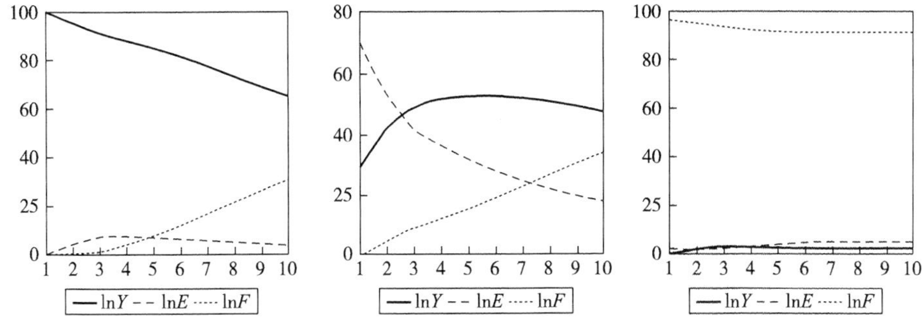

图 4.5　lnY,lnE,lnF 的方差分解(从左到右)

着预测期的推移,能源消耗自身的贡献不断下降,GDP 的贡献迅速提高。从第三期开始,GDP 的贡献超过能源消耗本身成为第一大影响因素。

从图 4.5 中的第三个方差分解图可以看出,二氧化碳排放量在自身的预测方差中的贡献率一直维持在 92%以上,经济增长和能源消耗对二氧化碳排放量的贡献率呈缓慢增长态势,但两者总的贡献率始终低于 8%。

三、模型预测

由于向量自回归模型的一个重要应用是分析和预测出多个相互关联的经济指标,接下来将利用前面建立的滞后二期的向量自回归 VAR(2)对 2020 年以前北京市的 GDP、能源消耗量及二氧化碳排放量进行预测。预测误差的计算公式为:预计误差=(预测值-实际值)/实际值×100%。结果见表 4.15。

表 4.15　lnY,lnE,lnF 的预测误差(%)

年份	lnY 预测误差	lnE 预测误差	lnF 预测误差
1980	-0.409 61	-0.470 38	0.290 518
1981	1.440 479	0.229 909	1.184 79
1982	1.736 98	0.627 598	2.218 689
1983	0.517 76	0.705 154	2.771 938
1984	-0.721 61	0.226 711	2.710 675
1985	-0.445 52	0.376 009	2.931 119
1986	-0.035 51	-0.126 52	3.225 548
1987	0.121 501	0.028 58	3.746 107

续表

年份	lnY 预测误差	lnE 预测误差	lnF 预测误差
1988	−0. 233 46	−0. 102 86	3. 700 502
1989	0. 783 661	0. 253 24	4. 115 716
1990	1. 659 849	0. 491 446	−3. 458 33
1991	1. 751 831	0. 348 234	−2. 924 95
1992	1. 628 658	0. 396 739	−2. 716 69
1993	1. 353 276	−0. 168 14	−2. 011 46
1994	0. 885 887	−0. 084 15	−1. 738 32
1995	0. 672 835	−0. 077 71	−2. 908 89
1996	0. 890 847	−0. 228 29	−2. 695 53
1997	0. 938 944	0. 341 9	−1. 985 05
1998	1. 065 154	0. 571 146	−1. 545 58
1999	0. 988 818	0. 773 323	−1. 208 27
2000	0. 787 01	0. 370 24	−1. 120 17
2001	0. 598 55	0. 587 94	−1. 214 72
2002	0. 435 273	0. 566 799	−0. 716 65
2003	0. 320 391	0. 531 565	−0. 755 39
2004	−0. 165 94	−0. 017 18	−1. 478 28
2005	−0. 406 74	−0. 371 44	−1. 405 01
2006	−0. 749 38	−0. 667 75	−1. 191 68
2007	−1. 258 01	−0. 912 38	−1. 300 04
2008	−1. 141 37	−0. 555 03	−0. 833 61
2009	−1. 160 57	−0. 494 03	−0. 612 69
2010	−1. 197 15	−0. 679 79	0. 256 196
2011	−0. 989 71	−0. 296 34	1. 099 312
2012	−0. 746 82	−0. 139 07	1. 489 024

由表 4. 15 可知，北京市 GDP 的平均预测误差为 5. 49%，预测精度为 94. 51%；能源消耗量的平均预测误差为 3. 21%，预测精度为 96. 79%；二氧化碳排放量的平均预测误差为 17. 21%，预测精度为 82. 79%。预测精度都在 80%以上，预测精度较

高,可以进行预测。2020 年以前北京市的 GDP、能源消耗量和二氧化碳排放量的预测结果见表 4.16。

表 4.16　VAR 模型的预测结果

年份	GDP(亿元)	能源消耗量(万吨标准煤)	二氧化碳排放量(万吨)
2013	3 410.468 67	7 455.490 352	15 787.993 1
2014	3 714.015 81	7 772.257 953	16 617.638 99
2015	4 038.941 78	8 079.360 481	17 436.831 48
2016	4 392.540 32	8 381.733 218	18 312.735 03
2017	4 780.517 1	8 692.196 951	19 215.720 52
2018	5 206.108 88	9 016.188 836	20 118.981 47
2019	5 671.789 75	9 354.109 084	21 017.085 9
2020	6 180.262 34	9 705.266 934	21 914.526 36

注:GDP 预测值是 1978 年价格水平。

由表 4.16 可知,预测得到的 2013 年北京市 GDP 为 3 410.47 亿元,2020 年为 6 180.26 亿元,年均增长 7.7%;2013 年北京市能源消耗量为 7 455.49 万吨标准煤, 2020 年为 9 705.27 万吨标准煤,年均增长 3.4%;2013 年北京市二氧化碳排放量为 15 787.99 万吨, 2020 年为 21 914.53 万吨,年均增长 4.2%。可见,在 2020 年以前,地区生产总值增加最快,基本上保持了当前的经济增长速度;其次是二氧化碳排放量和能源消耗量。

我国政府在《国民经济和社会发展第十二个五年规划纲要(草案)》中承诺,“十二五”期间,我国将大幅度落实节能减排,与 2010 年相比,2015 年的全国单位 GDP 能源消耗和二氧化碳排放各降低 16%和 17%。接下来计算北京市的相关数据并与国家的节能减排目标对照。2010 年北京市 GDP 为 2 688.666 亿元(1978 年价格水平),能源消耗量为 6 954.1 万吨标准煤,二氧化碳排放量为 15 431.62 万吨,单位 GDP 能耗为 2.586 万吨标准煤,单位 GDP 二氧化碳排放量为 5.739 万吨。2015 年北京市 GDP 预测值为 4 038.942 亿元(1978 年价格水平),能源消耗量为 8 079.36万吨标准煤,二氧化碳排放量为 17 436.83 万吨,单位 GDP 能耗为 2.000 万吨标准煤,单位 GDP 二氧化碳排放量为 4.317 万吨。计算可知,同 2010 年相比,2015 年北京市单位 GDP 二氧化碳排放量减少了 24.8%,单位 GDP 能源消耗减少了 22.7%,按照此预测水平,北京市在 2015 年将能够超额完成国家节能减排目标。

四、本部分结论与政策建议

本部分首先基于宏观与动态的视角，建立北京市 GDP、能源消耗量以及二氧化碳排放量的向量自回归模型，通过模型检验可知，北京市的 GDP、能源消耗量以及二氧化碳排放量都是在滞后二期达到平稳。进行协整检验后发现，三者之间存在着长期稳定关系，经济增长和能源消耗是影响北京市二氧化碳排放量的两个重要原因。

其次，脉冲响应分析表明当年的经济增长对次年及以后的经济增长表现为正向影响，但是影响是逐渐减弱的；受时滞性的影响，能源消耗增加不会立即带来经济水平的提高，从次年乃至第三年才开始对 GDP 产生负面影响，随着时间的推移，这种负面影响也逐渐减弱；当 GDP 受到一个标准差的正向冲击后，能源消耗和二氧化碳排放分别表现出正向和负向的反应，但是由于经济体的时滞性，当年影响均略小于次年的影响。

再次，方差分解表明 GDP 的预测方差起初只由自身变动引起，随着预测期的不断推移，其自身贡献率逐渐下降，能源消耗的贡献率不断提高，截至第十期，GDP、能源消耗对 GDP 预测方差的贡献率分别为 65.5%和 3.9%；能源消耗的预测方差起初由 GDP 和自身共同引起，两者贡献率分别为 29.4%和 70.6%，随后其自身的贡献率不断下降，GDP 贡献率也呈增长态势，截至第十期，GDP、能源消耗对能源消耗预测方差的贡献率分别为 47.9%和 18.0%；二氧化碳排放量在其预测方差中的贡献率始终保持在 92%以上，GDP 和能源消耗对二氧化碳排放量预测方差的贡献率呈缓慢增长态势，截至第十期，GDP、能源消耗和二氧化碳排放量对二氧化碳排放量预测方差的贡献率分别为 2.45%，5.28%和 92.27%。

最后，利用建立的二阶 VAR 模型对北京市 2020 年以前的 GDP、能源消耗量和二氧化碳排放量进行预测，由预测结果可得，同 2010 年相比，2015 年北京市单位 GDP 二氧化碳排放减少了 24.8%，单位 GDP 能源消耗减少了 22.7%，能够超额完成国家提出的 2015 年两项指标分别比 2010 年降低 17%和 16%的节能减排目标。

第五部分　2012 年低碳经济投入产出表的实证分析

一、北京市各部门能源消耗(实物量)分析

(一)2012 年各产业部门单位增加值能耗分析

2012 年,北京市 42 个部门中,能源消耗总量排在前十位的部门依次为交通运输、仓储和邮政,石油、炼焦产品和核原料加工业,房地产,电力、热力生产和供应,食品和烟草,住宿和餐饮,非金属矿物制品,化学产品,教育,批发和零售,其能耗占比达 68.61%;而增加值总量排在前十位的部门依次为金融,批发和零售,信息传输、软件和信息技术服务,租赁和商务服务,科学研究和技术服务,房地产,交通运输、仓储和邮政,建筑,教育,交通运输设备,其增加值占比(贡献率)达 73.42%。由于两者排序不同,需要进行单位增加值能耗分析。

单位增加值能耗表示生产单位增加值而消耗的能源量,是各部门能源消耗量与各部门增加值(最初投入)之间的比值,此系数可以表明各部门消耗能源的强度。下面对各部门单位增加值能耗进行比较分析。

由表 5.1 可知,单位增加值能耗排在前六位的部门依次是金属矿采选产品,石油、炼焦产品和核燃料加工品,非金属矿物制品,食品和烟草,水的生产和供应,纺织品,其系数分别为:0.000 498 349 6,0.000 439 613 5,0.000 216 224 9,0.000 181 599 1,0.000 161 511 4,0.000 158 686 2。它们是能源消耗最多的几个部门,属于重度能耗部门。科学研究和技术服务,煤炭采选产品,废品废料,批发和零售,信息传输、软件和信息技术服务,金融这六个部门单位增加值能耗较小,其系数分别为:0.000 012 867 3,0.000 011 818 5,0.000 010 232 4,0.000 009 941 8,0.000 008 023 1,0.000 002 126 8。从节能的角度来讲,上述行业的能耗量较低。

(二)2012 年各产业部门能源直接消耗系数分析

2012 年,北京市 42 个部门中,能源消耗总量排在前十位的部门及排序已经介绍,而总产出总量排在前十位的部门依次为建筑,金融,批发和零售,科学研究和技术服务,电力、热力生产和供应,交通运输设备,交通运输、仓储和邮政,信息传输、

软件和信息技术服务，通信设备、计算机和其他电子设备，租赁和商务服务，其总产出占比（贡献率）达64.09%。由于两者排序不同，需要进行能源直接消耗系数分析。

表 5.1 各部门单位增加值能耗 单位：万吨标准煤/万元

部门	单位增加值能耗	部门	单位增加值能耗
金属矿采选产品	0.000 498 349 6	房地产	0.000 033 077 5
石油、炼焦产品和核燃料加工品	0.000 439 613 5	教育	0.000 032 551 4
非金属矿物制品	0.000 216 224 9	通信设备、计算机和其他电子设备	0.000 031 026 1
食品和烟草	0.000 181 599 1	通用设备	0.000 028 884 4
水的生产和供应	0.000 161 511 4	非金属矿和其他矿采选产品	0.000 028 611 8
纺织品	0.000 158 686 2	专用设备	0.000 024 444 2
金属冶炼和压延加工品	0.000 156 807 8	电气机械和器材	0.000 022 507 6
交通运输、仓储和邮政	0.000 151 296 7	石油和天然气开采产品	0.000 021 026 1
电力、热力生产和供应	0.000 081 251 2	卫生和社会工作	0.000 020 517 0
金属制品、机械和设备修理服务	0.000 078 392 4	公共管理、社会保障和社会组织	0.000 020 312 4
住宿和餐饮	0.000 070 321 1	建筑	0.000 019 668 1
农林牧渔产品和服务	0.000 067 075 6	交通运输设备	0.000 018 869 5
木材加工品和家具	0.000 065 680 0	文化、体育和娱乐	0.000 017 748 1
金属制品	0.000 053 540 6	仪器仪表	0.000 015 391 4
造纸印刷文教体育用品	0.000 053 166 5	租赁和商务服务	0.000 014 798 0
化学产品	0.000 047 238 7	科学研究和技术服务	0.000 012 867 3
水利、环境和公共设施管理	0.000 045 917 7	煤炭采选产品	0.000 011 818 5
其他制造产品	0.000 043 561 0	废品废料	0.000 010 232 4
居民服务、修理和其他服务	0.000 037 586 4	批发和零售	0.000 009 941 8
燃气生产和供应	0.000 036 705 1	信息传输、软件和信息技术服务	0.000 008 023 1
纺织服装鞋帽皮革羽绒及其制品	0.000 036 649 4	金融	0.000 002 126 8

能源直接消耗系数表示某部门生产单位总产品时对能源的直接消耗量（单位：万吨标准煤/万元）。由分析可知，42 个部门中能源直接消耗系数大于0.000 03的有 6 个部门，属于高能耗部门。它们分别是金属矿采选产品，石油、炼焦产品和核燃料加工品，水的生产和供应，非金属矿物制品，交通运输、仓储和邮政，食品和烟

草。其系数分别为：0.000 074 022 6，0.000 068 579 3，0.000 050 280 9，0.000 040 548 8,0.000 038 818 3,0.000 031 979 2。其中,金属矿采选产品,石油、炼焦产品和核燃料加工品,水的生产和供应,非金属矿物制品属于第二产业。它们的直接能耗也是最高的,金属矿采选产品,石油、炼焦产品和核燃料加工品,水的生产和供应这三大行业在整个产业链中占据着重要地位,因此这三个部门的能源直接消耗系数尤其高,都达到0.000 05。能源直接消耗系数在0.000 01与0.000 03之间的部门一共有15个,属于中能耗部门,主要包含第一产业农林牧渔业、第二产业的一些部门和第三产业教育业。剩余的21个部门能源直接消耗系数小于0.000 01,属于低能耗行业,主要是第三产业与第二产业的一些部门,特别是小于0.000 004的7个部门，即建筑业（0.000 003 618 9)，交通运输设备(0.000 003 613 7),电气机械和器材(0.000 003 462 2),通信设备、计算机和其他电子设备(0.000 003 346 4),仪器仪表(0.000 003 305 8),金融(0.000 001 355 4),煤炭采选产品(0. 000 000 662 6)。由上可知,北京市能源直接消耗系数较低的部门大都集中在第二产业,可见北京市政府对于第二产业能耗的控制卓有成效。

在能源直接消耗系数中,作为化石能源的煤炭、天然气最为值得关注。从对煤炭的消耗看,电力、热力生产和供应,非金属矿物制品,金属矿采选产品,农林牧渔产品和服务,纺织品,化学产品这6个部门的煤炭直接消耗系数(单位:万吨/万元)较大,分别为:0.000 034 977 5,0.000 026 227 4,0.000 021 838 0,0.000 011 269 7,0.000 008 019 5,0.000 006 140 2。这些部门对于煤炭能源的依存度比较高。其他部门,如其他制造产品,信息传输、软件和信息技术服务,通信设备、计算机和其他电子设备,金融,石油和天然气开采产品,燃气生产和供应这6个部门的煤炭直接消耗系数较小，分别为：0.000 000 109 1，0.000 000 036 0，0.000 000 027 5，0.000 000 024 0,0.000 000 000 0,0.000 000 000 0。这些部门对于煤炭类能源的直接使用量少,依存度较低。从对天然气的消耗看,石油和天然气开采产品,电力、热力生产和供应,房地产,住宿和餐饮,教育,石油、炼焦产品和核燃料加工品这6个部门的天然气直接消耗系数(单位:万立方米/万元)较大,分别为:0.000 001 250 8,0.000 026 227 4,0.000 021 838 0,0.000 011 269 7,0.000 008 019 5,0.000 006 140 2。这些部门对天然气的直接使用量大,依存度较高。非金属矿和其他矿采选产品,信息传输、软件和信息技术服务,农林牧渔产品和服务,金融,煤炭采选产品,废品废料这6个部门的天然气直接消耗系数较小,分别为:0.000 000 007 3,0.000 000 004 4,0.000 000 002 5,0.000 000 002 5,0.000 000 000 0,0.000 000 000 0。这些部门对于天然气能源的直接使用量少,依存度较低。

(三)2012 年各产业部门能源完全消耗系数分析

能源完全消耗系数表示某部门生产单位最终产品时对能源的完全消耗量。由分析可知,42 个部门中能源完全消耗系数大于0.000 1的有金属矿采选产品,石油、炼焦产品和核燃料加工品两个部门,其系数分别为0.000 172 707 7和0.000 100 969 6,属于名副其实的高能耗部门;非金属矿物制品,交通运输、仓储和邮政这两个部门的能源完全消耗系数也接近0.000 1,分别为0.000 096 509 1和0.000 093 179 2,也属于高能耗部门。介于0.000 06与0.000 09之间的有 10 个部门,它们也属于高能耗部门。能源完全消耗系数和能源直接消耗系数的关键区别在于,能源完全消耗系数不仅考虑简单的能源直接消耗系数,还考虑能源间接消耗系数,考察经济社会各部门之间错综复杂的能源消耗关系。正是由于考虑了能源的间接消耗关系,水的生产和供应由之前的第三位下降到了第五位,虽然前几位的顺序没有发生明显变化,但是可以发现在能源直接消耗系数中排在第一位和第二位的金属矿采选产品与石油、炼焦产品和核燃料加工品的系数相差无几,然而在能源完全消耗系数中金属矿采选产品的系数要比石油、炼焦产品和核燃料加工品的系数大得多,因此北京市从节能的角度来说,金属矿采选产品部门应大力提升自身生产技术,努力降低能耗。能源完全消耗系数介于0.000 04与0.000 06之间的有 15 个部门,属于中能耗部门,而且大部分为第二产业的一些部门。其中居民服务、修理和其他服务这个部门由之前的第十三位降到了第二十五位,说明如果只考察国民经济各部门之间的直接联系,这个部门的能耗较多。但若从整体上考虑北京市各个行业之间复杂的交叉联系,这个部门的能耗适中。能源完全消耗系数小于0.000 04的部门有 13 个,属于低能耗部门,主要为第三产业和第二产业的一些部门,排在后六位的为:租赁和商务服务(0.000 028 155 3),石油和天然气开采产品(0.000 025 698 6),批发和零售(0.000 023 143 5),废品废料(0.000 022 489 2),信息传输、软件和信息技术服务(0.000 021 998 6),金融(0.000 014 535 2)。这些部门的能源使用量少,对整体能源的依存度较低。结合能源直接消耗系数和能源完全消耗系数来考察,可知金融与信息传输、软件和信息技术服务这两个部门都为低能耗部门,同样也属于北京市极力倡导发展的第三产业部门。

在能源完全消耗系数中,作为化石能源的煤炭、天然气最为值得关注。从对煤炭的完全消耗看,电力、热力生产和供应,金属矿采选产品,非金属矿物制品,纺织品,农林牧渔产品和服务,纺织服装鞋帽皮革羽绒及其制品对煤炭的完全消耗系数排在前六位,其系数分别为:0.000 121 723 6,0.000 061 271 8,0.000 047 648 6,0.000 034 932 5,0.000 026 659 6,0.000 025 754 2。这说明它们对煤炭的依赖度较大。燃气生产和供应,石油、炼焦产品和核燃料加工品,信息传输、软件和信息技术服

务,批发和零售,石油和天然气开采产品,金融这六个部门在煤炭的完全消耗系数上排在后六位,其系数分别为:0.000 006 857 1,0.000 006 004 8,0.000 005 911 6,0.000 005 083 0,0.000 004 071 0,0.000 004 050 6。这说明它们对煤炭的依赖性较小。从对天然气的完全消耗看,电力、热力生产和供应,金属冶炼和压延加工品,石油、炼焦产品和核燃料加工品,石油和天然气开采产品,燃气生产和供应,金属制品对天然气的完全消耗系数排在前六位,其系数分别为:0.000 003 669 6,0.000 001 576 8,0.000 001 458 2,0.000 001 433 7,0.000 001 347 5,0.000 001 230 9。这说明它们对天然气的依赖性较大。非金属矿和其他矿采选产品,租赁和商务服务,批发和零售,信息传输、软件和信息技术服务,废品废料,金融的天然气完全消耗系数排在后六位,其系数分别为:0.000 000 401 6,0.000 000 388 2,0.000 000 272 3,0.000 000 263 4,0.000 000 217 1,0.000 000 197 3。这说明它们对天然气的依赖性较小。对比之前的煤炭与天然气的直接消耗系数,易知信息传输、软件和信息技术服务,金融这两个部门对煤炭与天然气的消耗相当低,因此政府应当鼓励发展第三产业。然而,电力、热力生产和供应这个部门对煤炭与天然气的消耗相当大,应当加以限制或提高该部门的生产技术。

(四)2012 年居民能源消费系数分析

居民能源消费系数表示居民每消费一单位产品时耗用的能源量,用居民消费的能源产品(实物量)除以居民消费额得到。

表 5.2 城市居民与农村居民能源消费系数对比

能　源	农村居民能源消费系数	城市居民能源消费系数
煤炭(万吨/万元)	0.000 068 553 00	0.000 019 264 90
焦炭(万吨/万元)	0.000 050 814 00	0.000 001 074 80
汽油(万吨/万元)	0.000 000 000 00	0.000 000 000 04
煤油(万吨/万元)	0.000 001 916 40	0.000 004 358 40
柴油(万吨/万元)	0.000 000 000 04	0.000 000 000 02
燃料油(万吨/万元)	0.000 000 135 50	0.000 000 000 01
液化石油气(万吨/万元)	0.000 000 000 02	0.000 000 000 03
天然气(亿立方米/万元)	0.000 001 909 20	0.000 000 193 60
热力(万百万千焦/万元)	0.000 000 065 30	0.000 000 194 60
电力(亿千瓦时/万元)	0.000 000 000 01	0.000 058 739 00
炼厂干气(万吨/万元)	0.000 000 000 04	0.000 000 000 01

续表

能　　源	农村居民能源消费系数	城市居民能源消费系数
其他石油制品(万吨/万元)	0.000 000 000 03	0.000 000 000 02
石脑油(万吨/万元)	0.000 000 000 01	0.000 000 000 01
润滑油(万吨/万元)	0.000 000 000 01	0.000 000 000 01
石油沥青(万吨/万元)	0.000 000 000 02	0.000 000 000 01
能源消耗总量(万吨标准煤/万元)	0.000 005 986 40	0.000 002 367 70

由表 5. 2 可知,从能源消耗总量来看城镇居民的能源消费系数要比农村居民能源消费系数小得多,说明农村居民对能源的利用还不够充分,应当在能源利用结构上对其进行调整。城镇居民对电力的依赖性较强,而农村居民对一些化石能源的依赖性较强。所以,在对农村居民能源消费结构进行调整时,应注重电力的使用,减少化石能源的使用。

二、北京市各部门二氧化碳排放量分析

(一)2012 年各产业部门单位增加值排放系数分析

2012 年,北京市 42 个部门中,二氧化碳排放总量排在前十位的部门依次为电力、热力生产和供应业,交通运输、仓储和邮政,石油、炼焦产品和核燃料加工品,非金属矿物制品,房地产,化学产品,住宿和餐饮,金属矿采选产品,租赁和商务服务,教育,其二氧化碳排放占比84.54%;而前述的增加值部门排序不同,因此需要进行单位增加值二氧化碳排放系数分析。

单位增加值二氧化碳排放系数表示生产单位增加值而排放的二氧化碳量,是二氧化碳的各部门排放量与各部门增加值(最初投入)之间的比值关系,此系数可以表明各部门排放二氧化碳的强度。下面对各产业部门单位增加值二氧化碳排放系数进行比较分析。

由表5.3可知,单位增加值二氧化碳排放系数最大的前六个部门是:石油、炼焦产品和核燃料加工品,电力、热力生产和供应,金属矿采选产品,非金属矿物制品,交通运输、仓储和邮政,纺织品;其中前三个部门的单位增加值二氧化碳排放合计超过了 50%,属于二氧化碳重度排放部门。科学研究和技术服务,文化、体育和娱乐,通信设备、计算机和其他电子设备,信息传输、软件和信息技术服务以及金融等部门排放系数较小。

表 5.3　各部门单位增加值二氧化碳排放系数　　单位:万吨/万元

部　　门	单位增加值排放系数	部　　门	单位增加值排放系数
石油、炼焦产品和核燃料加工品	0.000 902 075 1	房地产	0.000 032 316 3
电力、热力生产和供应	0.000 704 907 1	教育	0.000 026 051 3
金属矿采选产品	0.000 672 941 0	通用设备	0.000 024 426 2
非金属矿物制品	0.000 386 895 0	电气机械和器材	0.000 020 680 0
交通运输、仓储和邮政	0.000 255 637 6	专用设备	0.000 020 018 2
纺织品	0.000 202 797 7	建筑	0.000 019 987 8
金属冶炼和压延加工品	0.000 121 636 6	水的生产和供应	0.000 019 169 2
金属制品、机械和设备修理服务	0.000 102 558 7	交通运输设备	0.000 017 400 3
非金属矿和其他矿采选产品	0.000 101 562 9	卫生和社会工作	0.000 014 486 5
食品和烟草	0.000 087 466 7	租赁和商务服务	0.000 013 971 1
农林牧渔产品和服务	0.000 084 610 4	公共管理、社会保障和社会组织	0.000 013 848 7
燃气生产和供应	0.000 076 162 7	其他制造产品	0.000 013 177 9
化学产品	0.000 064 157 4	仪器仪表	0.000 012 041 7
纺织服装鞋帽皮革羽绒及其制品	0.000 063 853 7	科学研究和技术服务	0.000 010 512 5
木材加工品和家具	0.000 063 475 2	文化、体育和娱乐	0.000 008 057 0
住宿和餐饮	0.000 058 140 6	废品废料	0.000 007 805 6
造纸印刷和文教体育用品	0.000 055 962 5	煤炭采选产品	0.000 006 719 8
金属制品	0.000 052 281 5	批发和零售	0.000 006 215 5
居民服务、修理和其他服务	0.000 051 909 5	通信设备、计算机和其他电子设备	0.000 004 816 5
石油和天然气开采产品	0.000 036 601 8	信息传输、软件和信息技术服务	0.000 001 175 7
水利、环境和公共设施管理	0.000 033 801 5	金融	0.000 000 502 9

(二)2012 年各产业部门直接排放系数分析

2012 年,在北京市 42 个部门中,二氧化碳排放总量部门排序与总产出总量排序已于前述,由于两者排序不同,需要计算各部门二氧化碳直接排放系数。

二氧化碳直接排放系数是二氧化碳的排放值与总产出(总投入)的比值,表示生产单位总产品所排放的二氧化碳量,下面对各部门的直接排放系数进行排序

分析。

依据碳排放的系数对 42 个部门分类，分为高碳排放系数部门、中碳排放系数部门以及低碳排放系数部门。由直接碳排放系数表可知，直接碳排放系数大于0.000 04的部门有 6 个，属于高碳排放系数部门，这些部门基本属于第二产业，交通运输、仓储和邮政属于第三产业。其中，石油、炼焦产品和核燃料加工品，电力、热力生产和供应以及金属矿采选产品的直接碳排放系数最高，而石油、炼焦产品和核燃料加工品，电力、热力生产和供应这两个部门属于能源部门。这些部门耗费的能源量大，直接碳排放系数也最大。而作为能源部门的煤炭洗选业的直接碳排放系数却较小，仅为0.000 000 376 8，和同为能源部门的石油、炼焦产品和核燃料加工品业的直接碳排放系数差值为0.000 140 346。存在显著差别的原因同样在于"总部经济"。作为第三产业的交通运输、仓储和邮政存在着较高的直接碳排放系数，原因在于交通运输工具的使用造成了较高的碳排放，因此对于交通运输工具的节能减排还有巨大的提升空间。

直接排放系数在0.000 009和0.000 040之间的部门归为中碳排放系数部门，这些部门有 16 个，包括第一产业的农林牧渔产品和服务以及第二产业和第三产业中的高碳排放部门。属于第三产业部门的有居民服务、修理和其他服务，房地产，住宿和餐饮，教育，水利、环境和公共设施管理。剩余的部门直接碳排放系数小于0.000 009，属于低碳排放部门，主要是第三产业的部门和一些第二产业的低碳排放部门，这些部门有 20 个。其中，煤炭洗选业尽管属于能源部门，但由于"总部经济"的原因使得其直接碳排放系数较低。而金融，文化、体育和娱乐，其他制造产品，仪器仪表，信息传输、软件和信息技术服务，通信设备、计算机和其他电子设备等部门的直接碳排放系数也非常低，生产单位产品时排放的二氧化碳数量较少。

下面对能源的二氧化碳的直接排放系数进行对比分析。由二氧化碳的直接排放系数表可知，排放系数最高的两种能源为煤炭和天然气，在总的二氧化碳排放量中所占比例分别为40.23%和39.29%，二者合计接近 80%，说明煤炭和天然气在能源的利用中所占比例较高，同时也说明消耗这两种能源时将排放较多的二氧化碳。

消耗煤炭排放二氧化碳较高的六个部门分别为：电力、热力生产和供应(0.000 077 999 9)，非金属矿物制品(0.000 058 487 2)，金属矿采选产品(0.000 048 698 7)，农林牧渔产品和服务(0.000 025 131 5)，纺织品(0.000 017 883 5)，化学产品(0.000 013 692 7)。这六个部门在消耗煤炭时所排放的二氧化碳量较高，其中电力、热力生产和供应，非金属矿物制品和金属矿采选产品所占比重最大，也是需要集中解决问题的部门。

消耗天然气排放二氧化碳较高的六个部门分别为：石油和天然气开采产品(0.000 027 316 6)，电力、热力生产和供应(0.000 021 711 2)，房地产(0.000 008 551 9)，

住宿和餐饮(0.000 008 551 9),教育(0.000 007 535 2),石油、炼焦产品和核燃料加工品(0.000 006 949 4)。其中,石油和天然气开采产品,电力、热力生产和供应这两个部门所占比重最大。此外,煤炭和天然气排放最高的六个部门中交叉的部门为电力、热力生产和供应,需要引起特别注意。

(三)2012 年各产业部门完全排放系数分析

完全排放系数等于直接排放系数加间接排放系数,二氧化碳的完全排放系数表示某部门生产单位最终产品时对二氧化碳的完全排放量。

由计算的完全消耗系数易知,电力、热力生产和供应,金属矿采选产品,石油、炼焦产品和核燃料加工品,非金属矿物制品,交通运输、仓储和邮政,纺织品是二氧化碳完全排放系数数值较大的 6 个部门。如果我们将所有 42 个部门的完全排放系数做归一化处理(采用排放合计那一列,分别将每个部门的排放系数除以所有部门排放系数之和),这 6 个部门的排放系数所占百分比均超过 3%。如果将这 6 个部门的排放系数相加,其累计的百分比达到了33.87%;我们把完全排放系数所占百分比大于 2%小于 3%的部门归为第二类,共有 15 个部门,这些部门完全排放的二氧化碳量较多,其中包括第一产业的农林牧渔产品和服务、二氧化碳完全排放量较大的第二产业部门以及少数的第三产业部门;剩余的 21 个部门归为第三类,这些部门的二氧化碳完全排放系数所占百分比小于 1%。

如果将完全排放系数表中 15 种能源的二氧化碳完全排放系数进行列加总,得到每一种能源的完全排放系数,然后将这 15 种能源的完全排放系数进行归一化处理(每个能源排放系数除以所有能源排放系数之和)。可以看出,煤炭和天然气所占比例最大,分别为44.36%和18.49%,合计比例占到了 60%以上,属于排放量最大的两种能源,其余能源的二氧化碳排放系数相对较小。

对由消耗煤炭所引起的二氧化碳完全排放系数进行分析可知,较大的 6 个部门分别为:电力、热力生产和供应(0.000 271 443 7),金属矿采选产品(0.000 136 636 2),非金属矿物制品(0.000 106 256 4),纺织品(0.000 077 899 6),农林牧渔产品和服务(0.000 059 451 0),纺织服装鞋帽皮革羽绒及其制品(0.000 057 431 9)。其中,电力、热力生产和供应,金属矿采选产品,非金属矿物制品这 3 个部门在煤炭能源中的二氧化碳完全排放系数最大(将 42 个部门煤炭一列的系数做归一化处理,每个部门系数除以所有部门系数之和),均超过了 6%,合计将近 30%。

对由消耗天然气所引起的二氧化碳完全排放系数进行分析可知,较大的 6 个部门分别为:电力、热力生产和供应(0.000 080 144 0),金属冶炼和压延加工品(0.000 034 436 8),石油、炼焦产品和核燃料加工品(0.000 031 847 7),石油和天然气开采产品(0.000 031 311 4),燃气生产和供应(0.000 029 428 6),金属制品

(0.000 026 883 0)。天然气完全排放系数最大的部门是电力、热力生产和供应(将42个部门天然气一列的排放系数做归一化处理,每个部门排放系数除以所有部门排放系数之和),达到了10.98%;金属冶炼和压延加工品,石油、炼焦产品和核燃料加工品,石油和天然气开采产品,燃气生产和供应这4个部门的完全排放系数也较大,所占比例均高于4%。

(四)2012年居民部门二氧化碳排放分析

居民消费支出排放系数表示居民每消费一单位产品时所需能源的二氧化碳排放量。下面对消费总量、农村居民以及城镇居民的消费支出排放系数进行对比分析。

由表5.4可知,从居民消费排放合计方面看,汽油和煤炭的单位消耗产品所排放的二氧化碳量最多,分别达到45.87%和35.66%,超过了总量的80%,而柴油最少,仅为0.1%。从农村居民和城镇居民消费排放看,碳排放的系数在结构和数量上有较为明显的区别。农村居民消费煤炭引起的碳排放系数最大,已经接近90%,最小的是柴油;而对城镇居民来说,汽油和天然气的消耗引起的碳排放系数最大,分别为64.29%和20.90%,二者占较大比重,液化石油气的系数最小。从结构上看,农村居民在能源的消费方面主要集中在煤炭上,而煤炭排放的二氧化碳量比其他能源高,因此有必要对农村居民的能源利用结构进行调整,如增加对天然气、电力的使用;而城镇居民在汽油和天然气这两种能源中碳排放量较高,煤炭消费较少,使得单位能源的碳排放量也较少。

表5.4　居民消费支出排放系数　　单位:万吨/万元

能源	居民消费排放	比重(%)	能源	农村居民排放	比重(%)	能源	城镇居民排放	比重(%)
能源排放合计	0.000 027 440 7	100.00	能源排放合计	0.000 126 971 6	100.00	能源排放合计	0.000 020 336 6	100.00
汽油	0.000 012 587 0	45.87	煤炭	0.000 113 315 3	89.24	汽油	0.000 013 075 1	64.29
煤炭	0.000 009 786 3	35.66	液化石油气	0.000 006 052 0	4.77	天然气	0.000 004 251 1	20.90
天然气	0.000 004 062 9	14.81	汽油	0.000 005 749 2	4.53	煤炭	0.000 002 396 8	11.79
液化石油气	0.000 000 975 9	3.56	天然气	0.000 001 426 9	1.12	液化石油气	0.000 000 613 7	3.02
柴油	0.000 000 028 5	0.10	柴油	0.000 000 428 2	0.34	柴油	0.000 000 000 0	0.00

第六部分　单位 GDP 能耗预测与分析

本部分主要利用 ARMA 模型对北京市未来能源消耗情况进行预测，并结合上部分利用 VAR 模型得出的预测结果，找出预测精度较高的模型，分析我国单位 GDP 能耗变动趋势。

一、ARMA 模型

（一）模型介绍

常见的模型在对一个时间序列 X_t 进行解释或者预测时，一般是基于一定的因果关系建立单一方程回归模型或联立方程回归模型，也称为结构式模型。但是对于本部分而言，影响 X_t，即单位 GDP 能耗的因素过于复杂，其中部分因素难以用数据表示，如生产者行为的变化。因此，难以建立一个满意的回归模型。同时，即便建立了这个模型，部分解释变量未来值的预测本身也存在困难，例如，预测我国的 GDP、能源构成以及产业结构等数据的难度甚至大于预测单位 GDP 能耗本身，所以这种结构式模型并不适用于此。

在这种情况下我们选择另一条途径，利用时间序列的历史数据对其过去的行为进行分析，并借此推断未来的数据。例如，若某一时间序列呈现较为明显的周期性，那么我们可以根据这种行为来推断其未来的走向。换言之，即通过分析数据的历史特征来推测其未来的变化趋势。

时间序列模型是指仅用它的过去值及随机扰动项所建立起来的模型，其一般形式为：

$$X_t = F(X_{t-1}, X_{t-2}, \cdots, \mu_t) \tag{6.1}$$

时间序列模型共分三类，即自回归模型 AR(p)、移动平均模型 MA(q)和自回归移动平均模型 ARMA(p,q)。其中，ARMA(p,q)模型为最常用的时间序列模型，在结构式模型不能很好地解释问题时可以提供一条预测的途径。

1. 自回归模型 AR(p)

对于一个时间序列 X_t，其 p 阶自回归过程 AR(p)所示如下：

$$X_t = \varphi_1 X_{t-1} + \varphi_2 X_{t-2} + \cdots + \varphi_p X_{t-p} + \mu_t \tag{6.2}$$

式中：X_{t-i} 为其 i 期滞后项；φ_k 为该模型的回归系数；μ_t 为随机扰动项。

当随机扰动项 μ_t 为白噪声时($\mu_t=\varepsilon_t$)，称该式为一个纯 AR(p)过程，记为：

$$X_t = \varphi_1 X_{t-1} + \varphi_2 X_{t-2} + \cdots + \varphi_p X_{t-p} + \varepsilon_t \tag{6.3}$$

2. 移动平均模型 MA(q)

当 μ_t 不是白噪声时，通常可以将其看作一个 q 阶的移动平均过程 MA(q)，即

$$\mu_t = \varepsilon_t - \theta_1 \varepsilon_{t-1} - \theta_2 \varepsilon_{t-2} - \cdots - \theta_q \varepsilon_{t-q} \tag{6.4}$$

式中：ε_{t-j}为模型滞后 j 期相应残差项的估计值；θ_k 为该模型的回归系数。

3. 自回归移动平均模型 ARMA(p,q)

前面给出了一个纯 MA(q)过程，将式(6.2)与式(6.4)结合，就可以得到一个自回归移动平均模型：

$$X_t = \varphi_1 X_{t-1} + \varphi_p X_{t-p} + \varepsilon_t - \theta_1 \varepsilon_{t-1} - \cdots - \theta_q \varepsilon_{t-q} \tag{6.5}$$

式(6.5)表明，可以通过构建一个自回归移动平均的过程来生成时间序列，即该序列可以被其自身的滞后项以及随机扰动项来解释。只要我们可以证明该序列是平稳的，那么就可以对未来一段时间的状况进行预测。

时间序列模型的估计方法众多，在这里只介绍本部分使用的 ARMA(p,q)模型的矩估计。

在 ARMA(p,q)中共有($p+q+1$)个待估参数，分别为 $\varphi_1,\varphi_2,\cdots,\varphi_p$ 与 $\theta_1,\theta_2,\cdots,\theta_q$ 以及 σ_ε^2，估计量的计算方法与公式如下。

首先，估计 $\varphi_1,\varphi_2,\cdots,\varphi_p$ 。其计算公式为：

$$\begin{pmatrix} \hat{\varphi}_1 \\ \hat{\varphi}_2 \\ \vdots \\ \hat{\varphi}_p \end{pmatrix} = \begin{pmatrix} \hat{\rho}_q & \hat{\rho}_{q-1} & \cdots & \hat{\rho}_{q-p+1} \\ \hat{\rho}_{q+1} & \hat{\rho}_q & \cdots & \hat{\rho}_{q-p} \\ \vdots & \vdots & & \vdots \\ \hat{\rho}_{q+p-1} & \hat{\rho}_{q+p-2} & \cdots & \hat{\rho}_q \end{pmatrix}^{-1} \begin{pmatrix} \hat{\rho}_{q+1} \\ \hat{\rho}_{q+2} \\ \vdots \\ \hat{\rho}_{q+p} \end{pmatrix} \tag{6.6}$$

式中：$\hat{\rho}_k$ 是总体自相关函数的估计值，可以使用样本自相关函数 r_k 代替。

其次，改写模型，将模型

$$X_t = \varphi_1 X_{t-1} + \cdots + \varphi_p X_{t-p} + \varepsilon_t - \theta_1 \varepsilon_{t-1} - \cdots - \theta_q \varepsilon_{t-q} \tag{6.7}$$

改写为

$$X_t - \varphi_1 X_{t-1} - \cdots - \varphi_p X_{t-p} = \varepsilon_t - \theta_1 \varepsilon_{t-1} - \cdots - \theta_q \varepsilon_{t-q} \tag{6.8}$$

令

$$\tilde{X}_t = X_t - \varphi_1 X_{t-1} - \cdots - \varphi_p X_{t-p} \tag{6.9}$$

故公式可以改写为

$$\tilde{X}_t = \varepsilon_t - \theta_1 \varepsilon_{t-1} - \cdots - \theta_q \varepsilon_{t-q} \tag{6.10}$$

构成 MA(q)模型，利用 MA(q)的矩估计方法，可以得到待估参数的估计值。

在本部分中，由于单位 GDP 能耗是能耗与北京市 GDP 的比值，直接对其进行

预测存在着较大的误差,因此本部分对北京市 GDP 和能源消耗数量分别进行预测以减少误差,得到预测值后再对北京市单位 GDP 能耗进行计算。同时,由于能源消耗指标中并不含有价格因素,而 GDP 受到价格因素的影响,所以本部分对北京市的实际 GDP 和名义 GDP 分别进行预测,以考察价格因素对于单位 GDP 能耗的影响。

本部分中 ARMA 模型的具体结构如图 6.1 所示。

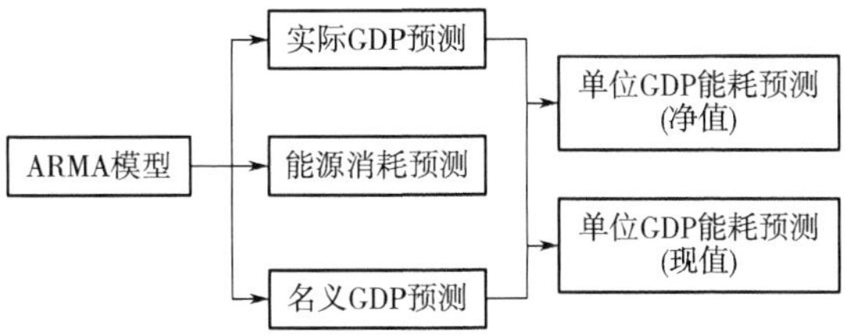

图 6.1　ARMA 模型流程

(二)名义 GDP 预测

本部分选取 1980—2013 年北京市 GDP 作为样本。在对其进行回归前,需要检验数据的平稳性,以防止出现虚假回归。数据如图 6.2 所示。

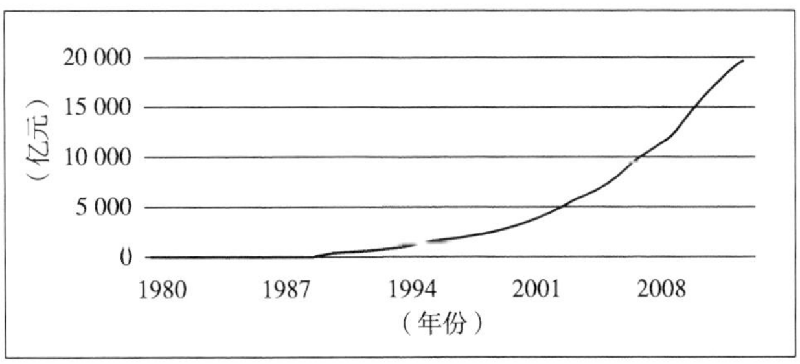

图 6.2　北京名义 GDP 趋势

北京市 GDP 呈现一个不断增长的趋势,显然该数据是非平稳的,为了进一步确认,本部分对该数据进行 ADF 检验,结果如表 6.1 所示。

由表 6.1 可知,数据是非平稳的。因此,本部分对数据进行一阶和二阶差分。对数据进行检验后发现,GDP 的二阶差分通过了 ADF 检验,但 2000 年后数据的波动性过大,这将严重影响回归的效果,因此需要对数据进行对数差分,以便取得更为理想的效果。为了方便叙述,在这里将名义 GDP 的一阶对数差分记为 LGDPC。

表 6.1　名义 GDP 的 ADF 检验结果

ADF 统计量	显著性水平(%)	ADF 检验临界值
-0.418 091	1	-3.670 17
	5	-2.963 972
	10	-2.621 007

LGDPC 的趋势如图 6.3 所示。

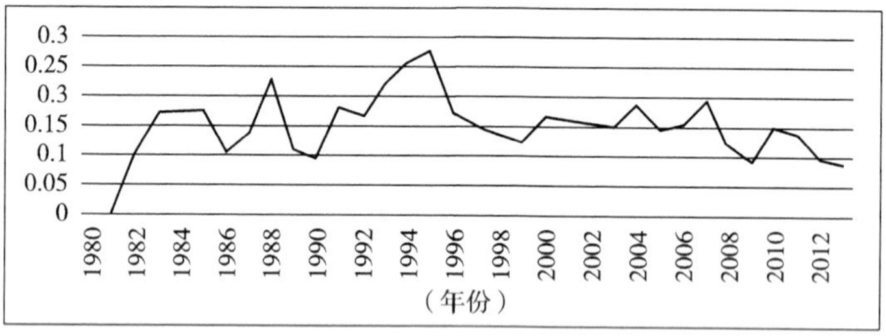

图 6.3　LGDPC 趋势

可以看到,数据相对平稳,LGDPC 在 0.15 上下波动,对数据进行 ADF 检验,结果如表 6.2 所示。

表 6.2　LGDPC 的 ADF 检验

ADF 统计量	显著性水平(%)	ADF 检验临界值
-4.263 53	1	-3.670 17
	5	-2.963 972
	10	-2.621 007

可以看到,数据很好地通过了 ADF 检验,且由图 6.3 可以看出,数据不存在末端波动性过大的问题,效果较为理想,可以运用时间序列进行回归。

为了确定 ARMA(p,q)模型中的 p 和 q,需要建立数据的自相关函数(ACF)和偏自相关函数(PACF)。结果如图 6.4 所示。

由图 6.4 可知,AR 模型与 MA 模型均滞后一阶,故设定 ARMA(p,q)模型中 $p=q=1$,尝试建立 ARMA(1,1)模型,得到结果为:

$$\widehat{LDDPC_t}=0.993\,6LGDPC_{t-1}-0.930\,5\varepsilon_{t-1}$$

$$(71.9)\qquad\qquad(-8.89)$$

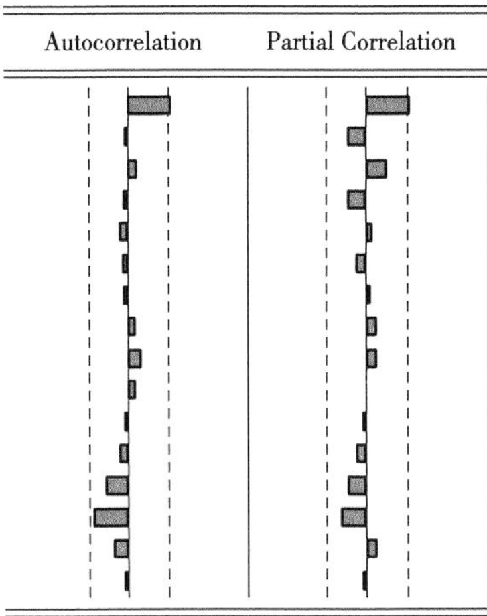

	AC	PAC	Q-Stat	Prob
1	0.366	0.366	4.844 2	0.028
2	−0.010	−0.166	4.847 9	0.089
3	0.076	0.166	5.072 8	0.167
4	−0.030	−0.157	5.108 5	0.276
5	−0.069	0.034	5.302 1	0.380
6	−0.058	−0.084	5.447 5	0.488
7	−0.047	0.019	5.547 7	0.593
8	0.048	0.066	5.563 9	0.686
9	0.105	0.068	6.186 6	0.721
10	0.053	−0.007	6.326 0	0.787
11	−0.014	−0.041	6.335 9	0.850
12	−0.078	−0.084	6.670 4	0.879
13	−0.198	−0.168	8.935 3	0.778
14	−0.316	−0.218	15.006	0.378
15	−0.139	0.073	16.249	0.366
16	−0.027	−0.044	16.299	0.432

图 6.4　LGDPC 序列的样本自相关函数与偏自相关函数

$$R^2=-0.07 \qquad AIC=-3.153$$

可以看到,AR(1)与 MA(1)均通过了检验,但回归效果很差,该回归计算得到的 2013 年名义 GDP 预测值与实际值相差超过 40%,无法采用。在这里尝试在模型中加入样本的二阶滞后项,建立 ARMA(2,1)模型,得到结果为:

$$\widehat{LDDPC_t}=1.376LGDPC_{t-1}-0.378LGDPC_{t-2}-1.454\varepsilon_{t-1}$$

$$(34.63) \qquad (-6.83) \qquad (-5.622)$$

$$R^2=0.544\,8 \qquad AIC=-3.944$$

北京 2013 年名义 GDP 为 19 500.6 亿元,模型给出的 2013 年名义 GDP 预测值为 18 593.6 亿元,误差为 4.65%,回归效果较好。经过对模型的多次调整,确认 ARMA(2,1)为最佳模型。

根据 ARMA(2,1)模型得到的名义 GDP 预测值及误差如表 6.3 所示。

表 6.3　名义 GDP 预测值及误差

年份	2012	2013	2015	2017
预测值(亿元)	16 869.59	18 593.63	22 742.77	28 000.33
实际值(亿元)	17 879.40	19 500.60		
误差(%)	5.65	4.65		

根据模型的预测,北京市 GDP 在未来 4 年将保持每年 7.5%左右的增长速度,基本符合经验常识,认定预测较为准确,图 6.5 为预测值的趋势图。

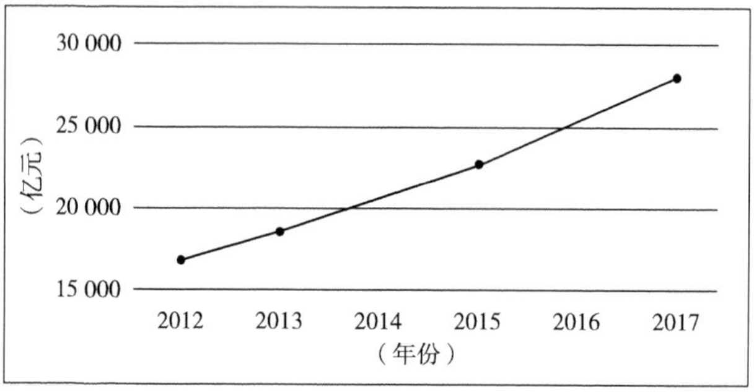

图 6.5　名义 GDP 预测值趋势

（三）实际 GDP 预测

本部分选取数据为 1980 年至 2013 年北京市实际 GDP，以 1978 年作为基准年。以名义 GDP 的模型作为参考，本部分直接对实际 GDP 取对数差分，记为 GDPC，得到数据的趋势如图 6.6 所示。

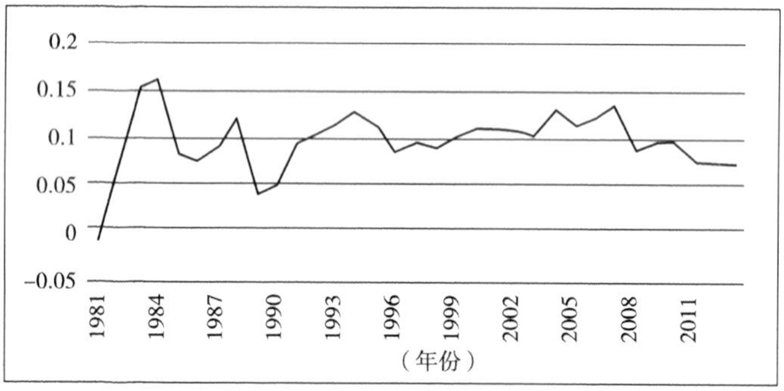

图 6.6　GDPC 趋势

可以看出，数据较为平稳，围绕在 0.1 上下波动。对数据进行 ADF 检验，结果如表 6.4 所示。

表 6.4　GDPC 的 ADF 检验

ADF 统计量	显著性水平（%）	ADF 检验临界值
-4.994 72	1	-3.653 73
	5	-2.957 11
	10	-2.617 434

可以看到，数据很好地通过了 ADF 检验，且不存在波动性过大的问题，效果较为理想，可以运用时间序列进行回归。

为了确定 ARMA(p,q)模型中的 p、q，需要建立数据的自相关函数（ACF）和偏自相关函数（PACF）。结果如图 6.7 所示。

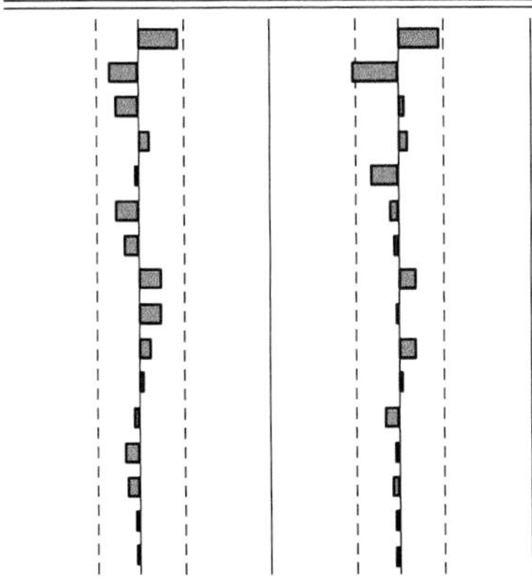

Autocorrelation / Partial Correlation	AC	PAC	Q-Stat	Prob
1	0.305	0.305	3.367 3	0.067
2	−0.252	−0.381	5.738 1	0.057
3	−0.193	0.039	7.165 8	0.067
4	0.077	0.064	7.404 5	0.116
5	−0.037	−0.207	7.462 5	0.118
6	−0.201	−0.090	9.194 8	0.163
7	−0.120	−0.045	9.837 0	0.198
8	0.166	0.128	11.117	0.195
9	0.164	−0.014	12.418	0.191
10	0.076	0.129	12.710	0.240
11	0.015	−0.021	12.722	0.312
12	−0.064	−0.120	12.948	0.373
13	−0.121	−0.037	13.799	0.388
14	−0.108	−0.063	14.509	0.412
15	−0.042	−0.009	14.620	0.479
16	−0.014	−0.046	14.634	0.552

图 6.7　GDPC 序列的样本自相关函数与偏自相关函数

由图 6.7 可知，AR 模型与 MA 模型均滞后二阶，故尝试建立 ARMA(2,2) 模型，得到结果为：

$$\widehat{GDPC_t}=-0.509\,8GDPC_{t-2}+0.948\,4\varepsilon_{t-2}+0.097\,8$$
$$(-6.33)\qquad\qquad(27.05)$$
$$R^2=0.56\qquad\qquad AIC=-5.13$$

北京市 2013 年的实际 GDP 为 3515.6 亿元，模型给出的 2013 年实际 GDP 预测值为 3 573.3 亿元，误差为 1.64%，回归效果较好。经过对模型的多次调整，确认 ARMA(2,2) 为最佳模型。

根据 ARMA(2,2) 模型得到的实际 GDP 预测值及误差如表 6.5 所示。

表 6.5　实际 GDP 预测值及误差

年份	2012	2013	2015	2017
预测值（亿元）	3 282.855	3 573.281	4 362.386	5 176.676
实际值（亿元）	3 264.312	3 515.622		
误差/%	0.57	1.64		

根据模型的预测，北京市实际 GDP 在未来 4 年将保持每年 9%左右的增长速

度，基本符合经验常识，认定预测较为准确，图 6.8 为预测值的趋势图。

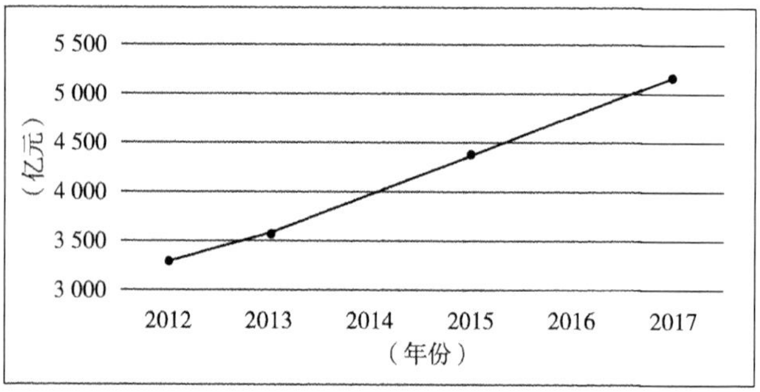

图 6.8　实际 GDP 预测值趋势

（四）能耗预测

依旧对数据取对数做一阶差分，记为 EC（energy consumption），得到数据的趋势如图 6.9 所示。

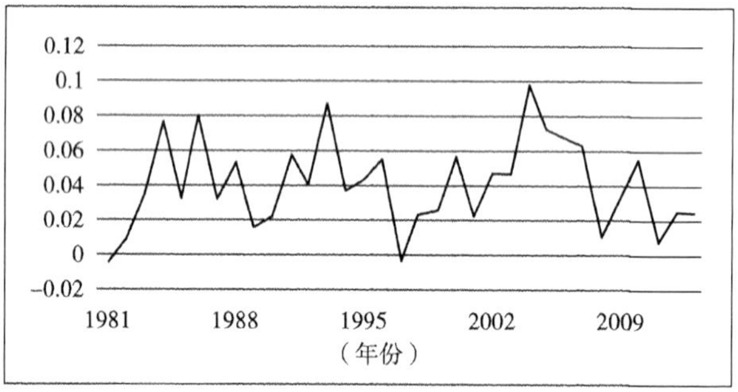

图 6.9　EC 趋势

由图 6.9 可以看出，数据波动性较为明显，但基本围绕在 0.04 上下波动，对数据进行 ADF 检验，结果如表 6.6 所示。

表 6.6　EC 的 ADF 检验

ADF 统计量	显著性水平（%）	ADF 检验临界值
−5.090 329	1	−3.632 9
	5	−2.948 404
	10	−2.612 874

可以看到,数据很好地通过了 ADF 检验,效果较为理想,可以运用时间序列进行回归。

为了确定模型中的 p,q,需要建立数据的自相关函数(ACF)和偏自相关函数(PACF)。结果如图 6.10 所示。

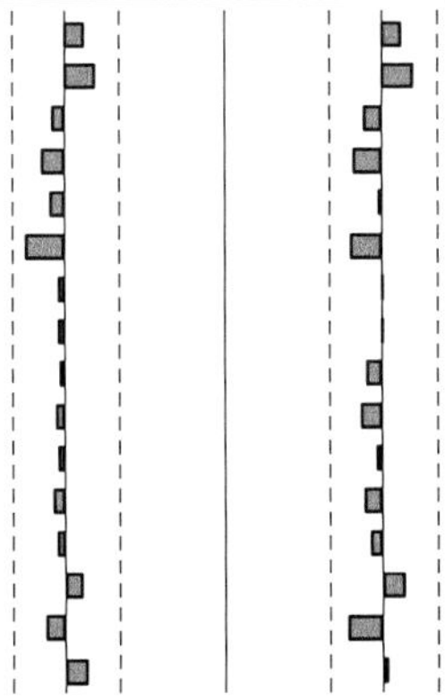

Autocorrelation / Partial Correlation	AC	PAC	Q-Stat	Prob
1	0.125	0.125	0.614 7	0.433
2	0.201	0.189	2.247 3	0.325
3	−0.075	−0.125	2.479 9	0.479
4	−0.150	−0.177	3.444 6	0.486
5	−0.091	0.016	3.806 3	0.578
6	−0.259	−0.204	6.862 1	0.334
7	−0.031	0.011	6.907 7	0.439
8	−0.048	0.020	7.020 7	0.534
9	−0.022	−0.083	7.046 0	0.632
10	−0.061	−0.130	7.242 1	0.702
11	−0.043	−0.036	7.341 2	0.771
12	−0.071	−0.110	7.626 5	0.814
13	−0.051	−0.065	7.779 8	0.858
14	−0.113	0.136	8.571 3	0.857
15	−0.115	−0.216	9.438 2	0.854
16	0.134	−0.041	10.673	0.829

图 6.10　EC 序列的样本自相关函数与偏自相关函数

可以看到,自相关函数与偏自相关函数均在 6 阶后才逐渐趋近于零,故尝试建立 ARMA(6,6)模型,得到结果为:

$$\widehat{EC}_t=-0.862\,9EC_{t-6}-0.937\,7\varepsilon_{t-6}$$

$$(11.93)\qquad(-12.71)$$

$$R^2=-0.11\qquad AIC=-4.33$$

经过测试发现,模型对于 2013 年的预测误差过大,故不能予以采纳,在这里尝试加入其他滞后项,分别加入滞后一期的残差项以及 EC 的一期滞后项,最终得到模型为:

$$\widehat{EC}_t=0.628EC_{t-1}+0.222\,7EC_{t-6}-1.259\varepsilon_{t-1}-1.039\varepsilon_{t-6}$$

$$(1.93)\qquad(16.94)\qquad(-6.31)\quad(-5.81)$$

$$R^2=0.475\qquad AIC=-4.93$$

北京市 2013 年能源消耗量为 7 354.2 吨标准煤,模型给出的 2013 年能源消耗预测值为 7 083.5 吨标准煤,误差为 3.68%,回归效果较好。经过对模型的多次调整并对比 AIC 值,确认该模型效果最佳。

根据模型得到的能耗预测值及误差如表 6.7 所示。

表 6.7 能耗预测值及误差

年份	2012	2013	2015	2017
预测值(吨标准煤)	7 012.13	7 083.53	7 667.30	7 890.31
实际值(吨标准煤)	7 177.70	7 354.20		
误差(%)	2.31	3.68		

根据模型的预测,北京市能耗在未来 4 年将保持每年 2.7%左右的增长速度,基本符合经验常识,认定预测较为准确,图 6.11 为预测值的趋势图。

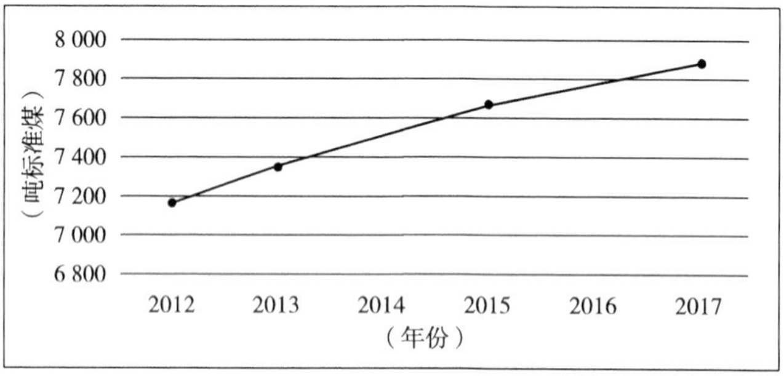

图 6.11 能耗预测值趋势

二、模型比较

为了对两个模型预测的结果进行比较,在这里引入 Theil 不等系数 τ,其中 τ 定义为:

$$\tau = \frac{\sqrt{\sum_{t=1}^{N}(x_t - \hat{x}_t)^2}}{\sqrt{\sum_{t=1}^{N}(x_t)^2}}$$

称其为序列预测值与观察值之间的 τ 不等系数。该数值越小,说明预测精准度越高。$\tau=0$ 时,预测值与观察值之间的误差为 0,即预测绝对准确。

在本部分中,利用 VAR 模型与 ARMA 模型分别对 GDP 与能耗进行了预测,在此对预测所得的 Theil 不等系数分别进行比较,结果如表 6.8 所示。

可以看到,ARMA 模型的预测结果相对好于 VAR 模型,在某种程度上也表明 ARMA 在短期预测方面具有优势,虽然只是根据数列往期的数据进行预测,但是不能忽略其在经济预测中的重要作用。

表 6.8　VAR 模型与 ARMA 模型 Theil 不等系数对比

	GDP	能耗
VAR	0.149	0.308
ARMA	0.094	0.182

三、单位 GDP 能耗预测结果分析

根据前面所述的名义 GDP、实际 GDP 和能源消耗三个预测模型，可以计算得到未来一段时间北京市单位 GDP 能耗，结果如表 6.9 和表 6.10 所示。

表 6.9　单位 GDP 能耗预测值（名义 GDP）

单位：吨标准煤/亿元 GDP

年份	2012	2013	2015	2017
预测值	0.415 7	0.381 0	0.337 1	0.281 8
实际值	0.40	0.38		
误差（%）	3.42	1.01		

表 6.10　单位 GDP 能耗预测值（实际 GDP）

单位：吨标准煤/亿元 GDP

年份	2012	2013	2015	2017
预测值	2.136 0	1.982 4	1.757 6	1.524 2
实际值	2.20	2.09		
误差（%）	2.94	5.52		

预测的结果均相对较好，本部分认为结果可以被接受。根据本部分的预测，至 2017 年，北京市的单位 GDP 能耗将比 2013 年降低 26%，与近几年相比单位 GDP 能耗下降速度有所降低，但是仍有着较大的进步空间。

由图 6.12 和图 6.13 可以看到，物价指数的存在并未影响到单位 GDP 能耗的未来走势。根据本部分的研究结果，未来 4 年北京市单位 GDP 能耗将呈现一个持续下降的趋势。到 2017 年，将降低至 0.281 8 万吨标准煤/万元 GDP，优于美国的平均水平，但是距离日本的 0.2 万吨标准煤/万元 GDP 仍有不小的差距。

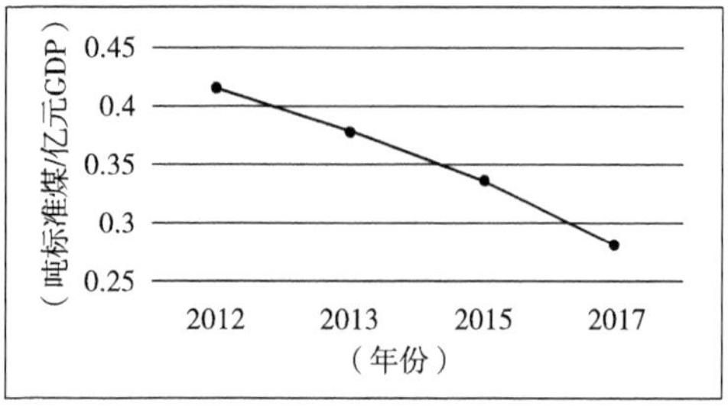

图 6.12　单位 GDP 能耗（现值）趋势

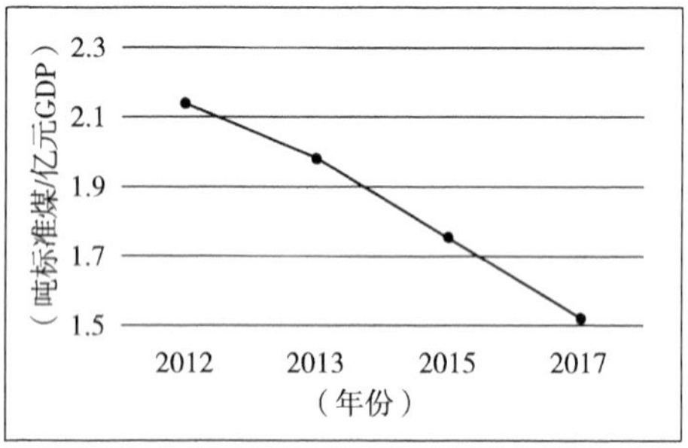

图 6.13　单位 GDP 能耗（净值）趋势

第七部分　低碳经济优化模型的实证研究

“低碳经济”与“低碳发展”的议题已经在“十二五”规划中正式成为我国的基本国策之一，是保证未来可持续发展的前提。北京市作为中国的首都、国际大都市更需要以身作则，保持经济稳定增长的同时兼顾生态环境。

一个地区的经济发展水平总是与产业结构紧密相连的，经济的发展依赖于产业，合理的产业结构也促进着经济总量的增长，两者之间存在非常复杂的相互依存、相互制约的联系。而投入产出模型是分析经济总量与产业结构间关系的有力工具。因此，本部分基于 2012 年北京市低碳经济投入产出表，以直接消耗系数矩阵 $\boldsymbol{A}$ 作为国民经济各部门在生产过程中的各种物耗结构，通过额外引入的能源消耗矩阵 $\boldsymbol{E}$ 以及二氧化碳排放矩阵 $\boldsymbol{C}$ 来构建能耗总量与碳排总量的约束条件，利用投入产出关系式及矩阵论的相关知识，讨论北京市产业结构调整的最优方向。

一、优化模型的设计

一个经济系统内部各产业部门并不是孤立发展的，而是相互依赖、相互促进的。一个产业部门的发展需要消耗其他部门的产品，同时也会为这些部门提供生产资料。经济越发达、社会分工越细的经济体产业部门间的联系就越密切。因此，对某一产业或某几个产业进行规划调整会出现牵一发而动全身的后果，有可能导致产业结构优化目标无法实现，因此产业结构的调整不能随意而为。此外，产业结构有其独立的理论，调整要循序渐进，不能一蹴而就，这就需要在制定产业结构优化目标的时候确保各产业调整的范围不宜过大。

因此，本节在低碳经济理论基础上，以确定最低限度满足经济总量的增长为目标函数，以 42 个部门的产出作为决策变量，以能源的消耗总量以及二氧化碳的排放总量作为约束条件，构建了基于传统线性规划的优化模型。需要注意的是，本部分提到的能源消耗主要指化石能源，而二氧化碳排放特指化石能源反应所产生的二氧化碳气体排放。

（一）目标函数构建

本部分以最大化经济总产出为目标进行优化，因此目标函数为北京市 42 个部门的最终产出之和。

$$\begin{aligned}\max Y &= Y_1 + Y_2 + \cdots + Y_{42} \\ &= \boldsymbol{i}^T(I - A)X \\ &= r^t X\end{aligned}$$

式中：Y_j 为 j 部门的最终产出额；$\boldsymbol{i}$ 为一个 42×1 单位向量，即 $\boldsymbol{i}^T=[1,1,\cdots,1]^T$，$\boldsymbol{i}^T(I-A)$是将矩阵$(I-A)$行加总；$X$ 为 42 个部门的总产出量；r 是增加值系数矩阵。目标函数代表了最大化最终需求量(GDP)。

(二)约束条件选取

优化问题需要满足的(线性的)约束条件为：

a. $A_E X \leqslant \boldsymbol{E}$，在这里 A_E 是直接能源消耗系数矩阵；$\boldsymbol{E}$ 为 15×1 的列向量，代表了 15 种能源各自消耗的标准量。我们用 $\boldsymbol{E}$ 来做能源总量消耗的上界，目的是使生产部门所消耗的能源总量不超过给定的临界值。

b. $A_C X \leqslant \boldsymbol{C}$，公式中 $\boldsymbol{C}$ 是直接二氧化碳排放系数矩阵，$\boldsymbol{C}$ 是 15×1 的列向量，代表 15 种能源各自排放二氧化碳的数量。选取 $\boldsymbol{C}$ 作为约束上界目的同样是使得可行解的范围不超过选定的临界标准。

c. $(I-A)X \leqslant Y_{预测值}$，加入这个约束条件的目的是使结构调整后各个生产部门的总产出不高于北京市地区生产总值的预测值 $Y_{预测值}$，使得规划问题存在一个上限。

d. $x_i \geqslant x_i^{base}$，x_i 代表第 i 个产业部门；x_i^{base} 代表该行业基准年时的产值。加入下界的原因是在实际生产中产业的波动性并不会在[0%，100%]这么大的范围内变动，而是在一个合理的区间内变化。有一些支柱产业不但总产出量非常高，而且提供了很多就业岗位，我们人为地保留这些行业，让情景模拟更为真实。

e. $X \geqslant 0$，各个部门的总产出量必须是非负值才有实际经济含义。

优化问题中的数据全部来源于北京市统计局提供的 2012 年北京地区投入产出表以及《2012 年中国能源统计年鉴》。约束条件 a 和 b 中的能源消耗上限以及二氧化碳排放上限分别为 2008 年以及 2012 年二者的实际使用量和实际排放量。选择 2008 年为基准的原因在于 2008 年是中国的奥运年，北京市空气质量二级和好于二级的天数累计达到 274 天，比例高达 74.9%，即“蓝天数量逾 7 成”，因此以 2008 年的排放数据作为我们想要达到的目标；以 2012 年作为另一个标准的原因在于 2012 年投入产出表中的数据是我们可以得到的最新数据，我们可以以 2012 年北京市能耗及排放结构作为基准对未来 5 年进行规划。而约束条件 c 中的 $Y_{预测值}$ 是根据近 10 年北京市年度经济增长率而推算出的 2015 年和 2017 年北京市生产总值。也就是说，我们以 2012 年的产业结构为基准，来推算 2015 年、2017 年北京市最优化的产业结构。

二、优化模型求解

(一)2015年北京市42个部门产业最优结构

2015年北京市42个部门产业最优结构见表7.1。可以看出,无论以2008年还是以2012年的能源使用量及二氧化碳排放量作为约束条件,目标规划虽然可以达到最优解,但目标函数的最终需求量Y都低于我们推算出的北京市2015年生产总值($Y_{预测值}$=227 427 700万元),不符合现实情况。其中的原因可能在于受使用的数据所限,规划问题中能源消耗总量和二氧化碳排放总量都低于现实中二者的数量。因此,想在实现较高增长的前提下满足较低的能耗和碳排放水平就变得不可行。

表7.1　2015年最优产业结构　　单位:万元

代码	部　门	以2008年能源使用及二氧化碳为约束	以2012年能源使用及二氧化碳为约束
01	农林牧渔产品和服务	10 574 000	10 316 000
02	煤炭采选产品	58 328 000	60 931 000
03	石油和天然气开采产品	26 611 000	27 863 000
04	金属矿采选产品	6 646 000	1 467 000
05	非金属矿和其他矿采选产品	2 503 000	2 519 000
06	食品和烟草	13 416 000	13 609 000
07	纺织品	4 141 000	0
08	纺织服装鞋帽皮革羽绒及其制品	2 144 000	0
09	木材加工品和家具	0	0
10	造纸印刷和文教体育用品	0	0
11	石油、炼焦产品和核燃料加工品	1 571 000	2 745 000
12	化学产品	33 593 000	36 579 000
13	非金属矿物制品	6 348 000	6 550 000
14	金属冶炼和压延加工品	4 329 000	32 294 000
15	金属制品	0	0
16	通用设备	9 879 000	10 284 000
17	专用设备	5 065 000	5 103 000

续表

代码	部　　门	以 2008 年能源使用及二氧化碳为约束	以 2012 年能源使用及二氧化碳为约束
18	交通运输设备	24 897 000	25 160 000
19	电气机械和器材	11 062 000	11 412 000
20	通信设备、计算机和其他电子设备	39 454 000	39 965 000
21	仪器仪表	3 984 000	4 071 000
22	其他制造产品	1 619 000	1 618 000
23	废品废料	405 000	650 000
24	金属制品、机械和设备修理服务	0	0
25	电力、热力生产和供应	0	19 787 000
26	燃气生产和供应	861 000	1 625 000
27	水的生产和供应	278 000	316 000
28	建筑	10 986 000	11 132 000
29	批发和零售	35 323 000	36 465 000
30	交通运输、仓储和邮政	22 863 000	31 613 000
31	住宿和餐饮	7 473 000	7 763 000
32	信息传输、软件和信息技术服务	9 626 000	9 923 000
33	金融	18 115 000	19 736 000
34	房地产	7 869 000	8 155 000
35	租赁和商务服务	17 682 000	18 798 000
37	水利、环境和公共设施管理	1 101 000	1 106 000
38	居民服务、修理和其他服务	1 698 000	1 880 000
39	教育	3 643 000	3 672 000
40	卫生和社会工作	2 644 000	2 647 000
41	文化、体育和娱乐	4 000 000	4 070 000
42	公共管理、社会保障和社会组织	4 066 000	4 080 000
目标函数的解(最终需求量)		133 970 000	145 130 000

为了在满足最低经济增长的前提下求得最优产业结构，我们将约束条件 c 修改为 c^*，即最终使用量不低于预测值。

$$c^{*}.(I-A)X \geqslant Y_{预测值}$$

线性规划后的产业结构见表 7.2。

表 7.2 新约束条件下 2015 年的产业结构 单位:万元

代码	部门	以2008年能源使用及二氧化碳为约束	以 2012 年能源使用及二氧化碳为约束
01	农林牧渔产品和服务	12 750 000	12 760 000
02	煤炭采选产品	69 860 000	69 890 000
03	石油和天然气开采产品	44 970 000	44 990 000
04	金属矿采选产品	8 180 000	8 180 000
05	非金属矿和其他矿采选产品	3 100 000	3 100 000
06	食品和烟草	14 990 000	14 990 000
07	纺织品	6 260 000	6 270 000
08	纺织服装鞋帽皮革羽绒及其制品	3 730 000	3 730 000
09	木材加工品和家具	3 190 000	3 190 000
10	造纸印刷和文教体育用品	21 700 000	21 710 000
11	石油、炼焦产品和核燃料加工品	27 590 000	27 600 000
12	化学产品	58 270 000	58 300 000
13	非金属矿物制品	8 000 000	8 000 000
14	金属冶炼和压延加工品	132 260 000	132 320 000
15	金属制品	7 600 000	7 610 000
16	通用设备	14 000 000	14 010 000
17	专用设备	5 860 000	5 860 000
18	交通运输设备	26 760 000	26 770 000
19	电气机械和器材	13 110 000	13 120 000
20	通信设备、计算机和其他电子设备	43 030 000	43 040 000
21	仪器仪表	4 600 000	4 600 000
22	其他制造产品	1 780 000	1 780 000
23	废品废料	1 810 000	1 810 000
24	金属制品、机械和设备修理服务	7 570 000	7 570 000
25	电力、热力生产和供应	57 990 000	58 020 000

续表

代码	部门	以2008年能源使用及二氧化碳为约束	以2012年能源使用及二氧化碳为约束
26	燃气生产和供应	3 870 000	3 870 000
27	水的生产和供应	480 000	480 000
28	建筑	12 000 000	12 000 000
29	批发和零售	47 080 000	47 100 000
30	交通运输、仓储和邮政	42 430 000	42 450 000
31	住宿和餐饮	9 610 000	9 620 000
32	信息传输、软件和信息技术服务	11 320 000	11 320 000
33	金融	27 090 000	27 100 000
34	房地产	9 690 000	9 700 000
35	租赁和商务服务	26 000 000	26 020 000
36	科学研究和技术服务	15 600 000	15 610 000
37	水利、环境和公共设施管理	1 210 000	1 210 000
38	居民服务、修理和其他服务	2 600 000	2 600 000
39	教育	3 880 000	3 880 000
40	卫生和社会工作	2 650 000	2 650 000
41	文化、体育和娱乐	4 450 000	4 460 000
42	公共管理、社会保障和社会组织	4 230 000	4 240 000
目标函数的解(最终需求量)		220 740 000	220 830 000

可以看到,线性规划的解依旧不存在,出现了原优化问题或其对偶问题无上界的情况。究其原因,主要问题出在能源的消耗总量上。如果我们的目标是在一定数量能耗与碳排放减少的前提下,完成7%左右的经济增长,则现有的能源结构并不能满足要求,能源总量必须有一定程度的提升才有可行解。其中,原煤的使用量就必须从2008年的2 747万吨提升至3 579万吨,或者将天然气的消耗量从2012年的17 066亿立方米提升至21 339亿立方米。如果上述两个能源约束可以放松,则可以完成我们的优化目标。

(二)2017年北京市42个部门产业最优结构

2017年北京市42个部门产业最优结构的问题设计与2015年相同,2017年北

京市的生产总值 $Y_{预测值}$ 同样使用推算值进行赋值($Y_{预测值}$ = 280 003 300万元)。和2015 年规划出现的问题一样,无论是以 2008 年还是以 2012 年的数据作为约束条件,都不能达到预期的 GDP 增幅。因此,我们依旧将约束条件 c 替换为 c^*,线性规划结果见表 7.3。

表 7.3 新约束条件下 2017 年的产业结构 单位:万元

代码	部 门	以2008年能源使用及二氧化碳为约束	以 2012 年能源使用及二氧化碳为约束
01	农林牧渔产品和服务	16 140 000	16 140 000
02	煤炭采选产品	88 430 000	88 460 000
03	石油和天然气开采产品	56 930 000	56 950 000
04	金属矿采选产品	10 360 000	10 360 000
05	非金属矿和其他矿采选产品	3 930 000	3 930 000
06	食品和烟草	18 970 000	18 980 000
07	纺织品	7 920 000	7 930 000
08	纺织服装鞋帽皮革羽绒及其制品	4 730 000	4 730 000
09	木材加工品和家具	4 040 000	4 040 000
10	造纸印刷和文教体育用品	27 460 000	27 470 000
11	石油、炼焦产品和核燃料加工品	34 930 000	34 940 000
12	化学产品	73 750 000	73 780 000
13	非金属矿物制品	10 120 000	10 130 000
14	金属冶炼和压延加工品	167 410 000	167 460 000
15	金属制品	9 620 000	9 630 000
16	通用设备	17 720 000	17 730 000
17	专用设备	7 410 000	7 420 000
18	交通运输设备	33 880 000	33 890 000
19	电气机械和器材	16 590 000	16 600 000
20	通信设备、计算机和其他电子设备	54 460 000	54 480 000
21	仪器仪表	5 820 000	5 830 000
22	其他制造产品	2 250 000	2 260 000
23	废品废料	2 300 000	2 300 000

续表

代码	部　门	以2008年能源使用及二氧化碳为约束	以 2012 年能源使用及二氧化碳为约束
24	金属制品、机械和设备修理服务	9 570 000	9 580 000
25	电力、热力生产和供应	73 390 000	73 420 000
26	燃气生产和供应	4 890 000	4 890 000
27	水的生产和供应	610 000	610 000
28	建筑	15 190 000	15 190 000
29	批发和零售	59 600 000	59 620 000
30	交通运输、仓储和邮政	53 700 000	53 720 000
31	住宿和餐饮	12 170 000	12 170 000
32	信息传输、软件和信息技术服务	14 320 000	14 330 000
33	金融	34 290 000	34 300 000
34	房地产	12 270 000	12 270 000
35	租赁和商务服务	32 910 000	32 920 000
36	科学研究和技术服务	19 750 000	19 760 000
37	水利、环境和公共设施管理	1 540 000	1 530 000
38	居民服务、修理和其他服务	3 290 000	3 290 000
39	教育	4 910 000	4 910 000
40	卫生和社会工作	3 350 000	3 350 000
41	文化、体育和娱乐	5 640 000	5 640 000
42	公共管理、社会保障和社会组织	5 360 000	5 360 000
目标函数的解(最终需求量)		279 410 000	279 500 000

从表 7.3 的结果可知,问题同样出在能源总量和能源结构上。如果想要在实现目标约束的前提下实现我们推测的最低经济总量的增长,必须扩大能源的使用量。其中原煤的使用量需要从 2008 年的 2 747 万吨提升到 4 530 万吨,而天然气的使用量需要从 2008 年的 14 768 亿立方米提升到 27 011 亿立方米。

三、本部分结论与政策建议

本部分以发展低碳经济为目的，以对能源总量及碳排放总量的控制构建了优化模型，对于北京市 2015 年、2017 年的产业结构进行了规划分析。通过传统线性规划方法求解发现，以现有的能源消耗结构，是不能保证在经济增长的同时将二氧化碳排放量降低到北京奥运年水准的。基于这个原因，我们得到以下结论：

(1)通过与现有产业结构做对比，无论是以 2015 年还是以 2017 年的经济总量为目标，第一产业的农林牧渔产品和服务业所能调整的范围都不大，上下浮动在 5%以内，且产业的增加值占整体的比重只有 2%~5%，说明农林牧渔产品和服务业的碳减排潜力十分有限。

(2)第二产业中，制造业规模非常大，对经济增长的贡献比重占到约 32%。其中，金属矿采选产品业、金属制品业、纺织品业以及纺织服装鞋帽皮革羽绒及其制品业都需要大幅度降低现有规模才能达到碳减排的目标；而建筑业对经济增长贡献占比 12%，能够调整的幅度也不大，只有 10%左右。可以看出，第二产业中通过限制制造业中的“三高企业”以降低这些行业、部门的单位 GDP 碳排放水平，对实现北京市减排目标有着决定性的作用。而建筑业在已有的低碳理念普及与应用的现状下，可以改进的范围并不大。

(3)在第三产业的部门中，批发零售、租赁和商务服务、居民生活服务业和金融业，这些行业有着经济效益好、增加值占比较多、碳排放量相对低的优势，应加大对这些行业的投入，在保持经济增长比率不变的情况下，即便维持各行业现有的单位 GDP 碳排放水平也可以在总体上实现碳减排的目标。交通运输、仓储和邮政部门在经济增加值数量变化不大的情况下，行业能源消耗达到 1 235.05 万吨标准煤，碳排放量达到 2 086.8 万吨，占到整体能源消耗的 20.6%，而如果想要达到 2015 年或 2017 年的经济增长比例，能耗量需要增长 10%左右。由此可见，交通运输业作为社会经济发展的重要支柱，其行业碳排放水平较高、减排压力较大。而作为社会经济发展的重要组成部分，扶持公共交通事业，减少机动车使用率，提高燃料质量，发展新能源汽车是未来发展的必然趋势。

综上，我们认为，在现有能耗与碳排放结构下，北京市想实现既节能减排，又保证经济增长并不可行。必须对产业结构与能耗结构进行调整。从产业结构来看，需要大力发展第三产业，尽量抑制部分单位 GDP 碳排放较高的行业；而从能源结构来看，要加大清洁能源的使用，提高天然气使用比例，减少煤炭的消耗数量。

第八部分　研究结论与政策建议

本部分是在第一部分至第七部分的研究基础上提出的相关结论和政策建议。

一、研究结论

(1)基于计量分析的结果,结合各方面因素进行修正,可以知晓北京市今后几年经济增长与能源消耗、二氧化碳排放的大致情况。北京市今后几年的实际 GDP 增速为7%左右,名义 GDP 增速为7.1%左右。因此,在2015年年末,北京市的名义 GDP 将达到22 367亿元,能源消耗量约为7 667万吨标准煤,二氧化碳排放量为17 437万吨,能源强度与二氧化碳强度分别为0.34万吨标准煤/亿元和0.8万吨/亿元;至2017年年末,北京市的名义 GDP 将达25 656亿元,能源消耗量为8 692万吨标准煤,二氧化碳排放量为19 216万吨,能源强度与二氧化碳强度分别为0.33万吨标准煤/亿元和0.75万吨/亿元。

北京市与其他国家比较,万元 GDP 碳排放水平是偏低的,随着北京人口与产业的疏解与通州城市副中心的建设,北京市是可以实现低碳城市目标的。

(2)从经济总量看,北京市排序靠前的产业部门主要是第三产业。从42个部门总产出和增加值的排序看,2012年排在前十位的有8个部门,其中有6个部门为第三产业,它们是金融,批发和零售,信息传输、软件和信息技术服务,租赁和商务服务,科学研究和技术服务,交通运输、仓储和邮政。此外,单纯从增加值排序,排在前十位的还有房地产和教育。

(3)从能耗和二氧化碳排放总量看,北京市排序靠前的产业部门第二、三产业均等。从42个部门能耗和二氧化碳排放总量排序看,2012年排在前十位的各有5个第二产业部门,5个第三产业部门。能耗排序,属于第二产业的部门依序为石油、炼焦产品和核燃料加工品,电力、热力生产和供应业,食品和烟草,非金属矿物制品,化学产品;属于第三产业的部门依序为交通运输、仓储和邮政,房地产,住宿和餐饮,教育,批发和零售;排在第一的是交通运输、仓储和邮政,其能耗占比为20.62%,是全市能耗的五分之一强。二氧化碳排放总量排序,属于第二产业的部门依序为电力、热力生产和供应,石油、炼焦产品和核燃料加工品,非金属矿物制品,化学产品,金属矿采选产品;属于第三产业的部门依序为交通运输、仓储和邮政,房地产,住宿和餐饮,租赁和商务服务,教育;排在第一的是电力、热力生产和供应,其二氧化碳排放占比为 34%,是全市二氧化碳排放总量的三分之一。

(4)由考虑碳排放生产函数模型分析,北京市能源投入对产出的贡献率普遍大于资本和劳动的贡献率,同时全要素生产率的贡献率一直遥遥领先。从改革开放到 2012 年,北京市的能源投入对产出的贡献率大部分年份大于资本、劳动的贡献率,同时全要素生产率的贡献率一直遥遥领先。仅从 2012 年的数据看,北京市能源投入对经济增长的贡献率为 18.64%,资本投入贡献率为 0.69%,劳动投入贡献率为 5.49%,而全要素生产率的贡献率为 75.18%。这说明北京市一方面能源利用率较高,另一方面技术进步对经济增长起到很大作用。

(5)由向量自回归(VAR)模型分析,经济增长和能源消耗是影响北京市二氧化碳排放的原因,而二氧化碳排放不是经济增长的原因。通过向量自回归(VAR)模型检验可知,北京市的 GDP、能源消耗量以及二氧化碳排放量都是在滞后二期达到平稳。进行协整检验后发现,三者之间存在着长期稳定关系,经济增长和能源消耗是影响北京市二氧化碳排放的两个重要原因。而二氧化碳排放不是经济增长的原因,这为我们发展低碳经济提供了充分的依据。

(6)由各产业部门能耗的实物量分析,北京市能耗高的主要是资源型产业。2012 年能源直接消耗系数排在前六位的部门是金属矿采选产品,石油、炼焦产品和核燃料加工品,水的生产和供应,非金属矿物制品,交通运输、仓储和邮政,食品和烟草。其中,排在前四位的是矿物、能源、水等资源型产品。同时,能源完全消耗系数排名靠前的是金属矿采选产品,石油、炼焦产品和核燃料加工品,非金属矿物制品,交通运输、仓储和邮政,还是以资源型产品为主。

(7)由各产业部门二氧化碳排放量分析,北京市高排放部门主要归属于第二产业。2012 年直接碳排放系数高的部门基本属于第二产业,只有交通运输、仓储和邮政属于第三产业。其中,石油、炼焦产品和核燃料加工品,电力、热力生产和供应以及金属矿采选产品碳排放系数最高。2012 年完全碳排放系数排名靠前的是电力、热力生产和供应,金属矿采选产品,石油、炼焦产品和核燃料加工品,非金属矿物制品,交通运输、仓储和邮政,纺织品这 6 个部门,原因在于这些产业部门直接与间接消耗的化石能源较多。

(8)由各产业部门单位增加值能耗与单位增加值排放量分析,北京市能耗与排放强度高的产业主要是资源型产业。2012 年单位增加值能耗排在前六位的部门依次是金属矿采选产品,石油、炼焦产品和核燃料加工品,非金属矿物制品,食品和烟草,水的生产和供应,纺织品。2012 年单位增加值二氧化碳排放系数最大的前 6 个行业依次是石油、炼焦产品和核燃料加工品,电力、热力生产和供应,金属矿采选产品,非金属矿物制品,交通运输、仓储和邮政,纺织品。将各产业部门的能耗强度与排放强度比较，前六位中相同的有 4 个部门，其中 3 个属于资源型部门；不同的 2 个部门中，各有 1 个部门属于资源型产业。

（9）由居民能源消耗及其二氧化碳排放系数分析，城镇与农村存在一些差异。从能源消耗总量上看，2012 年城镇居民的能源消耗系数要比农村居民能源消耗系数小得多；同时，城镇居民对电力的依赖性较强，而农村居民对一些化石能源的依赖性较强。2012 年城镇居民与农村居民碳排放系数在结构和数量上存在较为明显的区别。对城镇居民来说，由汽油和天然气的消费引起的碳排放系数最大（将表 5.2 的数据按列方向做归一化处理，也就是将每种能源的消耗系数除以能源消耗总量），分别为 64.29% 和 20.90%，二者占到了较大比重；农村居民由煤炭消耗引起的碳排放系数最大，已经接近 90%。从结构上说，城镇居民的煤炭用得较少，使得单位能源消耗的二氧化碳排放量也较少；农村居民的能源利用过多地集中在煤炭上，而煤炭排放二氧化碳量的强度比其他能源大。

（10）由优化模型分析，北京市产业结构调整仍有空间。

第一，从第一产业农林牧渔业看，无论是基于哪一种模型的限制条件，调整的幅度都不大。因此，保持现有规模或者小幅调整就可以达到产业优化的要求。

第二，从第二产业特别是工业来看，虽然工业部门的能源消耗量以及二氧化碳排放量都很高，但是如果想达到经济增长的既定目标，工业部门的数量和产出量必不可少。从近十多年的数据来看，污染较多的第二产业部门如首钢集团，已经逐渐搬离北京市；其他行业如煤炭采选业等，其总部设立在北京进行业务调度统计，但主要工厂分设在其他省市。这些部门要提高自身效率，使用更加绿色环保的技术，才能满足北京市低碳发展的要求。北京市可以加大这些资源性产品调入，也就是说第二产业内部调整还有空间。

第三，从第三产业服务业来看，需要提高产能的部门有交通运输、仓储邮政业，金融业，房地产业及租赁和商务服务业，第三产业内部结构调整的空间较大。

二、政策建议

（1）实施产业结构战略性调整，疏解非首都功能，限制高能耗、高排放产业。通过上述分析可知，北京市还需要实施产业结构战略性调整，疏解非首都功能。“退二进三”仍有空间，尽管空间有限；同时，还要调整第三产业内部结构。要以低能耗、低排放为标准选择支柱产业和重点行业，限制高能耗、高排放产业。从第二产业看，主要限制电力、热力的生产，石油、炼焦产品和核燃料加工品，非金属矿制品，化学工业；鼓励发展建筑业，交通运输设备，通信设备、计算机和其他电子设备。从第三产业看，继续由传统服务业向现代服务业过渡。限制交通运输、仓储和邮政,房地产,一般性高等教育,传统的批发和零售;鼓励发展现代金融业,电子商务,信息传输、软件和信息技术服务,科学研究和技术服务,“互联网+”等行业,使新兴生产性服务业迅速崛起。此外,政府部门还可以优化产业布局,使得知识密集与技术密集相结合,从而进一步提高资源配置效率。要通过加大服务业的调出以换取资源性产品的调入,以减少能耗和二氧化碳排放量。

(2)突出能源消耗结构调整,加大电力等清洁能源的调入量。2012 年年底,北京市能源消耗结构大体为煤炭和石油分别占比 33%和 28%,电力及天然气占比分别为 22%和 12%。可以看出,能源使用依旧是以煤炭消耗为主体。而煤炭类能源的二氧化碳排放量普遍偏高,在缺少资金投入和技术突破的现状下,新兴能源如太阳能、风电等难以得到实质性的推广。在保持现有能源结构下,降耗减排的难题几乎不可能得到解决。因此,要从需求角度加大清洁能源调入,将煤炭调入改为电力调入,将郊区农村使用的能源由煤改电,以改变能源消耗结构,降低二氧化碳排放量。

(3)合理进行“人口”和“产业”的空间布局,减少“人流”与“物流”带来的能源消耗与二氧化碳排放量。北京要以通州区行政副中心建设为契机,合理进行北京的人口和产业的空间布局,疏解城市核心区的人口与产业,并进行“总部经济”外迁,减少相应的人口流动与物资流动,以此减少能源消耗与二氧化碳排放量。

(4)提倡绿色出行、低碳出行,减少汽车尾气排放。从需求方入手,实现北京市降低碳排放的目标。运输业对石油加工品的依赖程度最高,直接消耗系数已经达到了 0.175 4,所以,要想减少对石油加工品的消耗,可以转变人们的出行方式,如鼓励市民使用公共交通、电力交通工具以及新能源汽车,减少汽车尾气排放。

(5)建造绿色建筑、低碳建筑,充分利用太阳能并节能。北京市是人口众多的大都市,高楼林立,多层建筑很多,进行建筑物节能潜力很大。要鼓励建筑企业技术创新,建造绿色建筑与低碳建筑,使建筑物既能充分利用太阳能,又能节能。例如,采用保温材料建造,使居民住宅、办公楼与酒店冬暖夏凉。

(6)合理制定阶梯电价。电价合理既可以保证生产、生活的基本用电需求,又能够提高全民节电意识。由于电产品本身不排放二氧化碳,北京市要将煤炭调入改为电力调入,因此,节能主要是节电。北京市阶梯电价已经制定,接下来的问题是进一步合理化。生产用电要限制高能耗产业,根据单位增加值能耗高低确定阶梯电价。生活用电要根据家庭常住人口确定,不能只限于户口簿人数,要使得阶梯电价更加合理。

(7)以治理雾霾为重点,尽可能增加北京蓝天的天数。雾霾天气与气候有关,也与人类的活动有关,我们要尽量减少因为人类活动所带来的雾霾天气。北京要以治理雾霾为重点,保证大气的空气质量,并且确保每年的蓝天天数。当出现雾霾天时，要积极应对，采取相关措施，以减少对市民生活与健康的影响。

(8)推动京津冀一体化节能降耗，以减少二氧化碳排放总量。作为发展中国家的首都，北京市的发展受资金的投入与技术方面的限制，不能通过向服务类城市转型而达到低碳发展的目标。因此，几乎不可能在保证经济较大幅度增长的同时，降低工业部门占整体经济总量的比重。也就是说，经济增长的刚需与低碳模式产生了冲突。要解决这一问题，必须从京津冀一体化出发，立足低碳经济目标，将北京市区的人口与相关产业向河北疏解。同时，合理调整各自的产业结构，共同治理大气污染，以减少二氧化碳的排放总量。

参考文献

[1]世界气象组织．基于 2011 年全球观测的大气温室气体状况[R]. WMO 温室气体公报,2012(8).

[2]庄贵阳．气候变化挑战与中国经济低碳发展[J]．国际经济评论，2007(5)：50-52.

[3]冯长根，胡秀峰．2002 年我国事故与灾害状况综述[J]．安全与环境学报，2003(6)，3.

[4]闫凯，王跃思．霾从哪里来？[N]．科学世界，2014-04-03.

[5]林伯强．中国能源需求的经济计量分析[J]．统计研究，2001（10)：34-39.

[6]韩智勇,魏一鸣．中国能源消费与经济增长的协整性与因果关系分析[J]．系统工程，2004（12)：17-21.

[7]张志柏．中国能源消费因果关系分析[J]．财贸研究,2008(3)：15-21.

[8]范雪红，张意翔．基于计量经济模型的能源消费与经济增长关系实证研究[J]．理论月刊，2005(12)：78-81.

[9]彭方平．STR 模型及我国货币政策传导非线性研究[D]．华中科技大学，2007.

[10]陆虹．中国环境问题与经济发展的关系分析:以大气污染为例[J]．财经研究,2000（10)：53-59.

[11]范金．可持续发展下的最优经济增长[M]．北京:经济管理出版社,2002.

[12]王瑞玲，陈印军．我国“三废”排放的库兹涅茨曲线特征及其成因的灰色关联度分析[J]．中国人口·资源与环境,2005(2)：42-47.

[13]包群，彭水军．经济增长与环境污染:基于面板数据的联立方程估计[J]．世界经济，2006（11)：48-58.

[14]彭水军，包群．经济增长与环境污染:环境库兹涅茨曲线假说的中国检验[J]．财经问题研究,2006(8)：3-17.

[15]李达，王春晓．我国经济增长与大气污染物排放的关系:基于分省面板数据的经验研究[J]．财经科学，2007（2)：43-50.

[16]许士春，何正霞．中国经济增长与环境污染关系的实证分析[J]．经济体制改革，2007(4)：22-26.

[17]田晓四，陈杰．南京市经济增长与工业“三废”污染水平计量模型研究[J]．长江流域资源与环境，2007(4)：410-413.

[18]沈锋．上海市经济增长与环境污染关系的研究[J]．财经研究，2008(9)：81-90.

[19]邓志强，任淑花．长株潭地区经济增长与工业污染变迁的实证研究[J]．长江流域资源与环境，2008(4)：517-521.

[20]高辉．环境污染与经济增长方式转变[J]．财经科学，2009（4）：102-109.

[21]杨万平，袁晓玲．环境库兹涅茨曲线假说在中国的经验研究[J]．长江流域资源与环境，2009(8)：704-710.

[22]刘金全，郑挺国．中国环境污染与经济增长之间的相关性研究[J]．中国软科学，2009(2)：98-106.

[23]许广月，宋德勇．中国碳排放环境库兹涅茨曲线的实证研究:基于省域面板数据[J]．中国工业经济,2010（5）：37-47.

[24]刘华军，闫庆悦．中国二氧化碳排放的环境库兹涅茨曲线:基于时间序列与面板数据的经验估计[J]．中国科技论坛,2011（4）：108-116.

[25]杨子晖．“经济增长”与“二氧化碳排放”关系的非线性研究:基于发展中国家的非线性 Granger 因果检验[J]．世界经济，2010(10)：139-161.

[26]IPCC. Climate Change 2007: The Physical Science Basis. Contribution of Working Group I to the Fourth Assessment Report of the Intergovernmental Panel on Climate Change[M]. Cambridge, UK and New York, USA: Cambridge University Press, 2007: 533-497.

[27] IPCC. Climate change 2007: the fourth assessment report of the intergovmental panel on climate change [M]. Cambridge: Cambridge University Press, 2007.

[28]RAY S C, DESLI E. Productivity growth, technical progress, and efficiency change in industrialization countries: Comment[J]. American Economic Review, 1997, 87(5): 1033-1039.

[29]FORSUND F R, KITTELSEN S A C. Productivity development of Norwegian electricity distribution utilities[J]. Resource and Energy Economics, 1998(20): 207-224.

[30]FAMA. The behavior of stock-market prices[J]. The Journal of Business,

1965 (38): 34-106.

[31]KRAFT J KRAFT A. On the relationship between energy and GNP[J]. Journal of Energy Development, 1978 (3): 401-403.

[32]FRANCIS B W, MOSELEY L. Energy Consumption and Projected Growth in Selected Caribbean Countries[J]. Energy Economics, 2007, 29(6):1224-1232.

[33]STERN D I. Energy use and economic growth in the USA: a multivariate approach[J]. Energy Economics, 1993 (22): 615-625.

[34] WOLDE - RUFAEL Y. Disaggregated industrial energy consumption and GDP: The case of Shanghai 1952-1999[J]. Energy Economics, 2004 (26): 69-75.

[35]HAMILTON J D. What is an oil shock[J]. Journal of Econometrics, 2003 (2): 363-398.

[36]LEE C C, Chang C P. The impact of energy consumption on economic growth: Evidence from linear and nonlinear models in Taiwan[J]. Energy, 2007(32): 2282-2294.

[37] FALLAHI. Causal relationship between energy consumption and GDP: A Markov-switching (MS) causality[J]. Energy, 2011(36): 4165-4170.

[38] GROSSMAN G M, KRUEGER A B. Environmental Impacts of the North American Free Trade Agreement[R]. NBER Working Paper, 1991: 3914-3928.

[39]STERN D I. Common M S. Is there an Environmental Kuznets Curve for Sulfur? [J]. Journal of Environmental Economics and Management, 2001, 41(2): 162-178.

附录　2010年低碳经济投入产出表的实证分析

一、能源消耗分析

能源是能力的载体，是促进经济增长的动力源泉，也是经济增长的重要投入要素，分析能源结构对于经济增长具有重要意义。本部分对北京市2010年低碳经济投入产出表的能源结构进行分析，先从整体上对煤炭、焦炭、汽油、煤油、柴油、燃料油、液化石油气、天然气、热力、电力等主要能源的消耗量进行分析；然后从部门以及产业的角度出发，分析主要能源的消耗量；最后从能源直接消耗系数和完全消耗系数的角度出发，细致地研究部门对能源的消耗。

（一）北京市2010年能耗情况分析

本部分从整体上对北京市主要能源的消耗量进行分析，利用标准煤换算系数将各个部门每种能源的消耗量折合成万吨标准煤计价，然后对同种能源的消耗量进行加总，得到每种能源按万吨标准煤计价的消耗总量，见表1。

表1　各种能源消耗总量

能源	标准煤（万吨）	百分比（%）	能源	标准煤（万吨）	百分比（%）
电力	2 362.15	34.2	柴油	344.93	4.99
煤炭	1 686.55	24.4	焦炭	214.13	3.1
天然气	858.57	12.4	汽油	208.27	3.02
煤油	577.70	8.37	燃料油	95.24	1.38
热力	516.03	7.48	液化石油气	42.32	0.6

由表1可以明显看出，北京市以消耗电力、煤炭、天然气为主，这三种能源的消耗比重分别为34.2%，24.4%，12.4%，占了一半以上的能源消耗。由于在此之前我们界定电力为二次能源，不属于一次能源，其产生的二氧化碳计为0，那么北京市的二氧化碳排放主要来自煤炭的燃烧。过度依赖煤炭带来的最大问题就是能源结构不合理，同时产生了大量的污染气体，使得环境质量越来越差，北京这几年雾

霾天的加剧与过多的煤炭燃烧有着密切的关系,政府应当逐步改变目前的能源结构,开发新能源替代传统能源。

下面从第一、二、三产业角度分析三个产业的主要能源消耗量的状况,三个产业部门划分依据《国民经济行业分类》(GB/T 4754—2011),将第一、二、三产业对应部门的各种能源消耗量进行加总,可以得到第一、二、三产业主要能源消耗量,见表 2。

表 2　第一、二、三产业能源消耗量及占比

能源	第一产业消耗量(万吨标准煤)	第二产业消耗量(万吨标准煤)	第三产业消耗量(万吨标准煤)	第一产业占比(%)	第二产业占比(%)	第三产业占比(%)
煤炭	47. 1	2031. 8	276. 9	2	86. 2	11. 8
焦炭	0. 0	220. 4	0	0	100	0. 0
汽油	4. 6	27. 4	109. 5	3. 3	19. 4	77. 3
煤油	0	0. 1	392. 5	0	0	100
柴油	5. 8	80. 3	150. 6	2. 5	33. 9	63. 6
燃料油	0	66. 4	0. 3	0	99. 6	0. 4
液化石油气	0	8. 4	16. 3	0. 2	34	65. 8
天然气	0	35. 5	29. 1	0	54. 9	45. 1
热力	0	5 521. 4	8 185. 2	0	40. 3	59. 7
电力	16. 9	329. 4	345. 3	2. 4	47. 7	49. 9

从表 2 中可以看出,第一产业消耗各种能源的数量都不多;第二产业总体上以消耗煤炭、焦炭、热力为主,其中煤炭的消耗占总量的 86. 2%,焦炭消耗占总量的 100%,热力占总量的 40. 3%;第三产业总体上以消耗热力、煤油、电力为主,其中热力的消耗占总量的 59. 7%,煤油占总量的 100%,电力消耗占总量的 49. 9%。

下面利用 38 个部门主要能源消耗量数据,从部门角度出发对各个部门在生产过程中对每种能源的消耗量进行分析。通过相关数据计算得到每种能源的高消耗部门,要对某种能源进行控制,就应该从高能耗的部门抓起,严格控制其能源的消耗量。以煤炭为例,通过表 3 能够看到电力、热力生产和供应业,金属矿采选业,非金属矿物制品业,以及化学工业是煤炭消耗最多的四个部门,分别消耗了 1 250. 51 万吨、306. 26 万吨、177. 45 万吨、110. 05 万吨煤炭。从部门名称上可以看出这几个煤炭的高消耗部门都是工业部门,如电力、热力生产和供应业需要燃烧大量的煤炭才能够提供充足的电力和热力。如果政府要控制煤炭的消耗量,可以对这几个部门的煤炭消耗进行严格的控制，在不影响目前产出的情况下，尽可能地提高煤炭的利用效率或者用其他清洁能源替代煤炭，这样会从整体上实现对煤炭消耗的较好控制。

表 3　煤炭消耗量前十位的部门

部　　门	煤炭(万吨)	部　　门	煤炭(万吨)
电力、热力生产和供应业	1 250.51	食品制造及烟草加工业	62.40
金属矿采选业	306.26	农、林、牧、渔业	47.14
非金属矿物制品业	177.45	批发、零售、住宿、餐饮业	42.43
化学工业	110.05	教育	33.93
金融、房地产业	94.07	租赁和商务服务业	27.93

综上所述，北京市能源结构以煤炭为主，这也是造成北京大气环境污染的重要原因。改变传统的以煤炭燃烧为主的能源结构、开发新能源已是当务之急。此外，第二产业部门的煤炭消耗占据了很大的比重，如电力、热力生产和供应业，金属矿采选业，非金属矿物制品业，化学工业等，这些部门的生产活动主要以燃烧煤炭为主，所以在今后的节能工作中要重点抓住这几个部门，严格控制其煤炭的消耗。

(二)部门能耗强度分析

能源是人类赖以生存的物质基础，对经济增长起着巨大的推动作用，是一国经济发展的重要投入要素之一，经济快速增长必然带来巨大的能源消耗，从经济发展的角度来看，对能耗进行分析有着非常重要的意义。本部分对北京市低碳经济投入产出表的 38 个部门的能耗强度进行分析，根据 38 个部门折合标准煤后的能源消耗总量以及每个部门的总产出数据，用每个部门的能源消耗总量除以相应部门的总产出就能计算出每个部门的能耗强度，并对部门的能耗强度进行比较，表 4 即为部门能耗强度排名情况。

表 4　部门能耗强度

排名	部　　门	能耗强度(万吨/万元)
1	金属矿采选业	0.000 158 095
2	非金属矿及其他矿采选业	0.000 099 907
3	石油加工、炼焦及核燃料加工业	0.000 091 964
4	非金属矿物制品业	0.000 066 546

续表

排名	部　　门	能耗强度(万吨/万元)
5	水的生产和供应业	0.000 055 052
6	交通运输、仓储和邮政业	0.000 041 700
7	农、林、牧、渔业	0.000 030 562
8	废品废料	0.000 029 521
9	教　育	0.000 022 133
10	化学工业	0.000 022 076
11	水利、环境和公共设施管理业	0.000 017 322
12	造纸印刷及文教体育用品制造业	0.000 017 227
13	纺织业	0.000 017 073
14	石油和天然气开采业	0.000 016 536
15	电力、热力生产和供应业	0.000 015 865
16	居民服务和其他服务业	0.000 015 128
17	食品制造及烟草加工业	0.000 014 269
18	木材加工及家具制造业	0.000 012 076
19	纺织服装鞋帽皮革羽绒及其制品业	0.000 010 271
20	金属制品业	0.000 009 991
21	金属冶炼及压延加工业	0.000 009 790
22	批发、零售、住宿、餐饮业	0.000 009 018
23	金融、房地产业	0.000 008 438
24	公共管理与社会组织	0.000 008 296
25	卫生、社会保障和社会福利业	0.000 008 210
26	文化、体育与娱乐业	0.000 007 990
27	工艺品及其他制造业	0.000 007 107
28	通用、专用设备制造业	0.000 006 367
29	燃气生产和供应业	0.000 005 483
30	建筑业	0.000 005 269
31	租赁和商务服务业	0.000 004 690
32	交通运输设备制造业	0.000 004 111

续表

排名	部　门	能耗强度(万吨/万元)
33	信息传输、计算机服务和软件业	0.000 003 587
34	电气机械及器材制造业	0.000 003 347
35	科学研究和技术服务业	0.000 003 088
36	仪器仪表及文化办公用机械制造业	0.000 002 797
37	通信设备、计算机及其他电子设备制造业	0.000 002 402
38	煤炭开采和洗选业	0.000 000 936

通过表 4 可以看出,金属矿采选业,非金属矿及其他矿采选业,石油加工、炼焦及核燃料加工业,非金属矿物制品业,以及水的生产和供应业的能耗强度在 38 个部门中排名在前五位,分别达到了 0. 000 158 095 万吨/万元、0. 000 099 907 万吨/万元、0. 000 091 964 万吨/万元、0. 000 066 546 万吨/万元、0. 000 055 052 万吨/万元。这说明这几个部门在生产活动中的能耗强度高,单位产出消耗的能源量多。这些部门基本上都属于第二产业部门,而第三产业部门的能耗强度普遍低于第二产业部门,可见北京的第二产业部门还是能源消耗的大户,减排工作还要重点落实在第二产业部门。

(三)能源直接消耗系数和能源完全消耗系数分析

能源直接消耗系数反映了每一个部门生产 1 元总产出所消耗能源的量,能源完全消耗系数反映了每一个部门生产 1 元最终产品所消耗能源的量。从这两个系数出发,可以对部门在生产过程中的能源消耗和二氧化碳排放进行细致的分析。

表 5 给出的是能源直接消耗系数最大的 10 个部门,可以看到石油加工、炼焦及核燃料加工业对热力的直接消耗系数最大,达到0. 000 296 670百万千焦/元,说明石油加工、炼焦及核燃料加工业生产 1 元的总产出所消耗的热力为0.000 296 670百万千焦,其他部门类比即可。能源直接消耗系数最大的 10 个部门所消耗的能源都是热力和煤炭,说明对这两种能源的消耗比较大,这为以后的减排工作提供了一定的依据。

表 5　直接消耗系数最大的 10 个部门

部　门	消耗的能源	直接消耗系数(百万千焦/元)
石油加工、炼焦及核燃料加工业	热力	0.000 296 670
教育	热力	0.000 143 989

续表

部 门	消耗的能源	直接消耗系数(百万千焦/元)
化学工业	热力	0.000 130 309
金属矿采选业	热力	0.000 112 778
金属矿采选业	煤炭	0.000 093 934
金属矿采选业	焦炭	0.000 065 192
电力、热力生产和供应业	煤炭	0.000 057 778
公共管理与社会组织	热力	0.000 055 709
文化、体育与娱乐业	热力	0.000 048 578
非金属矿物制品业	煤炭	0.000 043 745

表6给出了能源完全消耗系数最大的10个部门。完全消耗系数不仅包括直接消耗能源的量,还包括部门与部门之间生产活动即间接消耗能源的量,反映了部门在生产活动中产出单位最终产品所消耗能源的量。与表5的直接消耗系数对比,部门的排名发生了变化。例如,卫生、社会保障和社会福利业、工艺品及其他制造业、交通运输、仓储和邮政业、水的生产和供应业没有进入直接消耗系数前十名,说明它们在生产活动中直接消耗能源的量并不大,但是这些部门却进入了完全消耗系数的前十名,这就说明它们在生产活动中间接消耗了大量的能源,使得它们的整体能源消耗量变大了,所以它们的完全消耗系数就会很大。还有一点需要提及的是,表6中各部门消耗的能源主要都是热力,但是煤炭是热力的重要来源,这其实也变相地反映了煤炭的消耗。

表6 完全消耗系数最大的10个部门

部 门	消耗的能源	完全消耗系数(百万千焦/元)
石油加工、炼焦及核燃料加工业	热力	0.000 449 259
化学工业	热力	0.000 277 405
金属矿采选业	热力	0.000 276 522
金属矿采选业	煤炭	0.000 209 358
教育	热力	0.000 206 870
卫生、社会保障和社会福利业	热力	0.000 193 965
非金属矿及其他矿采选业	热力	0.000 159 585
工艺品及其他制造业	热力	0.000 158 422
交通运输、仓储和邮政业	热力	0.000 157 679
水的生产和供应业	热力	0.000 156 294

(四)能耗分析小结

通过上述对北京市的整体能源消耗分析、部门能耗强度分析、分产业能源消耗以及直接消耗系数和完全消耗系数分析,能够看出目前北京市的能源结构很不合理。通过上述数据能够得出以下几点需要注意的地方:

一是第二产业部门能源消耗总量所占比重较大,同时该产业部门的能耗强度也普遍高于其他产业部门。第二产业部门各种能源的消耗量(除煤油外)都很多,其中金属矿采选业,非金属矿及其他矿采选业,以及电力、热力生产和供应业这三个部门的直接消耗系数、完全消耗系数、能耗强度都很高,是能源消耗的大户部门,要特别引起重视。

二是北京市的能源消耗以煤炭为主,其他能源的利用率不高。以煤为主的能源结构已经不适应目前新形势的发展,这与产业结构调整及人们对美好生活和大气环境质量的追求都不一致;过多地依赖煤炭带来了众多的社会问题,这与国家未来坚持的可持续发展、低碳发展道路是违背的。因此,北京市要尽快进行能源结构的转型,改变传统的以煤为主的能源结构,通过技术的提高以及新能源的开发逐步对能源结构进行优化,最终完成能源结构的转型升级。

三是新能源的利用上明显存在不足,天然气利用只占总量的12%。天然气作为新兴能源是应当得到大力提倡的,它不像传统的煤炭、焦炭等能源燃烧后会造成大量的污染,天然气属于清洁能源,和我国目前对环境质量的发展要求是相互吻合的。大力开发类似于天然气这样的新能源,将会有力地改善目前的能源结构和环境状况,对于北京市实现低碳发展意义重大。

二、二氧化碳排放情况分析

(一)北京市2010年能耗引起的碳排放分析

本部分从整体上对北京市消耗各种能源所排放二氧化碳的量进行分析,利用《北京市统计年鉴(2011)》中分行业能源消耗总量以及各种能源的二氧化碳排放系数得出各种能源的二氧化碳排放总量,见图1。

通过图1可以很直观地看到,排名第一的是消耗煤炭,产生了6 127万吨二氧化碳;排名第二的是消耗天然气,产生了1 325万吨二氧化碳;排名第三的是消耗汽油,产生了1 023万吨二氧化碳。消耗煤炭所产生的二氧化碳量要明显高于其他能源,北京市二氧化碳的排放有一半以上来自煤炭,煤炭燃烧占总量的54.8%,可以说北京市二氧化碳排放的主要原因就在于煤炭的消耗。过多的煤炭消耗排放

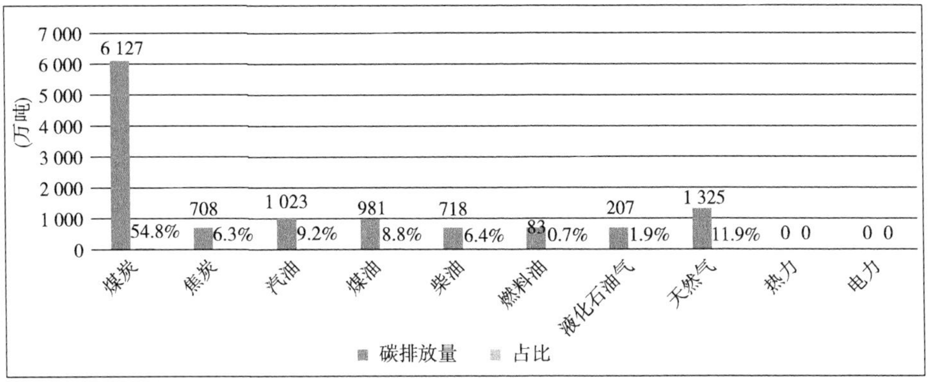

图 1　各种能源的二氧化碳排放总量及占比

了大量的二氧化碳，使得北京市成为一个温室城市，一个很明显的例子就是北京冬天的温度竟然要比南方某些城市的温度还要高，这与大量的二氧化碳排放有着密切的关系。

（二）分部门碳排放分析

本部分首先从部门的碳排放总量出发，分析北京市各部门在生产活动中消耗能源所产生的二氧化碳总量；然后从部门的碳排放强度出发，分析北京市各部门的碳排放强度，找到高碳排放强度的部门。

下面从部门的碳排放总量出发进行分析，利用低碳经济投入产出表中的数据将每个部门消耗所有能源所产生的碳排放量进行加总，就得到了 38 个部门的二氧化碳排放总量，见表 7。

表 7　38 个部门的二氧化碳排放总量

排名	部　　门	碳排放量(万吨)	占比(%)
1	电力、热力生产和供应业	3 377. 67	33. 73
2	交通运输、仓储和邮政业	1 926. 95	19. 25
3	金属矿采选业	1 351. 48	13. 50
4	非金属矿物制品业	473. 79	4. 73
5	金融、房地产业	398. 57	3. 98
6	批发、零售、住宿、餐饮业	326. 71	3. 26
7	化学工业	280. 79	2. 80
8	石油加工、炼焦及核燃料加工业	242. 97	2. 43

续表

排名	部　门	碳排放量(万吨)	占比(%)
9	建筑业	206.41	2.06
10	教　育	169.62	1.69
11	食品制造及烟草加工业	161.99	1.62
12	租赁和商务服务业	155.76	1.56
13	农、林、牧、渔业	137.56	1.37
14	交通运输设备制造业	99.01	0.99
15	公共管理与社会组织	82.61	0.83
16	科学研究和技术服务业	81.04	0.81
17	通用、专用设备制造业	64.44	0.64
18	石油和天然气开采业	57.75	0.58
19	卫生、社会保障和社会福利业	51.26	0.51
20	居民服务和其他服务业	49.05	0.49
21	造纸印刷及文教体育用品制造业	45.19	0.45
22	水利、环境和公共设施管理业	30.83	0.31
23	文化、体育与娱乐业	29.35	0.29
24	金属冶炼及压延加工业	29.02	0.29
25	纺织服装鞋帽皮革羽绒及其制品业	26.88	0.27
26	金属制品业	24.44	0.24
27	电气机械及器材制造业	22.34	0.22
28	纺织业	20.56	0.21
29	信息传输、计算机服务和软件业	18.03	0.18
30	燃气生产和供应业	17.10	0.17
31	非金属矿及其他矿采选业	10.12	0.10
32	通信设备、计算机及其他电子设备制造业	10.10	0.10
33	工艺品及其他制造业	9.32	0.09
34	木材加工及家具制造业	8.27	0.08
35	水的生产和供应业	4.31	0.04
36	废品废料	4.28	0.04
37	仪器仪表及文化办公用品机械制造业	3.74	0.04
38	煤炭开采和洗选业	3.05	0.03

通过表 7 可以清晰地看到,电力、热力生产和供应业,交通运输、仓储和邮政业,以及金属矿采选业高居前三位,分别排放了 3 377.67 万吨、1 926.95 万吨、1 351.48万吨二氧化碳,占碳排放总量的比例分别为 33.73%,19.25%,13.50%。这三个部门的碳排放比例合计高达 65%,为碳排放的绝大部分。通过 38 个部门二氧化碳排放数据可知,电力、热力生产和供应业部门碳排放量大的原因在于生产过程中消耗了过多的煤炭,这与部门的特点有关,电力、热力的供应过程需要大量的煤炭消耗提供支持,所以不可避免地出现过多的碳排放。交通运输、仓储和邮政业碳排放量大的原因在于生产过程中消耗了过多的煤油,交通运输等部门的生产活动特性决定了要大量依赖煤油的消耗,例如,煤油是火车、飞机等交通工具不可缺少的。金属矿采选业碳排放量大的原因在于生产活动中消耗了过多的煤炭和焦炭,金属矿的开采需要大量的煤炭和焦炭来支持,这也造成了过多的二氧化碳排放。

下面从部门的碳排放强度出发,分析各个部门的碳排放强度。碳排放强度是生产单位总产出(或增加值)所带来的二氧化碳排放量,主要用来衡量一个国家经济发展同碳排放量之间的关系。在此引入碳排放强度,对 38 个部门的碳排放强度进行对比,以找到碳排放强度高的部门。利用 38 个部门碳排放总量(万吨)和总产出(万元)数据,计算得到每个部门的碳排放强度数据,见表 8。

表 8　38 个部门碳排放强度

排名	部　　门	碳排放强度(万吨/万元)
1	金属矿采选业	0.000 414 517
2	非金属矿及其他矿采选业	0.000 219 319
3	电力、热力生产和供应业	0.000 156 061
4	非金属矿物制品业	0.000 116 799
5	交通运输、仓储和邮政业	0.000 072 728
6	农、林、牧、渔业	0.000 041 936
7	石油加工、炼焦及核燃料加工业	0.000 038 197
8	废品废料	0.000 034 036
9	石油和天然气开采业	0.000 033 055
10	纺织业	0.000 025 362
11	化学工业	0.000 024 265
12	食品制造及烟草加工业	0.000 022 085
13	居民服务和其他服务业	0.000 021 715

续表

排名	部　　门	碳排放强度(万吨/万元)
14	教　育	0.000 018 814
15	纺织服装鞋帽皮革羽绒及其制品业	0.000 018 744
16	造纸印刷及文教体育用品制造业	0.000 018 143
17	水利、环境和公共设施管理业	0.000 013 295
18	燃气生产和供应业	0.000 010 925
19	水的生产和供应业	0.000 008 721
20	木材加工及家具制造业	0.000 008 528
21	金属制品业	0.000 008 462
22	金融、房地产业	0.000 007 769
23	工艺品及其他制造业	0.000 007 692
24	金属冶炼及压延加工业	0.000 007 615
25	批发、零售、住宿、餐饮业	0.000 006 818
26	建筑业	0.000 006 512
27	卫生、社会保障和社会福利业	0.000 006 293
28	公共管理与社会组织	0.000 006 013
29	通用、专用设备制造业	0.000 005 827
30	交通运输设备制造业	0.000 004 379
31	租赁和商务服务业	0.000 004 003
32	文化、体育与娱乐业	0.000 003 902
33	电气机械及器材制造业	0.000 003 060
34	科学研究和技术服务业	0.000 002 039
35	仪器仪表及文化办公用品机械制造业	0.000 001 549
36	信息传输、计算机服务和软件业	0.000 000 601
37	煤炭开采和洗选业	0.000 000 518
38	通信设备、计算机及其他电子设备制造业	0.000 000 443

通过表8可以看出,金属矿采选业,非金属矿及其他矿采选业,电力、热力生产和供应业,非金属矿物制品业,以及交通运输、仓储和邮政业的碳排放强度排在前五位,分别为0.000 414 517万吨/万元、0.000 219 319万吨/万元、0.000 156 061

万吨/万元、0.000 116 799万吨/万元、0.000 072 728万吨/万元,它们的单位产出所排放的二氧化碳量要高于其他部门。除了交通运输、仓储和邮政业是第三产业部门外,其他四个部门都是第二产业部门。由此可见,第二产业部门的碳排放强度要明显高于第三产业部门,减排工作还要以第二产业部门为重点。

(三)直接碳排放系数和完全碳排放系数分析

本部分通过直接碳排放系数和完全碳排放系数,对各部门生产过程中的碳排放进行细致分析。根据前面对系数的定义,通过直接碳排放系数能够了解每个部门在生产活动中直接消耗各种能源排放的二氧化碳数量,通过完全碳排放系数能够了解每个部门在生产活动中直接和间接消耗各种能源排放的二氧化碳总量。

表9给出了直接碳排放系数最大的10个部门,该系数指的是每个部门每生产1元的总产出直接排放的二氧化碳量,反映了生产活动中二氧化碳的直接排放强度。该系数越大,说明生产单位产出所排放的二氧化碳量越多,则就应作为今后节能减排工作的重点。由表9中的数据可以看出,金属矿采选业生产1元总产出消耗煤炭排放的二氧化碳总量是0.000 209 473吨,这是所有直接碳排放系数中最高的;排名第二的也是金属矿采选业,只不过是生产1元总产出消耗焦炭排放0.000 198 183吨二氧化碳。这就说明金属矿采选业在生产活动中的直接碳排放强度高,最主要的原因就是大量地消耗煤炭和焦炭。

表9　直接碳排放系数最大的10个部门

部　　门	消耗的能源	直接碳排系数(吨/元)
金属矿采选业	煤炭	0.000 209 473
金属矿采选业	焦炭	0.000 198 183
电力、热力生产和供应业	煤炭	0.000 128 846
非金属矿及其他矿采选业	焦炭	0.000 110 093
非金属矿物制品业	煤炭	0.000 097 550
非金属矿及其他矿采选业	煤炭	0.000 059 381
非金属矿及其他矿采选业	柴油	0.000 047 895
交通运输、仓储和邮政业	煤油	0.000 045 586
农、林、牧、渔业	煤炭	0.000 032 047
燃气生产和供应业	煤炭	0.000 030 298

通过表9既确定了直接碳排放强度高的部门,也知道了碳排放强度高的原因,

这就给以后的碳减排工作提供了一定的依据。表 9 中的部门大都是工业部门,它们在生产过程中消耗了大量的能源,主要是煤炭和焦炭,加上煤炭和焦炭本身的二氧化碳排放系数也较大,所以就导致了它们的碳排放量很高。因此,政府减排工作要加大对这几个部门的治理力度,控制这些部门在生产活动中对能源的消耗,同时提高能源的利用效率。这将对整体的碳排放降低起到明显的作用。

表 10 给出了完全碳排放系数最大的 10 个部门,它反映了部门在生产活动中直接和间接消耗能源所排放的二氧化碳量。排名第一的仍是金属矿采选业,它生产 1 元最终产品完全消耗煤炭排放的二氧化碳量为0.000 317 233吨,是所有部门中完全碳排放强度最高的。

表 10 完全碳排系数最大的 10 个部门

部　门	消耗的能源	完全碳排系数(吨/元)
金属矿采选业	煤炭	0.000 317 233
电力、热力生产和供应业	煤炭	0.000 307 849
金属矿采选业	焦炭	0.000 204 786
金属冶炼及压延加工业	煤炭	0.000 201 056
非金属矿物制品业	煤炭	0.000 184 080
废品废料	煤炭	0.000 139 140
非金属矿及其他矿采选业	焦炭	0.000 130 990
金属制品业	煤炭	0.000 127 114
非金属矿及其他矿采选业	煤炭	0.000 120 264
金属冶炼及压延加工业	焦炭	0.000 117 684

对比表 9,会发现部门排名有所不同。例如,废品废料部门不在表 9 中,但是在表 10 中,原因在于废品废料部门在生产过程中直接消耗能源所排放的二氧化碳量并不大,但是它在间接生产中消耗能源产生的二氧化碳量较大,因而它的综合碳排放就比较大。交通运输、仓储和邮政业在表 9 中排在第八位,但是并没有进入完全碳排放系数的前十名,说明交通运输、仓储和邮政业的碳排放主要是在直接生产过程中因消耗煤油而产生的,它间接消耗能源产生的二氧化碳量很少,从而使得整体上的完全碳排放强度不大。通过表 10 既确定了完全碳排放强度较高的部门,也找到了对应消耗的能源品种,那么以后的重点就要放在这几个部门的治理上,这将会对整体上的碳排放强度的降低起到重要的作用。

（四）碳排放影响力系数分析

碳排放影响力系数反映国民经济中某一部门生产单位最终产品，对其他各部门所产生的碳排放的影响波及程度，该系数越大表明在该部门拉动影响下，全社会各部门完全排放的二氧化碳数量越多，该部门应该成为减排的重点。通过碳排放影响力系数的公式计算出每个部门的碳排放影响力系数，并按降序进行排列，见表 11。

表 11　38 个部门碳排影响力系数

排名	部　　门	碳排影响力系数
1	金属矿采选业	3.576 910
2	电力、热力生产和供应业	2.436 900
3	金属冶炼及压延加工业	2.362 499
4	非金属矿及其他矿采选业	2.299 613
5	非金属矿物制品业	1.863 085
6	金属制品业	1.489 628
7	废品废料	1.375 725
8	交通运输、仓储和邮政业	1.185 241
9	建筑业	1.179 314
10	工艺品及其他制造业	1.165 509
11	水的生产和供应业	1.143 602
12	化学工业	0.948 004
13	石油加工、炼焦及核燃料加工业	0.905 074
14	木材加工及家具制造业	0.861 737
15	电气机械及器材制造业	0.858 865
16	通用、专用设备制造业	0.836 171
17	农林牧渔业	0.801 746
18	水利、环境和公共设施管理业	0.787 808
19	食品制造及烟草加工业	0.768 576
20	纺织业	0.735 889
21	造纸印刷及文教体育用品制造业	0.715 460

续表

排名	部　门	碳排影响力系数
22	石油和天然气开采业	0.710 135
23	燃气生产和供应业	0.695 988
24	煤炭开采和洗选业	0.690 186
25	卫生、社会保障和社会福利业	0.671 560
26	纺织服装鞋帽皮革羽绒及其制品业	0.638 826
27	交通运输设备制造业	0.615 852
28	科学研究和技术服务业	0.614 819
29	通信设备、计算机及其他电子设备制造业	0.595 712
30	公共管理与社会组织	0.592 886
31	居民服务和其他服务业	0.572 432
32	仪器仪表及文化办公用品机械制造业	0.550 688
33	租赁和商务服务业	0.536 204
34	教　育	0.509 745
35	文化、体育与娱乐业	0.499 772
36	批发、零售、住宿、餐饮业	0.451 981
37	金融、房地产业	0.383 496
38	信息传输、计算机服务和软件业	0.372 364

通过表 11 中的数据能够清晰地看出，金属矿采选业，电力、热力生产和供应业，金属冶炼及压延加工业，非金属矿及其他矿采选业，非金属矿物制品业，金属制品业，废品废料，交通运输、仓储和邮政业，建筑业，工艺品及其他制造业，以及水的生产和供应业这些部门的碳排影响力系数均大于 1，表明这些部门的生产对其他部门所产生的碳排放影响波及程度高于社会平均水平，同时这些部门的直接碳排放系数和完全碳排系数也很大，所以应当将这些部门作为减排的重点。

(五) 居民生活碳排放分析

本节从城镇居民和农村居民角度出发，对居民在生活中消耗各种能源所产生的二氧化碳量进行分析，通过相关数据计算出城镇居民和农村居民的碳排放量，见表 12。

表 12　居民生活碳排情况　　单位：万吨

能源碳排	城镇居民	农村居民	能源碳排	城镇居民	农村居民
煤　炭	181.10	389.40	液化石油气	56.74	13.06
焦　炭	0	0	天然气	197.87	2.18
汽　油	570.00	10.56	热　力	0	0
煤　油	0	0	电　力	0	0
柴　油	0	1.01	合计	1 005.71	416.22
燃料油	0	0			

通过表 12 中的数据可知，北京市城镇居民消耗各种能源共产生了1 005.71万吨二氧化碳，农村居民消耗各种能源共产生了416.22万吨二氧化碳，城镇居民的二氧化碳排放量是农村居民的近乎三倍，合计产生了1 421.93万吨二氧化碳。如果将城镇居民和农村居民看作国民经济的一个部门，那么它的碳排放总量排在了第三位，仅次于电力、热力生产和供应业，以及交通运输、仓储和邮政业，是一个不容忽视的高碳排放部门。目前，我国正处在加速城镇化建设的时期，居民碳排放在未来可能呈现高速的增长，是未来减排工作必须面对的重要问题之一。

城镇居民二氧化碳的排放主要来源于汽油、天然气、煤炭的消耗；农村居民二氧化碳的排放主要来源于煤炭的消耗。这很容易解释，城镇居民的物质条件比农村居民好很多，大多数城镇家庭可能都有了自己的私家车，日常出行都是驾车，这就产生了对汽油的依赖，汽油的消耗产生了大量的二氧化碳；同时，城区的各种住宅小区已经安装上了天然气管道，城镇居民日常生活，如做饭、烧水、热水器等都要用到天然气，天然气的消耗造成了大量二氧化碳的排放；不少城镇居民在冬天依然采用的是集体供暖，集体供暖需要大量的煤炭燃烧来支持，这也造成了二氧化碳的高排放。而北京市农村居民的物质条件不如城镇居民好，私家车的数量远远不如城镇居民多，同时由于地理位置以及其他原因并没有开通天然气管道，日常生活中做饭、烧水、取暖等还用不上天然气，基本上靠的是烧煤，这就不可避免地导致一定量的二氧化碳排放。

（六）碳排放分析小结

本节对北京市碳排放的总体情况进行了分析，从整体碳排放、部门碳排放、居民碳排放的角度对北京市的碳排放情况进行了分析，通过实证分析可以得到以下几个结论：

一是北京市过多的二氧化碳排放主要是由煤炭消耗产生的，煤炭是二氧化碳排放的重要贡献因素；二是煤炭的过多消耗原因在于第二产业部门在生产活动中离不开煤炭的大量消耗；三是综合直接碳排放系数、完全碳排放系数、碳排放影响力系数的计算结果，确定了高碳排放的部门，即金属矿采选业，电力、热力生产和供应业，金属冶炼及压延加工业，非金属矿及其他矿采选业，非金属矿物制品业，金属制品业，废品废料，以及交通运输、仓储和邮政业，这些部门在生产活动中消耗能源排放了大量二氧化碳；四是城镇居民生活中要大量地使用汽油和天然气，这是城镇居民二氧化碳排放的主要原因，农村居民生活中要大量地依赖煤炭的消耗，这是农村居民二氧化碳排放的主要原因；五是第二产业部门排放了过多的二氧化碳，但是对经济的推动力明显弱于第三产业部门，第三产业部门以较低碳排放产生了较大的经济推动力，因此，大力发展第三产业部门应成为今后经济发展的主要方向。

三、本部分小结

（1）北京市的能源消耗结构不太合理。北京市消耗煤炭较多，其消耗比重占整个能源消费的24.4%，同时电力也主要是火电，所以可以说北京市就是以煤炭消费为主的能源消费城市。第二产业部门是煤炭的高消耗部门，通过能源直接消耗系数可以看出，金属矿采选业，电力、热力生产和供应业，以及非金属矿物制品业这三个部门煤炭的直接消耗系数很大，说明它们在生产过程中直接消耗的煤炭量很大。以煤炭为主的能源结构带来了众多的问题，既与国家及人民对北京大气环境质量的要求不相适应，也与未来产业发展的方向不一致，未来产业追求清洁生产需要清洁能源，而以煤为主的能源结构在很大程度上阻碍了产业和产品结构的调整。

（2）北京市碳排放主要是由煤炭消耗产生的。北京市煤炭消耗产生的二氧化碳占总量的55%，通过直接碳排放系数和完全碳排放系数可以看出，金属矿采选业，电力、热力生产和供应业，金属冶炼及压延加工业，非金属矿物制品业，金属制品业，以及非金属矿及其他矿采选业这几个部门在生产活动中消耗煤炭排放的二氧化碳量最多。另外需要注意的是，虽然交通运输、仓储和邮政业部门的完全碳排放系数不高，但是消耗煤炭的直接碳排放系数为0.000 045 586吨/元，排在了第八位，说明该部门在生产过程中也排放了较多的二氧化碳，所以要注意该部门的直接生产过程；废品废料业的直接碳排放系数不高，但是消耗煤炭的完全碳排放系数为0.000 139 14吨/元，排在了第六位，说明该部门生产活动中直接消耗煤炭产生的二氧化碳量不多，但是在间接使用过程中消耗煤炭产生的二氧化碳很多，所以要重点关注该部门的间接影响。

（3）各部门碳排放影响力系数表明，大于1的主要是第二产业。金属矿采选业，电力、热力生产和供应业，金属冶炼及压延加工业，非金属矿及其他矿采选业，非金属矿物制品业,金属制品业,废品废料,交通运输,仓储和邮政业,建筑业,工艺品及其他制造业,以及水的生产和供应业等的碳排放影响力系数均大于1,其他部门的碳排放影响力系数均小于1。碳排放影响力系数大于1表明这些部门的生产对其他部门所产生的碳排放影响波及程度高于社会平均水平,这些部门应当成为减排的重点。

(4)城镇居民的碳排放量要远远多于农村居民的碳排放量。城镇居民的碳排放主要来源于汽油和天然气的消耗,而农村居民的碳排放主要来源于煤炭的消耗。这与城镇居民和农村居民的生活条件有密切的关系。农村地区经济落后、交通不发达,人们对汽油、天然气等高品质能源的需求不足,对于煤炭的需求量比较大,因此农村居民的碳排放主要来源于煤炭的消耗;不同于农村的是,城镇居民的生活条件好、交通便利,私家车比较多,所以对于汽油的需求要远远大于农村,同时随着“西气东输”工程的开展,城镇里的住宅小区都已经安装了天然气管道,天然气成为人们日常生活中使用的主要能源,所以城镇居民的碳排放主要来源于汽油和天然气的消耗。

附表

表 1　北京市 2012 年低碳

投入＼产出		代码	中　间					
			农林牧渔产品和服务	煤炭采选产品	石油和天然气开采产品	金属矿采选产品	非金属矿和其他矿采选产品	食品和烟草
代码		—	01	02	03	04	05	06
中间投入	农林牧渔产品和服务	01	1 181 601	446	1	24	63	2 176 597
	煤炭采选产品	02	47 815	8 280 534	0	40 204	2 857	28 657
	石油和天然气开采产品	03	0	0	252	0	540	226
	金属矿采选产品	04	0	193	0	897 706	0	19
	非金属矿和其他矿采选产品	05	0	848	0	27 002	164 755	1 480
	食品和烟草	06	49 816	68	19	270	402	2 310 903
	纺织品	07	1 341	560	3	537	3 530	12 523
	纺织服装鞋帽皮革羽绒及其制品	08	0	1 307	73	1 759	3 744	13 542
	木材加工品和家具	09	14 854	830	20	279	657	9 057
	造纸印刷和文教体育用品	10	16 309	392	146	1 132	6 410	521 212
	石油、炼焦产品和核燃料加工品	11	88 026	3 070	398	78 470	184 061	26 083
	化学产品	12	260 462	9 303	10	14 073	167 996	655 055
	非金属矿物制品	13	657	2 709	2	2 816	14 731	215 418
	金属冶炼和压延加工品	14	4 023	7 540	0	44 248	12 973	5 156
	金属制品	15	30 023	3 377	9	4 476	18 455	220 051
	通用设备	16	0	3 010	69	24 054	43 825	25 758
	专用设备	17	52 154	5 242	89	15 939	384 256	12 029
	交通运输设备	18	21 695	818	12	3 342	17 440	1 547
	电气机械和器材	19	0	2 743	24	5 990	11 846	4 505
	通信设备、计算机和其他电子设备	20	0	452	10	476	11 768	2 280
	仪器仪表	21	0	188	33	231	43 144	1 378
	其他制造产品	22	0	67	0	561	437	2 530
	废品废料	23	0	0	0	3 070	336	53
	金属制品、机械和设备修理服务	24	16 256	10 661	2 913	208 190	51 146	76 517
	电力、热力生产和供应	25	95 941	11 638	550	89 699	11 554	151 596
	燃气生产和供应	26	781	239	11	1 851	238	20 595

经济投入产出表 单位:万元

使 用

纺织品	纺织服装鞋帽皮革羽绒及其制品	木材加工品和家具	造纸印刷和文教体育用品	石油、炼焦产品和核燃料加工品	化学产品	非金属矿物制品	金属冶炼和压延加工品	金属制品	通用设备
07	08	09	10	11	12	13	14	15	16
50 059	10 803	10 828	3 398	40	523 533	267	36	1 069	65
1 499	4 699	742	10 127	5 138	46 292	137 041	2 089	5 940	2 849
0	0	0	0	5 145 040	3 239	0	0	0	0
0	0	0	5	0	28 343	16 044	20 317	17 530	824
29	1	0	969	9	67 940	628 951	4 729	8 889	32
650	2 612	1 022	1 598	370	120 564	1 760	319	1 011	1 883
264 122	915 238	18 796	35 497	7 628	23 020	19 705	808	1 056	2 044
917	314 316	10 917	7 707	1 775	24 082	9 358	1 023	4 608	6 266
2 286	5 038	505 907	39 864	3 363	13 870	9 255	2 029	6 034	17 941
2 080	36 696	27 965	1 125 437	11 860	342 917	30 605	3 424	24 436	50 288
2 829	11 663	7 053	60 263	772 943	368 853	296 550	12 822	22 242	49 400
67 101	43 604	71 572	365 393	176 774	5 548 365	369 048	277 604	170 895	166 692
71	1 267	24 513	5 527	1 145	78 537	1 161 584	8 611	100 107	45 858
176	747	54 951	473 513	1 358	118 859	525 683	2 383 485	2 110 063	1 117 755
432	5 108	24 598	18 897	7 323	63 684	101 936	9 094	284 796	307 303
1 036	5 625	6 353	13 714	6 978	50 453	43 704	14 070	46 090	1 747 930
372	4 884	1 892	7 476	3 365	31 850	15 060	3 818	6 863	36 904
51	518	261	814	230	4 095	6 093	763	1 419	65 613
354	1 948	2 047	4 602	1 201	9 741	6 986	1 829	14 641	258 751
130	1 756	1 783	1 108	288	10 016	2 429	742	10 910	304 584
9	88	14	414	2 781	5 695	1 524	680	9 165	131 233
202	28 222	267	1 666	1 301	3 069	794	838	618	7 651
98	351	175	10 005	342	55 774	123 388	25 011	12 777	4 101
9 885	27 619	8 998	47 677	24 562	88 597	123 919	26 922	46 442	94 119
13 530	27 337	28 507	85 636	82 014	373 575	202 277	64 377	115 023	84 901
1 745	1 595	1 482	8 205	1 687	17 321	45 033	34 463	11 882	5 928

投入＼产出		代码	中间					
			农林牧渔产品和服务	煤炭采选产品	石油和天然气开采产品	金属矿采选产品	非金属矿和其他矿采选产品	食品和烟草
代码		—	01	02	03	04	05	06
中间投入	水的生产和供应	27	5 298	453	7	756	1 367	5 848
	建筑	28	0	555	403	4 654	482	9 756
	批发和零售	29	130 109	252 987	322	59 537	125 954	638 157
	交通运输、仓储和邮政	30	143 640	528 398	365	66 727	50 100	507 800
	住宿和餐饮	31	7 139	1 480	451	3 394	12 124	129 713
	信息传输、软件和信息技术服务	32	471	81	133	514	2 385	16 226
	金融	33	22 423	35 574	1 109	114 405	54 351	148 180
	房地产	34	0	54	297	90	10 314	23 841
	租赁和商务服务	35	1 793	4 335	3 346	12 676	25 765	363 436
	科学研究和技术服务	36	133 444	1 374	20	1 958	1 798	60 090
	水利、环境和公共设施管理	37	94 210	19	8	725	167	438
	居民服务、修理和其他服务	38	15 901	1 422	28	2 898	2 488	40 369
	教育	39	1 913	877	7	813	3 123	2 952
	卫生和社会工作	40	317	0	0	0	0	0
	文化、体育和娱乐	41	2 123	138	48	469	1 664	2 838
	公共管理、社会保障和社会组织	42	14 928	48	161	210	97	1 458
	中间投入合计	TII	2 455 463	9 174 029	11 350	1 736 227	1 449 342	8 445 867
增加值	劳动者报酬	VA001	1 027 915	172 685	4 354	215 402	818 350	827 073
	生产税净额	VA002	10 907	156 092	-3 212	81 935	165 125	683 178
	固定资产折旧	VA003	242 148	11 172	10 914	31 651	309 081	192 541
	营业盈余	VA004	221 067	204 961	24 565	-26 108	-432	102 393
	增加值合计	TVA	1 502 037	544 909	36 621	302 880	1 292 124	1 805 185
	总投入	II	3 957 500	9 718 938	47 971	2 039 107	2 741 466	10 251 052
能源消耗	煤炭(万吨)		44.60	1.34	0.00	44.53	1.47	56.32
	焦炭(万吨)		0.00	0.00	0.00	27.73	0.00	0.00
	汽油(万吨)		5.05	0.07	0.01	0.13	0.70	1.53
	煤油(万吨)		0.00	0.00	0.00	0.00	0.00	0.00
	柴油(万吨)		3.81	0.10	0.00	4.41	21.37	1.58

续表

使　用

纺织品	纺织服装鞋帽皮革羽绒及其制品	木材加工品和家具	造纸印刷和文教体育用品	石油、炼焦产品和核燃料加工品	化学产品	非金属矿物制品	金属冶炼和压延加工品	金属制品	通用设备
07	08	09	10	11	12	13	14	15	16
212	1 075	661	2 153	9 204	17 046	2 698	791	2 810	2 330
166	2 182	5 854	4 820	1 159	11 719	69 451	1 490	94 988	4 111
31 601	168 905	88 783	191 626	275 963	561 230	228 317	92 383	156 016	571 066
18 370	56 435	54 686	97 236	288 552	439 410	303 142	68 226	125 101	180 626
1 374	10 142	7 520	15 855	3 056	214 047	33 638	4 895	23 870	53 354
1 987	19 571	5 889	11 846	1 177	47 123	10 001	2 581	16 118	25 492
3 787	22 369	9 343	30 548	29 905	136 303	68 722	26 606	46 424	78 382
377	9 951	9 794	12 740	868	17 667	20 872	1 962	6 486	15 246
1 200	58 317	17 987	37 580	57 060	400 610	64 672	21 138	33 619	123 882
927	9 467	4 110	15 145	11 870	129 264	15 851	6 115	17 228	46 749
25	162	100	252	30	4 108	588	88	328	663
358	10 318	3 287	8 247	9 985	38 180	9 206	3 612	5 727	20 791
107	1 339	720	1 702	822	8 671	2 360	580	2 428	4 717
0	0	0	0	0	0	0	0	0	0
152	999	614	1 554	233	16 773	3 398	524	1 981	4 067
52	444	249	505	84	3 982	746	184	666	1 621
480 360	1 823 408	1 020 241	2 761 322	6 949 483	10 068 416	4 712 657	3 131 080	3 568 295	5 644 009
28 167	329 370	122 183	385 847	117 457	1 548 991	492 204	110 008	314 372	744 568
10 474	99 294	46 290	107 913	829 796	923 239	239 639	90 970	131 929	236 102
7 297	39 612	21 270	142 380	68 187	306 341	115 254	53 295	90 448	170 984
9 894	187 669	23 563	221 544	269 053	2 043 323	240 659	5 281	166 642	176 743
55 833	655 945	213 307	857 683	1 284 492	4 821 894	1 087 756	259 553	703 392	1 328 397
536 193	2 479 353	1 233 548	3 619 005	8 233 975	14 890 309	5 800 414	3 390 634	4 271 687	6 972 407
4.30	14.21	2.78	12.46	3.29	91.43	152.13	2.63	6.78	6.65
0.00	0.00	0.00	0.00	0.00	0.01	2.15	0.85	0.06	0.91
0.12	0.88	0.64	1.26	0.05	2.15	0.98	0.20	1.13	1.16
0.00	0.00	0.00	0.01	0.00	0.00	0.00	0.00	0.00	0.02
0.03	0.24	0.18	0.42	0.08	1.41	10.00	0.44	0.48	0.56

	投入＼产出	代码	中间					
			农林牧渔产品和服务	煤炭采选产品	石油和天然气开采产品	金属矿采选产品	非金属矿和其他矿采选产品	食品和烟草
	代码	—	01	02	03	04	05	06
能源消耗	燃料油(万吨)		0.00	0.00	0.00	0.01	0.00	0.03
	液化石油气(万吨)		0.07	0.00	0.00	0.00	0.04	0.31
	天然气(亿立方米)		0.01	0.00	0.06	0.24	0.02	0.78
	热力(亿百万千焦)		0.00	1.16	0.00	162.85	1.56	251.16
	电力(亿千瓦时)		18.14	1.72	0.26	16.34	1.08	14.55
	炼厂干气(万吨)		0.00	0.00	0.00	0.00	0.00	0.00
	其他石油制品(万吨)		0.00	0.00	0.00	0.00	0.00	0.00
	石脑油(万吨)		0.00	0.00	0.00	0.00	0.00	0.00
	润滑油(万吨)		0.00	0.05	0.00	0.21	0.07	1.56
	石油沥青(万吨)		0.00	0.00	0.00	0.01	0.00	0.03
	能源消费总量(万吨标准煤)		100.75	6.44	0.77	150.94	36.97	327.82
二氧化碳排放量	煤炭(万吨)		99.46	2.99	0.00	99.30	3.28	125.59
	焦炭(万吨)		0.00	0.00	0.00	84.30	0.00	0.00
	汽油(万吨)		15.15	0.21	0.03	0.39	2.10	4.59
	煤油(万吨)		0.00	0.00	0.00	0.00	0.00	0.00
	柴油(万吨)		12.04	0.32	0.00	13.94	67.53	4.99
	燃料油(万吨)		0.00	0.00	0.00	0.03	0.00	0.10
	液化石油气(万吨)		0.22	0.00	0.00	0.00	0.13	0.98
	天然气(万吨)		0.22	0.00	1.31	5.24	0.44	17.04
	热力(万吨)		0.00	0.00	0.00	0.00	0.00	0.00
	电力(万吨)		0.00	0.00	0.00	0.00	0.00	0.00
	炼厂干气(万吨)		0.00	0.00	0.00	0.00	0.00	0.00
	其他石油制品(万吨)		0.00	0.00	0.00	0.00	0.00	0.00
	石脑油(万吨)		0.00	0.00	0.00	0.00	0.00	0.00
	润滑油(万吨)		0.00	0.15	0.00	0.62	0.21	4.60
	石油沥青(万吨)		0.00	0.00	0.00	0.00	57.55	0.00
	能源排放合计(万吨)		127.09	3.66	1.34	203.82	131.23	157.89

续表

使 用

纺织品	纺织服装鞋帽皮革羽绒及其制品	木材加工品和家具	造纸印刷和文教体育用品	石油、炼焦产品和核燃料加工品	化学产品	非金属矿物制品	金属冶炼和压延加工品	金属制品	通用设备
07	08	09	10	11	12	13	14	15	16
0.00	0.00	0.01	0.01	67.12	3.51	3.18	0.00	0.00	0.00
0.02	0.03	0.02	0.05	2.66	0.38	0.11	0.03	0.51	0.10
0.03	0.03	0.03	0.36	2.62	0.75	0.98	0.92	0.44	0.19
18.97	37.21	15.37	84.49	1 594.33	1 321.13	33.17	32.54	46.43	143.71
1.35	2.28	2.49	7.87	17.38	29.51	21.45	7.91	6.56	6.16
0.00	0.00	0.00	0.00	74.09	0.00	0.00	0.00	0.00	0.00
0.00	0.00	0.00	0.00	185.50	0.00	1.08	0.00	0.00	0.04
0.00	0.00	0.00	0.00	41.97	19.21	0.00	0.00	0.00	0.00
0.19	2.05	1.39	2.38	0.16	3.00	1.79	0.32	1.81	1.68
0.00	0.00	0.01	0.01	67.12	3.51	3.18	0.00	0.00	0.00
8.86	24.04	14.01	45.60	564.68	227.78	235.20	40.70	37.66	38.37
9.59	31.69	6.20	27.79	7.34	203.89	339.25	5.86	15.12	14.83
0.00	0.00	0.00	0.00	0.00	0.03	6.54	2.58	0.18	2.77
0.36	2.64	1.92	3.78	0.15	6.45	2.94	0.60	3.39	3.48
0.00	0.00	0.00	0.03	0.00	0.00	0.00	0.00	0.00	0.06
0.09	0.76	0.57	1.33	0.25	4.46	31.60	1.39	1.52	1.77
0.00	0.00	0.03	0.03	217.47	11.37	10.30	0.00	0.00	0.00
0.06	0.10	0.06	0.16	8.43	1.20	0.35	0.10	1.62	0.32
0.66	0.66	0.66	7.86	57.22	16.38	21.40	20.09	9.61	4.15
0.00	0.00	0.00	0.00	0.00	0.00	0.00	0.00	0.00	0.00
0.00	0.00	0.00	0.00	0.00	0.00	0.00	0.00	0.00	0.00
0.00	0.00	0.00	0.00	196.34	0.00	0.00	0.00	0.00	0.00
0.00	0.00	0.00	0.00	547.23	0.00	3.19	0.00	0.00	0.12
0.00	0.00	0.00	0.00	123.81	56.67	0.00	0.00	0.00	0.00
0.56	6.05	4.10	7.02	0.47	8.85	5.28	0.94	5.34	4.96
0.00	0.00	0.00	0.00	0.00	0.06	0.00	0.00	0.00	0.00
11.32	41.88	13.54	48.00	1 158.71	309.36	420.85	31.57	36.77	32.45

投入 \ 产出		代码	中间					
			专用设备	交通运输设备	电气机械和器材	通信设备、计算机和其他电子设备	仪器仪表	其他制造产品
代码		—	17	18	19	20	21	22
中间投入	农林牧渔产品和服务	01	473	313	170	194	19	37 444
	煤炭采选产品	02	2 198	13 940	759	652	355	16 744
	石油和天然气开采产品	03	0	0	0	0	0	0
	金属矿采选产品	04	4 081	131	8 479	278	98	253
	非金属矿和其他矿采选产品	05	2 586	1 321	1 134	3 399	76	18
	食品和烟草	06	2 728	1 926	1 885	3 186	995	749
	纺织品	07	7 060	49 239	3 147	2 646	1 135	7 049
	纺织服装鞋帽皮革羽绒及其制品	08	10 152	160 549	4 015	5 028	1 933	1 531
	木材加工品和家具	09	5 531	327 557	16 792	7 385	1 572	1 640
	造纸印刷和文教体育用品	10	39 683	195 922	36 393	326 745	19 874	4 329
	石油、炼焦产品和核燃料加工品	11	39 878	107 535	21 449	26 214	7 756	7 325
	化学产品	12	196 568	2 053 668	319 483	753 732	46 829	32 202
	非金属矿物制品	13	21 249	204 900	173 142	327 134	18 120	2 818
	金属冶炼和压延加工品	14	776 956	1 844 055	859 349	290 026	133 144	52 355
	金属制品	15	290 620	744 378	530 092	180 076	33 688	125 931
	通用设备	16	726 320	1 464 919	746 170	171 490	82 992	9 124
	专用设备	17	868 352	86 721	59 319	70 391	29 020	910
	交通运输设备	18	29 442	11 266 886	3 157	2 197	5 498	90 427
	电气机械和器材	19	344 167	778 258	2 105 000	747 872	321 338	12 639
	通信设备、计算机和其他电子设备	20	245 901	558 174	543 079	14 968 211	358 288	15 749
	仪器仪表	21	62 736	954 551	46 741	24 894	535 526	14 548
	其他制造产品	22	19 242	1 159	246	4 338	515	10 680
	废品废料	23	752	5 257	24	51	305	0
	金属制品、机械和设备修理服务	24	72 617	159 359	69 404	143 606	24 681	15 338
	电力、热力生产和供应	25	70 971	186 268	81 194	175 651	22 380	18 011
	燃气生产和供应	26	3 218	39 082	3 120	10 620	699	652

续表

使 用

废品废料	金属制品、机械和设备修理服务	电力、热力生产和供应	燃气的生产和供应	水的生产和供应	建筑	批发和零售	交通运输、仓储和邮政	住宿和餐饮	信息传输、软件和信息技术服务
23	24	25	26	27	28	29	30	31	32
3	23	249	61	353	273 640	3 574	4 282	1 201 606	67
75	768	744 256	56	73	59 993	0	50 614	0	0
0	0	0	1 568 451	0	0	0	0	0	0
0	0	0	0	0	0	0	0	84	0
0	5	4 144	2	40	1 512 660	102	5 010	288	3
21	112	3 050	167	246	13 164	21 810	264 595	3 421 950	20 163
1 449	4 201	59	12	188	3 785	21 194	74 130	27 622	761
136	1 213	24 305	4 110	2 391	136 353	32 857	63 330	33 051	4 748
16	1 290	309	112	75	1 315 473	9 156	37 365	17 253	5 113
561	4 361	51 021	2 008	2 157	227 533	95 139	274 473	174 280	497 932
5 006	8 398	162 510	41 874	1 754	416 319	241 413	6 288 167	25 578	40 476
18 779	12 967	21 663	1 921	33 406	1 072 216	43 406	87 435	135 790	85 294
616	6 031	21 088	71	2 873	9 566 797	1 464	43 639	42 577	3 455
1 958	3 710	11 666	2 237	5 530	10 649 598	727	130 586	805	3
661	11 760	183 946	375	30 794	1 596 519	54 062	45 330	41 387	15 725
1 013	75 784	310 283	1 469	21 513	175 916	11 646	55 447	77 732	4 790
54	446	15 423	1 356	1 999	139 393	336	77 489	4 991	2 086
723	42 073	410	320	192	12 286	313 664	625 952	3 862	2 944
43	9 424	298 796	617	979	2 194 119	333 897	69 568	11 139	457 679
47	7 496	18 214	676	345	150 721	608 236	59 387	18 810	6 638 172
2	2 378	6 948	1 292	2 419	55 013	16 071	11 991	443	4 221
3	656	802	41	36	4 384	68	8 694	120 791	1 655
26 742	3 804	12	0	97	1	0	0	0	0
101	26 563	367 726	12 225	57 423	19 317	95 715	1 218 559	65 997	150 936
708	5 434	24 300 778	44 442	57 352	331 377	272 324	1 089 424	462 766	215 858
187	3 892	818 405	135 920	2 844	9 746	8 510	227 523	199 811	6 657

投入＼产出		代码	中间					
			专用设备	交通运输设备	电气机械和器材	通信设备、计算机和其他电子设备	仪器仪表	其他制造产品
代码		—	17	18	19	20	21	22
中间投入	水的生产和供应	27	2 780	4 067	2 060	9 270	900	587
	建筑	28	18 716	11 588	19 636	25 798	1 381	1 513
	批发和零售	29	521 170	3 106 261	829 152	2 693 613	254 095	58 707
	交通运输、仓储和邮政	30	187 987	577 641	212 025	270 864	60 731	17 390
	住宿和餐饮	31	74 162	84 476	49 432	78 437	25 390	4 551
	信息传输、软件和信息技术服务	32	23 977	19 470	15 529	90 843	28 248	1 175
	金融	33	105 333	123 084	109 307	167 770	25 321	3 620
	房地产	34	13 387	23 445	19 315	22 276	9 597	659
	租赁和商务服务	35	93 252	386 147	93 297	232 218	26 624	9 580
	科学研究和技术服务	36	146 892	368 009	58 446	157 354	37 459	3 911
	水利、环境和公共设施管理	37	985	740	717	1 164	337	77
	居民服务、修理和其他服务	38	25 626	87 257	24 984	52 750	9 197	2 340
	教育	39	6 619	8 130	2 591	9 444	1 754	593
	卫生和社会工作	40	0	0	0	0	0	0
	文化、体育和娱乐	41	5 788	4 138	3 927	6 464	1 913	418
	公共管理、社会保障和社会组织	42	2 653	8 870	1 386	7 651	802	182
	中间投入合计	TII	5 072 805	26 019 392	7 075 549	22 071 933	2 130 589	583 771
增加值	劳动者报酬	VA001	831 761	1 593 470	641 357	1 337 428	310 049	113 915
	生产税净额	VA002	206 257	1 793 351	210 535	430 914	91 731	24 155
	固定资产折旧	VA003	106 431	539 432	140 846	627 700	33 749	26 973
	营业盈余	VA004	-79 574	2 237 118	293 494	272 352	147 263	-15 367
	增加值合计	TVA	1 064 875	6 163 371	1 286 233	2 668 395	582 793	149 675
	总投入	II	6 137 681	32 182 763	8 361 782	24 740 328	2 713 381	733 447
能源消耗	煤炭(万吨)		5.14	20.63	6.65	0.68	0.65	0.08
	焦炭(万吨)		0.03	0.48	0.02	0.00	0.00	0.00
	汽油(万吨)		1.03	2.00	1.18	0.70	0.62	0.13
	煤油(万吨)		0.00	0.03	0.00	0.00	0.00	0.00
	柴油(万吨)		0.31	1.94	0.09	0.09	0.04	0.10

续表

使　用

废品废料	金属制品、机械和设备修理服务	电力、热力生产和供应	燃气的生产和供应	水的生产和供应	建筑	批发和零售	交通运输、仓储和邮政	住宿和餐饮	信息传输、软件和信息技术服务
23	24	25	26	27	28	29	30	31	32
31	282	19 145	2 539	25 614	58 159	9 648	20 629	23 040	2 546
70	1 417	113 872	1 259	5 602	669 115	62 389	149 405	73 697	23 266
4 277	33 003	218 546	72 485	17 636	0	2 385 412	108 920	0	0
8 410	17 523	120 321	79 075	7 536	504 582	2 530 425	8 095 873	41 507	330 176
389	2 881	43 050	3 782	2 460	360 315	486 796	259 161	36 177	260 314
328	1 179	175 959	3 658	2 846	33 107	265 387	197 130	34 488	3 748 657
416	8 922	1 293 941	9 702	32 109	1 227 690	2 566 490	2 144 779	280 809	352 520
1 741	1 447	101 985	14 364	1 829	25 959	1 098 040	139 769	567 174	265 666
1 285	11 156	124 407	22 458	10 036	551 698	4 770 666	1 069 272	877 830	1 353 425
117	1 195	126 028	3 797	3 313	442 474	642 025	272 936	41 933	535 141
8	46	293	67	54 590	3 471	5 963	948	570	2 936
47	1 776	47 652	4 448	3 890	48 094	76 623	319 516	77 101	26 642
70	1 005	3 655	1 102	1 098	31 696	39 944	34 846	11 696	25 644
0	0	0	0	0	0	1 168	1 447	479	6 055
58	252	10 943	399	422	26 980	56 585	20 742	37 266	97 912
4	43	1 016	146	135	3 982	9 367	4 728	3 321	322 435
76 153	314 916	29 766 875	2 039 099	394 193	33 923 645	17 192 300	23 653 092	8 195 700	15 512 072
5 338	133 111	1 069 949	136 823	114 406	4 168 075	8 560 877	4 694 599	2 555 980	8 682 052
613	28 658	719 314	−8 201	−56 890	2 096 202	7 619 410	760 757	605 914	1 756 484
1 458	19 219	2 593 982	70 999	133 602	726 603	1 138 363	2 898 309	431 153	1 990 819
147 980	3 724	544 433	97 885	−12 925	658 573	4 979 050	−190 565	137 553	3 729 064
155 389	184 712	4 927 678	297 506	178 192	7 649 452	22 297 700	8 163 100	3 730 600	16 158 419
231 542	499 627	34 694 553	2 336 605	572 384	41 573 097	39 490 000	31 816 192	11 926 300	31 670 491
0.38	2.82	1 213.53	0.00	0.44	11.85	11.53	15.86	27.77	1.14
0.00	0.03	0.00	0.00	0.00	0.00	0.00	0.00	0.00	0.00
0.02	0.74	1.35	0.23	0.19	9.61	26.00	44.03	1.77	3.96
0.00	0.07	0.00	0.00	0.00	0.00	0.00	442.79	0.00	0.00
0.05	0.17	0.91	0.06	0.10	26.80	6.09	117.34	0.94	0.44

投入 \ 产出		代码	中间					
			专用设备	交通运输设备	电气机械和器材	通信设备、计算机和其他电子设备	仪器仪表	其他制造产品
代码		—	17	18	19	20	21	22
能源消耗	燃料油(万吨)		0.01	0.03	0.00	0.00	0.00	0.00
	液化石油气(万吨)		0.01	0.13	0.03	0.02	0.00	0.01
	天然气(亿立方米)		0.12	1.93	0.15	0.28	0.06	0.02
	热力(亿百万千焦)		106.44	298.10	95.12	217.16	55.16	37.11
	电力(亿千瓦时)		4.54	20.39	4.86	23.37	1.27	0.90
	炼厂干气(万吨)		0.00	0.00	0.00	0.00	0.00	0.00
	其他石油制品(万吨)		0.00	0.12	0.03	0.00	0.00	0.00
	石脑油(万吨)		0.00	0.00	0.00	0.00	0.00	0.00
	润滑油(万吨)		1.02	1.54	1.50	0.94	0.77	0.21
	石油沥青(万吨)		0.00	0.00	0.00	0.00	0.00	0.00
	能源消费总量(万吨标准煤)		26.03	116.30	28.95	82.79	8.97	6.52
二氧化碳排放量	煤炭(万吨)		11.46	46.00	14.83	1.52	1.45	0.18
	焦炭(万吨)		0.09	1.46	0.06	0.00	0.00	0.00
	汽油(万吨)		3.09	6.00	3.54	2.10	1.86	0.39
	煤油(万吨)		0.00	0.09	0.00	0.00	0.00	0.00
	柴油(万吨)		0.98	6.13	0.28	0.28	0.13	0.32
	燃料油(万吨)		0.03	0.10	0.00	0.00	0.00	0.00
	液化石油气(万吨)		0.03	0.41	0.10	0.06	0.00	0.03
	天然气(万吨)		2.62	42.15	3.28	6.12	1.31	0.44
	热力(万吨)		0.00	0.00	0.00	0.00	0.00	0.00
	电力(万吨)		0.00	0.00	0.00	0.00	0.00	0.00
	炼厂干气(万吨)		0.00	0.00	0.00	0.00	0.00	0.00
	其他石油制品(万吨)		0.00	0.35	0.09	0.00	0.00	0.00
	石脑油(万吨)		0.00	0.00	0.00	0.00	0.00	0.00
	润滑油(万吨)		3.01	4.54	4.43	2.77	2.27	0.62
	石油沥青(万吨)		0.00	0.00	0.00	0.00	0.00	0.00
	能源排放合计(万吨)		21.32	107.24	26.60	12.85	7.02	1.97

续表

使　用

废品废料	金属制品、机械和设备修理服务	电力、热力生产和供应	燃气的生产和供应	水的生产和供应	建筑	批发和零售	交通运输、仓储和邮政	住宿和餐饮	信息传输、软件和信息技术服务
23	24	25	26	27	28	29	30	31	32
0.00	0.00	1.99	0.00	0.00	0.00	0.03	1.28	0.03	0.00
0.00	0.01	0.05	3.88	0.01	0.71	0.63	0.34	14.07	0.04
0.00	0.15	34.49	0.43	0.06	0.49	0.62	8.22	4.67	0.14
1.42	23.70	253.71	6.68	24.98	125.62	690.58	663.38	653.59	317.93
0.35	1.72	92.42	0.80	8.91	25.89	45.27	69.11	43.62	37.24
0.00	0.00	0.00	0.00	0.00	0.00	0.00	0.00	0.00	0.00
0.00	0.00	0.00	0.00	0.00	0.00	0.00	0.00	0.00	0.00
0.00	0.00	0.00	0.00	0.00	0.00	0.00	0.00	0.00	0.00
0.05	2.13	0.20	0.03	0.07	0.00	0.00	0.00	0.00	0.00
0.00	0.00	0.00	0.00	0.00	0.00	0.00	0.00	0.00	0.00
1.59	14.48	400.38	10.92	28.78	150.45	221.68	1 235.05	262.34	129.64
0.85	6.29	2 706.17	0.00	0.98	26.43	25.71	35.37	61.93	2.54
0.00	0.09	0.00	0.00	0.00	0.00	0.00	0.00	0.00	0.00
0.06	2.22	4.05	0.69	0.57	28.83	78.00	132.09	5.31	11.88
0.00	0.22	0.00	0.00	0.00	0.00	0.00	1 363.79	0.00	0.00
0.16	0.54	2.88	0.19	0.32	84.69	19.24	370.79	2.97	1.39
0.00	0.00	6.45	0.00	0.00	0.00	0.10	4.15	0.10	0.00
0.00	0.03	0.16	12.30	0.03	2.25	2.00	1.08	44.60	0.13
0.00	3.28	753.26	9.39	1.31	10.70	13.54	179.52	101.99	3.06
0.00	0.00	0.00	0.00	0.00	0.00	0.00	0.00	0.00	0.00
0.00	0.00	0.00	0.00	0.00	0.00	0.00	0.00	0.00	0.00
0.00	0.00	0.00	0.00	0.00	0.00	0.00	0.00	0.00	0.00
0.00	0.00	0.00	0.00	0.00	0.00	0.00	0.00	0.00	0.00
0.00	0.00	0.00	0.00	0.00	0.00	0.00	0.00	0.00	0.00
0.15	6.28	0.59	0.09	0.21	0.00	0.00	0.00	0.00	0.00
0.00	0.00	0.00	0.00	0.00	0.00	0.00	0.00	0.00	0.00
1.21	18.94	3 473.56	22.66	3.42	152.90	138.59	2 086.80	216.90	19.00

投入＼产出		代码	中间					
			金融	房地产	租赁和商务服务	科学研究和技术服务	水利、环境和公共设施管理	居民服务、修理和其他服务
代码		—	33	34	35	36	37	38
中间投入	农林牧渔产品和服务	01	4 089	2 744	75 075	89 974	443 269	122 867
	煤炭采选产品	02	1 526	0	2 036	28 351	2 313	63
	石油和天然气开采产品	03	10	0	0	0	0	0
	金属矿采选产品	04	0	0	0	0	0	31
	非金属矿和其他矿采选产品	05	63	178	125	15 359	57	48
	食品和烟草	06	73 454	11 154	20 682	84 963	1 159	3 170
	纺织品	07	3 060	48 801	5 862	27 101	970	4 868
	纺织服装鞋帽皮革羽绒及其制品	08	189 096	35 136	15 717	20 493	1 007	9 046
	木材加工品和家具	09	17 048	18 559	14 185	13 202	1 489	4 068
	造纸印刷和文教体育用品	10	1 243 257	284 587	2 148 847	739 402	26 767	33 551
	石油、炼焦产品和核燃料加工品	11	213 537	83 843	372 736	383 946	124 907	26 036
	化学产品	12	19 836	224 864	76 645	1 093 104	90 149	148 028
	非金属矿物制品	13	22	44 851	63 143	92 936	3 275	56
	金属冶炼和压延加工品	14	1	567	233	147 931	5 489	271
	金属制品	15	3 221	79 442	333 826	2 002 752	172 162	12 770
	通用设备	16	99 667	35 619	121 389	357 682	5 682	16 381
	专用设备	17	109 987	25 947	82 782	879 847	15 301	275
	交通运输设备	18	27 732	3 205	45 489	33 469	7 781	645
	电气机械和器材	19	2 479	103 767	199 840	1 198 595	89 780	13 111
	通信设备、计算机和其他电子设备	20	90 389	52 132	136 540	980 161	3 407	399 935
	仪器仪表	21	0	895	2 813	3 702 534	75 909	107 353
	其他制造产品	22	1 569	104 980	1 343	88 202	4 481	132 574
	废品废料	23	0	0	0	14	0	0
	金属制品、机械和设备修理服务	24	25 215	377 668	132 213	219 448	101 754	9 041
	电力、热力生产和供应	25	227 276	799 572	83 222	288 113	51 547	72 299
	燃气生产和供应	26	6 418	108 721	8 041	28 824	3 930	13 827

续表

使 用					最终使用				
					最终消费支出				
					居民消费支出			政府消费支出	合计
教育	卫生和社会工作	文化、体育和娱乐	公共管理、社会保障和社会组织	中间使用合计	农村居民	城镇居民	小计		
39	40	41	42	TIU	FU101	FU102	THC	FU103	TC
194	3	23 814	0	6 243 332	137 060	3 021 695	3 158 755	59 375	3 218 130
276	99	1 899	0	9 543 529	133 540	45 372	178 912	0	178 912
0	0	16	1 717	6 719 491	0	0	0	0	0
0	0	0	0	994 417	0	0	0	0	0
124	1	77	0	2 452 458	0	0	0	0	0
17 447	1 717	18 948	20 683	6 503 392	704 744	7 117 124	7 821 869	0	7 821 869
1 150	266	5 233	5 385	1 612 782	22 685	413 515	436 201	0	436 201
36 293	1 674	15 394	25 406	1 236 354	212 314	4 026 851	4 239 166	0	4 239 166
509	151	24 651	9	2 471 792	34 660	463 144	497 803	0	497 803
498 192	37 170	1 966 597	619 294	11 751 379	59 425	1 109 487	1 168 912	0	1 168 912
118 922	25 334	65 704	405 252	11 246 599	116 133	1 859 160	1 975 294	0	1 975 294
248 872	4 308 226	234 040	164 713	19 887 784	196 561	1 655 200	1 851 762	0	1 851 762
64 108	8 092	528	0	12 376 541	12 785	68 316	81 101	0	81 101
80	20	528	0	21 778 353	0	0	0	0	0
75 645	60 604	11 399	6 821	7 743 550	6 039	279 239	285 278	0	285 278
24 226	43 777	16 865	2 343	6 692 906	3 364	177 773	181 136	0	181 136
765	1 492 892	2 243	22 963	4 573 486	3 372	104 013	107 385	0	107 385
576	664	5 423	0	12 649 728	121 440	2 340 723	2 462 162	0	2 462 162
1 433	305 619	10 021	0	9 937 387	78 842	802 988	881 830	0	881 830
36 273	31 058	13 850	86 342	26 370 324	89 238	1 339 939	1 429 177	0	1 429 177
149 562	16 928	5 381	6 821	6 004 549	1 165	90 761	91 926	0	91 926
63	958	9 017	1 547	566 271	6 391	117 851	124 242	0	124 242
0	0	0	0	272 541	0	0	0	0	0
58 324	27 752	281 218	202 660	4 799 285	0	0	0	0	0
247 704	91 408	202 796	476 179	31 313 210	93 676	919 945	1 013 620	0	1 013 620
24 158	5 299	20 677	32 922	1 876 761	56 446	353 010	409 456	0	409 456

投入＼产出		代码	中　间					
			金融	房地产	租赁和商务服务	科学研究和技术服务	水利、环境和公共设施管理	居民服务、修理和其他服务
代码		—	33	34	35	36	37	38
中间投入	水的生产和供应	27	31 517	33 801	4 231	22 090	28 819	4 817
	建筑	28	102 837	209 362	60 913	122 480	164 798	33 445
	批发和零售	29	0	0	0	0	0	0
	交通运输、仓储和邮政	30	606 974	144 895	925 892	1 810 581	105 214	67 829
	住宿和餐饮	31	1 269 029	328 310	626 583	1 200 965	32 368	34 158
	信息传输、软件和信息技术服务	32	1 793 173	97 288	219 263	261 713	10 439	12 621
	金融	33	2 676 765	2 869 673	2 157 754	2 074 659	185 736	64 009
	房地产	34	1 436 844	847 723	440 180	572 776	50 820	92 442
	租赁和商务服务	35	3 264 845	1 183 265	1 775 271	755 876	52 332	99 279
	科学研究和技术服务	36	179 321	40 884	191 950	3 273 962	25 702	48 034
	水利、环境和公共设施管理	37	24 663	2 730	3 740	9 558	90 092	364
	居民服务、修理和其他服务	38	89 751	63 573	186 332	421 821	24 885	58 151
	教育	39	233 938	11 112	45 296	103 197	2 278	3 337
	卫生和社会工作	40	1 676	417	9 422	2 845	152	222
	文化、体育和娱乐	41	420 929	202 003	258 646	251 868	7 851	11 175
	公共管理、社会保障和社会组织	42	28 294	17 631	46 096	21 646	833	1 035
	中间投入合计	TII	14 519 504	8 499 900	10 894 353	23 422 442	2 014 902	1 661 236
增加值	劳动者报酬	VA001	7 009 789	3 466 082	10 550 835	8 442 475	718 730	1 006 602
	生产税净额	VA002	2 649 517	2 788 673	1 265 397	1 487 952	79 010	149 986
	固定资产折旧	VA003	845 984	3 754 167	1 665 246	1 112 766	119 875	69 991
	营业盈余	VA004	15 006 783	2 432 778	−218 851	1 696 115	95 286	27 331
	增加值合计	TVA	25 512 073	12 441 700	13 262 627	12 739 308	1 012 900	1 253 910
	总投入	II	40 031 576	20 941 600	24 156 980	36 161 751	3 027 802	2 915 146
能源消耗	煤炭(万吨)		0.96	90.02	44.50	14.48	4.16	16.84
	焦炭(万吨)		0.00	0.00	0.00	0.00	0.00	0.00
	汽油(万吨)		2.54	4.46	10.61	9.40	2.05	1.50
	煤油(万吨)		0.00	0.00	0.00	0.41	0.00	0.00
	柴油(万吨)	0.24	1.45	2.92	1.49	4.42	0.84	

续表

使用					最终使用				
					最终消费支出				
					居民消费支出			政府消费支出	合计
教育	卫生和社会工作	文化、体育和娱乐	公共管理、社会保障和社会组织	中间使用合计	农村居民	城镇居民	小计		
39	40	41	42	TIU	FU101	FU102	THC	FU103	TC
25 601	9 287	13 036	29 375	436 581	8 804	126 125	134 929	0	134 929
401 105	87 235	223 869	744 763	3 541 321	50 424	981 434	1 031 858	0	1 031 858
0	0	0	0	13 876 232	233 053	3 458 495	3 691 548	1 884	3 693 432
491 678	26 639	407 668	823 824	21 402 074	86 966	1 664 420	1 751 386	566 764	2 318 150
293 045	30 022	240 118	914 139	7 262 560	175 544	3 967 792	4 143 336	0	4 143 336
95 868	190 610	98 230	362 679	7 945 459	94 867	1 816 660	1 911 527	0	1 911 527
48 765	11 325	241 338	470 590	20 080 856	283 063	8 014 932	8 297 995	250 449	8 548 444
264 669	75 071	353 411	741 738	7 312 886	654 336	3 473 562	4 127 898	74 681	4 202 579
122 684	20 669	635 166	1 268 434	20 038 591	46 009	2 372 303	2 418 313	3 022	2 421 334
292 858	59 585	119 894	190 971	7 719 600	4 120	108 608	112 728	6 857 426	6 970 154
1 301	245	1 529	22 157	331 200	61 481	458 248	519 730	1 605 760	2 125 489
57 868	66 812	169 993	200 452	2 320 397	47 689	908 880	956 569	19 309	975 878
751 794	16 998	21 300	494 992	1 897 260	130 192	2 241 355	2 371 547	7 546 328	9 917 875
1 296	144 919	5 227	2 464	178 103	154 303	1 374 199	1 528 502	8 978 339	10 506 841
201 047	8 784	1 388 323	759 141	3 821 547	11 985	583 394	595 379	3 986 166	4 581 545
5 500	9 320	5 986	10 024	538 520	0	43 668	43 668	14 568 098	14 611 766
4 659 975	7 217 234	6 861 408	9 116 799	346 321 386	4 132 716	57 900 184	62 032 900	44 517 600	106 550 500
5 842 585	3 251 270	2 715 648	5 019 195	90 231 349					
118 491	11 248	626 038	44 319	29 309 504					
733 586	292 954	405 312	614 593	22 906 688					
152 042	53 728	279 923	693	36 346 702					
6 846 704	3 609 200	4 026 921	5 678 800	178 794 242					
11 506 680	10 826 434	10 888 328	14 795 599	525 115 628.43					
33.30	10.26	2.60	14.71	1 995.90	283.31	1 115.44	1 398.75		
0.00	0.00	0.00	0.00	32.27	210.00	62.23	272.23		
3.45	1.07	2.03	8.71	155.44	0.00	0.00	0.00		
0.00	0.00	0.00	0.00	443.33	7.92	252.35	260.27		
1.76	0.23	0.40	0.89	215.22	0.00	0.00	0.00		

投入 \ 产出		代码	中间 金融	房地产	租赁和商务服务	科学研究和技术服务	水利、环境和公共设施管理	居民服务、修理和其他服务
代码		—	33	34	35	36	37	38
能源消耗	燃料油(万吨)		0.00	0.89	0.01	0.00	0.00	0.01
	液化石油气(万吨)		0.04	0.37	0.20	0.13	0.15	0.15
	天然气(亿立方米)		0.10	8.21	2.03	3.07	0.20	0.91
	热力(亿百万千焦)		254.27	1 332.85	722.34	782.88	41.03	110.15
	电力(亿千瓦时)		13.42	60.29	30.63	23.40	9.88	5.04
	炼厂干气(万吨)		0.00	0.00	0.00	0.00	0.00	0.00
	其他石油制品(万吨)		0.00	0.00	0.00	0.00	0.00	0.00
	石脑油(万吨)		0.00	0.00	0.00	0.00	0.00	0.00
	润滑油(万吨)		0.00	0.00	0.00	0.00	0.00	0.00
	石油沥青(万吨)				0.00	0.00	0.00	0.00
	能源消费总量(万吨标准煤)		54.26	411.54	196.26	163.92	46.51	47.13
二氧化碳排放量	煤炭(万吨)		2.14	200.74	99.24	32.29	9.28	37.55
	焦炭(万吨)		0.00	0.00	0.00	0.00	0.00	0.00
	汽油(万吨)		7.62	13.38	31.83	28.20	6.15	4.50
	煤油(万吨)		0.00	0.00	0.00	1.26	0.00	0.00
	柴油(万吨)		0.76	4.58	9.23	4.71	13.97	2.65
	燃料油(万吨)		0.00	2.88	0.03	0.00	0.00	0.03
	液化石油气(万吨)		0.13	1.17	0.63	0.41	0.48	0.48
	天然气(万吨)		2.18	179.31	44.34	67.05	4.37	19.87
	热力(万吨)		0.00	0.00	0.00	0.00	0.00	0.00
	电力(万吨)		0.00	0.00	0.00	0.00	0.00	0.00
	炼厂干气(万吨)		0.00	0.00	0.00	0.00	0.00	0.00
	其他石油制品(万吨)		0.00	0.00	0.00	0.00	0.00	0.00
	石脑油(万吨)		0.00	0.00	0.00	0.00	0.00	0.00
	润滑油(万吨)		0.00	0.00	0.00	0.00	0.00	0.00
	石油沥青(万吨)		0.00	0.00	0.00	0.00	0.00	0.00
	能源排放合计(万吨)		12.83	402.07	185.29	133.92	34.24	65.09

续表

使用					最终使用				
					最终消费支出				
教育	卫生和社会工作	文化、体育和娱乐	公共管理、社会保障和社会组织	中间使用合计	居民消费支出			政府消费支出	合计
					农村居民	城镇居民	小计		
39	40	41	42	TIU	FU101	FU102	THC	FU103	TC
0.00	0.00	0.00	0.01	78.16	0.56	0.00	0.56		
0.47	0.18	0.23	0.36	26.55	0.00	0.00	0.00		
3.97	1.14	0.85	0.72	80.49	7.89	11.21	19.10		
1 618.13	379.87	393.30	688.46	13 638.04	0.27	11.27	11.54		
27.02	11.59	13.76	18.66	749.40	0.00	3 401.00	3 401.00		
0.00	0.00	0.00	0.00	0.00	0.00	0.00	0.00		
0.00	0.00	0.00	0.00	0.00	0.00	0.00	0.00		
0.00	0.00	0.00	0.00	0.00	0.00	0.00	0.00		
0.00	0.00	0.00	0.00	0.00	0.00	0.00	0.00		
0.00	0.00	0.00	0.00	0.00	0.00	0.00	0.00		
222.87	74.05	71.47	115.35	5 988.82	24.74	137.09	161.83		
74.26	22.88	5.80	32.80	4 450.86	468.3	138.772 9	607.072 9		
0.00	0.00	0.00	0.00	98.10	0	0	0		
10.35	3.21	6.09	26.13	466.32	23.76	757.05	780.81		
0.00	0.00	0.00	0.00	1 365.46	0.00	0.00	0.00		
5.56	0.73	1.26	2.81	680.10	1.77	0.00	1.77		
0.00	0.00	0.00	0.03	253.24	0.00	0.00	0.00		
1.49	0.57	0.73	1.14	84.16	25.01	35.54	60.54		
86.70	24.90	18.56	15.72	1 757.90	5.90	246.14	252.03		
0.00	0.00	0.00	0.00	0.00	0.00	0.00	0.00		
0.00	0.00	0.00	0.00	0.00	0.00	0.00	0.00		
0.00	0.00	0.00	0.00	196.34	0.00	0.00	0.00		
0.00	0.00	0.00	0.00	550.97	0.00	0.00	0.00		
0.00	0.00	0.00	0.00	180.48	0.00	0.00	0.00		
0.00	0.00	0.00	0.00	74.10	0.00	0.00	0.00		
0.00	0.00	0.00	0.00	57.61	0.00	0.00	0.00		
178.37	52.28	32.45	78.64	10 215.64	524.74	1 177.50	1 702.23		

产出 / 投入		代码	最终			
			资本形成总额			出口
			固定资本形成总额	存货增加	合计	
代码		—	FU201	FU202	GCF	EX
中间投入	农林牧渔产品和服务	01	34 576	65 288	99 864	240 553
	煤炭采选产品	02	0	185 588	185 588	325 418
	石油和天然气开采产品	03	0	33 552	33 552	524 358
	金属矿采选产品	04	0	70 134	70 134	25 535
	非金属矿和其他矿采选产品	05	0	80 250	80 250	860 895
	食品和烟草	06	0	107 898	107 898	473 471
	纺织品	07	0	24 502	24 502	302 248
	纺织服装鞋帽皮革羽绒及其制品	08	0	37 571	37 571	1 042 332
	木材加工品和家具	09	109 071	33 515	142 586	194 679
	造纸印刷和文教体育用品	10	0	178 025	178 025	763 055
	石油、炼焦产品和核燃料加工品	11	0	278 712	278 712	3 823 736
	化学产品	12	0	371 244	371 244	2 885 292
	非金属矿物制品	13	0	234 529	234 529	451 937
	金属冶炼和压延加工品	14	0	656 122	656 122	2 161 600
	金属制品	15	299 003	68 885	367 888	973 381
	通用设备	16	1 054 002	75 633	1 129 635	2 330 714
	专用设备	17	283 716	28 184	311 899	2 178 093
	交通运输设备	18	1 648 503	321 863	1 970 366	3 699 513
	电气机械和器材	19	2 551 147	109 968	2 661 115	1 794 896
	通信设备、计算机和其他电子设备	20	895 220	351 852	1 247 072	8 316 996
	仪器仪表	21	150 336	29 024	179 360	484 880
	其他制造产品	22	0	0	0	16 286
	废品废料	23	0	0	0	10 467
	金属制品、机械和设备修理服务	24	0	0	0	0
	电力、热力生产和供应	25	0	0	0	692
	燃气生产和供应	26	0	49 559	49 559	0

续表

使　用		进口	国内省外流入	其他	总产出
国内省外流出	最终使用合计 Y				
OF	TFU	IM	IF	ERR	GO
8 300 161	11 858 707	8 081 148	6 063 391	0	3 957 500
32 249 756	32 939 674	3 272 875	29 491 390	0	9 718 938
101 745 022	102 302 933	107 632 193	1 342 259	0	47 971
14 505 309	14 600 979	10 094 726	3 461 562	0	2 039 107
3 229 924	4 171 068	344 064	3 537 997	0	2 741 466
19 258 845	27 662 084	3 705 302	20 209 122	0	10 251 052
3 417 441	4 180 392	785 049	4 471 931	0	536 193
4 101 604	9 420 672	906 409	7 271 265	0	2 479 353
1 363 965	2 199 034	369 386	3 067 892	0	1 233 548
22 698 458	24 808 450	1 192 996	31 747 828	0	3 619 005
42 478 780	48 556 522	9 034 355	42 534 791	0	8 233 975
43 506 765	48 615 062	8 535 494	45 077 042	0	14 890 309
3 622 553	4 390 120	455 314	10 510 933	0	5 800 414
80 798 591	83 616 313	21 557 524	80 446 509	0	3 390 634
2 196 674	3 823 221	649 651	6 615 433	0	4 271 687
10 380 234	14 021 718	5 842 847	7 899 371	0	6 972 407
7 200 318	9 797 695	3 934 772	4 298 728	0	6 137 681
53 471 249	61 603 290	19 826 165	22 244 091	0	32 182 763
10 051 295	15 389 136	2 902 156	14 062 585	0	8 361 782
30 447 548	41 440 793	7 971 764	35 099 025	0	24 740 328
1 923 033	2 679 199	3 549 631	2 420 735	0	2 713 381
5 217 917	5 358 445	9 355	5 181 914	0	733 447
130 647	141 114	159 500	22 613	0	231 542
72 520	72 520	0	4 372 177	0	499 627
22 329 997	23 344 310	0	19 962 966	0	34 694 553
6 121	465 136	0	5 292	0	2 336 605

产出 / 投入		代码	最终			
			资本形成总额			出口
			固定资本形成总额	存货增加	合计	
代码		—	FU201	FU202	GCF	EX
中间投入	水的生产和供应	27	0	0	0	0
	建筑	28	37 076 400	0	37 076 400	0
	批发和零售	29	1 258 637	294 620	1 553 256	4 384 796
	交通运输、仓储和邮政	30	146 389	81 483	227 872	5 274 836
	住宿和餐饮	31	0	0	0	849 152
	信息传输、软件和信息技术服务	32	13 283 800	0	13 283 800	4 004 746
	金融	33	0	0	0	1 276 071
	房地产	34	11 491 900	0	11 491 900	0
	租赁和商务服务	35	0	0	0	4 151 848
	科学研究和技术服务	36	45 300	0	45 300	15 678 168
	水利、环境和公共设施管理	37	0	0	0	122 433
	居民服务、修理和其他服务	38	0	0	0	0
	教育	39	0	0	0	278 208
	卫生和社会工作	40	0	0	0	0
	文化、体育和娱乐	41	0	0	0	371 456
	公共管理、社会保障和社会组织	42	0	0	0	506 081
	中间投入合计	TII	70 328 000	3 768 000	74 096 000	70 778 824

续表

使　用		进口	国内省外流入	其他	总产出
国内省外流出	最终使用合计 Y				
OF	TFU	IM	IF	ERR	GO
874	135 803	0	0	0	572 384
17 106	38 125 364	0	93 588	0	41 573 097
53 216 438	62 847 923	0	37 234 155	0	39 490 000
28 473 475	36 294 334	7 597 558	18 282 657	0	31 816 192
7 339 929	12 332 417	1 010 325	6 658 353	0	11 926 300
6 131 827	25 331 900	1 497 120	109 748	0	31 670 491
12 230 059	22 054 573	1 021 453	1 082 399	0	40 031 576
0	15 694 479	0	2 065 766	0	20 941 600
1 810 910	8 384 092	1 728 799	2 536 903	0	24 156 980
15 495 166	38 188 788	9 746 638	0	0	36 161 751
750 087	2 998 009	72 814	228 594	0	3 027 802
0	975 878	0	381 129	0	2 915 146
1 617 337	11 813 420	2 204 000	0	0	11 506 680
147 374	10 654 215	0	5 884	0	10 826 434
4 837 228	9 790 228	1 347 751	1 375 696	0	10 888 328
0	15 117 847	525 769	334 999	0	14 795 599
656 772 538	908 197 862	247 564 905	481 838 715	0	525 115 628

下　篇

中国低碳经济统计数据库及其量化模型研究

课题组成员

组长：

廖明球　首都经济贸易大学经济学院教授，博士生导师。负责中国低碳经济统计数据库与量化模型的整体设计，总报告第一部分与第十三部分的撰写，参与其他部分的撰写与组稿。

成员：

李玉曼　首都经济贸易大学 2012 级数量经济学博士生。负责中国低碳经济统计数据库资料的收集，并整理各省市区生产函数的有关资料。

张恪渝　首都经济贸易大学 2013 级数量经济学博士生。负责中国低碳经济统计数据库资料的收集，并整理计算能源消费与碳排放数据；同时负责总报告第三、四、十二部分的撰写。

李欣先　首都经济贸易大学 2014 级数量经济学博士生。负责中国低碳经济统计数据库资料的收集。

都泊桦　首都经济贸易大学 2014 级数量经济学博士生。负责中国低碳经济统计数据库资料的收集。

梁雪洋　首都经济贸易大学 2013 级数量经济学硕士生。负责中国低碳经济统计数据库资料的收集，并整理相关资料；同时负责总报告第五、六、七部分的撰写。

许雷鸣　首都经济贸易大学 2013 级数量经济学硕士生。负责中国低碳经济统计数据库资料的收集，中国不变价低碳经济投入产出表的编制；同时负责总报告第二、十、十一部分的撰写。

张志强　首都经济贸易大学 2014 级数量经济学硕士生。负责中国低碳经济统计数据库资料的收集，并整理相关资料；同时参与总报告第八、十三部分的撰写。

王凤龙　首都经济贸易大学 2014 级数量经济学硕士生。负责中国低碳经济统计数据库资料的收集，并整理相关资料；同时参与总报告第九部分的撰写。

耿司旭　首都经济贸易大学 2015 级数量经济学硕士生。负责整理相关资料；同时参与总报告第九、十三部分的撰写。

谢妍妍　首都经济贸易大学 2015 级数量经济学硕士生。负责整理相关资料；

同时参与总报告第八、十三部分的撰写。

高孚嘉　首都经济贸易大学 2013 级经济学实验班本科生。负责整理相关资料；同时负责总报告第八部分并参与第十三部分的撰写。

张雯天　首都经济贸易大学 2013 级经济学实验班本科生。负责整理相关资料；同时负责总报告第九部分并参与第十三部分的撰写。

成果提要

习近平总书记的系列讲话强调生态文明建设的重要性。低碳发展是生态文明建设的重要内容。我们知道,在当今中国低碳发展是深化改革与科学发展的重要内容,也是实现中国梦的重要方面。世界各国对低碳发展已达成了共识。低碳发展要求我们保护环境,减少二氧化碳等温室气体的排放。为此,国内外学者对低碳经济研究给予了高度关注。查阅国内外有关文献可知,目前从宏观经济角度研究低碳经济问题已积累了一些成果:有的学者建立数理经济学模型进行低碳经济理论分析,如进行碳税分析与碳交易分析,进行低碳经济背景下碳排放的库兹涅茨曲线研究等;有的学者利用时间序列或截面数据进行低碳经济计量分析,如进行中国地区间贸易隐含二氧化碳测算,进行全球贸易隐含碳排放格局的变动及其影响因素的研究,进行各地区碳排放权的研究,进行包括碳排放的广义生产函数模型研究等;有的学者编制投入产出表,进行低碳经济投入产出分析,如编制某地区低碳经济投入产出表进行产业结构调整研究;还有学者建立可计算一般均衡模型进行二氧化碳减排与区域经济发展研究等。以上成果都是从某一个方面进行低碳经济研究,然而,全方位、多视角研究低碳经济问题的成果并不多见,特别是通过建立低碳经济统计数据库和进行量化模型研究的成果很少。为了深化我国的低碳经济研究,特别是量化模型方面的研究,本课题拟通过建立低碳经济统计数据库与量化模型,从时间层面、空间层面、产业结构层面研究减少二氧化碳等温室气体排放的问题。从时间层面,收集全国1953年以来低碳经济方面的数据,建立随机时间序列模型(ARIMA模型与VAR模型)进行分析与预测,从总量上研究我国的碳减排问题;从空间层面,收集全国31个省、市、区20世纪90年代以来的低碳经济面板数据,建立面板数据模型(变截距或变系数模型)进行分析与预测,从区域经济方面研究碳排放问题;从产业结构层面,编制2012年中国低碳经济投入产出表,建立低碳经济投入产出模型(碳排放模型)进行分析与预测,研究整个国家的产业结构调整问题。再将三个层面的分析与预测结合起来,提出相应的政策建议,为政府从宏观层面进行碳减排提供决策依据。本课题既有方法论研究,也有为政府决策的政策性研究。选题符合我国的低碳发展与科学发展,因此,本课题的开展有着重大的理论价值和现实意义。

一个国家发展低碳经济包括三个层面:一是总量层面;二是地区层面;三是行

业层面。本课题报告的内容架构围绕低碳发展的三个层面展开。第一与第二部分是低碳经济统计数据库的建立,包括全国时间序列数据,各省、市、区的面板数据,低碳经济投入产出表。第三、第四部分是总量层面的分析,即全国低碳经济时间序列分析,包括 ARIMA 模型和 VAR 模型的研究与分析。第五至第八部分是地区层面的分析,其中第五至第七部分是各省份低碳经济现状与空间计量分析,第八部分作为补充进行了各省份的扩展生产函数模型(包括能源)分析。第九至第十二部分是行业层面的分析,即全国低碳经济投入产出分析,包括 2012 年现价表的分析,2007 年、2010 年、2012 年不变价表(2010 年不变价)的比较分析,投入产出结构分解模型分析,低碳经济优化模型分析。第十三部分是研究结论与政策建议。

本课题的主要创新体现在两个方面。一是设计、收集并整理资料,建立了中国低碳经济统计数据库,并编制低碳经济投入产出表。所有原始数据资料都是从中国统计资料馆收集的,整理资料的主要工作是运用永续盘存法计算各省份的资本总量数据,再计算能源消耗量,并分能源种类计算化石能源的二氧化碳排放量,编制低碳经济投入产出表。其数据库由时间序列数据、各省份的面板数据和投入产出数据组成,为三维数据。二是利用建立的数据库进行初步的全方位的量化模型研究。这方面的创新包括:应用时间序列数据,结合 ARIMA 模型、VAR 模型,进行中国经济总量、能耗量与碳排放量现状分析和这三者的总量关系研究,并进行预测;应用各省份低碳经济面板数据,结合面板数据模型与空间计量模型,进行中国各省份二氧化碳排放现状分析、各省份碳排放的空间计量模型研究和各省份包括能耗的扩展生产函数模型研究;应用现价、不变价低碳经济投入产出表并建立低碳经济投入产出模型,进行中国 2012 年能源消耗与二氧化碳排放的投入产出分析、中国可比价低碳经济投入产出表的应用研究、投入产出结构分解(IO-SDA)模型研究以及中国低碳经济优化模型研究,在优化模型中提出基于环境 DEA 的优化模型。本课题最后提出了研究结论与政策建议,凸显了创新之处。

本课题的阶段性成果有:廖明球撰写的论文《中国低碳经济统计数据库设计研究》,该文于 2015 年 9 月入选第十八次全国统计科学讨论会,作者于同年 11 月赴长沙参会进行小组交流发言;张恪渝、廖明球撰写的论文《中国低碳经济优化模型分析——基于 2012 年 I-O 表》,该文于 2016 年 8 月入选中国投入产出学会第十届年会,作者于同年 8 月去河北省张家口进行小组交流发言;廖明球、许雷鸣撰写的论文《二氧化碳排放的 IO-SDA 模型及其实证研究》,该文入选中国数量经济学会 2016 年年会,作者于 2016 年 10 月赴中央财经大学进行小组交流发言,该文获得中国数量经济学会第九届优秀科研成果奖论文二等奖,同时该论文还在《统计研究》杂志 2017 年第 7 期上刊登。

本课题《中国低碳经济统计数据库及其量化模型研究》是国家社会科学基金

一般项目，编号为14BTJ026。本课题承担单位为首都经济贸易大学。本课题开始时间为2014年7月，完成时间为2017年9月，历时三年多。本课题已经完成了预定的研究目标与研究任务，提出了研究数据库和研究报告。

中国低碳经济统计数据库及其量化模型研究总报告

【内容提要】中国是世界第二大经济体,是发展较快而且人口众多的国家。保护大气环境,实现低碳发展,建设生态文明,关乎大国的形象。目前中国正处在工业化中期向工业化后期过渡时期,需要进行产业结构和能源消耗结构的调整以减少二氧化碳排放总量。本研究报告在建立中国低碳经济统计数据库基础上,通过量化模型进行中国低碳经济研究。本研究报告分为十三个部分与附表,包括中国低碳经济统计数据库设计研究,中国可比价低碳经济投入产出表的编制,中国经济、能耗与碳排放总量(ARIMA 模型)分析,中国经济、能耗与碳排放总量关系(VAR 模型)研究,中国各省份二氧化碳排放现状分析,空间面板模型的设计与估计方法,中国各省份碳排放的空间面板模型实证分析,中国各省份扩展生产函数模型的实证研究,中国 2012 年能源消耗与二氧化碳排放的投入产出分析,中国可比价低碳经济投入产出表的实证研究,投入产出结构分解模型(IO-SDA)分析,中国低碳经济优化模型研究,研究结论与政策建议,以及附表。

【关键词】中国　低碳经济 数据库　量化模型

习近平系列讲话强调生态文明建设,提出发展低碳经济。低碳经济是指在可持续发展理论指导下,通过技术创新、制度创新、产业转型、新能源开发等多种手段,尽可能地减少煤炭、石油等化石能源消耗,通过限制这些高碳能源消耗减少温室气体排放,达到经济社会发展与生态环境保护双赢的一种经济发展形态。

低碳经济作为农业文明、工业文明之后的一个很大进步,优点在于低排放、低污染。中国目前处在工业化向后工业化过渡时期,一方面需要继续发展工业,另一方面需要治理工业污染。发展工业主要是发展低碳工业,优化工业内部结构;向后工业化过渡,主要是调整三次产业结构,发展低碳服务业。就全国而言,限制碳排放总量,实现低碳发展,转变经济发展方式已刻不容缓。因此,研究中国的低碳经济有着重大的理论与现实意义。

第一部分　中国低碳经济统计数据库设计研究

发展低碳经济的重要内容就是在发展经济的过程中保护好环境,减少二氧化碳等温室气体的排放。因此,建立低碳经济统计数据库要围绕二氧化碳排放量等核心指标展开。本部分先讨论研究背景,再依次讨论数据库的设计。

一、研究背景

(一)全球气候变暖的原因和挑战

温室气体(Green House Gas, GHG)概念的提出,可以上溯到 19 世纪初期。1827 年,法国数学家傅立叶(Fourier)首先发现地球大气层吸收了原本会散射到太空中的热量而使地球温差不至太大,并据此提出了“温室效应”的概念。1860 年,英国科学家廷德尔(Tyndall)发现造成温室效应的因素并不是大气里主要存在的氮气和氧气,而是数量较少的其他气体,特别是水汽、二氧化碳和甲烷,于是人们把这些气体统称为“温室气体”。自工业革命以来,化石能源被广泛地应用于生产,极大地提升了人们的生产率,但伴随而来的是化石能源燃烧所产生的大量二氧化碳气体,其排放量约为 3 750 亿吨(WMO,2012),这些二氧化碳气体就形成了温室气体的主要组成部分。截至 2011 年,二氧化碳的全球浓度已高达 390. 9±0. 1ppm,为工业革命前的 140%(WMO,2011),远远超过了过去 65 万年来二氧化碳气体浓度的最高变化范围。全球 1960—2010 年二氧化碳排放趋势见图 1. 1。

温室气体分子固有的结构特性可以让其吸收红外线,在大气中形成一种无形的玻璃罩,使得太阳辐射到地球的热量无法向外层空间扩散而产生温室效应,而温室效应又导致全球气候变暖。美国国家海洋和大气管理局(NOAA)气体指数显示,温室气体使得地球被太阳辐射的量比 1990 年增加了约 30%,而二氧化碳气体的贡献占到增幅的 80%左右。联合国政府间气候变化专门委员会(IPCC)的最新评估报告显示:全球变暖是不争的事实,1983—2012 年是过去 1 400 年以来最热的 30 年;且近 130 多年来全球陆地表面温度累计上升了 0. 85℃。而过去 60 年以来气候变暖的一半以上原因来自这一主线:人类活动→温室气体增加→温室效应加强→气温上升。

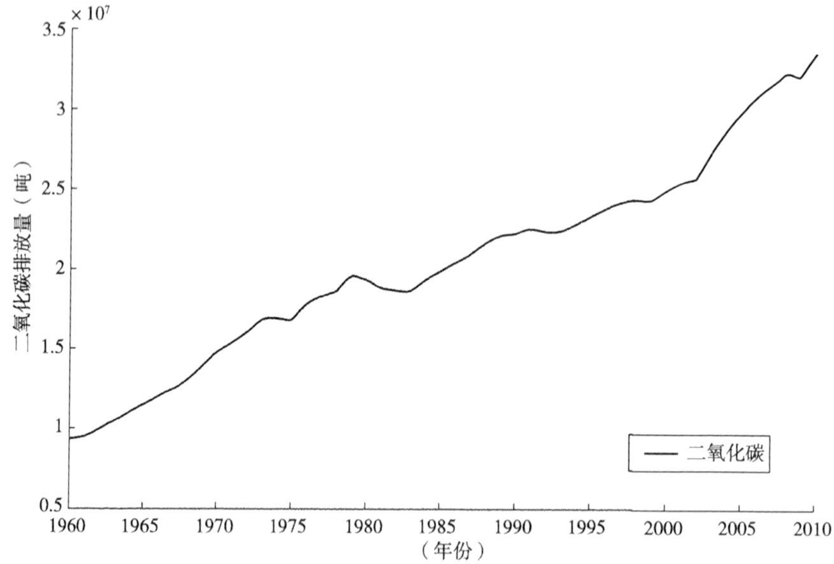

图 1.1　全球 1960—2010 年二氧化碳排放趋势

气候变暖使得地球生态环境发生了巨大变化,由此对我们人类也产生了极为深远的影响。首先,水文系统出现了两极化的改变:气候变暖导致海平面升高,太平洋地区数十个岛屿面临着灭顶之灾,马尔代夫群岛也将不复存在;而我们人类赖以生存的淡水资源有三分之一径流量减少,少量大河将会从此消失。其次是生态系统的紊乱,使得许多物种的迁徙习惯、生存模式发生改变,最终可能导致物种的灭绝;由于生态的变迁,人类生存所需的粮食资源的耕种也会受到减产的影响。最后是我们直面的健康影响,气温的增高使炎热地区的疾病人数增加,死亡率明显上升。世界各国的经济增长乃至人类的生存发展都因气候变暖而受到严重威胁。

气候变暖可能引起自然灾害。我国 2001—2012 年自然灾害损失情况见表 1.1。

表 1.1　2001—2012 年我国自然灾害损失

年份	直接经济损失(亿元)		
	地质灾害	地震灾害	海洋灾害
2001	34.87	0	100.10
2002	50.97	1.31	65.90
2003	50.43	46.60	80.50
2004	40.88	9.50	54.20

续表

年份	直接经济损失(亿元)		
	地质灾害	地震灾害	海洋灾害
2005	35.77	26.28	332.40
2006	43.16	8.00	218.50
2007	24.75	20.19	88.40
2008	32.69	8 594.96	206.10
2009	19.01	27.38	100.20
2010	63.85	23.61	132.80
2011	41.32	60.21	62.10
2012	62.53	82.88	155.00

资料来源:2013—2015 年《中国环境统计年鉴》。

进入新千年以来,我国因极端气候所带来的影响越发明显,由此也蒙受了巨大的经济损失。我国气象灾害所造成的直接经济损失是同期全球平均的 8 倍,相当于国内生产总值的 1%(中国气象局,2016)。从 2001 年开始,北方的春旱持续发生,大部分地区降水偏少,江河水明显偏枯,以山西、山东、河南、辽宁 4 个省旱情尤为严重。2003 年,全国 30 个省份发生了不同程度的洪涝灾害,沿海共发生 8 次风暴潮、79 次赤潮、33 次 4 米以上风暴潮。2006 年,西南地区的重庆、四川、云南等旱灾频发,类似的特大干旱在史上极为少见。2008 年,中国南方遭遇百年不遇的雪灾;2009 年春季,中国北方遭遇特大旱灾①。2010 年后,全国雾霾天气持续不断。不仅是东北和华北地区雾霾严重,南方的华南、长江中下游地区也遭遇不同程度雾霾的侵袭。2013 年,全国平均雾霾天数达 29.9 天,创 52 年来之最②。持续时间、影响面积与受影响人数三个方面,都刷新了历史纪录。2015 年我国平均气温又创新高,且全国共出现 11 次大范围、持续性霾过程,以京津冀地区最为严重。

(二)我国应对气候变暖的举措

作为世界上第一大能源消耗国与二氧化碳排放量最多的国家,中国如何进行减排就成为全球关注的焦点。既要实现国内经济稳定发展,又要将二氧化碳等温室气体的排放降低到某一标准下,在国际社会树立负责任的大国形象,我国政府为此做了不懈的努力。但是作为一个处在工业化进程中期的发展中国家,我国制定

① 资料来源:中国行业研究网,2014 年 1 月 6 日。

② 资料来源:2013 年《中国环境统计年鉴》。

的温室气体减排目标面临着巨大的挑战。城镇化的进程以及各种基础设施建设需要消耗大量的化石能源,而化石能源不可避免地排放大量二氧化碳气体。可以预计,在未来很长的一段时间里,经济增长与温室气体的排放这对矛盾会在我国一直存在。因此,在现阶段要求我国像发达资本主义国家一样进行二氧化碳气体绝对数量上的控制、减排是不合理的,也不现实。

图 1.2 反映了中国与其他经济体人均二氧化碳排放趋势。为了实现我国在 2015 年巴黎世界气候变化大会上的承诺,即 2030 年单位 GDP 二氧化碳强度在 2005 年的基础上减少 60% 至 65%,政府出台了一系列环境保护的政策。早在 2007 年我国政府就颁布了《中国应对气候变化国家方案》,明确了我国在 2010 年前应对气候变化的目标、基本原则及采取的措施,提出了大力发展太阳能、风能等低碳能源和可再生能源来取代传统的煤炭能源。同年 10 月召开的党的十七大,第一次将"生态文明"的理念写入报告,并将建设生态文明作为新的社会奋斗目标。2011 年 3 月,我国第一本以低碳经济为主题的研究报告《中国低碳经济发展报告(2011)》诞生,该报告指出:我国目前正处在工业化发展的转轨时期,化石能源的过度消耗以及二氧化碳的高排放带来的环境生态问题将会是未来发展的瓶颈之一,因此要树立发展绿色、低碳、环保的新型城市理念。2013 年,国家发展和改革委员会、环保部等多个部门共同发起了"低碳中国行"活动,并发表了《中国低碳联盟宣言》,标志着由 300 家企业和机构组成的"中国低碳联盟"正式成立。联盟的职责是总结低碳道路的经验和模式,指导低碳城市产业发展,帮助政府制定低碳经济发展规划和法律法规,推动我国低碳经济顺利进行。2014 年 11 月,我国在《中美气候变化

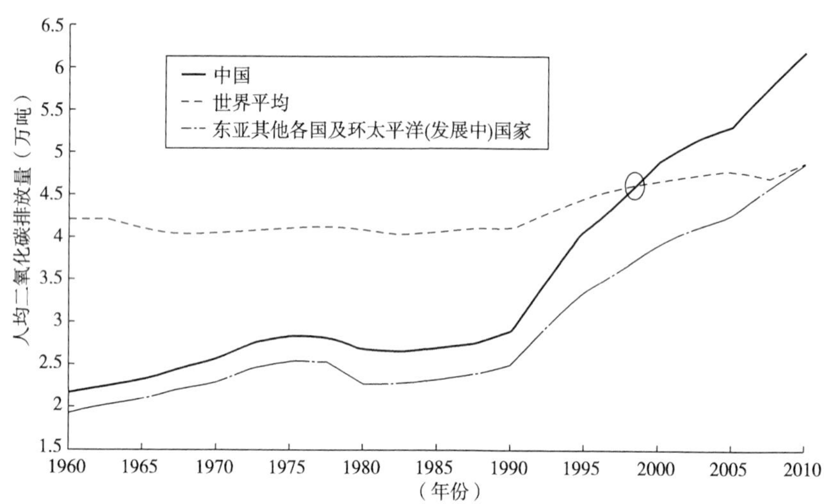

图 1.2 人均二氧化碳排放量趋势

联合声明》中宣称在 2030 年左右实现二氧化碳排放峰值,并将碳排总量控制强制性纳入整体经济规划目标当中。

尽管有关部门出台的政策已经足够多,实际的效果却不尽如人意。主要问题在于节能减排政策推行方面的困难以及实施后结果的不确定性。各省、各部门在施行能源与环境相关政策时,面临着兼顾“稳增长”与“促就业”等经济指标方面的压力。在全球整体经济环境不好的大背景下进行产业的更新与升级,其间错综复杂的关系与连锁反应会直接影响政策的效果,稍有不当就会对经济系统产生负面影响,制约整体经济的发展。因此,将经济、能源与二氧化碳排放这三者放到一个统一框架内考虑,更有助于在均衡各方面利益的前提下达到既定目标并考察政策实施效果。中国与其他经济体 1990—2012 年单位 GDP 能耗对比见图 1.3,从中可见中国能耗得到了控制。

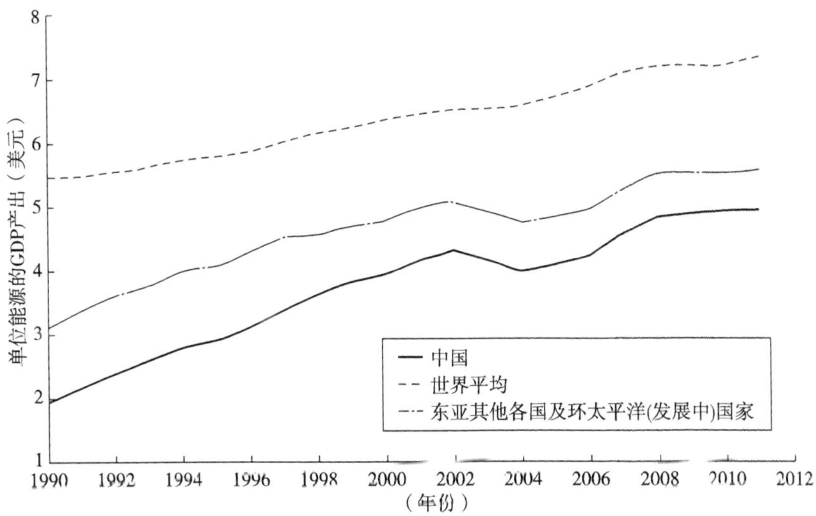

图 1.3　1990—2012 年单位 GDP 能耗对比

应对气候变化,需要减少二氧化碳等温室气体排放,发展低碳经济。所谓低碳经济,就是在科学发展观、可持续发展观的指导下,通过引进新技术、开发新能源等手段,严格控制煤炭、石油等传统高碳排放、高污染能源的消耗,一定程度上遏制温室气体排放,在经济发展、能源消耗和环境保护之间做出有利的权衡,达到不以牺牲环境为代价的经济快速发展的社会形态,最终实现产业结构和能源结构的优化升级。

二、设计的原则

任何数据库的建立都不可能包罗万象，只能根据研究需要满足有限目标。因此，在设计中国低碳经济统计数据库时，应遵循以下三项原则。

（一）实用性原则

实用性原则是建立数据库的首要原则。我们建立低碳经济统计数据库首先要考虑其实用性，看其是否符合中国的国情，是否满足低碳经济本身的研究需要。例如，我们要研究改革开放以来中国的低碳发展过程，数据库的时间起点应该是1978年。而环境统计数据强调“三废”的排放，包括废气排放量不超过1995年，这样有些数据的起点是1995年，从实用的角度讲有些数据应该补齐。又如，二氧化碳排放量是根据不同的能源消耗量测算的，因此从分析的角度出发，应该先建立不同能源消耗量的数据库，再建立二氧化碳排放量数据库。再如，要收集各省、市、区的数据，如果重庆数据的时间起点不能满足需要，则与四川省的数据合并。

（二）可行性原则

可行性原则是建立数据库的重要原则。设计数据库必须考虑数据的来源，即可不可行。如果我们只是根据理论经济学的概念，或者根据陈旧的统计指标来设计，必然找不到相应数据。改革开放后，我国逐步由计划经济向市场经济过渡，为此统计体系也进行了重大改革。例如，国民经济核算体系由MPS体系转向MPS与SNA混合体系，再转向SNA体系。为了与国民经济核算体系的转化相适应，经济统计指标体系也进行了相应变革。我们设计低碳经济统计数据库，应与市场经济体制相适应，采用新的统计指标体系，这样才能够找到可靠的数据，使我们的后续分析有强大的数据支撑体系。

（三）系统性原则

系统性原则是建立数据库的主要原则。一个数据库反映的是一个系统，同样，低碳经济统计数据库反映的是低碳经济系统。因此，我们建立低碳经济统计数据库应遵循系统性原则。如果从低碳经济考虑，至少包括三个方面的指标体系，一是经济方面的指标体系，二是能源消耗方面的指标体系，三是二氧化碳排放方面的指标体系。三个方面的指标体系形成三个系统，三个系统结合起来形成一个总的系统。如果从分析的层面来考虑，也应包括三个方面的指标体系，一是全国性的指标体系（时间序列数据），二是各省、市、区的指标体系（面板数据），三是产业结构方面的指标体系(低碳经济投入产出表)。我们建立低碳经济统计数据库,既要考虑经济、能源、二氧化碳排放三个系统,又要考虑时间序列数据、面板数据、投入产出表三种数据结构。

三、指标体系的架构

数据库的建立需要收集数据,而收集数据必须先建立指标体系。根据研究的层面,我们需要收集全国性的统计数据,各省、市、区的统计数据,以及各产业的统计数据。在设计时,分以下三种数据结构来建立指标体系。

(一)时间序列的指标体系

从全国的层面看,我们需要建立时间序列形式的指标体系。为了保证时间序列数据的分析与预测功能,要有足够长的样本。因此我们需要收集改革开放即1978年以来的样本数据。根据我们设定的研究方案,用全国性的统计数据至少要建立两个模型:一是ARIMA模型(单整自回归移动平均模型)和VAR模型(向量自回归模型);二是低碳生产函数模型。

ARIMA模型和VAR模型属于时间序列计量经济学模型。ARIMA模型是用一个指标建立的模型,而VAR模型是用多个指标建立的模型。受样本时间长度的影响,特别是VAR模型需要较长的时间长度,因此指标不宜过多。考虑研究需要和样本的长度,在此,我们只采用三个关键指标,一是反映经济总量的指标,二是反映能源消耗总量的指标,三是反映二氧化碳排放总量的指标。

反映经济总量的指标是国内生产总值,尽管国内生产总值这一指标没有反映资源的耗减与环境的降级,但在绿色国内生产总值还未作为经济总量指标之前,我们只能采用国内生产总值。国内生产总值是指一个国家在一定时期内(通常为一年或一个季度)生产的全部最终产品的价值,它不包括中间产品。用它反映经济总量比其他指标更为贴切。由于国内生产总值是价值量指标,而能源消耗与二氧化碳排放是实物量指标,为了统一起见,将现价国内生产总值转化为不变价的国内生产总值。反映能源消耗总量的指标是能源消耗总量,包括生产领域的消耗总量和居民生活领域的消耗总量,由于能源消耗的品种较多,有煤炭、石油、天然气等,要计算总量只能采用标准煤作为单位,即总共消耗了多少标准煤。反映二氧化碳排放总量的指标为二氧化碳排放量,二氧化碳排放量不是直接统计出来的,而是根据各种能源消耗量的排放强度推算出来的,实物单位为立方米(或吨)。因此,为了推算二氧化碳排放量,需要先列出不同能源的消耗量。

低碳生产函数模型是回归模型,为了预测,可以采用时间序列数据。低碳生产函数是在普通生产函数的基础上扩充而来的,同时生产函数模型有各种各样的表达式。为了研究的方便,我们采用超越对数式生产函数,在普通生产函数的基础上增加能源消耗和二氧化碳排放指标。

普通生产函数大都采用柯布—道格拉斯形式,该函数只有三个指标,即产出总量、资本总量、劳动总量。产出总量作被解释变量,资本总量与劳动总量作解释变量。产出总量可以采用总产出,也可采用国内生产总值,为了收集数据的方便,我们采用国内生产总值。资本总量是存量资本,需要用年初资本加年末资本除以2。资本总量指标不能直接得到,需要根据有关指标推算。劳动总量可以采用从业人员数,用年初人员数加年末人员数后除以2。由于劳动力人数没有价格因素,也要求产出总量、资本总量用不变价格反映。低碳生产函数是在普通生产函数中,增加能源消耗指标和二氧化碳排放量指标。具体设计时可以这样处理:一是直接将能源消耗总量与二氧化碳排放量作为解释变量纳入普通生产函数使之成为低碳生产函数;二是将能源消耗量和碳排放强度作为解释变量纳入普通生产函数形成低碳生产函数,不过碳排放强度通常采用的是单位国内生产总值的碳排放量,而国内生产总值是生产函数的被解释变量,采用此方法时应考虑能否通过计量经济学检验。

(二)面板数据的指标体系

从各省、市、区的层面看,我们需要建立面板数据库,设计面板数据的指标体系。面板数据是截面数据与时间序列数据的结合。我国除香港、澳门、台湾三个地区外,有31个省、市、区,考虑到重庆的数据时间短一些,可以与四川合并,这样每个截面有30个数据。从时间序列来看,考虑收集数据的工作量,时间长度拟为1990—2013年,2014年作为预测比较年度,这样时间维度为24个样本。每个指标的样本量为30×24。用各省、市、区的面板数据也需要建立两个模型,一是碳排放回归模型,二是低碳生产函数模型。

碳排放回归模型采用面板数据,解释变量不宜过多。考虑研究各地区(省、市、区)的碳排放量,拟将地区碳排放量作为被解释变量,将直接影响各地区碳排放量的经济总量、能耗总量以及人口总量作为解释变量。地区碳排放量是根据各地区各种能源消耗量的碳排放系数测算的,实物单位为立方米(或吨)。地区经济总量拟采用地区生产总值指标,地区生产总值是指某一地区一定时期内生产的最终产品的价值量,由于碳排放量是实物量,地区生产总值拟采用不变价格的价值量。地区能源消耗量与全国能源消耗量一样,包括煤炭、石油、天然气等各种能源消耗量,要反映总量拟采用标准煤作实物单位。地区人口总量采用年常住平均人口这一指标,由于人口流动大,采用常住人口能够反映其与碳排放量的一致性。由于人口数是每天变化的,采用年平均人口较好,即用年初人口数加年末人口数后除以2。在各地区模型中增加人口指标作解释变量，是考虑到各地区经济发展水平不一样，单用经济总量指标不全面。而碳排放与人的活动关系密切，增加人口指标会更加全面。

地区低碳生产函数模型的指标选择原则上同全国模型。先选择地区生产总值、地区资本总量、地区劳动力总量、地区能源消耗总量、地区二氧化碳排放总量五个指标，仍然采用超越对数模型形式。在该模型中地区生产总值为被解释变量，地区资本总量、劳动力总量、能源消耗总量、二氧化碳排放总量作解释变量。数据类型仍然是面板数据。

(三)低碳经济投入产出表的指标体系

从产业结构层面看，我们需要编制低碳经济投入产出表。低碳经济投入产出表是在普通投入产出表的基础上扩充相关内容得到的。投入产出表的优势是反映经济结构，编制低碳经济投入产出表可以研究通过产业结构调整减少二氧化碳排放量。由于投入产出表不是每年编制的，只能选择编表年份的表。2012 年是编表年份，估计 2014 年年底会编制完成。因此，我们采用 2012 年数据编制低碳经济投入产出表。

从普通投入产出表来看，就是将生产法、收入法、支出法三种方法核算的国内生产总值放在一张表上，并按产品(产业)部门划分，形成棋盘式表格。

国内生产总值有三种表现形态，即价值形态、收入形态和产品形态。从价值形态看，它是所有常住单位在一定时期内生产的全部货物和服务价值与同期投入的全部非固定资产货物和服务价值的差额，即所有常住单位的增加值之和；从收入形态看，它是所有常住单位在一定时期内创造并分配给常住单位和非常住单位的初次收入之和；从产品形态看，它是所有常住单位在一定时期内最终使用的货物和服务价值与货物和服务净出口价值之和。在实际核算中，国内生产总值有三种计算方法，即生产法、收入法和支出法。三种方法分别从不同的方面反映国内生产总值及其构成。

生产法的指标体系有三个总量指标，即总产出、中间投入、增加值(部门增加值)。其计算方法是增加值等于总产出减去中间投入。总产出是一个国家(或一个部门)一定时期内生产出来的全部产品的价值之和，包括中间产品(中间投入)与最终产品(部门增加值，即国内生产总值)。中间投入(中间产品)是指产品在生产过程中被消耗的非耐用性货物或服务的价值之和，包括原料、燃料、动力和服务性产品的消耗。增加值(国内生产总值)是指生产过程中产生的附加价值，也是总产出减去中间投入的剩余项。

收入法的指标体系有五个总量指标，即增加值、固定资产损耗、劳动者报酬、生产税净额、营业盈余。其计算方法是增加值(国内生产总值)等于固定资产损耗、劳动者报酬、生产税净额、营业盈余相加之和。增加值指标含义同前面的解释。固定资产损耗是指依据固定资产在生产过程中造成的磨损而计算的转移价值,有时用固定资产折旧代替。固定资产折旧是指一定时期内为弥补固定资产损耗按照规定的固定资产折旧率提取的折旧费,或按国民经济核算统一规定的折旧率虚拟计算的折旧费。它反映了固定资产在当期生产中的转移价值。各类企业和企业化管理的事业单位的固定资产折旧是指实际计提的折旧费;不计提折旧的政府机关、非企业化管理的事业单位和居民住房的固定资产折旧是按照统一规定的折旧率和固定资产原值计算的虚拟折旧。原则上,固定资产折旧应按固定资产的重置价值计算,但是目前我国尚不具备对全社会固定资产进行重估价的基础,所以暂时只能采用上述办法。劳动者报酬是指劳动者因从事生产活动所获得的全部报酬,即劳动者获得的各种形式的工资、奖金和津贴,既包括货币形式的,也包括实物形式的,还包括劳动者所享受的公费医疗和医药卫生费、上下班交通补贴、单位支付的社会保险费、住房公积金等。生产税净额是指生产税减生产补贴后的余额。生产税是指政府对生产单位从事生产、销售和经营活动以及因从事生产活动而使用某些生产要素(如固定资产、土地、劳动力)所征收的各种税、附加费和规费。生产补贴与生产税相反,是指政府对生产单位的单方面转移支出,因此视为负生产税,包括政策亏损补贴、价格补贴等。营业盈余是指常住单位创造的增加值扣除劳动者报酬、生产税净额和固定资产折旧后的余额。它相当于企业的营业利润加上生产补贴,但要扣除从利润中开支的工资和福利等。

支出法的指标体系有四个总量指标、六个分组(或分类)指标。第一个总量指标是最终消费,最终消费又包括两个分组指标,即居民消费与政府消费。第二个总量指标是资本形成总额,其又包括两个分组指标,即固定资本形成总额与存货变动。第三个总量指标是净出口,它是由出口总额减进口总额得到的,也包含出口、进口两个分类指标。第四个总量指标是支出法国内生产总值,它是由最终消费、资本形成总额、净出口相加得到的。其中,最终消费是指常住单位为满足物质、文化和精神生活的需要,从本国经济领土和国外购买的货物和服务的支出。它不包括非常住单位在本国经济领土内的消费支出。最终消费支出分为居民消费支出和政府消费支出。居民消费支出是指常住住户在一定时期内对于货物和服务的全部最终消费支出。居民消费支出除了直接以货币形式购买的货物和服务的消费支出外,还包括以其他方式获得的货物和服务的消费支出,即所谓的虚拟消费支出。居民虚拟消费支出包括以下几种类型:单位以实物报酬及实物转移的形式提供给劳动者的货物和服务;住户生产并由本住户消费了的货物和服务,其中的服务仅指住户的自有住房服务和付酬的家庭雇员提供的家庭和个人服务;金融机构提供的金融媒介服务。政府消费支出是指政府部门为全社会提供的公共服务的消费支出和免费或以较低的价格向居民住户提供的货物和服务的净支出，前者等于政府服务的产出价值减去政府单位所获得的经营收入的价值，后者等于政府部门免费或以较低价格向居民住户提供的货物和服务的市场价值减去向住户收取的价值。资本形成总额是指常住单位在一定时期内获得减去处置的固定资产和存货的净额，包括固定资本形成总额和存货变动两部分。固定资本形成总额是指常住单位在一定时期内获得的固定资产减处置的固定资产的价值总额。固定资产是通过生产活动生产出来的，且其使用年限在一年以上、单位价值在规定标准以上的资产，不包括自然资产，可分为有形固定资本形成总额和无形固定资本形成总额。有形固定资本形成总额包括一定时期内完成的建筑工程、安装工程和设备及器具购置(减处置)价值，以及土地改良、新增役、种、奶、毛、娱乐用牲畜和新增经济林木价值。无形固定资本形成总额包括矿藏的勘探、计算机软件等获得减处置。存货变动是指常住单位在一定时期内存货实物量变动的市场价值，即期末价值减期初价值的差额，再扣除当期由于价格变动而产生的持有收益。存货变动可以是正值，也可以是负值，正值表示存货上升，负值表示存货下降。存货包括生产单位购进的原材料、燃料和储备物资等存货，以及生产单位生产的产成品、在制品和半成品等存货。净出口是指货物和服务出口减货物和服务进口的差额。出口包括常住单位向非常住单位出售或无偿转让的各种货物和服务的价值；进口包括常住单位从非常住单位购买或无偿得到的各种货物和服务的价值。由于服务活动的提供与使用同时发生，一般把常住单位从非常住单位得到的服务作为进口，非常住单位从常住单位得到的服务作为出口。货物的出口和进口都按离岸价格计算。

低碳经济投入产出表是在普通投入产出表的基础上，增加二氧化碳排放方面的内容制成的，主要反映能源消耗量和二氧化碳排放量。由于不同的能源在消耗中排放的二氧化碳不一样，因此要将能源消耗分类，先计算分行业的能源消耗量，再计算分行业的二氧化碳排放量。

由于投入产出表采用矩阵形式，需要将能源分类，至少分为煤炭、石油、天然气等几类；相应地，二氧化碳排放量也要按能源消耗进行分类。

四、数据的收集

在确定了数据库的设计原则与指标体系后，接下来需要讨论的是数据的收集，即采用什么样的方法收集数据，建立数据库。根据我们设计的低碳经济统计指标体系，数据的来源有三个方面，一是从统计年鉴、统计资料中收集，二是根据相关资料进行推算，三是通过编表的方法进行核算。下面分开讨论。

(一)从统计资料中直接收集

改革开放以来,各个省、市、区每年都编辑统计年鉴与相关统计资料,国家各部委也有相应的统计资料。我们尽可能地从这些统计资料中收集所需要的数据。通过查阅这些统计资料,可以直接得到一些数据。

经济总量指标方面的数据有现价的国内生产总值(地区生产总值)。国内生产总值(地区生产总值)以1978年为100的物量指数,分一、二、三产业的现价增加值及相应的物量指数。为此,我们设计一张简单的数据收集表(见表1.2)。

表1.2 经济总量数据

年份	现价国内生产总值(亿元)	国内生产总值指数(1978年为100)	现价第一产业增加值(亿元)	第一产业增加值指数(1978年为100)	现价第二产业增加值(亿元)	第二产业增加值指数(1978年为100)	现价第三产业增加值(亿元)	第三产业增加值指数(1978年为100)
1978								
1979								
⋮								
2013								

人口与劳动力总量指标方面的数据有年末常住总人口,年末从业人员数,分一、二、三产业从业人员数。为此,我们设计一张数据收集表(见表1.3)。

表1.3 人口和劳动力总量数据

年份	年末常住总人口(万人)	年末从业人员数(万人)	年末第一产业从业人员数(万人)	年末第二产业从业人员数(万人)	年末第三产业从业人员数(万人)
1978					
1979					
⋮					
2013					

能源消耗总量指标方面的数据有能源消耗总量、煤炭消耗总量、石油消耗总量、天然气消耗总量、其他能源消耗总量。为此,我们设计一张数据收集表(见表1.4)。

表 1.4　能源消耗总量数据

年份	能源消耗总量（万吨标准煤）	煤炭消耗总量（万吨标准煤）	石油消耗总量（万吨标准煤）	天然气消耗总量（万吨标准煤）	其他能源消耗总量（万吨标准煤）
1978					
1979					
⋮					
2013					

(二)通过加工与数据处理间接收集

由于有些低碳经济分析方面的数据不能直接从统计资料中得到,需要根据相关数据推算。

首先,需要推算的数据是二氧化碳排放量。它是低碳经济研究的核心数据。由于二氧化碳排放量是根据能源消耗量推算的,我们在已收集各种能源消耗量的基础上,再收集各种能源的二氧化碳排放系数。上海财经大学葛守中教授在低碳核算中为我们提供了各种能源消耗所排放二氧化碳的系数(见表 1.5)。

表 1.5　中国各种能源的二氧化碳排放系数

能源	二氧化碳排放系数	能源	二氧化碳排放系数
原煤	2.07	汽油	3.00
焦炭	3.04	煤油	3.08
原油	3.07	柴油	3.16
燃料油	3.24	天然气	21.84

注:天然气的计量单位为万吨二氧化碳/亿立方米,其他能源的计量单位为万吨二氧化碳/万吨。

资料来源:葛守中．上海“碳排”投入产出表的编制及其应用研究[G]//.2012 中国循环经济与绿色发展论文集．2012-12-15.

根据表 1.4 的数据并结合表 1.5 的排放系数,我们可以推算出相关年份全国以及各个地区的二氧化碳排放量。

其次,需要推算的数据是生产函数中的资本总量。由于国内生产总值中只有当年的资本形成总额,属于流量。这样,我们必须先找到一个年份的资产负债表,再根据联合国推荐的永续盘存法,推算每年期末资本的存量,然后用期初存量加期末存量除以 2 得到资本总量。同时,利用投资价格指数,使之成为不变价的资本总量。需要收集的相关数据见表 1.6。

表 1.6　推算资本总量的相关数据

年份	资本形成总额（亿元）	固定资产投资完成额（亿元）	固定资产投资价格指数（上年=100）	工业品价格指数（上年=100）
1978				
1979				
⋮				
2013				

由于每个省、市、区公布的资产负债表年份不一样，因此要对每个省、市、区单独推算，但要统一采用不变价的年份。这样，面板数据才能适用。

（三）通过编制表格系统收集

由于低碳经济投入产出表用矩阵形式反映，我们只能通过编制表格系统收集数据。

低碳经济投入产出表有不同的设计方法，一种设计方法是保留原有的投入产出表的第Ⅰ，Ⅱ，Ⅲ，Ⅳ象限，在表的下方增加能源消耗的第Ⅴ象限与二氧化碳排放量的第Ⅵ象限，这样低碳经济投入产出表包括六个象限；另一种设计方法是把能源消耗量与二氧化碳排放量分别作为第Ⅰ，Ⅱ象限，原有投入产出表的四个象限为第Ⅲ，Ⅳ，Ⅴ，Ⅵ象限，也是六个象限。我们采用前一种设计方法（见表 1.7）。

表 1.7　低碳经济投入产出表　　单位：亿元

<table>
<tr><td colspan="2" rowspan="2">产出
投入</td><td>中间产品（使用）</td><td>最终产品（使用）</td><td rowspan="2">总产出</td></tr>
<tr><td>1，2，⋯，n　合计</td><td>消费　投资　出口　进口　合计</td></tr>
<tr><td>中间投入</td><td>1
2
⋮
n
合计</td><td>Ⅰ</td><td>Ⅱ</td><td></td></tr>
<tr><td>增加值</td><td>固定资产折旧
劳动者报酬
生产税净额
营业盈余
合计</td><td>Ⅲ</td><td>Ⅳ</td><td></td></tr>
</table>

续表

<table>
<tr><td colspan="2" rowspan="2">产出
投入</td><td colspan="2">中间产品(使用)</td><td colspan="5">最终产品(使用)</td><td rowspan="2">总产出</td></tr>
<tr><td>1,2,…,n</td><td>合计</td><td>消费</td><td>投资</td><td>出口</td><td>进口</td><td>合计</td></tr>
<tr><td colspan="2">总投入</td><td colspan="2"></td><td colspan="5"></td><td></td></tr>
<tr><td rowspan="9">二氧化碳等废气排放量(吨)</td><td>煤炭消耗：</td><td colspan="2" rowspan="9">Ⅴ</td><td colspan="5" rowspan="9">Ⅵ</td><td rowspan="9"></td></tr>
<tr><td>二氧化碳排放量</td></tr>
<tr><td>石油消耗：</td></tr>
<tr><td>二氧化碳排放量</td></tr>
<tr><td>天然气消耗：</td></tr>
<tr><td>二氧化碳排放量</td></tr>
<tr><td>炼焦、燃气：</td></tr>
<tr><td>二氧化碳排放量</td></tr>
<tr><td>⋮</td></tr>
</table>

从表 1.7 来看，由于没有变动原有的投入产出表，所以其数据库建立的主要任务就是收集分行业的能源消耗与二氧化碳排放量数据，编制第Ⅴ，Ⅵ象限。收集的方法是从总量数据到分组数据。根据前面的讨论，我们要编制的是 2012 年中国低碳经济投入产出表，首先收集 2012 年各种能源消耗总量数据，包括生产领域与消费领域的消耗量。生产领域的能源消耗量再按一、二、三产业划分，弄清各产业的各种能源消耗量；然后按照投入产出的部门划分，推算出各产品部门的各种能源消耗量。待能源消耗量矩阵编制完成后，利用表 1.5 提供的各种能源的二氧化碳排放系数，计算出分生产领域各产品部门以及消费领域的二氧化碳排放量，编制出二氧化碳排放量矩阵。至此，完成低碳经济投入产出表的编制。

将上述三个方面结合起来，我们就完成了低碳经济统计数据库的数据收集工作。下面讨论数据库的整理。

五、数据库的整理方法

数据库整理分三部分进行，即全国的时间序列数据，各省、市、区的面板数据，全国低碳经济投入产出表的数据。

为了满足关于低碳的时间序列分析，全国时间序列数据选取国内生产总值(GDP，亿元)、能源消耗(万吨标准煤)、二氧化碳排放量(万吨)三个总量指标。为了得到可比价国内生产总值，在原有可比价的基础上采用以 1990 年价格为基准的国内生产总值。二氧化碳排放量是根据分类的能源消耗量分别计算出来再加总得到的。我们经过分析,发现二氧化碳排放不是国内生产总值的变化原因,于是放弃了最初准备建立的广义生产函数,而是建立各个指标的 ARIMA 模型和三个指标的 VAR 模型。最后的数据结构是:主栏为时间 1953 年至 2013 年,宾栏为指标,先后是能源消耗(万吨标准煤)、二氧化碳排放量(万吨)、GDP(现价,亿元)、GDP(以 1990 年为基准,亿元)。

为了满足关于低碳空间计量分析,各省份的面板数据选取了地区生产总值、年末总人口、能源消耗总量、二氧化碳排放量。为了得到可比价的地区生产总值,在原有可比价的基础上整理了以 1990 年为不变价的地区生产总值,二氧化碳排放量是根据各种能源消耗量分别计算最后加总的。为了作生产函数的补充分析,建立包括技术、劳动、资本、能源的生产函数,还整理了各省、市、区的年末从业人员、年末资本存量。年末资本存量是在推算改革开放初期各省、市、区的资本存量基础上,用永续盘存法按时间顺序计算的,折旧率取 5%,价格均取 1990 年价格。

具体核算时先推算出各省、市、区 1978 年的固定资产和存货,再用以下公式:

1979 年固定资产=1978 年固定资产×(1-5%)+1979 年固定资本形成总额

1979 年存货=1978 年存货+1979 年存货增加

以此类推计算到 2013 年(各年数据均取 1990 年价格),再将固定资本存量与存货进行加总。

由于受能源消耗量数据的限制,各省、市、区数据库的起始时间为 1990 年,存量数据起始时间为 1989 年(年末总人口、年末从业人员、年末资本存量)。各省、市、区数据的结束时间,能源消耗总量与二氧化碳排放量为 2012 年,其他数据为 2013 年。(因为本课题是 2014 年开始的,当时只能收集到 2013 年的数据,其中能源数据只能收集到 2012 年。)各省、市、区面板数据的结构是分省、市、区排列的,排列顺序依照《中国统计年鉴》的顺序。各省、市、区的数据结构主栏是时间(1989 年至 2013 年),宾栏是地区生产总值(现价,亿元)、地区生产总值指数(1990 年价)、地区生产总值(不变价,1990 年价,亿元)、年末总人口(万人)、年末从业人员(万人)、年末资本存量(1990 年价格,含存货,亿元)、能源消耗总量(万吨标准煤)、二氧化碳排放量(万吨)。

低碳经济投入产出表是在国家统计局编制的投入产出表的基础上,增加能耗矩阵和二氧化碳排放量矩阵。2012 年是国家编表年份,数据结构是:全国 2012 年低碳经济投入产出表,先是现价的,为了研究的深入,我们还编制了可比价低碳经济投入产出表,具体的编制方法我们将在第二部分阐述;具体数据先是中间投入,再是增加值、总投入,然后是能耗矩阵、二氧化碳排放矩阵。

本数据库的建立,可以从全国总量层面、空间层面(地区层面)、行业层面研究低碳经济问题,而原有的数据库只是从一个层面进行研究。

在课题结项后,我们会继续更新本数据库的数据,以便后续研究之用。

第二部分　中国可比价低碳经济投入产出表的编制

在讨论低碳经济统计数据库设计之后，接下来我们讨论中国可比价低碳经济投入产出表的编制，以完善数据库。本部分利用 2007—2012 年中国投入产出表和能源消耗量数据编制中国可比价低碳经济投入产出表。首先，依照投入产出表和能源消耗量的部门划分进行部门调整。其次，计算各部门的二氧化碳排放量。最后，确定进行价格调整的基年，并对低碳经济投入产出表进行价格调整，从而编制出 2007—2012 年中国可比价低碳经济投入产出表。

一、投入产出表的调整

目前，中国的投入产出核算制度已经比较完善，每隔五年按照调查数据编制投入产出基本表，一般是尾数为 2、7 的年份；编制投入产出基本表三年后进行调整，编制投入产出延长表，一般是尾数为 0、5 的年份。国家统计局编制的投入产出表一般会有两种不同的部门划分方式，最详细的投入产出基本表包含 140 个左右的部门，最详细的投入产出延长表只会包括 65 个左右的部门，同时还会在当年编制 42 个部门投入产出延长表和基本表。实际研究中需要部门划分一致，所以一般使用 42 个部门投入产出表进行研究。本部分采用 2007 年、2012 年投入产出基本表，以及 2010 年投入产出延长表进行分析。由于这三年的投入产出表存在部门分类并不完全相同的问题，所以还要进行调整。

2012 年投入产出表的 42 个部门分类和前面几年投入产出表的部门分类方式不完全相同，为了更好地进行研究，需要依据 2012 年 139 个部门投入产出表做出调整，以便统一部门分类口径。对比 2007 年与 2012 年的投入产出表部门分类及代码的不同之处，可以看出需要进行以下变动：①通用设备和专用设备两个部门组合成通用、专用设备制造业。②文化、办公用机械部门从通用设备部门中分出，与仪器仪表部门组合成仪器仪表及文化办公用机械制造业。③金属制品、机械和设备修理服务部门在之前的投入产出表中没有出现过。查询《中国 2012 年投入产出表编制方法》可知，金属制品、机械和设备修理服务部门是为通信设备、计算机及其他电子设备制造业，交通运输设备制造业，仪器仪表及文化办公用机械制造业，电气机械及器材制造业，通用、专用设备制造业，以及其他制造业六个部门提供专业的修理服务的。为了与其他年份的投入产出表统一，用这六个部门的中间投入、最初投入、中间产出和最终产出作为权重，把金属制品、机械和设备修理服务的中间投入、最初投入、中间产出和最终产出分配进这六个部门中。④交通运输、仓储和邮政部门拆分为交通运输及仓储业、邮政业两个部门。⑤科学研究和技术服务部门拆分为研究与试验发展业，综合技术服务业两个部门。⑥社会保障部门从公共管理、社会保障和社会组织中分出，与卫生和社会工作部门组合成卫生、社会保障和社会福利业。2010 年的投入产出表有 41 个部门和 65 个部门两种部门划分方式，但两种划分方式都把工艺品及其他制造业和废品废料组合成工艺品及其他制造业（含废品废料），无法进行拆分。为了统一口径，2007 年、2012 年的投入产出表也要进行相应合并。

考虑到 2007 年、2010 年、2012 年投入产出表的不同的部门划分方式，最后可以设定的 41 个部门如表 2.1 所示。

表 2.1 投入产出表部门分类

编号	部 门	编号	部 门
1	农林牧渔业	22	电力、热力生产和供应业
2	煤炭开采和洗选业	23	燃气生产和供应业
3	石油和天然气开采业	24	水的生产和供应业
4	金属矿采选业	25	建筑业
5	非金属矿及其他矿采选业	26	交通运输及仓储业
6	食品制造及烟草加工业	27	邮政业
7	纺织业	28	信息传输、计算机服务和软件业
8	纺织服装鞋帽皮革羽绒及其制品业	29	批发和零售业
9	木材加工及家具制造业	30	住宿和餐饮业
10	造纸印刷及文教体育用品制造业	31	金融业
11	石油加工、炼焦及核燃料加工业	32	房地产业
12	化学工业	33	租赁和商务服务业
13	非金属矿物制品业	34	研究与试验发展业
14	金属冶炼及压延加工业	35	综合技术服务业
15	金属制品业	36	水利、环境和公共设施管理业
16	通用、专用设备制造业	37	居民服务和其他服务业
17	交通运输设备制造业	38	教育
18	电气机械及器材制造业	39	卫生、社会保障和社会福利业
19	通信设备、计算机及其他电子设备制造业	40	文化、体育和娱乐业
20	仪器仪表及文化办公用机械制造业	41	公共管理和社会组织
21	工艺品及其他制造业（含废品废料）		

二、低碳经济投入产出表的编制

由于无法直接从统计资料中获得各部门生产过程中排放的二氧化碳数量数据，所以需要通过一定的方法进行推算。因为各部门生产过程中的二氧化碳排放主要是由能源消耗引起的，所以为了计算出各部门的二氧化碳排放量，需要首先确定各部门的能源消耗量。本部分利用 2007 年、2010 年、2012 年按行业分能源消耗量指标作为各部门的能源消耗量进行研究，能源消耗量数据包括煤炭、焦炭、原油、汽油、煤油、柴油、燃料油、天然气、电力 9 种主要形式。

由于投入产出表与能源消耗量的数据来源不同，它们的行业划分存在一些差异，投入产出表把国民经济划分为 41 个部门，而能源消耗量数据为 44 个部门的。其中，有些投入产出表分类较细，而能源消耗量数据把部门进行合并；有些能源消耗量数据分类较细，而投入产出表把部门进行合并。所以，需要对数据进行处理，使投入产出表和能源消耗量数据的部门划分一致。具体方法如下：第一类是农业部门和建筑业部门，这在投入产出表与能源消耗量数据中划分相同，这两个部门的能源消耗量数据可以直接保留下来。第二类是工业，这在投入产出表和能源消耗量数据的部门分类中有一些区别，需要对能源消耗量数据进行调整的有：其他采矿业，非金属矿采选业组合成非金属矿及其他矿采选业；有色金属矿采选业，黑色金属矿采选业组合成金属矿采选业；家具制造业，木材加工及木、竹、藤、棕、草制品业组合成木材加工及家具制造业；饮料制造业，农副食品加工业，烟草制品业，食品制造业组合成食品制造及烟草加工业；印刷业和记录媒介的复制，文教体育用品制造业，造纸及纸制品业组合成造纸印刷及文教体育用品制造业；皮革、毛皮、羽毛（绒）及其制品业，纺织服装、鞋、帽制造业组合成纺织服装鞋帽皮革羽绒及其制品业；专用设备制造业，通用设备制造业组合成通用、专用设备制造业；有色金属冶炼及压延加工业，黑色金属冶炼及压延加工业组合成金属冶炼及压延加工业；化学纤维制造业，塑料制品业，医药制造业，化学原料及化学制品制造业，橡胶制品业组合成化学工业；废旧材料回收加工业，工艺品及其他制造业与废弃资源组合成工艺品及其他制造业（含废品废料）。这些部门采用投入产出表中部门分类方式进行合并，其他部门投入产出表与能源消耗量数据的分类标准是相同的，全部予以保留，这样工业就由能源消耗量数据的 39 个行业合并为投入产出表的 23 个行业。第三类是服务业，这一分类的能源消耗量数据不易统计，在能源消耗量数据中只分类成交通运输、仓储和邮政业，批发、零售业和住宿、餐饮业这三个部门。在本部分的研究中，能源消耗量数据中合并了的部门以这一部门投入产出表的中间使用数据为权重进行拆分，具体方法如下:煤炭这种能源形式以对煤炭开采和洗选业部门的中间使用数据为权重,原油这种能源形式以石油和天然气开采业部门的中间使用数据为权重,焦炭、汽油、煤油、柴油与燃料油这几种能源形式以石油加工、炼焦及核燃料加工业部门的中间使用数据为权重,天然气这种能源形式以燃气生产和供应业部门的中间使用数据为权重,电力这种能源形式以电力、热力生产和供应业的中间使用数据为权重进行分解。这样就能把能源消耗量数据中的批发、零售业和住宿、餐饮业拆分为批发和零售业部门,住宿和餐饮业部门,交通运输、仓储和邮政业拆分为交通运输及仓储业部门与邮政业部门,其他行业拆分为其余 12 个服务业部门。经过这一步骤,就把能源消耗量的数据从 44 个部门调整为与投入产出表一致的 41 个部门。

有了 41 个部门的能源消耗量数据,下面就需要知道每种能源形式的二氧化碳排放量与每种能源形式的消耗量之间的关系,从而以能源消耗量为基础计算二氧化碳排放量。能源消耗量已经在前面的研究中得到,二氧化碳排放系数在不同学者的研究中不尽相同。本部分采用葛守中(2013)的计算结果(见表 2.2)。

表 2.2 中国各种能源形式的二氧化碳排放系数

能　源	煤炭	焦炭	原油	汽油	煤油	柴油	燃料油	天然气
二氧化碳排放系数	2.23	3.04	3.07	3.00	3.08	3.16	3.24	21.84

注:天然气的计量单位为万吨二氧化碳/亿立方米,其他为万吨二氧化碳/万吨。

由于电力消耗并不导致二氧化碳排放,所以电力这种能源形式的二氧化碳排放系数为 0。有了 9 种能源形式的二氧化碳排放系数就可以计算出每个部门每种能源形式的二氧化碳排放量数据。最后把能源消耗量数据与二氧化碳排放量数据输入投入产出表,排在第Ⅲ象限之下作为第Ⅴ象限与第Ⅵ象限,即可得到中国低碳经济投入产出表(见表 2.3)。

表 2.3 低碳经济投入产出表的结构

产出 投入		中间产出	最终产出	总产出
		1 2 … n		
中间投入	1 2 ⋮ n	x_{ij}	Y_i	X_i

续表

<table>
<tr><td colspan="2" rowspan="2">产出
投入</td><td>中间产出</td><td rowspan="2">最终产出</td><td rowspan="2">总产出</td></tr>
<tr><td>1 2 … n</td></tr>
<tr><td colspan="2">最初投入</td><td>N_j</td><td colspan="2" rowspan="4"></td></tr>
<tr><td colspan="2">总投入</td><td>X_j</td></tr>
<tr><td>能源消耗</td><td>1
2
⋮
m</td><td>r_{ij}</td></tr>
<tr><td>二氧化碳排放</td><td>1
2
⋮
k</td><td>e_{ij}</td></tr>
</table>

三、可比价低碳经济投入产出表的编制

可比价是不变价的一种,是在研究某一经济问题时,将产品价格固定在一个时点之上,从而可以利用该固定价格剔除价格因素对经济问题研究的影响,更准确反映分析期间的经济增长水平。在确定合适的价格指数后,就可以采用价格指数缩减法编制可比价低碳经济投入产出表。而要计算价格指数,首先需要确定价格基年。基年表示产品价格固定在的那个年份。选择的价格基年不同,计算出的可比价投入产出表也会不同。现价投入产出表距离基年越近,计算的可比价投入产出表相对来说越准确,反之亦然,所以确定价格基年也就成为一个值得考虑的问题。本部分确定 2010 年为价格基年,采用 2007 年、2010 年、2012 年的现价投入产出表编制可比价投入产出表。这样做的好处是时间跨度不长,价格指数有较高的准确性,而且 2010 年现价低碳经济投入产出表不用再进行价格调整,能够极大地降低计算可比价投入产出表需要的工作量。

在投入产出表价格缩减的计算中,最理想的方法是不同指标采用不同价格指数进行缩减,如总产出利用各种产品的产出价格指数进行缩减,中间使用利用各生产部门购买的中间产品的购进价格指数进行缩减。但是,我国目前已经编制的价格指数有限,考虑到数据的可获得性,本部分采用较简单的方法,各产品部门使用一致的价格指数进行缩减。由于获得的价格指数为环比形式,所以计算前需要换算成以 2010 年为基年的定基价格指数。其中,农产品生产价格指数、工业生产者

出厂价格指数、建筑安装工程固定资产投资价格指数来自国家统计局网站,第三产业增加值指数来自《中国统计年鉴》。下面详细说明各产品部门价格指数的计算方法。

(一)农业

利用农产品生产价格指数可以对农业也就是投入产出表中的农林牧渔业部门进行可比价缩减。

(二)工业

利用工业生产者出厂价格指数可以对工业进行可比价缩减,但是工业生产者出厂价格指数共对应 38 个部门,而在投入产出表中工业部门只有 23 个,所以要把工业生产者出厂价格指数按照投入产出表中的部门分类进行合并,合并方法是以待合并行业当年的总产出数据作为权重,用待合并行业的价格指数计算出合并后的价格指数。具体合并过程如下:其他采矿业,非金属矿采选业组合成非金属矿及其他矿采选业;有色金属矿采选业,黑色金属矿采选业组合成金属矿采选业;家具制造业,木材加工及木、竹、藤、棕、草制品业组合成木材加工及家具制造业;饮料制造业,农副食品加工业,烟草制品业,食品制造业组合成食品制造及烟草加工业;皮革、毛皮、羽毛(绒)及其制品业,纺织服装、鞋、帽制造业组合成纺织服装鞋帽皮革羽绒及其制品业;专用设备制造业,通用设备制造业组合成通用、专用设备制造业;文教体育用品制造业,印刷业和记录媒介的复制,造纸及纸制品业组合成造纸印刷及文教体育用品制造业;有色金属冶炼及压延加工业,黑色金属冶炼及压延加工业组合成金属冶炼及压延加工业;化学纤维制造业,橡胶制品业,塑料制品业,医药制造业,化学原料及化学制品制造业组合成化学工业;废弃资源和废旧材料回收加工业,工艺品及其他制造业组合成工艺品及其他制造业(含废品废料)。其他行业的价格指数可以直接使用,这样就可以得到按投入产出表行业划分的 23 个工业行业的价格指数。

(三)建筑业

利用建筑安装工程固定资产投资价格指数可以对建筑业部门进行可比价缩减。

(四)服务业

我国没有统计过服务业部门的生产价格指数,所以可以使用第三产业增加值指数对服务业部门进行缩减。由于第三产业增加值指数是以上年为 100 计算出来的,所以首先要用 2005 年的现价增加值计算出服务业部门之后年份的可比价增加值,再将相应年份的现价增加值除以可比价增加值,近似相当于服务业部门的价格指数(投入产出表中有相应年份的现价增加值)。第三产业增加值指数分为批发和零售业,金融业,房地产业,住宿和餐饮业,交通运输及仓储业,邮政业及其他。其中,批发和零售业,住宿和餐饮业,金融业,房地产业的增加值指数可以作为相应部门的价格指数;交通运输及仓储业和邮政业的增加值指数可以作为交通运输及仓储业,邮政业两个部门的价格指数;这一分类的其他增加值指数可以作为其他 11 个服务业部门的价格指数。

有了投入产出表中 41 个部门的价格指数,就可以直接计算可比价投入产出表。把现价投入产出表第Ⅰ象限的中间投入数据与第Ⅱ象限的最终使用和总产出数据按照横向除以相应部门的价格指数,可以得到可比价投入产出表第Ⅰ象限与第Ⅱ象限的相应数据。由于投入产出表中总投入恒等于总产出,可比价投入产出表第Ⅲ象限的增加值可以用总产出减去中间投入得到,这样计算出的可比价增加值不再细分成各构成项目。

第三部分　中国经济总量、能耗量与碳排放总量（ARIMA 模型）分析

在第一、二部分低碳经济统计数据库设计建立后，本部分与第四部分从总量层面讨论中国低碳经济问题。本部分对中国经济总量、能耗量与碳排放总量进行现状分析，同时用 ARIMA 模型拟合三者的变化趋势，并预测这三者未来的总量。

一、数据描述

作为世界第二大经济体以及第一大一次能源消费国，我国现在正处于依靠大量能源消费快速增长的阶段。而能源消费的持续增长必将导致碳排放的增加，这种现象也在一定程度上体现出我国经济、能源与碳排量三者的相关性。因此，在探究这三者之间的动态关系前，有必要对它们做出一个定量的概括，分析它们的特征与走势，为后面的研究奠定基础。

本部分研究的对象是低碳经济，因此使用的数据主要为三个方面：经济发展方面的数据、能源使用方面的数据以及二氧化碳排放方面的数据。其中，经济发展方面的数据来源于《新中国六十年统计资料汇编》及《中国统计年鉴(2014)》。经济发展的指标使用的是国内生产总值(GDP)的数据，样本选取年为 1953—2013 年；为了去除物价因素，本部分以 1990 年为基年进行重新计算调整，以亿元作为计价单位。

能源的数据来源于《中国能源统计年鉴(2014)》及《新中国六十年统计资料汇编》。能源消耗数据主要包含了四大类别：煤炭类的使用、石油类的使用、天然气的使用，以及其他清洁能源(如水电、核电、风电)的使用。本部分将它们全部转换为标准煤进行单位的统一，然后加总得到每一年的能源消耗总量，样本大小与 GDP 数据相一致，单位为万吨标准煤。

二氧化碳排放(CO_2 Emission，CE)的数据仅指一次能源消耗所产生的。由于我国对二氧化碳相关数据并没有官方的统计，因此根据《2006 年 IPCC 国家温室气体清单指南》进行转换、核算。样本容量与前两个变量一致，单位为万吨。

在模型建立前，按照习惯先对三个变量 GDP，$Energy$，CE 进行对数化处理，分别记为 $\ln(GDP)$，$\ln(Energy)$ 和 $\ln(CE)$。如此处理数据的优点在于：一是对数一阶

差分后的结果代表了增长率,有实际经济意义,且避免了单位不同的问题;二是取对数后的数据,降低了上下震荡的范围,有利于满足模型中对于残差的同方差性假设。因此,对三个变量先取自然对数。从表 3.1 对变量的基本描述可以看出,无论是 ln(*GDP*),ln(*Energy*)还是 ln(*CE*),都不能拒绝原假设为序列呈正态分布的 JB 检验。但是观测值只有 61 个,可靠性并不高。其中,GDP 的波动性相比能源消耗和二氧化碳排放较大,且极值的差距也较突出。

表 3.1 统计量的描述

统计量	变量名称		
	ln(*GDP*)	ln(*Energy*)	ln(*CE*)
均值	9.03	11.03	12.05
中位数	8.59	11.1	12.09
标准差	1.69	1.12	1.07
最大值	11.99	12.84	13.73
最小值	6.6	8.6	9.7
偏度	0.25	-0.29	-0.3
峰度	1.64	2.24	2.25
JB 统计量	5.36	2.32	2.33
p 值	0.068	0.31	0.31
样本量	61	61	61

二、万元 GDP 能耗与万元 GDP 碳排放分析

(一)万元 GDP 能耗(能源强度)分析

能源强度亦称为单位产值能耗,通常以吨(或公斤)油当量(或煤当量)/万元 GDP 来表示。一个国家或地区的能源强度,通常以单位国内生产总值耗能量来表示。它反映经济对能源的依赖程度,受一系列因素的影响,包括经济结构、经济体制、技术水平、能源结构和人口等。中国能源强度(1955—2013 年)见图 3.1。

中华人民共和国成立以来,特别是改革开放以来,中国能源消耗总量和经济总量迅速增加。国内生产总值由 1955 年的 4 174 亿元增长到 1978 年的 15 279.5 亿元,再增长到 2013 年的 414 656.768 6 亿元(2005 年不变价)。1955—1978 年、

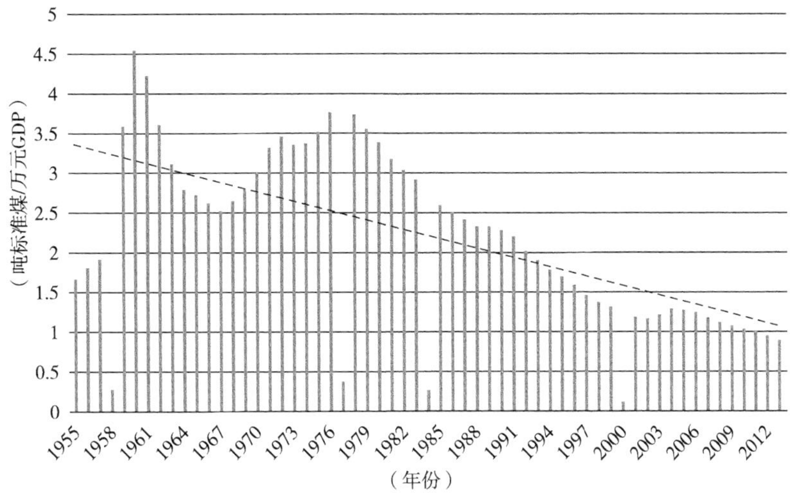

图 3.1 中国能源强度(1955—2013 年)

注:虚线为下降趋势。

1979—2013 年两个阶段 GDP 年增长率分别为 5.80%和 9.97%。能源消耗总量由 1955 年的 6 968 万吨标准煤增长到 1978 年的 57 144 亿吨标准煤,再增长到 2013 年的 375 000 亿吨标准煤。其中,1955—1978 年、1979—2013 年两个阶段能源消耗年增长率分别为 9.58%和 5.53%。

BP 世界能源统计结果表明:2012 年全球能源消耗量增长 5.2%,为 1973 年以来最高增幅;中国的能源消耗量增幅为 10.4%,占全球能源消耗量的 20.3%;2010 年中国已经赶超美国成为世界最大能源消耗国。2010 年,全球煤炭消耗量增长 7.6%,为 2003 年以来全球最快的增长水平。煤炭占全球能源消耗量的 29.6%,为 1970 年以来的最高水平,而 2000 年为 25.6%。2010 年中国的煤炭消耗量增加了 10.1%,占全球煤炭消耗量的 48.2%,几乎占全球消耗量增长的 2/3。

迅速增长的能源消耗量给中国能源供给造成了巨大的压力,中国的能源依存度也在不断增加。1993 年,中国首度成为石油净进口国,当时的原油对外依存度仅为 6%。2000 年依存度上升到 26.7%,2009 年超过 50%,2010 年达到 53.8%。2011 年 8 月 15 日,国家发展改革委公布,上半年中国原油资源对外依存度为 54.8%。中国社会科学院 2010 年发布的《能源蓝皮书》预测,10 年后中国原油对外依存度将达到 64.5%。国际能源署预测的形势更为严峻,认为中国的进口依存度或将升至 80%。

从全球来看,欧盟每年能源消耗量增长维持在 1%~2%,美国已经进入微量增长阶段,但中国现在每年的能源消耗量还在以 5%~6%的速度增长,如此发展下去,能源消耗总量将十分惊人。人均能耗能反映一个国家的富裕程度,我国每人每年耗电 3 400 千瓦时,而发达国家的这一数据普遍在 8 000 千瓦时左右,美国更是高达 1.5 万千瓦时。未来中国人均能耗水平,即使达到美国的一半,也意味着我国能源消耗总量将翻番,达到 65 亿吨标准煤。我国以煤炭为主的能源结构短期内难以改变,根据中国工程院的研究,现在的煤炭生产已经超过了科学产能的范围,那么未来要供应 65 亿吨的标煤将会有很大的缺口,巨大的能源需求给中国未来经济发展带来了严峻的挑战。

中国节能工作虽然成效显著,但是单位 GDP 能耗仍然偏高(见图 3.1)。1978 年以来,由于经济结构调整和技术进步等原因,中国单位 GDP 能耗降低较快,2013 年的单位 GDP 能耗为 0.904 吨标准煤/万元 GDP,比 1978 年下降了 73.31%。

但是,与发达国家相比,中国能源强度仍然偏高。中国能源研究会公布,尽管 2010 年中国能源强度比 2009 年下降 4.05%,但是我国能源强度仍然偏高,目前是美国的 3 倍、日本的 5 倍。

(二)万元 GDP 碳排(碳排放强度)分析

快速的经济增长导致能源消耗的大量增加,化石能源利用所产生的碳排放也随之迅速增加。改革开放之后,中国能源消耗量迅速增加,碳排放总量迅速增加。中国碳排放总量由 1955 年的 5 043.6 万吨碳增长到 1978 年的 38 594.2 万吨碳,再增长到 2013 年的 235 437.63 万吨碳。1955—1978 年、1979—2013 年两个阶段碳排放总量年增长率分别为 9.25%和 5.28%。

据国际能源署(IEA)2011 年 5 月 24 日公布数据,2011 年全球二氧化碳排放量比 2010 年增长 3.2%,达到 316 亿吨,创历史新高。其中,中国、印度等新兴国家的排放量增长迅速。IEA 统计的排放量是根据石油和燃气消费等数据计算出的,约占温室气体总量的 90%。2006—2010 年全球二氧化碳排放量的平均增量为 6 亿吨,2011 年二氧化碳排放量增长迅速,增量达 10 亿吨。随着经济的发展和人民生活水平的提高,中国碳排放量的增长速度超过发达国家,2011 年碳排放量增加 7 亿吨以上,增幅达 9.3%,中国成为世界上最大的碳排放国。

但是当前地球大气中累积的温室气体中近 80%是发达国家排放的,中国的历史碳排放量只占其余 20%中的一部分。中国的碳排放量增长主要是改革开放以来经济快速增长引起的,而发达国家工业化过程已有上百年时间,碳排放累积起来的总量是惊人的。因此,中国的碳排放累积量远低于发达国家,同时中国人均碳排放量也仅相当于发达国家的三分之一、四分之一,甚至五分之一。

中国节能工作虽然成效显著,但是碳排放强度仍然偏高。中国碳排放强度(1955—2013 年)见图 3.2。改革开放以来,由于经济结构调整和技术进步等原因,中国碳排放强度降低较快,2010 年碳排放强度为 0.66 吨碳/万元 GDP,比 1978 年下降了 73.91%。但是与发达国家相比,中国碳排放强度仍然偏高。通过上面的数据计算可知,尽管 2010 年中国碳排放强度比 2009 年下降 5.43%,但是与世界平均水平相比,我国碳排放强度仍然偏高,1978 年我国碳排放强度约是世界平均水平的 8.25 倍,2004 年约是世界平均水平的 3.43 倍。

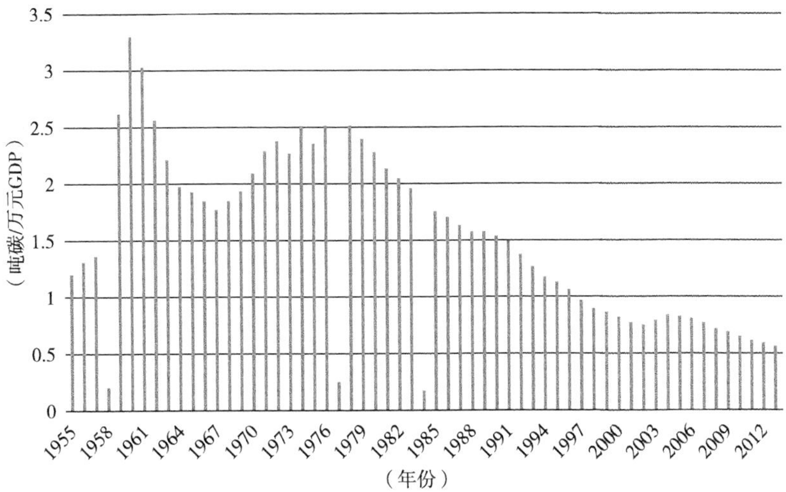

图 3.2　中国碳排放强度(1955—2013 年)

三、经济、能耗与碳排放的趋势分析

(一)单变量时间序列建模方法

从图 3.3 可以清晰地看出,经济、能耗与碳排三个变量都有明显的上行趋势,其中,能耗与碳排这两个变量的趋势较为一致,说明碳排量与能源消耗量的相关性较大。分时段看,在 1961 年前后,三个变量都出现了较为明显的下降,大体持续时间为 2 年,然后又缓慢上升;1982 年前后,GDP 数据有着较为明显的上扬,可能的原因在于这段时期我国基本国策开始转向以经济建设为中心;1990 年后,GDP 数据开始平稳上涨。我们接下来以单变量的计量模型分别来量化这三个变量的长期趋势。

对一个平稳的时间序列$\{Y_t : t=1,2,\cdots,T\}$进行解释或者预测时,可以利用该序列自己的历史数据对其现在的行为进行分析,并借此推断未来的数据。换言之,即通过分析数据的历史特征来推测其未来的变化趋势。这种模型通常被称作单变

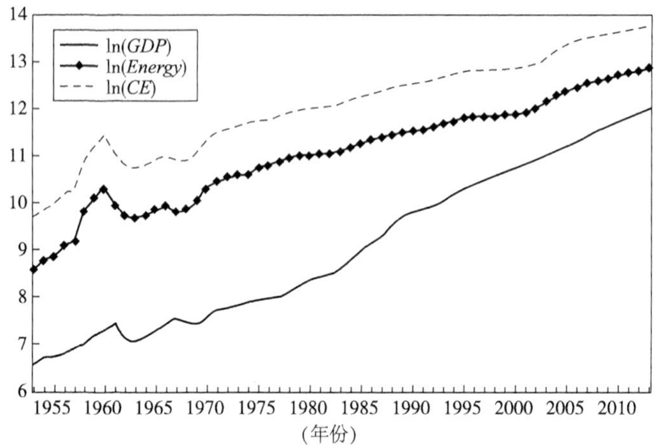

图 3.3 三变量变化趋势

量时间序列模型。在该类方法中,以博克思和詹金斯(Box and Jenkins,1970)提出的自回归移动平均(Autoregression Moving Average,ARMA)模型应用最为广泛。该模型因其简单性和灵活性,成为目前应用最广泛的时间序列预测模型之一。

ARMA(p,q)模型的基本思路是以单变量时间序列的过去值$\{y_{t-1},y_{t-2},\cdots,y_{t-p}\}$及随机扰动项$\{e_{t-1},e_{t-2},\cdots,e_{t-p}\}$来构建模型,其一般形式为:

$$y_t = c + \varphi_1 y_{t-1} + \varphi_2 y_{t-1} + \cdots + \varphi_p y_{t-p} + e_t + \theta_1 e_{t-1} + \theta_2 e_{t-2} + \cdots + \theta_q e_{t-q} \tag{3.1}$$

式中:c 为常数项,代表序列$\{y_t\}$的均值;e_t 是均值为零、方差有限的白噪声。

如果将滞后算子 L 引入,则式(3.1)可以化简为:

$$\phi(L)y_t = \theta(L)e_t \tag{3.2}$$

其中,$\phi(L)=1-\varphi_1 L-\varphi_2 L^2-\cdots-\varphi_p L^p$ 以及 $\theta(L)=1+\theta_1 L+\theta_2 L^2+\cdots+\theta_p L^p$,都是滞后算子 L 的特征多项式;$y_{t-p}=L^p y_t$。

如果 ARMA(p,q)模型设定正确,则 $\phi(L)$ 与 $\theta(L)$ 这两个多项式中所有特征根的解的模(module)都应大于 1,即特征方程解的模的倒数应落在复平面的单位圆内,满足平稳性假定。此外,残差序列的估计值中也不应存在序列相关性。

而单整的自回归移动平均(Autoregression Integrated Moving Average, ARIMA)模型实际上是一般 ARMA 模型的扩展。当我们想使用 ARMA 模型对一个非平稳时间序列$\{x_t:t=1,2,\cdots,T\}$进行估计或预测时,需要对数据先进行差分处理,即单积(Integrate)。ARIMA(p, d, q)模型的基本形式为:

$$\phi(L)(1-L)x_t = \theta(L)e_t \tag{3.3}$$

式中:d 代表差分的次数,当 $d=1$ 时,$\Delta^1 x_t = x_t - x_{t-1} = (1-L)^1 x_t$。

(二)平稳性检验

建立ARIMA模型前,需要先对数据的平稳性进行判断。本部分分别使用ADF及KPSS方法对3个序列的平稳性进行检验。两种检验的结果对比见表3.2。其中,ACF(Autocorrelation Function)的滞后阶数通过最小化SIC的准则来选取,截距项作为外生变量。

表3.2　单位根检验

变量名称	ADF检验（H_0:序列为非平稳的）		KPSS检验（H_0:序列为平稳的）	
	原始序列	一阶差分后	原始序列	一阶差分后
ln(*GDP*)	-1.82 (0.68)	-5.52 (0.001)***	0.2 (0.03)***	0.097 (0.15)
ln(*Energy*)	-1.41 (0.59)	-4.46 (0.001)***	3.01 (0.01)***	0.1402 (0.13)
ln(*CE*)	-1.35 (0.608)	-4.53 (0.001)***	3.0003 (0.01)***	0.1355 (0.16)

注:a. ADF检验滞后阶数选择为3;KPSS检验截断滞后变量为1。

b. **、***分别表示在5%和1%水平下统计量显著。

由表3.2可知, ADF检验认为经对数处理后GDP、能源消耗量和二氧化碳排放量序列为非平稳的$I(1)$过程,经过一阶差分后三者都变为平稳的过程。KPSS检验则认为,无论哪个变量,其经对数后的原始序列都为非平稳序列,经过一阶差分后,三个序列变为平稳序列。因此,我们可以认为三个变量都为$I(1)$过程。

(三)实证结果分析

根据上一节中的单位根检验结果,GDP、能源消耗总量及二氧化碳排放量都为非平稳变量,经一阶差分后变为平稳的$I(0)$过程。因此,需要先对数据进行一阶差分,即$d=1$。

$$\mathrm{FPE}(p) = [(T+np+1)/(T-np-1)]^n \times |\widetilde{\Omega}(p)| \tag{3.4}$$

$$\mathrm{AIC}(p) = \ln|\widetilde{\Omega}(p)| + 2pn^2/T \tag{3.5}$$

$$\mathrm{HQ}(p) = \ln|\widetilde{\Omega}(p)| + 2(\ln T)/T \times pn^2 \tag{3.6}$$

$$\mathrm{SC}(p) = \ln|\widetilde{\Omega}(p)| + 2pn^2/T \times pn^2 \tag{3.7}$$

根据式(3.4)至式(3.7)中的信息判别量对p和q的数值进行选择。其中,p是待估的滞后项阶数,通过p值的调整使得目标判别统计量达到最优(FPE、AIC、

SC 这三个判别量是越小越好,HQ 则为越大越好);而 $\widetilde{\Omega}(\cdot)$ 是从模型所得的残差估计值的方差协方差矩阵。

最终,GDP 模型选为 ARIMA(5,1,6),能耗总量的模型选为 ARIMA(5,1,8),碳排放总量的模型选为 ARIMA(1,1,3)。通过对特征多项式 $\phi(L)$ 和 $\theta(L)$ 根的结果进行判断,可知 3 个变量的 ARIMA 模型都是稳定的,即 ARMA 过程都是可逆的。再使用 Breusch-GoDfrey LM 检验对残差项进行检验,都以较高概率(p 值都高于 15%)不能拒绝序列中不存在自相关的原假设。因此,可以判断出 3 个模型的残差项中都不存在序列自相关性,为白噪声过程(结果见表 3.3)。综上可知,3 个变量各自构建的 ARIMA 模型设定正确,可以用来预测分析。ARIMA 估计结果见表 3.4。

表 3.3 自相关检验

	GDP ARIMA(5,1,6)	能耗量 ARIMA(5,1,8)	碳排量 ARIMA(1,1,3)
F 统计量	1.22	1.94	1.82

表 3.4 ARIMA 估计结果

GDP ARIMA(5,1,6)		能耗量 ARIMA(5,1,8)		碳排量 ARIMA(1,1,3)	
变量名称	系数	变量名称	系数	变量名称	系数
C	0.10***	C	0.06***	C	0.06***
$AR(1)$	0.6***	$AR(1)$	1.40***	$AR(1)$	0.57***
$AR(2)$	-0.83***	$AR(2)$	-1.84***	$MA(1)$	-0.2**
$AR(3)$	-0.58***	$AR(3)$	1.49***	$MA(2)$	-0.04
$AR(4)$	-0.47***	$AR(4)$	-0.93***	$MA(3)$	-0.76***
$AR(5)$	-0.42***	$AR(5)$	0.28**		
$MA(1)$	1.26***	$MA(1)$	-1.07***		
$MA(2)$	1.51***	$MA(2)$	1.77***		
$MA(3)$	1.37***	$MA(3)$	-1.28***		
$MA(4)$	1.41***	$MA(4)$	0.74*		

续表

GDP ARIMA(5,1,6)		能耗量 ARIMA(5,1,8)		碳排量 ARIMA(1,1,3)	
变量名称	系数	变量名称	系数	变量名称	系数
$MA(5)$	1.25***	$MA(5)$	-0.04		
$MA(6)$	0.44**	$MA(6)$	-0.81**		
		$MA(7)$	0.54**		
		$MA(8)$	-0.79***		
R^2	0.8	R^2	0.88	R^2	0.88
F 统计量	13.44***	F 统计量	19.93***	F 统计量	14.05***

注：**、***分别表示在5%和1%水平下统计量显著。

由表3.4可知，3个模型拟合度都非常高(R^2 数值都在0.8以上)。从GDP的ARIMA模型看，无论是自回归变量(AR 项)还是移动平均变量(MA 项)前的系数在1%的水平下都是显著的，且滞后一期的 GDP_{t-1} 变量对本期有着正向影响。

图3.4给出了三个变量1984—2018年的真实数据及拟合数据的对比图。从图3.4(上)可以看出，GDP数据的拟合度非常好，拟合值与实际值几乎重合，阴影部分为95%置信区间所包含的区域；基于ARIMA模型的预测，我国未来经济的上升势头虽然有稍许减缓(斜率略有下降)，但整体仍旧保持稳定的增长态势。而在能耗量的ARIMA模型中，只有 $MA(5)$ 的系数不显著，模型拟合效果甚至好于GDP模型；其中，上一期的能源使用量对本期的影响非常大，弹性系数达到1.4。由图3.4(中)可知，基于ARIMA模型的预测，我国未来的能源消耗总量相比现在可能不会降低，反之增长率将呈现上升趋势(斜率略有增加)。最后是碳排量的ARIMA模型，整体的拟合度高达88%，只有滞后两期的 MA 项系数不显著；其中，上一期的碳排量对本期有正向的影响，弹性系数为0.57。二氧化碳排放总量的未来趋势见图3.4(下)，和能源走势类似。基于ARIMA模型，我国碳排量在2015年后可能出现较为明显的增幅，未来对于整体碳排量限制的工作不容乐观。

应用ARIMA模型预测，2017年，中国国内生产总值226 386.70亿元(1990年价格)，能源消耗量503 832.90万吨标准煤，二氧化碳排放量1 276 969万吨；2020年，中国国内生产总值296 558.60亿元(1990年价格)，能源消耗量634 124.10万吨标准煤，二氧化碳排放量1 544 174万吨(2020年数据是补充预测的)。

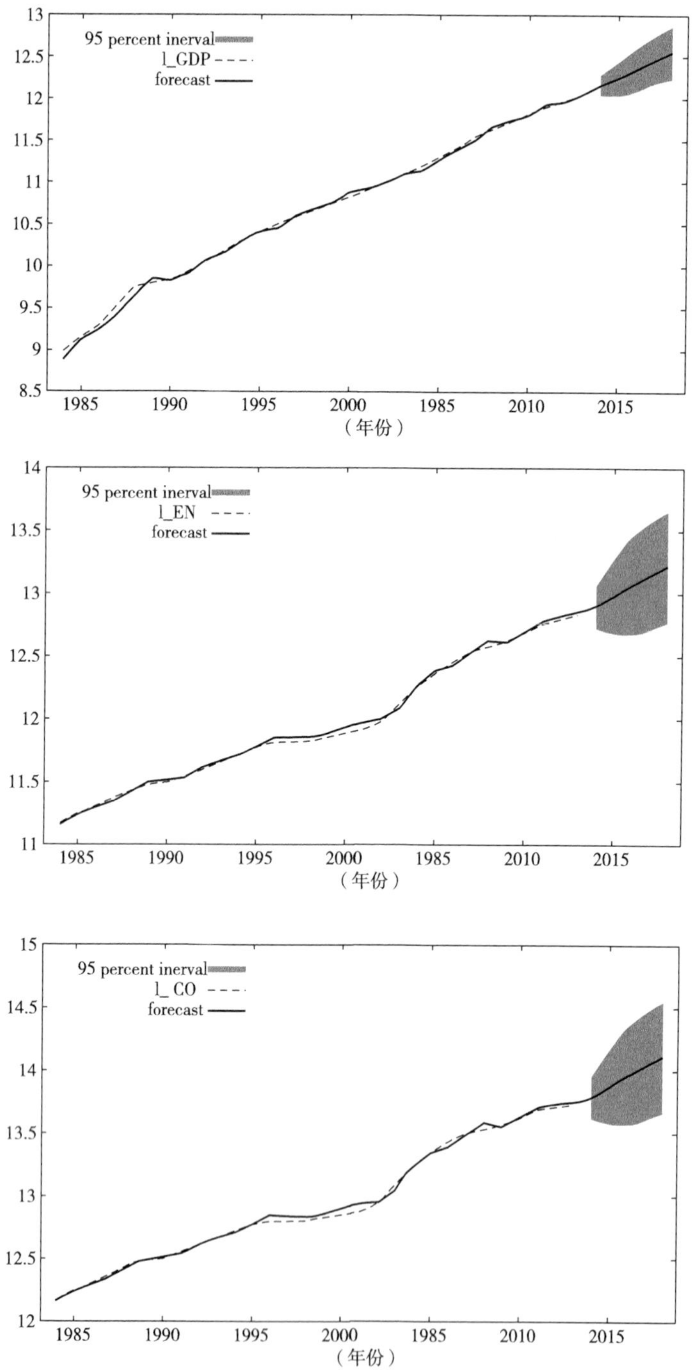
95 percent inerval
l_GDP
forecast
13
12.5
12
11.5
11
10.5
10
9.5
9
8.5
1985
1990
1995
2000
1985
2010
2015
（年份）
95 percent inerval
l_EN
forecast
14
13.5
13
12.5
12
11.5
11
1985
1990
1995
2000
1985
2010
2015
（年份）
95 percent inerval
l_ CO
forecast
15
14.5
14
13.5
13
12.5
12
1985
1990
1995
2000
1985
2010
2015
（年份）

图 3.4　三变量趋势预测

第四部分 中国经济总量、能耗量与碳排放总量关系(VAR 模型)研究

本部分从总量层面进行中国经济、能耗与碳排的关系研究。

一、经济总量、能耗量与碳排放总量间的因果关系研究

(一)多元线性格兰杰因果检验

1. 多元 VAR 框架的建立

本节将基于格兰杰(Granger)因果关系的概念,检验经济总量、能耗量与碳排放总量间的动态关系。首先是三者间的线性因果关系检验。由于 T-Y 的方法论在向量自回归模型中是渐进有效的,因此我们首先建立三元 VAR 模型,并在此框架内讨论经济总量、能耗量与碳排放量之间的格兰杰因果关系,其结构如下:

$$\begin{bmatrix} \ln GDP_t \\ \ln Energy_t \\ \ln CE_t \end{bmatrix} = \begin{bmatrix} c_1 \\ c_2 \\ c_3 \end{bmatrix} + \begin{bmatrix} A_{11}(L)A_{12}(L)A_{13}(L) \\ A_{21}(L)A_{22}(L)A_{23}(L) \\ A_{31}(L)A_{32}(L)A_{33}(L) \end{bmatrix} \begin{bmatrix} \ln GDP_{t-1} \\ \ln Energy_{t-1} \\ \ln CE_{t-1} \end{bmatrix} + \begin{bmatrix} \varepsilon_{1t} \\ \varepsilon_{2t} \\ \varepsilon_{3t} \end{bmatrix} \tag{4.1}$$

式中:c 为常数项;ε 代表残差项;$A(L)$ 为 3×3 滞后算子矩阵,每一个元素都可以展开为多项式的形式,假设模型需要的滞后变量为 p 阶,即 $A_{ij}(L)=a_{i1}L+a_{i2}L^2+\cdots+a_{ip}L^p$。在原假设中,如果变量 y_i 不是变量 y_j 格兰杰原因,则 $A_{ij}(L)$ 里所有多项式系数在统计上全部异于零。这也与一般的 Wald 检验思路一致,所得到的统计量渐进地收敛于 chi-square 分布。

式(4.1)可以简化地表示为:

$$Y_t = c + A(L) \times Y_{t-1} + \varepsilon_t \tag{4.2}$$

式中:$Y_t=[\ln GDP_t, \ln Energy_t, \ln CE_t]$,为 3×1 的向量,$t \in [1953, 2013]$。我们再将向量堆栈(stacking)起来,得到 $Y=[Y_1, Y_2, \cdots, Y_t]$,一个 $3\times t$ 的矩阵;$X=[1, L(Y_t)]$,一个$(3p+1)\times t$ 的矩阵;$\beta=[\text{constant}, A_1, A_2, \cdots, A_p]$,一个 3×(3p+1)的矩阵。因此,本部分的三元 VAR 模型的最简化矩阵型表达形式为:

$$Y = \beta X + \varepsilon \tag{4.3}$$

通过系统 OLS 方法可以得到系数矩阵β的估计值为：

$$\tilde{\beta} = YX'(XX')^{-1} \tag{4.4}$$

2. 增广 VAR 模型的建立

根据研究的流程，在进行格兰杰检验前，需要对变量的平稳性进行检验，以确定最大的单整阶数 dmax。由第三部分第三节的结果可知，3 个变量都为非平稳的 $I(1)$过程，因此，变量的最大单整阶数 dmax 为 1。

尽管 T-Y 方法论中阐述无论变量间是否存在着协整关系，都应该使用一般 VAR 模型进行格兰杰因果检验，但是如果我们想探究经济总量、能耗量与碳排放总量间的长期关系，就必须进行变量间的协整检验。由于三个变量原始数据都为 $I(1)$过程，经一阶差分后数据变为平稳的 $I(0)$过程，则根据恩格尔和格兰杰（Engle and Granger，1970）提出的概念，三个变量之间有可能存在协整的关系。

本部分首先使用恩格尔和格兰杰（1987）所提出的经典 E-G 两步法，利用误差修正模型（Error Correct Model）的概念对变量间协整关系进行检验；以 ln（*GDP*）作为被解释变量进行误差修正模型的建构。其基本思路为：如果三个非平稳 $I(1)$过程的变量间存在协整关系，则它们之间的线性组合一定为 $I(0)$的过程。

$$\ln(GDP_t) = \beta_0 + \beta_1 \ln(Energy_t) + \beta_2 \ln(CE_t) + \varepsilon_t \tag{4.5}$$

也就是检验式（4.5）中残差项 ε_t 的估计值是否为 $I(0)$的过程。由回归结果可知，ln（*Energy*）及 ln（*CE*）的系数估计值统计上都是显著的，残差序列的检验结果见表 4.1。如果选择 $\alpha=10\%$为置信水平的话，0.09 的 p 值可以拒绝变量间没有协整关系的原假设。因此，可以判断残差序列为 $I(0)$过程，即 3 个变量间存在着协整关系。

表 4.1　E-G 法协整检验结果

原假设	统计量	p 值
变量间不存在协整关系	27.508	0.09

注：滞后阶数选取为 2。

接下来，本部分采用约翰森（Johansen，1988，1995）提出的第二代检验方法，利用最大似然法，再次对 E-G 法得到的结论进行验证。其中，最大滞后阶数的选取，是通过 LR、SIC、AIC 与 HQ 等信息准则共同决定的。表 4.2 是采用约翰森的方法得到的协整检验的结果，表中显示的协整阶数是从 0 阶到 1 阶。同样选取 10%的置信水平，无论是迹统计量还是最大特征值统计量，其 p 值都大于 5%的临界值，因此都可以拒绝原假设中没有协整方程的假设；但同时都无法拒绝变量之间存在一个协整关系的备择假设（p 值在 0.5 以上）。再观察两种检验方法所得到的残差走势图（见图 4.1），可以发现两种方法所得到的协整关系走势基本一致，再次验证了三个变量之间存在一组协整关系，即在我国，经济增长水平、能源消耗量以及二氧化碳排放量间在统计上存在着长期的均衡关系。

表 4.2　约翰森协整检验结果

协整方程数量	迹检验（trace）		最大特征值检验（max eigen）	
	迹统计量	p 值	特征值统计量	p 值
H_0：不存在	29.74	0.064	29.74	0.051
H_1：至多一个	7.24	0.57	7.24	0.56

注：在协整检验中加入线性趋势项。

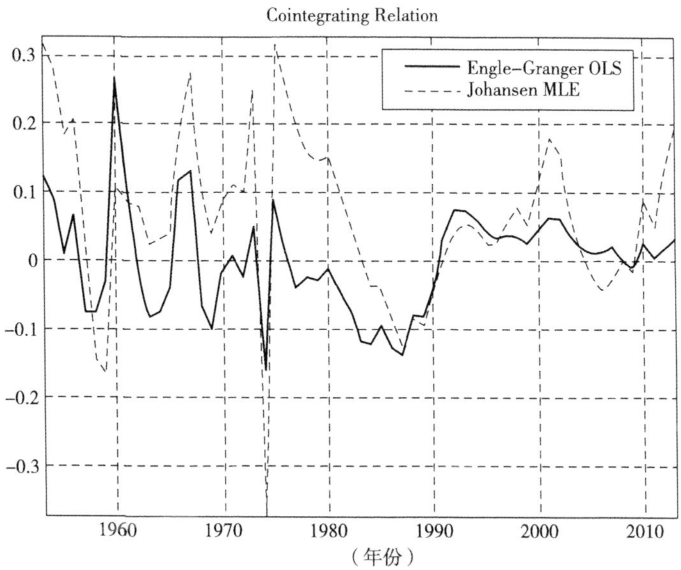

图 4.1　协整关系对比

下一步是确定基准的 VAR(p)模型。根据 SIC 及 BIC 等准则对最优滞后阶进行选择，结果见表 4.3。其中 AIC 和 FPE 统计量指向 3 阶滞后项；而 HQ 和 SC 统计量指向 2 阶；$\tilde{\Omega}(\cdot)$则是根据模型所得的残差估计值求得的方差协方差矩阵。

表 4.3　最优滞后阶数判定

判别准则	AIC	HQ	SC	FPE
最优滞后阶数	3	2	2	3
统计量数值	-18.84	-18.51	-18.05	6.65 * E-09

可以看到，以最小化 MSE（Mean Square Error）为目标函数的 FPE 与 AIC 统计

量,选择的滞后阶数为 3;以找寻真实滞后阶数为目的的 SC 与 HQ 统计量,选择的滞后阶数为 2。由于这四种判别统计量没有优劣之分,所以本部分以滞后阶数 $p=2$, $p=3$ 分别构建模型,通过对估计模型整体的检验再做判断(见表 4.4)。

表 4.4 估计结果检验

检验种类	$p=2$		$p=3$	
	统计量	显著性水平	统计量	显著性水平
a. 所有根的倒数在单位圆内	否		否	
b. 残差中不存在序列自相关	155.95	0.036	136.85	0.101

首先是对估计模型稳定性进行检验,其原理是每个 VAR(p)模型都可以写成一阶向量自回归的形式。如果模型是稳定的,则参数矩阵其特征值的倒数一定在单位复圆(complex circle)外。其次是对估计出的残差序列相关性进行检验。由于本部分使用的样本容量为 61,并非传统意义上的小样本,因此使用的是一般的 Portmanteau 检验,其核心思想是基于残差项不存在序列自相关的原假设,构建一个服从渐进 chi^2 分布的统计量。从表 4.4 的检验结果看,虽然 VAR(2)与 VAR(3)模型都满足平稳条件,但只有 VAR(2)模型中残差不存在自相关性,符合模型估计的基本假设。从图 4.2 也可以看出,GDP、能耗量与碳排放量各自方程的残差序列在合理的上下界中波动,并没有出现明显的自相关性。

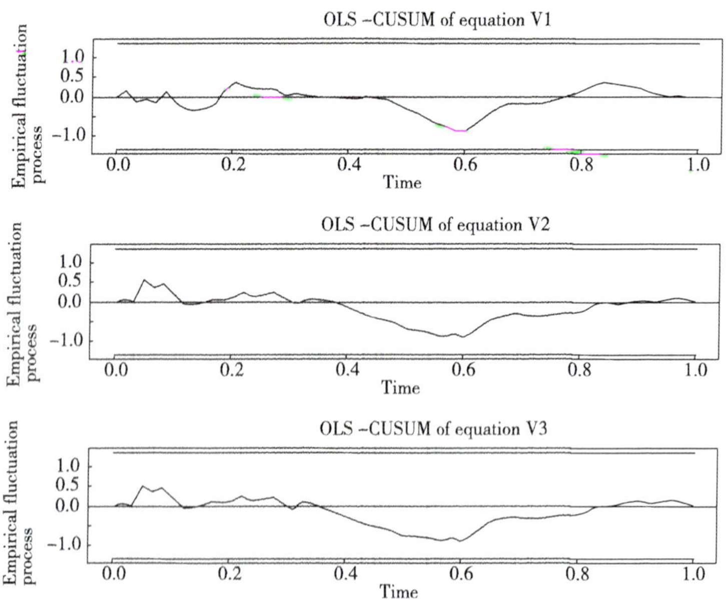

图 4.2 VAR(2)模型残差序列图

根据 T-Y 方法论,我们最终选取 VAR(2+1+1)模型进行估计,然后将 3 个变量各自的第四阶滞后项作为外生变量,只使用前三阶的滞后变量作为参考进行 Wald 检验。线性因果检验的结果如表 4.5 所示,能源消费量与二氧化碳排放量都是 GDP 变化的格兰杰原因,且在 1%的置信水平上都是显著的;GDP 同样也是能源消耗量变动的原因,修正的 Wald 统计量在 5%水平上显著;而二氧化碳排放并不是能源消耗量变动的格兰杰原因,且统计量的 p 值远远高于 10%的显著性水平。能源消耗量与 GDP 都不是二氧化碳排放量变动的主因。

表 4.5　Granger 因果检验结果

原假设	MWald 统计量	p 值
$\ln(Energy)\xrightarrow{no\ GC}\ln(GDP)$	24.47	1.99e-05
$\ln(CE)\xrightarrow{no\ GC}\ln(GDP)$	22.67	4.74e-05
$\ln(GDP)\xrightarrow{no\ GC}\ln(Energy)$	10.09	0.018
$\ln(CE)\xrightarrow{no\ GC}\ln(Energy)$	2.45	0.484
$\ln(GDP)\xrightarrow{no\ GC}\ln(CE)$	5.5	0.139
$\ln(Energy)\xrightarrow{no\ GC}\ln(CE)$	1.88	0.598

3. Bootstrap 算法

尽管 T-Y 方法可以在一定程度上保证因果关系的准确性(张恪渝,2015),但修正的 Wald 统计量其分布依旧是基于大样本下的 chi^2 分布,而本部分使用的数据长度仅为 61,因此有理由怀疑估计值的精确程度。基于这个原因,本部分使用 Bootstrap 算法重新构建统计量的置信区间。由于(非参数)Bootstrap 的抽样结果并不完全依赖于模型本身的设定以及使用数据的长度,尤其在样本量较少时,如果 VAR 模型所包含滞后项并不多,Bootstrap 方法可以最大限度地保证统计量的效力。从第三部分第一节中数据描述的 JB 统计量来看,3 个变量都不能拒绝非正态性的原假设。因此,假设它们都是独立同分布的,应用非参数的 Bootstrap 方法对原始数据的置信区间进行重新构建。

基于 Bootstrap 算法重新构建 T-Y 统计量的方法如下:

(1)基于增广 VAR(p+dmax+1)模型进行估计,得到系数估计矩阵 $\widehat{A(L)}$ 以及残差序列的估计值 $\{\hat{\varepsilon}_i\}_{i=1}^{T}$。

(2)先对残差序列 $\{\hat{\varepsilon}_i\}_{i=1}^{T}$ 进行离差化处理,即 $\hat{\varepsilon}_i-\bar{\hat{\varepsilon}}$,,其中 $\bar{\hat{\varepsilon}}=\frac{1}{T}\sum_{i=1}^{T}\hat{\varepsilon}_i$,然后进行有放回的随机抽样,得到一组伪残差项 $\hat{\varepsilon}_i=(\hat{\varepsilon}_{1,i},\hat{\varepsilon}_{2,i},\hat{\varepsilon}_{3,i})$。

(3)初始化序列,$\{y_t\}$序列中前 p 阶滞后项序列$\{y_1,y_2,\cdots,y_p\}$都使用原始序列的数值。DGP 实验显示:当重复抽样次数足够多的时候,初始值的选取并不会对 Bootstrap 的结果产生影响。然后根据公式 $Y_t=A(L)\times Y_{t-1}+\varepsilon$,采用递归方法,对观测值进行还原,得到和原始数据一样长度为 T 的伪观测值序列$\{Y^*\}$。

(4)使用步骤(3)生成的新序列$\{Y^*\}$,重新估计 VAR 模型的系数矩阵$\widehat{A(L)}$;然后计算 Bootstrap 算法下新残差序列的估计值:$\{\hat{\varepsilon}_i^*\}_{i=1}^T=Y^*-\hat{Y}^*$。

(5)使用步骤(3)中模拟出的原始序列$\{Y^*\}$,根据 T-Y 方法论的构建步骤,重新计算修正 Wald 统计量的估计值(如图 4.3 所示)。

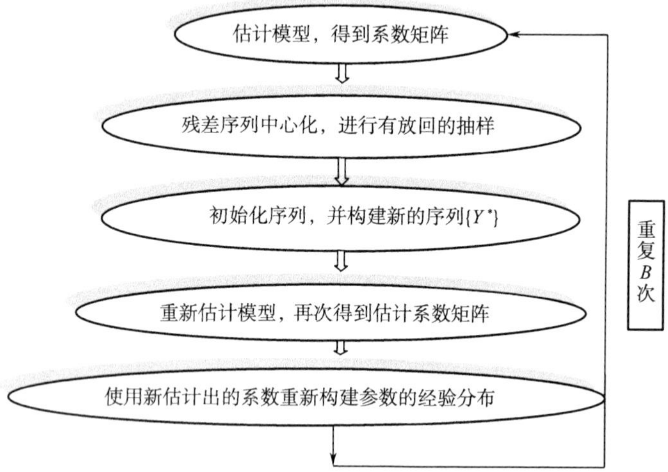

图 4.3　Bootstrap 方法流程

重复上述实验 B 次,通过所得到的 B 个修正 Wald 统计量$\{\text{MWald}_1,\text{MWald}_2,\cdots,\text{MWald}_B\}$的估计值,重新构建基于 Bootstrap 算法下 T-Y 统计量的经验分布。其中,MWald_i 代表来自第 i 次 Bootstrap 抽样下所计算出的 MWald 统计量的值。B 的选取是根据安德鲁斯等(Andrews and Buchinsky,2000)提出的原则,即以满足统计误差低于 5%的模拟数量为宜,本部分选取 $B=1999$ 次(加上最开始的估计值,正好是 2 000 个统计量)。其中,Bootstrap 临界值选取在 95%的概率水平以保证相对误差出现的概率不超过 0.05。

我们使用的是单边(one-sided)检验。基于真实分布(H_0)所得的修正 Wald 统计量 MWald_0,其结果已经在上一节表 4.3 中给出。通过排序后计算($\text{MWald}_i>\text{MWald}_0,i=1,2,\cdots,B$)的个数(如果逻辑为真,则记为“1”;其他记为“0”)。由于样本量是有限多个,因此按照戴维森和欣克利(Davidson and Hinkley,1997)给出的方法进行修正，找到 Bootstrap 经验分布下的 p 值：

$$p=[1+\text{sum}(MWald_i>MWald_0)]/(1+B) \tag{4.6}$$

对比表 4.5 与表 4.6 中的结果，我们可以看出：在非参数 Boostrap 方法下，所有统计量的经验分布都得到了不同程度的修正。其中，最为明显的是“GDP 是二氧化碳排放量的变化格兰杰原因”。在一般渐进分布理论下，其影响并不显著；但在 Bootstrap 方法下，二者之间的因果关系在 1%的水平下依旧显著。

表 4.6　修正后格兰杰因果检验结果

原假设	修正后的 p 值	原假设	修正后的 p 值
$\ln(Energy)\xrightarrow{no\ GC}\ln(GDP)$	0.074	$\ln(CE)\xrightarrow{no\ GC}\ln(Energy)$	0.99
$\ln(CE)\xrightarrow{no\ GC}\ln(GDP)$	0.067	$\ln(GDP)\xrightarrow{no\ GC}\ln(CE)$	0.0061
$\ln(GDP)\xrightarrow{no\ GC}\ln(Energy)$	0.039	$\ln(Energy)\xrightarrow{no\ GC}\ln(CE)$	0.68

综上，以线性关系的假设为前提，经济总量、能耗量、碳排放总量这三者间的格兰杰因果关系为：GDP 与能耗量、碳排放总量这两组变量互为因果；而能耗量并非碳排放总量变动的格兰杰原因，反之亦然。

（二）经济总量、能耗量与碳排放总量之间的非线性关系

1. 非线性检验

在分析变量间非线性格兰杰因果关系前，需要判断变量之间是否真正存在非线性的特征。计量经济学中非线性检验大体分为两类：一类是基于拉格朗日算子（Lagrange Multiplier，LM）方法及其衍生出的一些检验。此类检验大体是用参数方法对模型进行刻画，然后基于渐进理论，构建服从传统分布（F 分布或 chi^2 分布）的统计量对序列不存在非线性特征的原假设进行检验。另一类是基于非参数方法的混成检验（portmanteau tests），常用的有黑利希（Hinich，1982）的双谱检验（Bispectrum test）及 BDS 检验（Brock-Dechert-Scheinkman，1987）。在实际应用中，混成检验的统计效力普遍比第一类检验更有效，因此本部分以使用 BDS 检验为主，辅之 LM 方法的检验结果作为参照。

BDS 检验的核心思想是基于非参数方法，对观测序列$\{Y_t\}$在不同起始点 i 和 j 两段子序列$\{Y_i\}$与$\{Y_j\}$的相关性进行分析，其中 $t=1,2,\cdots,T$。

如果将待估计序列$\{Y_t\}$的长度平均分为 n 份，则每一份样本的容量为 T/n，也就是估计两个子序列$\{(y_i,y_j),(y_{i+1},y_{j+1}),\cdots,(y_{i+T/n},y_{j+T/n})\}$间的概率密度函数，用相关性积分的形式可以表示成：

$$C_n(\varepsilon) = 2\left[\left(T - \frac{T}{N} + 1\right)\left(T - \frac{T}{N}\right)\right]^{-1} \sum_{i=1}^{\frac{T}{N}+1} \sum_{j=I+1}^{\frac{T}{N}+1} \prod_{m=0}^{\frac{T}{N}} [I(y_{i+m}, y_{j+m+1})] \tag{4.7}$$

式中：$I(\cdot)$为示性函数，当$|y_{i+m}, y_{j+m+1}|$的距离小于设定的ε时，函数值为“1”，其他情况下函数值都为“0”。

BDS 检验的原假设为两个序列$\{Y_i\}$与$\{Y_j\}$是独立同分布的，在原假设下它们之间的联合概率密度函数为：

$$C_n^0(\varepsilon) = \prod_{m=1}^{\frac{T}{N}} (c_m(\varepsilon)) = [c_1(\varepsilon)]^{\frac{T}{N}} \tag{4.8}$$

因此，我们可以效仿 t 统计量的构建方式来构建 BDS 统计量：

$$\text{BDS}_{n,T,\varepsilon} = [C_n(\varepsilon) - C_n^0(\varepsilon)]/\sigma[C_n(\varepsilon)] \tag{4.9}$$

其中，标准差的计算公式为

$$\sigma[C_n(\varepsilon)] = 4\left\{k^{\frac{k}{n}} + 2\sum_{m=1}^{T/n} k^{\frac{T}{n}-1} c_1^{2m} + \left(\frac{T}{n} - 1\right) c_1^{2m} + (T^2/n^2 k c_1^{2m-2})\right\} \tag{4.10}$$

式中：k 为可通过 n、ε 计算出的统计量。

当原假设为真时，BDS 检验统计量依分布收敛于标准高斯分布 $N(0,1)$。可以看出，参数 n 及 ε 的选择会影响统计量的数值。在实际应用中，ε 通常会选为标准差的 0.7 至 1.5 倍；而 n 则根据观测序列本身的长度设为 2 至 10 段不等。

我们的目标为检验 3 个变量、6 组关系间的非线性特征。因此，先两个变量一组建立 3 个向量自回归模型，在完全剥离其线性结构后，对残差项进行 BDS 检验。

根据前面提到的增广 VAR 模型的建立步骤，我们首先通过 SIC、BIC 等统计量找出 VAR 模型的最优滞后阶数 p。根据表 4.7 的结果，构建出的三个模型分别为 VAR(4)、VAR(4)以及 VAR(2)模型。然后根据系数矩阵其特征根的倒数是否在单位圆内来判断模型的稳定性。从结果可以看出，我们所构建的三个 VAR 模型都是稳定的，可以用来进行下一步分析。

表 4.7　最优滞后阶数

模型名称	VAR1(ln*GDP*, ln*Energy*)	VAR2(ln*GDP*, ln*CE*)	VAR3(ln*Energy*, ln*CE*)
最优阶数	4	4	2
是否稳定	是	是	是

模型构建完毕后，接着将三个 VAR 模型中的 6 组残差序列提取出来，分别记为 VAR1_res_gdp(含义为：第一个 VAR 模型中，以 GDP 作为被解释变量的方程所得到的残差序列的估计值)、VAR1_res_energy、VAR2_res_gdp、VAR2_res_ce、VAR3_res_energy 以及 VAR3_res_ce。最后对这 6 组残差项的估计值进行 BDS 检验，其中

ε 选择1倍标准差大小，n 的最大值选为5，即将序列分为2至5段。

从表4.8可以看出，在5%的显著性水平下，VAR1模型中以GDP作为被解释变量的方程，可以拒绝 n 取2至5的所有原假设(H_0：两个变量为独立同分布)，即能源消耗与GDP之间存在着非线性关系；而VAR3模型中，无论是能源消耗量还是二氧化碳排放量作为因变量，在 n 取2至5的条件下，都能以极小的概率拒绝原假设，也就是说，能源消耗与二氧化碳排放量之间存在着极强的非线性关系；在VAR2模型中，两组残差序列都不存在非线性特质。

表4.8 BDS统计量

n	VAR1		VAR2		VAR3	
	res_gdp	res_energy	res_gdp	res_ce	res_energy	res_ce
2	0.022**	0.01	0.016	0.019	0.031**	0.036***
3	0.019**	0.018	0.011	0.039*	0.088***	0.094***
4	0.02***	0.02	0.029	0.039	0.13***	0.13***
5	0.016***	0.02	0.029*	0.043*	0.15***	0.16***

注：*、**和***分别代表在10%、5%、1%显著性水平下统计量显著。

接下来，我们使用恩格尔(1970)提出的ARCH(Autoregressive Conditional Heteroscedasticity)方法对残差序列的异方差性进行检验，结果与BDS检验非常相似，说明得到的结论较稳健，即能源消耗与GDP之间、能源消耗与二氧化碳排放量之间存在非线性特征。如果使用线性建模的方法研究这三组变量之间的格兰杰因果关系，会使得一开始的模型设定就出现偏误，最终可能导致结论谬以千里。因此，从非线性的视角出发进行建模有着重要的意义。

2. 非线性格兰杰因果关系检验

在确认了变量间有可能存在非线性关系之后，我们遵从D-P检验的方法步骤，对三组变量间的非线性格兰杰因果关系进行检验。由于带宽 ε 的选择需要事先确定，为了保证结果的稳健性，分别使用 $\varepsilon=1$、$\varepsilon=1.5$ 来进行估计。

从表4.9可以看出，在10%的显著性水平下，无论带宽的选取是1还是1.5，我国能源消耗量都是二氧化碳排放量变动的非线性格兰杰原因，而碳排放量变动并不是能源消耗量增加的非线性格兰杰原因；此外，能源消耗量也是GDP增长的非线性格兰杰原因。非线性检验的结果与线性检验的结果有着比较大的差异。

表 4.9　非线性格兰杰因果检验的结果

原假设	$\varepsilon=1$		$\varepsilon=1.5$	
	T 统计量	p 值	T 统计量	p 值
$\ln(Energy)\xrightarrow{no\ GC}\ln(GDP)$	1.63	0.051	1.502	0.067
$\ln(CE)\xrightarrow{no\ GC}\ln(Energy)$	1.18	0.12	1.24	0.11
$\ln(Energy)\xrightarrow{no\ GC}\ln(CE)$	1.45	0.073	1.262	0.095

注：ε 代表选择的带宽。

二、经济总量、能耗量与碳排放总量的动态关系研究

在上一节中，我们使用格兰杰因果关系检验发现了经济、能耗与碳排放量间的格兰杰因果关系。由于变量间存在着线性与非线性两种关系，因此我们应该从这两个角度对三者进行建模，探究它们之间的具体联系。

（一）线性动态关系分析

1. 模型构建

本节首先从线性视角出发，对经济总量、能耗量及碳排放总量这三个变量进行建模，即构建三元 VAR 模型。基于表 3.2 中单位根检验结果以及表 4.2 中的协整检验结果，经济总量、能耗量及碳排放总量这三者之间存在着一阶的协整关系。因此，只有在 VAR 模型的基础上加入误差修正项，构建 VEC（Vector Error Correct）模型才能更为准确地刻画这三者的关系。

由于协整关系同样是基于大样本下的渐进分布，因此，我们先使用 Bootstrap 方法检验三者协整关系的稳定性。如果变量间的协整关系并不可靠（testable），则会给模型的解释力带来毁灭性的影响（Doornik，1995）。在这里，我们使用博洛尼亚和施赖伯（Bologna and Schreiber，2004）提出的方法，模拟次数 B 依旧选取为 1999，对统计量的置信区间进行重新构建。

本部分通过迹统计量来对协整的个数进行判断，结果见表 4.10。可知，虽然基于渐进分布下的结果显示变量间存在着一阶协整关系（拒绝不存在协整关系的原假设且以很高概率不能拒绝存在一阶协整关系的备择假设），但根据非参数 Bootstrap 方法所得到的结果，变量间的协整关系并不稳定，迹统计量以 0.96 的极高概率不能拒绝变量间不存在协整关系的原假设（由图 4.4 也可以看出协整参数与预设值相去甚远，统计量的连续性出现较大偏差）。

表 4.10　Bootstrap 结果

协整方程个数	迹统计量	渐进分布下 p 值	Bootstrap 下 p 值
0	35.98	0.064	0.96
1	9.95	0.57	0.99
2	3.60	0.49	0.96

此外,本部分的样本选取范围为 1953—2013 年,时间跨度上包含了"大跃进"、改革开放、邓小平南方谈话等历史事件,因此数据上可能存在着结构性断点(structural break)。我们以 1978 年为例,对 GDP 数据进行 Chow 检验,结果见表 4.11。原假设为 GDP 序列不存在断点,可以看出无论是哪一个统计量,都以极低的概率拒绝原假设。因此,在协整方程中也极有可能出现断点。费尔普斯(Phelps,1994)曾指出,如果协整方程中出现断点情况,而我们又无法确定具体的时间,则即便数据本身的生成过程(Data Generating Process,DGP)为 VEC 模型的形式,其解释能力也远不如由自身差分序列所构成的 VAR 模型。因此,本部分不再采用 VEC 模型对变量进行分析。

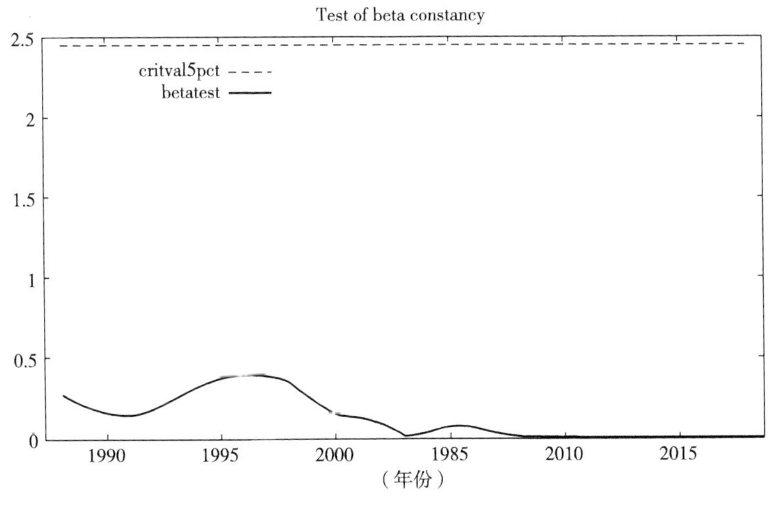

图 4.4　参数连续性检验

表 4.11　Chow 检验

F-统计量	24.75(0.00)
似然比统计量	21.37(0.00)
Wald 统计量	24.45(0.00)

注:括号内为统计量的 p 值。

继续构建VAR模型，VAR模型的基本假设之一就是系统内的变量都为平稳过程（Sims，1980）。由于GDP、能耗量及碳排放量这三个变量都为$I(1)$过程，因此需要对它们进行一阶差分处理，处理后的变量名记为dlngdp、dlnenergy以及dlnce。参照上一节中的建模步骤，根据AIC、BIC等信息准则先对VAR模型的最优滞后阶数p进行选取，本部分选择的模型为VAR（3）（结果见表4.12）。然后，根据式（4.4）的形式对模型进行系统OLS估计，本部分使用安德鲁斯（Andrews，1991）提出的HAC（Heteroscedasticity Autocorelation Consistent）方法对参数的方差进行修正。最后，再对模型的稳定性及残差的序列相关性进行检验（结果见图4.5）。从图4.5（上）可知，VAR（3）模型的特征系数矩阵中的9个特征根的模的倒数都落在单位复圆内，因此可以判断出模型是稳定的。图4.5（中）的主对角线上的图代表了各变量的自相关性，其余的图为变量之间的相关性。可以看出dlngdp、dlnenergy以及dlnce这三个变量在滞后12期内的相关性及自相关性都是不显著的（在95%的置信区间内）。从图4.5（下）可知，整个系统内三个变量的残差序列估计值的走势也非常稳定。综上可以认定，VAR（3）模型的设定是正确的，可以用作预测分析。

表4.12　最优滞后阶数结果

最优滞后阶数	AIC	HQ	SC	LR
1	-10.44	-10.28	-10.01*	299.22
2	-10.41	-10.11	-9.64	307.25
3	-10.95*	-10.53*	-9.86	331.24*

2. 实证结果分析

表4.13给出了VAR模型的估计结果。总体来讲，模型的拟合程度很好，且绝大部分系数的估计值在10%的判断水平下都显著。由于VAR模型是对一个封闭系统进行描述的，而对单一变量的解释是没有太多意义的。因此，需要将VAR模型通过Wold（1938）转换为VMA（Vector Moving Average）的表达形式，然后使用脉冲响应方程（Impulse Response Function，IRF）及方差分解（Variance Decomposition，VD）进行分析。为了避免有限样本及所带来的问题以及数据间非线性结构所带来的估计上的偏误，本部分依旧使用Bootstrap方法来构建广义脉冲函数（Generalized Impulse Response Function），从而对置信区间进行修正（具体方法见Koop，1996；赵振全，2007）。

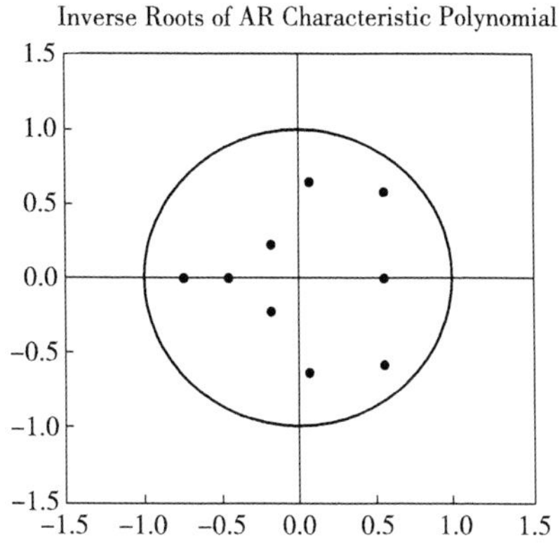

(上)

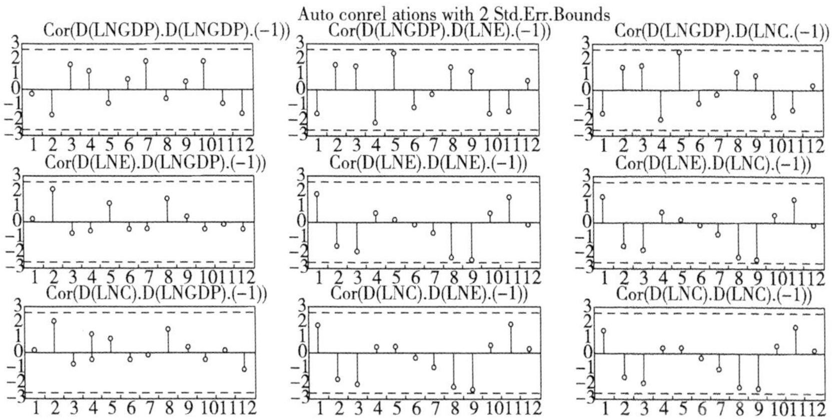

(中)

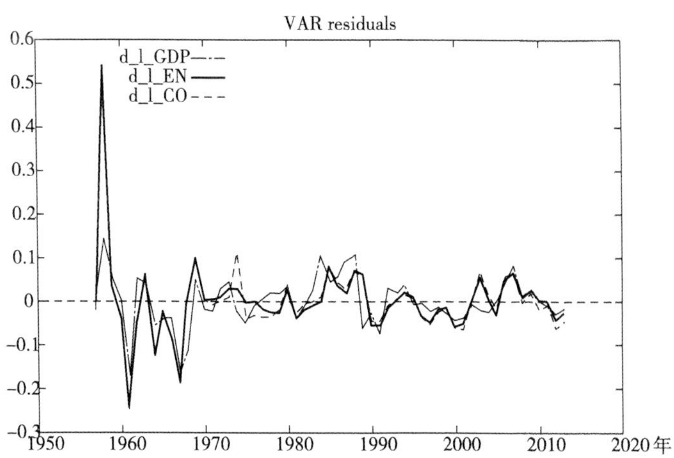

(下)

图 4.5　VAR 模型残差序列相关图

表 4.13 VAR 模型估计结果

解释变量\自变量	$dlnGDP_t$	$dlnEnergy_t$	$dlnCE_t$
C	0.1***	0.1***	0.09***
$dlnGDP_{t-1}$	0.3*	-0.52**	-0.42*
$dlnGDP_{t-2}$	-0.47***	-0.23	-0.24
$dlnGDP_{t-3}$	0.44**	0.25	0.27
$dlnEnergy_{t-1}$	-0.89**	0.06	0.71*
$dlnEnergy_{t-2}$	0.58*	0.44	0.91*
$dlnEnergy_{t-3}$	-0.36	-0.25	-0.06
$dlnCE_{t-1}$	0.82***	0.59***	-0.08
$dlnCE_{t-2}$	-0.32	-0.24	-0.69
$dlnCE_{t-3}$	-0.27	-0.44	-0.63
R^2统计量	0.52***	0.45***	0.42***

注：*、**、***分别表示在10%、5%和1%水平下统计量显著。

图4.6给出了VAR系统中3组方程6对变量的脉冲响应图(不包含自己对自己的响应)，其中预测时间为$n=20$。第一行的两幅图是以GDP作为被解释变量方程的脉冲响应分析。当本期给能源变量一个标准差的新息(innovation)后，GDP在第0期先是没有反应，紧接着会有一个微小的下降(-0.19%)，然后在第三期达到0.9%的峰值，随后两期突然跌落至低谷。此后开始不断振荡，直到第十五期末收敛到均衡状态。而碳排放量对GDP的冲击与能源很类似，在第二期达到峰值后，迅速衰退到波谷，然后开始振动，只是幅度要小于能源的冲击，且在第六期就收敛于稳态。能耗量对GDP的贡献度也可以从图4.7(上)的方差分解中看出来。能耗量对GDP的贡献度在前五期大幅上升，直到第六期才逐渐平稳，贡献度达到31%左右。而碳排放量在整个时间段里对于GDP的贡献度始终较低，在第六期后稳定在5.5%左右。

图4.6第二行的两幅图反映以能耗量作为被解释变量对GDP以及二氧化碳冲击的响应。一个标准差新息的GDP会对能耗量产生极大的正向影响，从第0期开始就达到6.1%的峰值。然后迅速回落，在第三期左右影响完全消失。紧接着于第四期跌落至-2.9%的谷底，随后出现小幅振动并在第十五期后趋于稳定。如果在本期给碳排放量一个标准差的新息，会让能耗量第二期到达峰值，在第四期迅速回落到谷底；而后第五期前后又恢复到正值，之后于第十期末收敛。从能耗量的方差分解结果来看[图4.7(中)]，GDP对能耗量的贡献程度在前三期迅速由46.5%

下降至 32%左右,而后开始又缓慢增长,逐步稳定在 34%上下。碳排放量对于能耗量的贡献非常低,从第三期开始就维持在 1.9%左右。

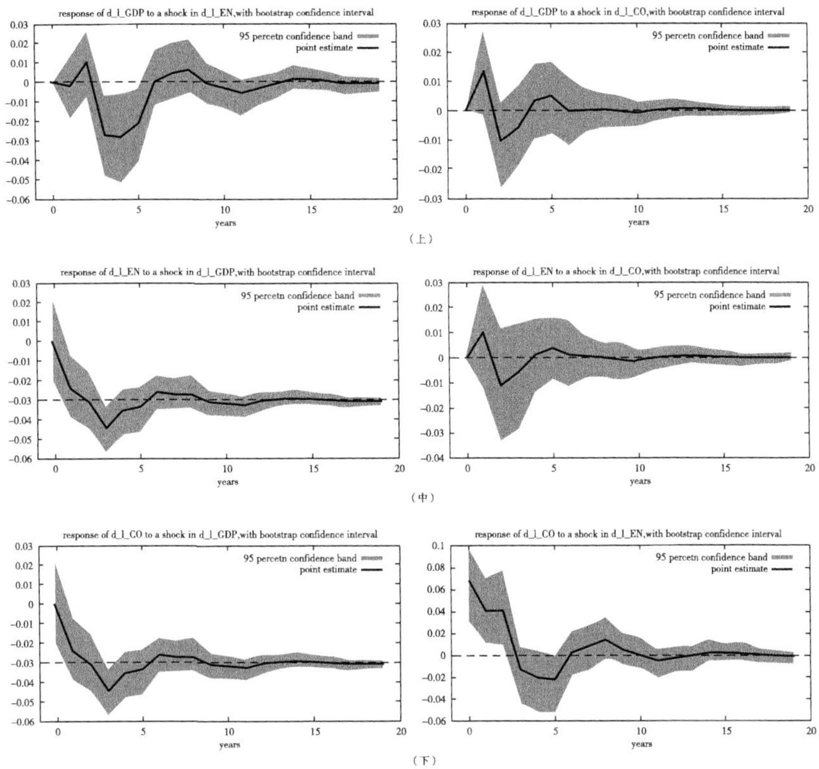

图 4.6　IRF 分析

图 4.6 最后一行的两幅图反映二氧化碳排放量对 GDP 及能耗量的脉冲响应。GDP 与能耗量的冲击对于碳排放量都产生正向的影响,第 0 期末就分别达到 6.4%和 6.8%。而后 GDP 的影响在第二期消失,第四期跌落至谷底;而能耗量的影响消失得比 GDP 缓慢,大约在六期末才达到波谷。随后碳排放量对于二者的响应开始小幅震荡,都于第十五期末趋于稳定。从方差分解模型看[图 4.7(下)],能源消费对于碳排放量的贡献度最大,从第 0 期开始就缓慢上升,直到第八期稳定在 61%。而 GDP 对碳排放量的贡献度,从第一期开始就逐渐下降,在第七期后维持在 35%上下。

由上面的分析可知,经济增长对能耗量和二氧化碳排放量的影响路径大致相同,呈现出"镜对称"的现象(图 4.6 第二行的两幅图、第三行的第一幅图)。究其原因,可能是我国经济增长主要依赖煤炭类的能源(占比 60%以上),而煤炭类能

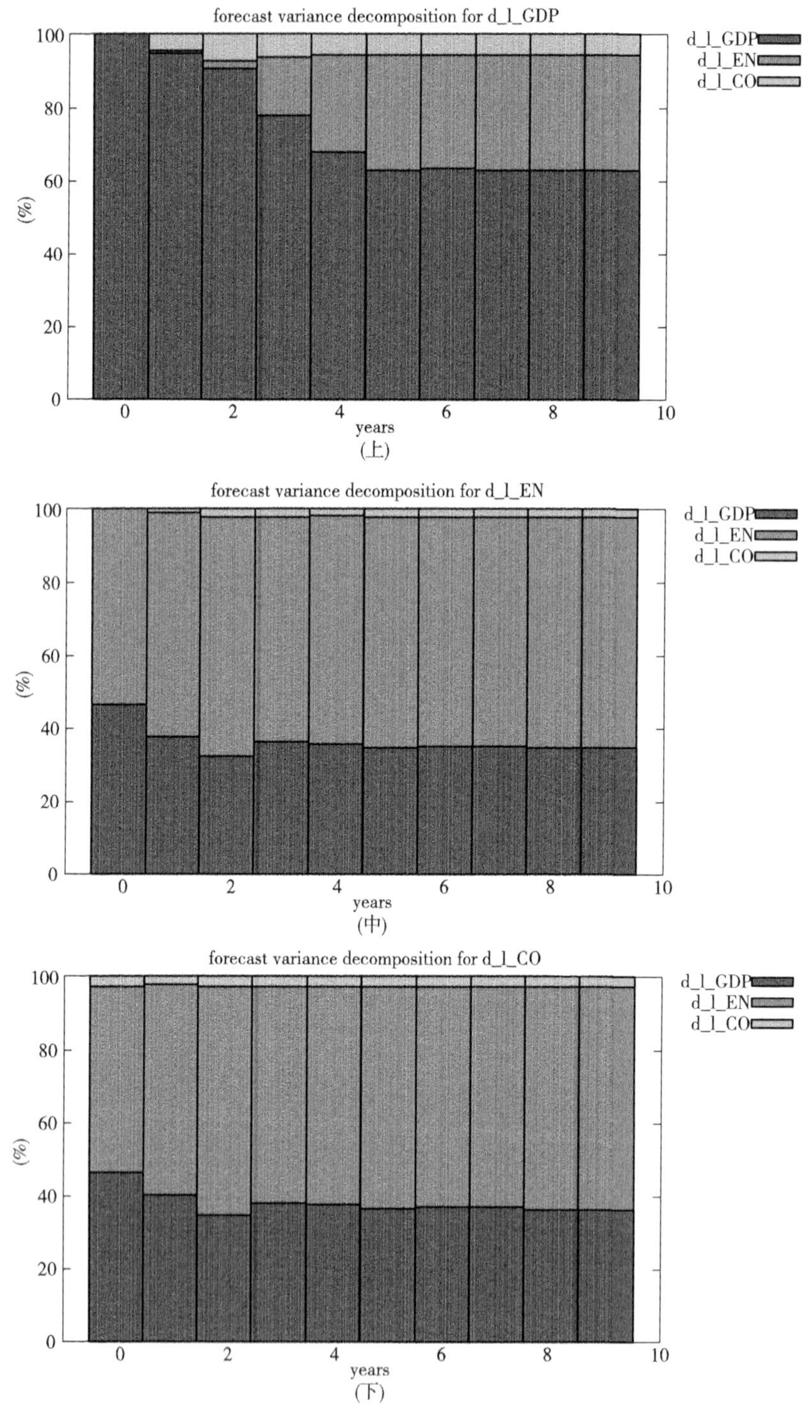
forecast variance decomposition for d_l_GDP
d_l_GDP
d_l_EN
d_l_CO
100
80
60
40
20
0
(%)
0
2
4
6
8
10
years
(上)
forecast variance decomposition for d_l_EN
d_l_GDP
d_l_EN
d_l_CO
100
80
60
40
20
0
(%)
0
2
4
6
8
10
years
(中)
forecast variance decomposition for d_l_CO
d_l_GDP
d_l_EN
d_l_CO
100
80
60
40
20
0
(%)
0
2
4
6
8
10
years
(下)

图 4.7　VD 结果

源的二氧化碳排放系数又是最高的。而能源消耗增加了对经济增长的冲击,虽然开始的确会出现一定程度的正效应,但是之后的副作用非常明显;在后面较长一段时期内,对经济增长的影响处于负效应的区域,且总幅度远高于一开始的正效应。因此,采用增加能源消耗来促进经济这种粗放的增长方式,无异于饮鸩止渴,对于经济的可持续发展有着很大的危害。

(二)非线性动态关系建模

由表 4.9 的结论可知,经济总量、能耗量及碳排放总量这三个变量间存在着一定的非线性关系。根据汉密尔顿(Hamilton,1989)阐述的理论,再结合我国的实际情况,我国经济数据从 1953 年开始确实经历了多次的上升期及下行期(如图 4.8 所示)。因此,本节在上一节多元 VAR 模型的基础上引入马尔科夫区制转移(Markov Switching,MSVAR)的概念,来看是否有助于刻画 GDP、能耗量及碳排放量三者的关系。

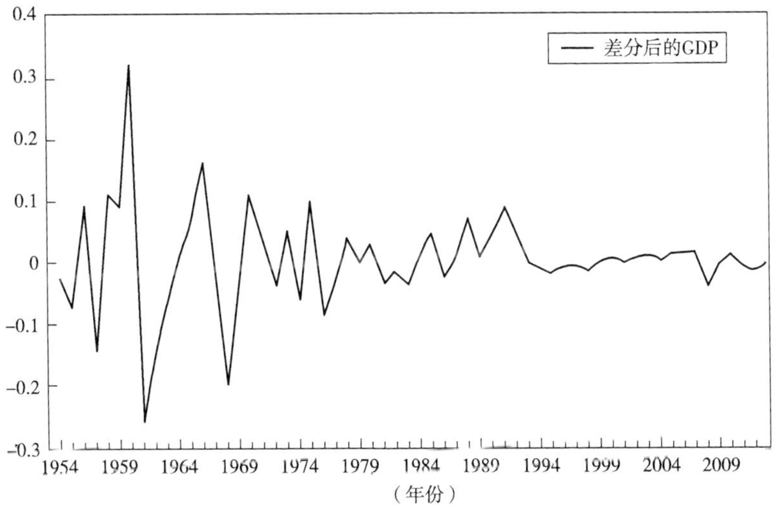

图 4.8　GDP 走势

基于 MS 方法论,我们可以将式(4.3)中的三元 VAR 模型的基本型扩展为

$$Y_t = \beta_{t,S_t} X_t + \varepsilon_{t,S_t} \tag{4.11}$$

其中,

$$Y_t = \begin{bmatrix} \mathrm{dln}GDP_t \\ \mathrm{dln}Energy_t \\ \mathrm{dln}CE_t \end{bmatrix};X_t = L^p;\varepsilon_{t,S_t} \sim N(0,\textstyle\sum_{S_t}),$$

$$\sum_{S_t} = \begin{bmatrix} \sigma^2_{11,S_t}\sigma^2_{12,S_t}\sigma^2_{13,S_t} \\ \sigma^2_{21,S_t}\sigma^2_{22,S_t}\sigma^2_{23,S_t} \\ \sigma^2_{31,S_t}\sigma^2_{32,S_t}\sigma^2_{33,S_t} \end{bmatrix},\ \beta_{S_t} = \begin{bmatrix} A_{11,S_t}(L)A_{12,S_t}(L)A_{13,S_t}(L) \\ A_{21,S_t}(L)A_{22,S_t}(L)A_{23,sS_t}(L) \\ A_{31,S_t}(L)A_{32,S_t}(L)A_{33,S_t}(L) \end{bmatrix}$$

式中：S_t 为状态变量。

本部分设定参数 S_t 为两期，即在经济扩张期时，$S_t=1$；在经济衰退期时，$S_t=0$。估计方法采取基于全信息的极大似然估计。

在这里，我们根据前述分析的结果，选择的基准模型为 VAR(3)。也就是说，在每一个 3×3 的参数矩阵中所有的元素都是时变的，协方差矩阵中所有的元素也都是时变的。

从图 4.9(上)结果可知，MS-VAR 模型中三个自变量的条件均值最后都趋于平稳。而从图 4.9(下)可以看出，1953—2013 年，我国在这期间的绝大多数时间都处于经济扩张期，且持续时间非常长。模型的具体估计结果见表 4.14，整个经济系统维持在扩张期的概率为 0.99，维持在衰退期的概率为 0.57；由扩张期转移到衰退期的概率仅为 1%，而由衰退期转移到扩张期的概率则为 43%。扩张期维持的平

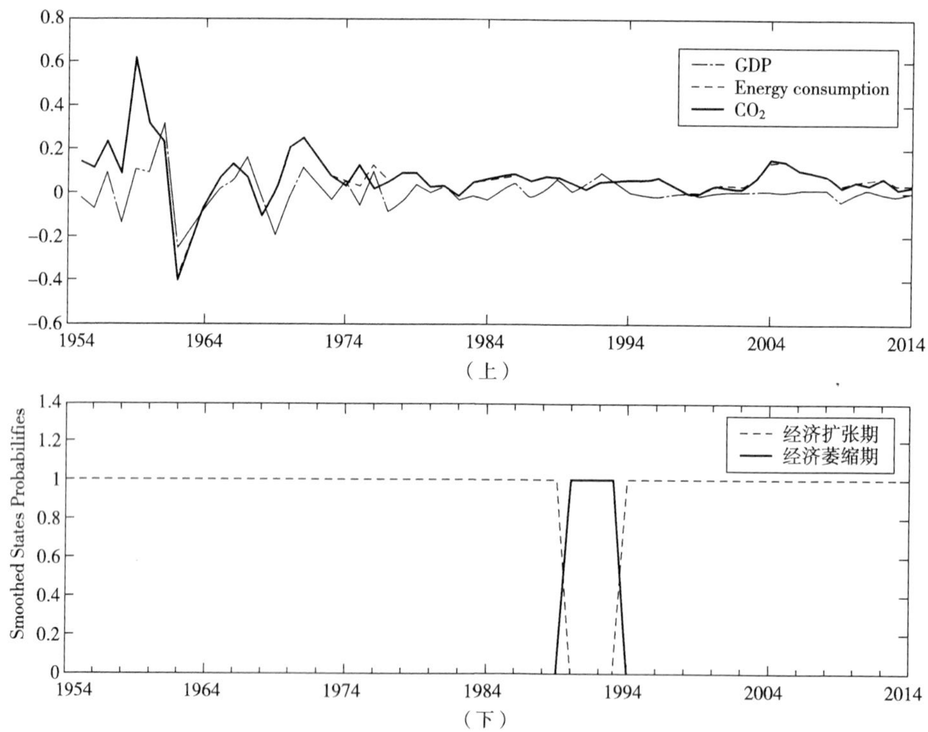

图 4.9　MS-VAR 拟合结果

均时长为 111. 17 年,远远高于衰退期 2. 35 年的平均时间。从参数的估计结果看,有很多参数估计值的方差非常大,也就是 p 值远高于临界水平,无法拒绝真值为零的原假设。原因可能是基准模型采用了三元 VAR(3)模型,二阶状态变量的假设,待估参数的个数高达 72 个! 但由于本身样本量又不够大,影响了整体的估计结果。此外,虽然 GDP 变量可能呈周期性波动,但是能耗量与碳排放量并不一定有类似的周期存在。从久期的时长和部分参数符号也可以看出,结果并不符合现实的经济状况。因此,本部分认为,MS-VAR(3)模型并不能很好地刻画我国经济总量、能耗量与碳排放总量这三位一体的系统,不适合用于分析。

表 4.14　MS-VAR 估计结果

区制转移概率			
	扩张期	衰退期	持续时间(年)
扩张期	0. 99 (0. 52)	0. 43 (-)	111. 17
衰退期	0. 01 (-)	0. 57 (0. 66)	2. 35

系数/方程	处于扩张期			处于衰退期		
	$\mathrm{dln}GDP_t$	$\mathrm{dln}Energy_t$	$\mathrm{dln}CE_t$	$\mathrm{dln}GDP_t$	$\mathrm{dln}Energy_t$	$\mathrm{dln}CE_t$
$\mathrm{dln}GDP_{t-1}$	-0. 33 (0. 08)	-1. 52 (0. 13)	-1. 4 (0. 18)	0. 21 (-)	1. 45 (3. 81)	1. 27 (3. 79)
$\mathrm{dln}GDP_{t-2}$	-0. 58 (0. 14)	0. 02 (0. 19)	-0. 01 (0. 28)	0. 23 (0. 17)	-0. 04 (1. 77)	0. 01 (-)
$\mathrm{dln}GDP_{t-3}$	0. 4 (0. 14)	-0. 38 (0. 2)	0. 05 (0. 29)	0. 49 (0. 17)	0. 13 (-)	0. 2 (6. 49)
$\mathrm{dln}Energy_{t-1}$	-1. 74 (0. 33)	1. 19 (0. 45)	1. 97 (0. 7)	1. 97 (14. 3)	-1. 42 (6. 71)	-1. 76 (5. 67)
$\mathrm{dln}Energy_{t-2}$	0. 17 (0. 39)	-0. 58 (0. 56)	-0. 001 (-)	-0. 02 (-)	0. 77 (-)	0. 06 (-)
$\mathrm{dln}Energy_{t-3}$	-0. 95 (0. 34)	0. 2 (0. 48)	0. 19 (0. 68)	1. 31 (8. 77)	-0. 09 (-)	-0. 08 (-)
$\mathrm{dln}CE_{t-1}$	1. 72 (0. 3)	-0. 12 (0. 42)	-0. 84 (0. 62)	-2. 13 (13. 46)	0. 01 (0. 29)	0. 41 (7. 24)
$\mathrm{dln}CE_{t-2}$	0. 64 (0. 37)	0. 6 (0. 52)	0. 32 (0. 24)	-0. 48 (-)	-0. 67 (-)	-0. 1 (-)
$\mathrm{dln}CE_{t-3}$	0. 29 (0. 33)	-0. 29 (0. 47)	-0. 58 (0. 63)	-0. 4 (8. 77)	0. 71 (3. 96)	0. 13 (2. 8)

注:括号内为系数估计值的方差,"-"代表数值非常大。

三、基于计量模型的总量预测

根据上一节的结果可知,经济总量、能耗量与碳排放总量间的非线性关系并不显著。因此,本部分使用线性模型对这三者的总量进行预测。

(一)单变量模型预测

我们首先使用 ARIMA 模型,分别对经济总量、能耗量以及碳排放总量进行预测。本部分以 2008—2013 年的真实数据作为对照,分别对三个模型进行样本内预测,使用的方法为动态预测法(Dynamic Forecasting)。

预测模型如下:

$$
\begin{aligned}
\mathrm{dln}GDP_t = {} & 0.6\mathrm{dln}GDP_{t-1} - 0.83\mathrm{dln}GDP_{t-2} - 0.6\mathrm{dln}GDP_{t-3} - 0.41\mathrm{dln}GDP_{t-4} - \\
& 0.16\mathrm{dln}GDP_{t-5} + \varepsilon_t - 0.17\varepsilon_{t-1} + 0.71\varepsilon_{t-2} - 0.75\varepsilon_{t-3} + 0.6\varepsilon_{t-4} - \\
& 0.45\varepsilon_{t-5} + 0.55\varepsilon_{t-6} + 0.09
\end{aligned}
$$

$$
\begin{aligned}
\mathrm{dln}Energy_t = {} & 0.06 + 2.43\mathrm{dln}Energy_{t-1} - 3.08\mathrm{dln}Energy_{t-2} - 2.26\mathrm{dln}Energy_{t-3} - \\
& 0.9711\mathrm{dln}Energy_{t-4} + 0.01\mathrm{dln}Energy_{t-5} + \varepsilon_t - 2.21\varepsilon_{t-1} + 2.86\varepsilon_{t-2} - \\
& 2.81\varepsilon_{t-3} + 2.36\varepsilon_{t-4} - 1.96\varepsilon_{t-5} + 1.67\varepsilon_{t-6} - 1.34\varepsilon_{t-7} + 0.46\varepsilon_{t-8}
\end{aligned}
$$

$$
\mathrm{dln}CE_t = 0.06 + 0.57\mathrm{dln}CE_{t-1} + \varepsilon_{t-1} \tag{4.12}
$$

由图 4.10 至图 4.12 可知,三个模型样本内的预测效果不错,尤其是经济总量与能耗量数据,基本与真实值重合。

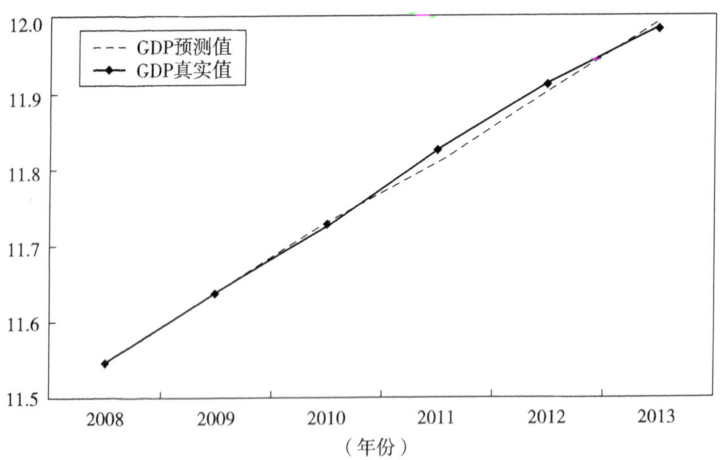

图 4.10　ARIMA 模型中 GDP 的预测值

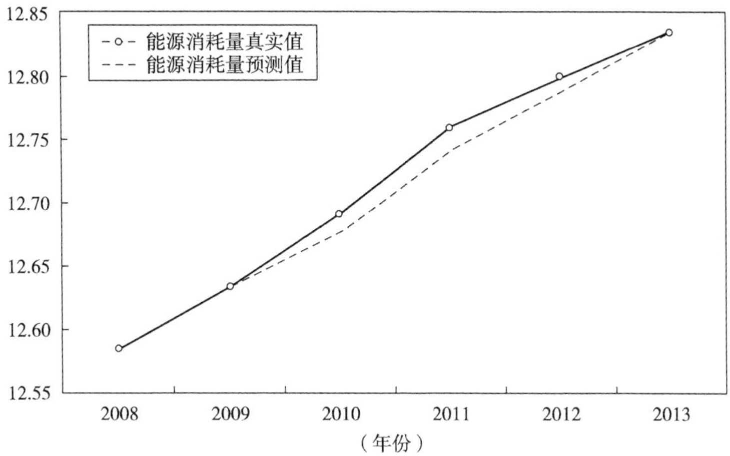

图 4.11　ARIMA 模型中能源消耗量的预测值

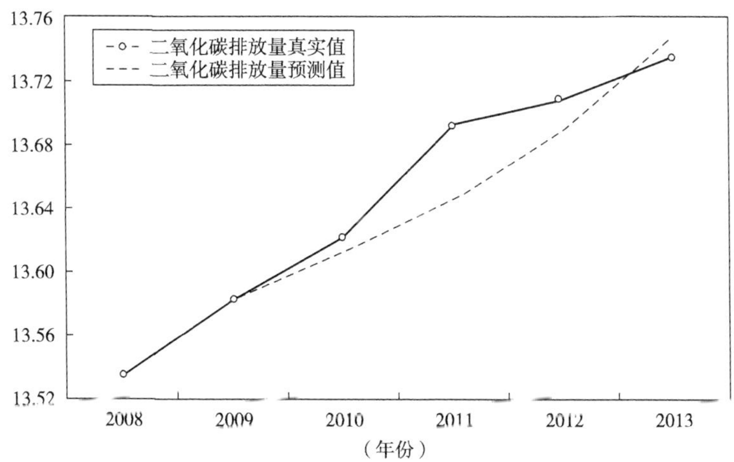

图 4.12　ARIMA 模型中二氧化碳排放量的预测值

(二)多变量模型预测

接下来使用前面构建的多元模型,将经济总量、能耗量以及碳排放总量三者放在一起,使用三元 VAR 模型进行预测。同样使用 2008—2013 年的真实数据作对比,进行样本内预测。

预测模型如下:

$$\begin{bmatrix} \mathrm{dln}GDP_t \\ \mathrm{dln}Energy_t \\ \mathrm{dln}CE_t \end{bmatrix} = \begin{bmatrix} 0.1 \\ 0.1 \\ 0.09 \end{bmatrix} + \begin{bmatrix} 0.3 & -0.89 & 0.82 \\ -0.52 & 0.06 & 0.59 \\ -0.42 & 0.71 & -0.06 \end{bmatrix} \begin{bmatrix} \mathrm{dln}GDP_{t-1} \\ \mathrm{dln}Energy_{t-1} \\ \mathrm{dln}CE_{t-1} \end{bmatrix} + \begin{bmatrix} -0.47 & 0.58 & -0.32 \\ -0.23 & 0.44 & -0.24 \\ -0.24 & 0.91 & -0.44 \end{bmatrix} \begin{bmatrix} \mathrm{dln}GDP_{t-2} \\ \mathrm{dln}Energy_{t-2} \\ \mathrm{dln}CE_{t-2} \end{bmatrix} + \begin{bmatrix} 0.44 & 0.5 & 0.27 \\ -0.36 & -0.25 & -0.06 \\ -0.27 & -0.44 & -0.63 \end{bmatrix} \begin{bmatrix} \mathrm{dln}GDP_{t-3} \\ \mathrm{dln}Energy_{t-3} \\ \mathrm{dln}CE_{t-3} \end{bmatrix} \quad (4.13)$$

图 4.13 至图 4.15 呈现了使用 VAR 模型进行样本内(in-sample)预测的结果。其中,虚线为 2008—2013 年的预测值;实线为 2008—2013 年的真实值。可以看出,对碳排放总量以及能耗总量这两个变量的预测,VAR 模型的结果与真实值极为接近,基本上都能拟合出变量的走势;而 GDP 的预测结果看似偏差较多,预测值的波动比真实值提早一期左右发生。

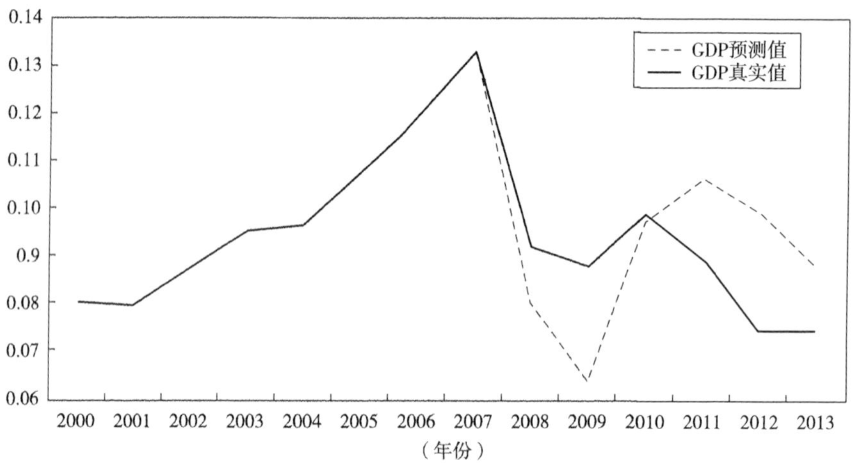

图 4.13　VAR 模型中 GDP 的预测值

(三) 预测能力比较

通过上面两小节的预测数值走势图,并不能直观地判断出到底是 ARIMA 模型还是 VAR 模型的预测能力更强。因此,本部分通过 RMSE(Root Mean Square Error)、MAE(Mean Absolute Error)、MAPE(Mean Absolute Percentage Error)以及 Theil U 这几个正式的判别统计量来对比两种模型预测能力的高低。同样以

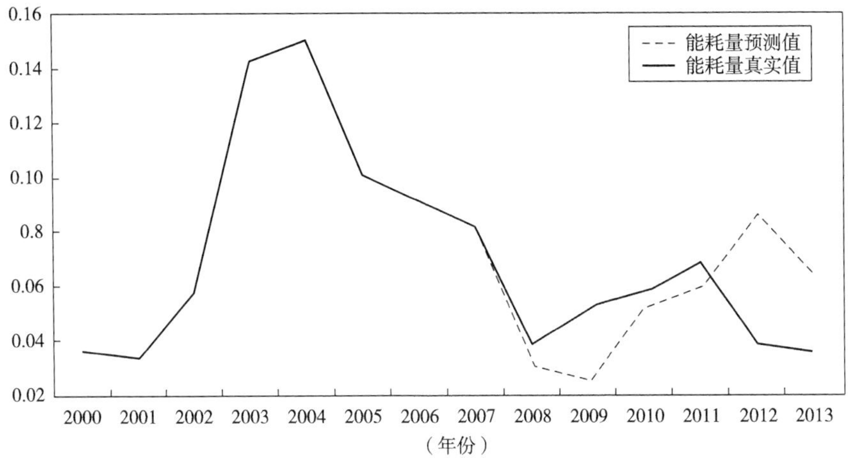

图 4.14　VAR 模型中能耗总量的预测值

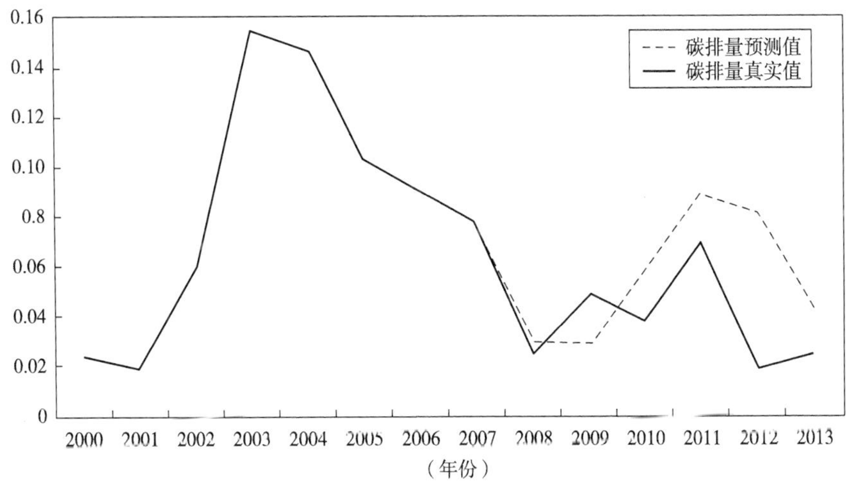

图 4.15　VAR 模型中碳排放总量的预测值

2008—2013 年的数据作为对照,最后得到我国 GDP、能耗总量以及碳排放总量的预测值。

$$\mathrm{RMSE} = \sqrt{\frac{1}{T}\sum_{t=1}^{T}\hat{s}_t^2} \tag{4.14}$$

$$\mathrm{MAE} = \frac{1}{T}\sum_{t=1}^{T}|\hat{s}_t| \tag{4.15}$$

$$\text{MAPE} = \frac{1}{T}\sum_{t=1}^{T}100\frac{|\hat{s}_t|}{y_t} \tag{4.16}$$

$$U = \sqrt{\frac{1}{T}\sum_{t=1}^{T}\left(\frac{\hat{f}_{t+1}-y_{t+1}}{y_t}\right)\cdot\left[\frac{1}{T}\sum_{t=1}^{T-1}\left(\frac{y_{t+1}-y_t}{y_t}\right)^2\right]^{-1}} \tag{4.17}$$

式中：y_t 为观测值；$\hat{f}_t$ 为模型的预测值；$\hat{\varepsilon}_t = y_t - \hat{f}_t$，代表估计的残差。

由表4.15可知，对GDP变量的预测能力最高的为VAR(3)模型，4个判别统计量都远远优于ARIMA模型中的结果；对能源变量预测能力最高的同样也是VAR(3)模型，各项判别指标都优于ARIMA模型；最后是对二氧化碳排放变量预测能力的比较，VAR(3)模型的预测能力和ARIMA模型相仿，各有两个指标占优。因此，本部分决定使用VAR(3)模型对我国经济总量、能耗量以及二氧化碳排放总量进行样本外预测，外推的时间至2017年，以最新的2014年数据作为调整参考(这一结果也与张恪渝对我国经济与股票市场的预测结果相类似：当变量间存在一定的逻辑关系时，VAR模型的预测效果往往好于单变量模型)。

表4.15　判别统计量结果

变量	模型	RMSE	MAE	MAPE	Theil
GDP	ARIMA	0.011	0.009 7	0.082%	0.000 5
	VAR(3)	0.004 6	0.003 9	0.033%	0.000 2
Energy	ARIMA	0.013	0.012	0.09%	0.000 52
	VAR(3)	0.039	0.029	0.22%	0.001 5
CE	ARIMA	0.027	0.023	0.16%	0.000 98
	VAR(3)	0.006 3	0.005 7	0.42%	0.002 3

本部分采用的外推预测方法是蒙特卡洛法，也就是基于VAR(3)的模型结构，从残差分布中随机抽取一组数值，通过逆推法得到预测值及其方差。重复这样的实验2 000次，计算出预测值的均值和其方差的平均值，使得预测数据更为准确，随机性更小。结果如图4.16所示。

我们仍然以2008—2013年的原始数据作为对照，进行外推预测。由图4.17可以看出，基于VAR(3)结构的模拟，基本上可以让真实值(黑色细线)落入95%的置信区间(两根黑色圈状粗线所夹区域)。而虚线就是通过蒙特卡洛实验模拟出的3个变量的未来趋势图。

由VAR模型预测，2017年，中国国内生产总值为232 850.80亿元(1990年价格)，能源消耗量为508 358.90万吨标准煤，二氧化碳排放量为1 241 451万吨；2020年，中国国内生产总值为303 075.70亿元(1990年价格)，能源消耗量为

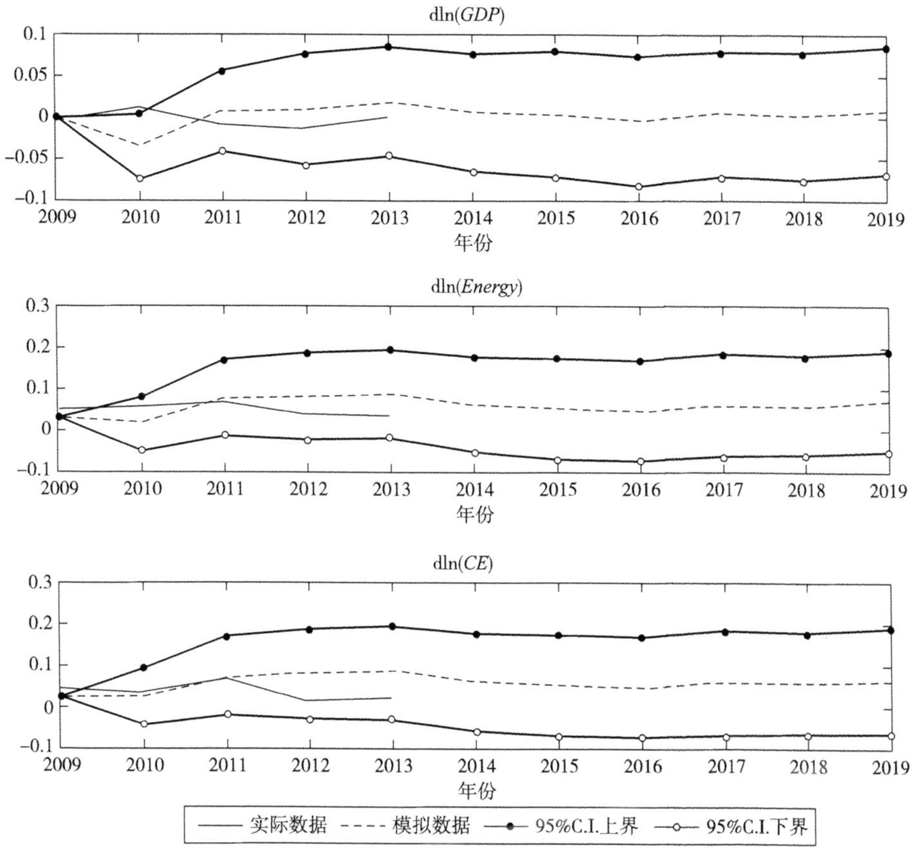

图 4.16　模拟预测结果

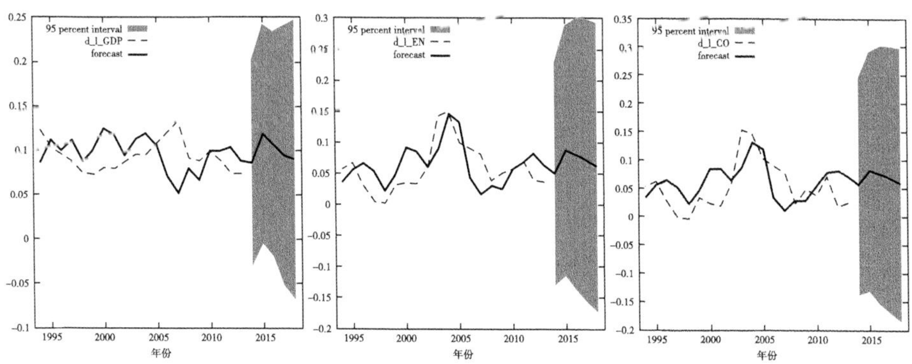

图 4.17　分变量模拟结果

611 873.00万吨标准煤,二氧化碳排放量为 1 481 261 万吨(2020 年数据是补充预测的)。

与 ARIMA 模型预测相比,VAR 模型预测利用了更多方程间的信息,所以结果更可靠。

四、本部分结论与政策建议

本部分通过计量模型对我国低碳经济的总量进行了分析研究。首先,进行描述性分析,使用单变量模型对经济总量、能耗量与碳排放总量分别建模,分析了它们的基本情况与未来趋势。其次,基于格兰杰因果关系的概念,分别从线性和非线性关系的角度分析了我国经济增长、能源消耗以及二氧化碳排放量之间的因果关系。其中,线性关系是借由托达和山本(Toda and Yamamoto)的方法论,通过 Bootstrap 算法对参数区间进行修正后找寻的。非线性关系是通过 VAR 系统先将变量间的线性结构剥离,而后使用非参数的 BDS 检验对残差的非线性特征进行判断的;最后使用迪克和潘琴科(Diks and Panchenco)提出的概念进行非线性因果关系的验证。结果显示:在我国,经济增长与能源消耗量、经济增长与二氧化碳排放量这两组变量互为线性格兰杰因果。此外,能源消耗总量也是二氧化碳排放量增加的非线性格兰杰原因,而二氧化碳排放量并非能源消耗变动的格兰杰原因。最后,通过 VAR 模型,将经济增长、能耗量与碳排放量纳入一个体系进行量化分析。结果表明,从长期看,经济增长、能耗量与碳排放量三者的协整关系并不显著。从脉冲响应及方差分解的结果看,GDP 对于能源变动的贡献最高,且能源消耗量也对 GDP 的变动有着较大贡献;此外,能源消耗对于碳排放量变动的贡献也非常大。能源消耗的冲击对碳排放量的影响是正向的,对我国经济的影响也是正向的。本部分最后通过模型对三个变量进行预测,通过对比找出最优结果。

综合上述结论可知:①GDP 的变动与能源消耗总量存在着双向的格兰杰因果关系,二氧化碳排放总量也与 GDP 存在着双向的格兰杰因果关系;而能源消耗总量是二氧化碳排放总量变化的格兰杰原因,反过来因果关系并不成立。②能源消耗的冲击对二氧化碳排放量与经济的影响都是正向的;经济增长冲击对能源消耗与二氧化碳排放量的影响路径一致,呈现"对称"现象。因此,政府采取能源保守政策,的确会降低现有的二氧化碳排放水平,但也会对我国经济的增长产生影响。如果单纯以降低经济增速来换取碳排放量的减少,在初期有一定的效果,但是持续时间较短且在后期反弹明显。因此,在保持一定经济增速的前提下,尽量降低能源的使用量及二氧化碳排放量才是比较好的方案。而达到这一目的的方式唯有进行低碳产业结构调整,具体的调整方式正是我们在后面部分需要解决的问题。

第五部分　中国各省份二氧化碳排放现状分析

在第三、四部分进行总量层面的低碳经济分析后,第五至第八部分进行空间层面(地区层面)的低碳分析。其中第五至第七部分讨论低碳经济空间计量,第八部分讨论扩展的生产函数的分析。改革开放以来,我国经济持续高速发展,但在经济高速发展的同时,却忽略了由于重工业的主导地位导致的超过环境承载量的能源过度消耗问题。我国的能源消耗以化石能源燃烧为主,煤炭仍然占据主导地位,清洁能源的开发尚不成熟,因此,二氧化碳排放量逐年增长。

为解决碳排放问题,首先应充分认识到我国二氧化碳排放的现状。本部分首先计算 2012 年度①我国各省份二氧化碳排放量,然后对其进行排序,从而结合各省份实际国内生产总值、能源效率、碳排放强度、能源结构以及人口总量指标,更有针对性地分析研究排放量较多的省份的相关现状。

一、二氧化碳排放量的测算方法

对于二氧化碳排放量的测算方法,比较主流和权威的是 2006 年联合国政府间气候变化专门委员会(IPCC)提供的方法,具体表述在《国家温室气体清单指南》中的第二卷第六章,即二氧化碳排放量可以由各种能源消耗量及对应的碳排放系数计算求得,具体的计算公式为:

$$二氧化碳排放总量 = \sum 化石燃料消耗量 \times 二氧化碳排放系数 \tag{5.1}$$

其中,二氧化碳排放系数采用 IPCC 研制的“部门法 2”计算,计算公式为:

$$二氧化碳排放系数 = 低发热值 \times 碳含量因子 \times 碳氧化因子 \times (44/12) \tag{5.2}$$

其中,44 和 12 分别为二氧化碳和碳的分子量。这里,直接引用葛守中(2012)计算的中国各种能源的二氧化碳排放系数,见表 1.5。

二、数据说明

根据《中国能源统计年鉴》的分类,化石燃料被详细分为煤炭、焦炭、原油、汽

---

① 2014 年版统计年鉴通常反映的是 2013 年度数据,而煤炭、石油、天然气等能源消耗数据仅反映了 2012 年度数据。

油、煤油、柴油、燃料油、天然气及电力九大类,但是,考虑到部分省份的具体能源消耗数据不完整,本部分取煤炭、石油和天然气三大能源来计算我国31个省份的二氧化碳排放量。因第七部分将进行1990—2012年的面板数据分析,为方便,实际地区生产总值是以1990年为基期的不变价格计算出的。因统计年鉴中"年末总人口"指标为年末存量,本部分将当年与其前一年的年末总人口数据进行了算术平均。各种能源的消耗量、能源消耗总量、地区生产总值、总人口数据来自31个省份各自的统计年鉴及能源统计年鉴。

三、中国各省份碳排放的现状分析

(一)总量分析

经过计算,得出2012年我国各省份二氧化碳排放量及相关变量值,并进行了降序排序,方便分析。结果如表5.1所示。

表5.1 2012年我国各省份二氧化碳排放量及相关变量值

省份	二氧化碳排放量(万吨)	能源消耗总量(万吨标准煤)	实际地区生产总值(亿元)	能源强度	碳排放强度	能源结构	总人口(万人)
山东	128 560.42	38 899	22 481.40	1.73	5.72	3.30	9 661
河北	99 846.82	30 250.21	10 796.83	2.80	9.25	3.30	7 264.5
内蒙古	84 994.47	19 786	5 566.13	3.55	15.27	4.30	2 485.8
江苏	84 646.66	28 850	22 316.42	1.29	3.79	2.93	7 909.39
山西	83 577.45	19 336	4 465.44	4.33	18.72	4.32	3 602.055
辽宁	78 753.59	23 526	10 503.06	2.24	7.50	3.35	4 386
河南	67 537.16	23 647	10 786.34	2.19	6.26	2.86	9 397
广东	65 367.34	29 144	25 590.50	1.14	2.55	2.24	10 549.5
浙江	46 962.53	18 076	13 918.60	1.30	3.37	2.60	5 470
陕西	46 523.54	10 626	4 737.61	2.24	9.82	4.38	3 748
湖北	44 154.48	17 675	9 141.45	1.93	4.83	2.50	5 768.25
黑龙江	41 135.38	12 758	5 674.48	2.25	7.25	3.22	3 834.025
新疆	40 163.43	11 831	2 211.03	5.35	18.17	3.39	2 220.745
四川	38 756.22	20 575	9 889.11	2.08	3.92	3.34	8 063.1
安徽	37 952.36	11 358	7 449.81	1.52	5.09	2.07	5 978

续表

省份	二氧化碳排放量（万吨）	能源消耗总量（万吨标准煤）	实际地区生产总值（亿元）	能源强度	碳排放强度	能源结构	总人口（万人）
湖南	34 585.12	16 744	7 699.76	2.17	4.49	3.23	6 617.5
吉林	30 478.11	9 443	4 832.30	1.95	6.31	3.08	2 749.5
贵州	30 458.7	9 878	2 324.47	4.25	13.10	2.53	3 476.5
上海	28 708.68	11 362	8 674.51	1.31	3.31	2.65	2 363.945
云南	27 630.43	10 434	3 885.18	2.69	7.11	2.45	4 645
福建	27 406.99	11 185	8 308.10	1.35	3.30	2.70	3 734
广西	24 734.61	9 155	5 464.81	1.68	4.53	3.11	4 663.5
甘肃	21 805.93	7 007	2 229.38	3.14	9.78	2.63	2 570.87
天津	21 547.06	8 208	4 989.23	1.65	4.32	2.84	1 383.865
江西	20 568.65	7 233	4 423.39	1.64	4.65	4.40	4 496.185
宁夏	20 082.14	4 562	574.58	7.94	34.95	2.05	643.32
重庆	18 982.6	9 278	4 346.87	2.13	4.37	1.90	2 932
北京	13 658.81	7 178	5 046.77	1.42	2.71	4.08	2 043.95
海南	6 890.83	1 688	1 230.34	1.37	5.60	1.76	881.965
青海	6 193.22	3 524	637.51	5.53	9.71	1.76	570.67
西藏	2 921.34	1 662.27	334.31	4.97	8.74	1.88	305.46

注：能源结构反映单位能源的碳排放量，以说明所消耗的能源本身是高排放的结构还是低排放的结构。

在表 5.1 中，能源强度是指单位实际地区生产总值的能源消耗量，碳排放强度是指单位实际地区生产总值的碳排放量，能源结构为单位能源消耗量的碳排放量。由该表可以看出，我国各省份的二氧化碳排放量差异很大。其中，山东省二氧化碳排放量为 128 560.42 万吨，河北省二氧化碳排放量为 99 846.82 万吨，内蒙古自治区二氧化碳排放量为 84 994.47 万吨，江苏省二氧化碳排放量为 84 646.66 万吨，山西省二氧化碳排放量为 83 577.45 万吨，上述 5 个省份的二氧化碳排放量占到了全国 31 个省份的 36.33%，属于排放量很大的省份。辽宁省二氧化碳排放量为 78 753.59万吨，河南省二氧化碳排放量为 67 537.16 万吨，广东省二氧化碳排放量为 65 367.34 万吨，浙江省二氧化碳排放量为 46 962.53 万吨，陕西省二氧化碳排放量为 46 523.54 万吨，上述 5 个省份的二氧化碳排放量占到了全国 31 个省份的 23.02%，属于排放量较大的省份。这排名前十位的省份，二氧化碳排放量就占到了全国的 59.35%，应重点予以关注。

湖北省二氧化碳排放量为44 154.48万吨，黑龙江省二氧化碳排放量为41 135.38万吨，新疆维吾尔自治区二氧化碳排放量为40 163.43万吨，四川省二氧化碳排放量为38 756.22万吨，安徽省二氧化碳排放量为37 952.36万吨，湖南省二氧化碳排放量为34 585.12万吨，吉林省二氧化碳排放量为30 478.11万吨，贵州省二氧化碳排放量为30 458.7万吨，上海市二氧化碳排放量为28 708.68万吨，云南省二氧化碳排放量为27 630.43万吨，福建省二氧化碳排放量为27 406.99万吨。上述 11 个省份的二氧化碳排放量占到 31 个省份的28.77%，属于排放量一般的省份。而广西壮族自治区二氧化碳排放量为24 734.61万吨，甘肃省二氧化碳排放量为21 805.93万吨，天津市二氧化碳排放量为21 547.06万吨，江西省二氧化碳排放量为20 568.65万吨，宁夏回族自治区二氧化碳排放量为20 082.14万吨，重庆市二氧化碳排放量为18 982.6万吨，北京市二氧化碳排放量为13 658.81万吨，海南省二氧化碳排放量为6 890.83万吨，青海省二氧化碳排放量为6 193.22万吨，西藏自治区二氧化碳排放量为2 921.34万吨。上述 10 个省份的排放量较小，只占全国 31 个省份的 9.70%，不必过于关注。

由图 5.1 可直观看出 2012 年我国 31 个省份二氧化碳排放量的现状。为实现我国政府承诺的 2020 年碳排放强度比 2005 年降低 40%~45%这一目标，我们应首先从总量上把握住碳排放量较大的几个省份的减排工作，深入分析其碳排放量较大的原因，以便更有针对性地开展减排工作。

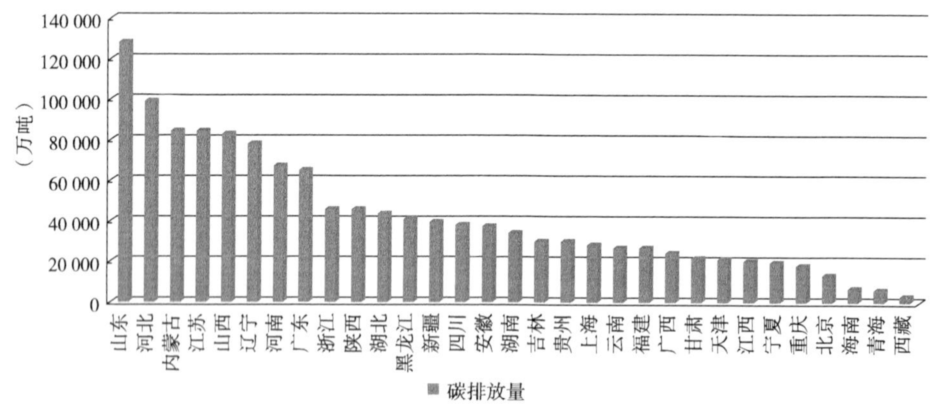

图 5.1　2012 年中国 31 个省份二氧化碳排放量

（二）增速分析

在总量上把握好几个碳排放大省份是至关重要的，但同时也应注意二氧化碳排放量增长速度较快的几个省份。为此，本部分计算了 2000 年到 2012 年我国各省、市、区二氧化碳排放量的增长率,并将其降序排列,结果如表5.2所示。其中,"增长率"表示绝对增长率,即用2012年与2000年二氧化碳排放量的差额除以2000年的二氧化碳排放量。"年增长率"则为年均增长率,计算公式为:

$$\sqrt[n]{\frac{B}{A}} - 1 \tag{5.3}$$

式中:B和A分别为2012年和2000年的二氧化碳排放量;n为增长的次数。

表5.2左侧为近13年间二氧化碳排放量增长速度较快的15个省份,按照增长速度由快至慢分别是海南省、内蒙古自治区、宁夏回族自治区、陕西省、山东省、广西壮族自治区、青海省、西藏自治区、福建省、新疆维吾尔自治区、云南省、湖南省、江苏省、河北省和河南省,这些省份2000年到2012年的绝对增长率由199.36%到644.89%不等,年均增长率由9.57%到18.22%不等。右侧为二氧化碳排放量增长速度较慢的16个省份,按照增长速度由快至慢分别为江西省、四川省、浙江省、广东省、贵州省、吉林省、山西省、湖北省、重庆市、安徽省、甘肃省、天津市、辽宁省、黑龙江省、上海市以及北京市,这些省份2000年到2012年的绝对增长率由26.71%到178.72%不等,年均增长率由1.99%到8.92%不等。

表5.2 各省份2000年至2012年碳排放量增长率(%)

增速较快的省份			增速较慢的省份		
省份	增长率	年增长率	省份	增长率	年增长率
海南	644.89	18.22	江西	178.72	8.92
内蒙古	506.88	16.21	四川	172.09	8.70
宁夏	433.74	14.98	浙江	168.26	8.57
陕西	428.07	14.87	广东	158.09	8.22
山东	363.30	13.63	贵州	156.42	8.16
广西	313.43	12.56	吉林	151.02	7.97
青海	303.02	12.32	山西	145.59	7.77
西藏	300.26	12.25	湖北	144.90	7.75
福建	288.09	11.96	重庆	143.64	7.70
新疆	276.61	11.68	安徽	141.32	7.62
云南	241.59	10.78	甘肃	137.38	7.47
湖南	231.27	10.50	天津	136.00	7.42
江苏	225.82	10.34	辽宁	112.12	6.47
河北	207.92	9.83	黑龙江	103.94	6.12
河南	199.36	9.57	上海	56.86	3.82
			北京	26.71	1.99

(三)重点省份碳排现状的具体分析

由于我国各省份发展水平、发展速度不一,能源消耗的绝对量有明显差距,二氧化碳排放量增速较大的省份不一定排放量的绝对数也较大,因此,我们需要将表5.1和表5.2结合起来进行具体的分析。对于二氧化碳排放量大同时增长速度较快的省份,最应当重视该省份的减排工作;对于二氧化碳排放量大但是增长速度较慢的省份,应当重视并控制住其增长速度;对于二氧化碳排放量小但增长速度较快的省份,要予以关注并设法降低其增长速度;对于二氧化碳排放量小同时增长速度较慢的省份,本着效率原则,可以暂且不用过于关注。本部分着重取二氧化碳排放量最大的10个省份,进行具体的现状分析。

在二氧化碳排放量很大的省份中,山东省2012年的二氧化碳排放量为128 560.42万吨,占全国总排放量的9.70%,居于全国第一;能源消耗总量为38 899万吨标准煤,占全国的8.74%;实际地区生产总值为22 481.40亿元,占全国的8.67%,仅低于广东省;总人口为9 661万人,占全国总人口的7.19%,位居全国第二;二氧化碳排放量年均增长率为13.63%,属于增长率较快的省份,应当充分予以重视。山东省是我国的能源大省,其主导产业一直是煤炭、煤气、化工等资源导向型产业;同时,山东省也是中国经济较发达的省份之一,近年来经济增长较快,因此,其经济增长必然带来化石能源消耗的增加。山东省人口众多,对能源的需求量较大,因而二氧化碳的排放量较大。

河北省2012年的二氧化碳排放量为99 846.82万吨,占全国总排放量的7.53%,仅低于山东省;能源消耗总量为30 250.21万吨标准煤,占全国的6.80%;实际地区生产总值为10 796.83亿元,占全国的4.61%,居全国第五位;总人口为7 264.5万人,占全国总人口的4.68%,位居全国第六;二氧化碳排放量年均增长率为9.83%,属于增长率较快的省份,应当充分予以重视。河北省是我国重要的重工业基地之一,化石能源消耗量大,因而二氧化碳排放量较大。然而相比山东省,河北省单位地区生产总值所带来的能源消耗量和碳排放量较大,即能源强度和碳排放强度都较大,说明产业结构和能源结构需要做出调整。

内蒙古自治区2012年的二氧化碳排放量为84 994.47万吨,占全国总排放量的6.41%,低于山东省和河北省;能源消耗总量为19 786万吨标准煤,占全国的4.45%;实际地区生产总值为5 566.13亿元,位居全国第十五;总人口为2 485.8万人,占全国总人口的1.85%,位于全国第二十三;二氧化碳排放量年均增长率为16.21%,属于增长率较快的省份,应当充分予以重视。不难看出,内蒙古自治区的二氧化碳排放量相较于地区生产总值和人口数量而言,是巨大的。此外,相比河北省,相差较多的能源消耗总量、地区生产总值却排放出了数量较为接近的二氧化碳,即能源强度和碳排放强度都非常高。这说明,内蒙古自治区的能源结构和产业结构都有待优化。内蒙古自治区的经济发展主要依靠第二产业,并且以高能耗、高污染的企业为支柱企业。对于高耗能的产业部门而言,引进低碳技术是至关重要的。

江苏省 2012 年二氧化碳排放量为 8 4646.66 万吨,占全国总排放量的 6.39%;能源消耗总量为 28 850 万吨标准煤,占全国的 6.48%,仅低于河北省、山东省和广东省;实际地区生产总值为 22 316.42 亿元,位居全国第三;总人口为 7 909.39 万人,占全国总人口的 5.88%,位于全国第五;二氧化碳排放量年均增长率为 10.34%,属于增长率较快的省份,应当充分予以重视。江苏省实际地区生产总值很高,人口较多,故能源消耗量较大,但与内蒙古自治区较高的能源消耗量却释放出了几乎持平的二氧化碳比起来,江苏省的能源是较为低碳的。此外,与山东省相比,江苏省的实际地区生产总值与之相差不大,但二氧化碳排放量却相差较多,这主要是因为江苏省第三产业发展速度较快,就发展速度而言已经超越第二产业,但就二氧化碳排放量而言,第二产业的碳排量仍远大于第三产业。因此,应继续加大第三产业占国民经济的比重,促进二、三产业的协调发展。

山西省 2012 年的二氧化碳排放量为 83 577.45 万吨,占全国总排放量的 6.30%;能源消耗总量为 19 336 万吨标准煤,占全国的 4.35%;实际地区生产总值为 4 465.44 亿元,位居全国第二十一;总人口为 3 602.06 万人,占全国总人口的 2.68%,位居全国第十八;二氧化碳排放量年均增长率为 7.77%,属于增长率较慢的省份,但由于其基数较大,因此应该予以重视。从地区生产总值、能源消耗总量以及总人口来看,山西省似乎并不是最突出的,与内蒙古自治区的情况相似。而最为明显的是,山西省的能源强度、碳排放强度非常高,这主要是山西省以煤为主的能源结构导致的。因此,优化能源结构对于山西省降低二氧化碳排放量是至关重要的。

辽宁省 2012 年的二氧化碳排放量为 78 753.59 万吨,占全国总排放量的 5.94%;能源消耗总量为 23 526 万吨标准煤,占全国的 5.29%;实际地区生产总值为 10 503.06 亿元,位居全国第七;总人口为 4 386 万人,占全国总人口的 3.26%,位于全国第十四;二氧化碳排放量年均增长率为 6.47%,属于增长率较慢的省份,但由于其基数较大,因此应该予以重视。辽宁省自沿海经济带上升为国家战略以来,经济发展加快,但产业结构仍呈“二三一”结构,第二产业比重一直维持在 50% 左右。重化工业作为辽宁省的支柱性产业,呈现出“高投入、高消耗、低效益”的粗放式特征。辽宁省的实际地区生产总值较大,是山西省的两倍多,人口数量较山西省偏大,因而能源消耗总量也较大,然而二氧化碳排放量却小于山西省,这说明,在碳排放强度和能源强度上,辽宁省远低于山西省。因此,考虑到辽宁省正处于工业化进程的关键阶段,工业仍然是推动经济增长的主要动力,应继续推动对传统工业部门的更新改造和低能耗、高效益的高新技术产业的发展;同时,重视低能耗、低排放的服务业的发展。

河南省 2012 年的二氧化碳排放量为 67 537.16 万吨,占全国总排放量的 5.09%;能源消耗总量为 23 647 万吨标准煤,占全国的 5.32%;实际地区生产总值为 10 786.34 亿元,位居全国第五;总人口为 9 397 万人,占全国总人口的 7.00%,位于全国第三,仅低于广东省和山东省;二氧化碳排放量年均增长率为 9.57%,属于增长率较快的省份,因此应予以充分的重视。河南省是人口大省,与山东省对比,人口数量相差无几,但实际地区生产总值相差一半,二氧化碳排放量也相差一半,这从表象上说明了实际地区生产总值对碳排放的影响。同时,河南省也是一个能源大省,仍处于工业发展阶段,其以煤炭为主的能源消耗结构仍将维持较长时间,但较多的水电站对河南省碳排放量起到了缓冲的作用。因此,河南省的能源结构有待优化,优化能源结构将对减少河南省的碳排放量起到较为关键的作用。

广东省 2012 年的二氧化碳排放量为 65 367.34 万吨,占全国总排放量的 4.93%;能源消耗总量为 29 144 万吨标准煤,占全国的 6.55%;实际地区生产总值为 25 590.50 亿元,位居全国第一;总人口为 10 549.5 万人,占全国总人口的 7.85%,位于全国第一;二氧化碳排放量年均增长率为 8.22%,属于增长率较慢的省份,但由于其碳排放量基数较大,因此也应予以重视。广东省当之无愧是经济大省、人口大省,同时也是能源大省,但近十年广东省产业结构调整取得了较大的成绩,加之大型核电站如大亚湾核电站对碳排放量的增加起到一定的抑制作用,广东省的碳排放量并没有“名列前茅”。工业规模的扩张是广东省碳排放量增加的主要驱动力,然而,广东省工业增加值增长幅度较“十五”和“十一五”期间有所放缓,长期来看,随着重化工业阶段的结束及后工业化的迈进,工业内部结构调整有较大潜力。因此,广东省应抓住机遇,加速降低能源强度,进一步优化能源结构及产业结构,实现低碳转型。

浙江省 2012 年的二氧化碳排放量为 46 962.53 万吨,占全国总排放量的 3.54%;能源消耗总量为 18 076 万吨标准煤,占全国的 4.06%;实际地区生产总值为 13 918.60 亿元,位居全国第四;总人口为 5 470 万人,占全国总人口的 4.07%,位于全国第十;二氧化碳排放量年均增长率为 8.57%,属于增长率较慢的省份,但由于其碳排放量基数较大,因此也应予以重视。浙江省无疑是经济大省,第二产业增加值与第三产业增加值的比重几乎持平,工业也以轻工业、加工制造业、集体工业为主,加之秦山核电站代替了高碳排放的火力发电,浙江省的能源强度和碳排放强度较低,应继续推进产业结构的优化,走出一条低排放、低消耗的低碳发展道路。

陕西省 2012 年的二氧化碳排放量为 46 523.54 万吨,占全国总排放量的

3.51%;能源消耗总量为10 626万吨标准煤,占全国的2.39%;实际地区生产总值为4 737.61亿元,位居全国第十九;总人口为3 748万人,占全国总人口的2.79%,位于全国第十六;二氧化碳排放量年均增长率为14.87%,属于增长率较快的省份,应予以充分重视。陕西省是我国重要的能源生产和消耗大省,拥有丰富的自然资源,因此其经济发展是以重化工业为主导的。由于火力发电的碳排放系数高于其他化石能源,陕西省电力行业碳排放量居高不下,以煤为主的能源消耗结构和以火电为主的电源结构带来了较大的二氧化碳排放量。目前,陕西省正处于经济持续较快发展阶段,对能源的需求定会有增无减,因此,应大力调整能源结构,加大对清洁、低碳能源的研发力度。

第六部分　空间面板模型的设计与估计方法

本部分讨论空间面板模型的设计与估计方法。一些经济变量不仅在时间上表现出相关性,在空间上也表现出某种程度的相关性。例如,从经济发展角度看,经济发展较好的区域总是不孤立的,如我国东部沿海地区;相关产业也常常会在同一片地区聚集,如东北三省的工业发展。这些空间交互关系的产生,有很多种解释:①数据的地理位置是相近的;②从截面上讲,各区域存在相互合作和竞争;③存在模仿行为,位置相近便于模仿;④存在溢出效应,如存在正外部性,高校及研究所的出现会对所在区域的多方面都产生较好的影响;⑤测量误差,数据是按照行政区域进行统计的,而实际研究的变量的实际边界很可能与行政边界是不一致的。因此,对于各种涉及空间或者距离的经济数据,都不能忽视空间效应,应当充分考虑和处理这种空间联系。

一、模型识别与设计

要进行我国各省份碳排放的空间面板计量分析,首先,要进行模型的识别,即识别我国 31 个省份碳排放数据是否存在空间相关性,可以从全局和局部两个角度来进行空间自相关分析。考虑空间相关性后,应进行空间交互效应的识别,以确定模型的基本形式。随后,在以上分析的基础上,针对我国碳排放量数据的特点,进行空间权重矩阵的设计。最后,进行空间面板模型的回归分析。

(一)空间权重矩阵的设计

对区域之间的空间距离进行合理准确的度量,是空间计量分析的前提,也是空间计量分析的难点所在。记 n 个区域空间数据为 $\{x_i\}_{i=1}^{n}$,i 表示第 i 个区域。空间权重矩阵(spaitial weighting matrix)由各个区域之间的空间距离组成,可作如下表示:

$$\begin{pmatrix} w_{11} & \cdots & w_{1n} \\ \vdots & & \vdots \\ w_{m1} & \cdots & w_{mn} \end{pmatrix} \tag{6.1}$$

式中:w_{ij}为区域 i 与区域 j 之间的空间距离,当 $i=j$ 时,$w_{ij}=0$,即主对角线上的元素为 0(同一区域的距离为 0)。

相比时间,空间是不止两个维度的,它可以有很多个方向,至少会有东、西、南、北四个方向。因此,为进行后续的空间自相关分析和空间面板建模分析,必须先合理、恰当地对区域之间的空间距离进行描述,即恰当地定义空间权重矩阵。基于现有研究,空间权重矩阵主要有以下三类设置方法。

第一,基于邻接关系。使用频率最多的空间距离表达为“相邻”,区域 i 与区域 j 相邻,则意味着二者享有共同的边界,此时 $w_{ij}=1$;反之,则 $w_{ij}=0$,如式(6.1)所示。根据安瑟兰①的研究,相邻关系还可以细分为两种,一种是 Rook 邻近,意味着相邻区域仅仅享有共同的边界;另一种是 Queen 邻近,意味着除了共同享有边界以外,还包括有共同的顶点。随着研究的深入,学术界发展出空间权重矩阵的高阶邻近矩阵算法,最常见的是二阶邻近矩阵。基于邻接关系的空间权重矩阵设定如下:

$$w_{ij} = w_{ji} = \begin{cases} 1, \text{当区域 } i \text{ 与区域 } j \text{ 相邻} \\ 0, \text{当区域 } i \text{ 与区域 } j \text{ 不相邻} \end{cases} \tag{6.2}$$

由式(6.2)可以看出,基于邻接关系设置的空间权重矩阵,是对称矩阵,应用起来十分方便,因此较为常用。但是,当空间上区域面积大小相差较多时,空间权重矩阵可能出现结构的不平衡。例如,当区域面积相差悬殊时,面积较小的区域将会有更多的相邻区域,而面积较大的区域可能只有很少的相邻区域,这时,空间权重矩阵的结构将表现得很不平衡。这时,可以利用下述的 K 值最邻近法。

第二,基于距离关系。在大多数情况下,两个区域之间的空间关联性是与两个区域的距离有关的,实际研究中,可以假定区域之间的距离决定了空间关联强度。这里的距离既可以是区域的质心距离,也可以是各区域经济、行政中心之间的距离。空间权重矩阵元素 w_{ij} 的取值则依赖于距离函数的形式。例如,常见的有距离的倒数,或者倒数的平方。K 值最邻近空间矩阵(K-nearest neighbor spatial weights)保证了每个区域都有相同的邻居数量。一般情况下,考虑东、南、西、北四个方向,K 值取 4,当然,K 值也可以取大于 4,应根据实际情况而定。此外,门槛距离法(threshold distance)在实际运用中也较为普遍。当区域之间的距离在该门槛距离之外时,元素取值为 0;否则为 1。两个区域之间的距离既可以通过区域经纬度的坐标数据来计算,也可用欧氏距离或者弧度距离来计算。

第三,基于经济社会关系。当使用经纬坐标计算距离仍不能够满足研究需要时,学者们尝试了更加复杂的计算方法,即将经济、社会等因素考虑进去,加入空间

① Anselin L. Spatial externalities, spatial multipliers and spatial econometrics[J]. International Regional Science Review, 2003,26(2):153-166.

权重矩阵中。例如,根据区域之间的贸易往来状况和交通运输情况等来确定空间权重。关于空间权重矩阵的设置合理性问题,由于没有完善的理论支持,学者们还没有达成共识。因此,仍依赖主观分析,并根据模型的结果来判断该种设置是否客观。

(二)空间自相关分析

"空间自相关"可理解为位置相近的区域具有相似的变量取值。对于所研究的对象在不同区域所呈现的数值大小来讲,数值较大的区域呈现一定程度的集聚,数值较小的区域也呈现出一定程度的聚集,此时为存在"正空间自相关";反之,如果数值较大的区域与数值较小的区域呈现一定程度的相邻,则为"负空间自相关";如果数值较大的区域与数值较小的区域不呈现集聚性,或者说随机分布,则不存在空间自相关。

为确定空间计量方法对于所研究的对象是否适用,需考察不同区域中研究对象的数据数值是否呈现空间依赖性。考虑时间序列,很多经济数据是存在自相关性的,通常可以通过在模型中加入滞后项来进行研究,然而对于空间序列,自相关相比时间序列复杂得多。因为,时间序列无论滞后几阶,通常为一阶或二阶,只可能在一个方向上相关,即过去的数据可能对现在的数据产生影响,但是反过来却是不符合现实的;然而,空间序列可以在多个方向上相关,而且可以互相影响。因此,基于空间自相关的复杂性,如何衡量自相关程度至关重要。目前文献中,最为常用的是全局空间自相关分析和局部空间自相关分析方法。

1. 全局空间自相关分析

全局空间自相关分析是用来分析各区域间整体空间相关程度的方法。最常用的测度指标是 Moran 指数,它能够反映出空间邻近的区域单元在观测值上的相关程度,即是否具有空间集聚效应。计算公式如下:

$$I = \frac{n\sum_{i=1}^{n}\sum_{j=1}^{n}w_{ij}(x_i - \bar{x})(x_j - \bar{x})}{\sum_{i=1}^{n}\sum_{j=1}^{n}w_{ij}\sum_{i=1}^{n}(x_i - \bar{x})^2} = \frac{n\sum_i\sum_j W_{ij}Z_iZ_j}{\sum_i Z_i^2} \tag{6.3}$$

式中:n 为区域的数量;x_i 为区域 i 的研究指标观测值;w_{ij} 为空间权重矩阵中的元素,度量了区域 i 与区域 j 的空间距离;Z 表示离差。

Moran 指数的取值范围一般为[-1,1],当 Moran 指数处于(0,1]时,表示空间具有正相关性;当 Moran 指数处于[-1,0)时,表示空间具有负相关性。Moran 指数的绝对值大小一定程度上反映了区域间的空间相关程度,绝对值越大,空间相关程度越高。当 Moran 指数为 0 时,表示不具有空间相关性或呈空间随机分布。如果将观测值与其空间滞后绘制成散点图,则可以更加直观地看出空间自相关性质,该图可以称为 Moran 散点图。

Moran 指数的检验统计量 Z 的计算公式如式(6.4)所示,它可以检验 n 个区域空间自相关性的显著性。

$$Z = \frac{I - E(I)}{\sqrt{\mathrm{Var}(I)}} \tag{6.4}$$

可以证明,标准化的 Moran 指数服从渐进标准正态分布。因此,可以用标准正态的临界值进行检验。

2. 局部空间自相关分析

局部空间自相关分析能够更有针对性地分析研究区域中每个局部区域与其相邻区域之间的空间相关程度。通过 Moran 散点图或者后续将提到的 LISA 集聚地图,可将研究区域划分为 HH、HL、LH 和 LL 四种类型,其中,H(high)表示数值较大,L(low)表示数值较小,那么,HH (LL) 则表示相邻区域之间存在正的空间自相关性的区域类型;HL (LH)则表示相邻区域之间存在负的空间自相关性的区域类型。局部空间自相关分析是必要的,尤其是当研究区域范围较大,全局空间自相关分析不足以说明问题,甚至掩盖了某些重要的局部信息时,局部空间自相关分析的作用就更加重大了。此外,在全局空间自相关分析的基础上,要想进一步考虑哪些区域对全局空间自相关性有更突出的贡献,则需要进行局部空间自相关分析。

局部 Moran 指数也称 LISA 指数,其计算方法如下:

$$I_i = Z_i \sum_j W_{ij} Z_j \tag{6.5}$$

式中:I_i 为区域的局部 Moran 指数;其余符号意义同式(6.3)。

二、模型的设定

考虑空间相关因素后,应确定其空间交互关系,从而正确设定计量模型。从模型的角度来看,空间计量模型涉及的空间交互关系可以总结成以下三种。

第一,因变量之间的内生交互作用,可以描述为:

区域 i 的因变量 $\leftrightarrow$ 区域 j 的因变量

即不同区域的因变量是相互影响的。例如,相邻区域的碳排放可能是相互影响的。

第二,自变量之间的外生交互作用,可以描述为:

区域 j 的自变量 $\rightarrow$ 区域 i 的因变量

即某区域的自变量是影响另一区域的因变量。例如,根据宏观经济理论,封闭经济内投资等于储蓄,然而,考虑到资本的流动性,投资却不一定等于储蓄,因为某个经济体的人均收入水平,很可能和与之存在资本流动关系的相邻经济体的储蓄情况相关。

第三,误差项之间的交互作用,可以描述为:

$$\text{区域 } i \text{ 的误差项} \leftrightarrow \text{区域 } j \text{ 的误差项}$$

即不同区域的误差项是相互影响的。扰动项存在空间依赖性意味着这种区域外溢性是随机冲击的结果,或者说,是一些遗漏变量存在着某种空间相关性。

根据空间效应表现方式的不同,空间计量模型可分为三种,分别为空间滞后模型(Spatial Lag Model,SLM)①、空间误差模型(Spatial Error Model,SEM)和空间杜宾模型(Spatial Durbin Model,SDM)。空间滞后模型只包含第一种空间交互效应,形式如下:

$$y = \rho Wy + X\beta + \varepsilon \tag{6.6}$$

式中:W 为空间权重矩阵;ρ 度量空间滞后 Wy 对 y 的影响,为空间自回归系数(spatial autoregressive parameter)。

空间误差模型只包含第三种空间交互效应,形式如下:

$$y = X\beta + \mu ,$$
$$\mu = \lambda W\mu + \varepsilon \qquad \varepsilon \sim N(0,\sigma^2 I_n) \tag{6.7}$$

式中:W 为空间权重矩阵。

该模型显示,扰动项 μ 存在空间相关性。空间误差模型区域外溢是随机冲击的结果。

空间杜宾模型同时包含第一种和第二种空间效应,形式如下:

$$y = \rho Wy + X\beta + WX\delta + \varepsilon \tag{6.8}$$

式中:ρWy 含义同空间滞后模型;$WX\delta$ 表示来自其他区域自变量的影响;δ 为相应的系数向量。

三种模型中,空间杜宾模型更加综合:当 $\delta = 0$ 时,空间杜宾模型退化为空间滞后模型(SLM);当 $\delta + \lambda\beta = 0$ 时,空间杜宾模型退化为空间误差模型(SEM)。前者结论很显然,后者结论证明如下:

SEM 模型如下:

$$y = X\beta + \mu$$
$$\mu = \lambda W\mu + \varepsilon \qquad \varepsilon \sim N(0,\sigma^2 I_n)$$
$$\Rightarrow \mu(1 - \lambda W) = \varepsilon$$
$$\Rightarrow y(1 - \lambda W) = X\beta(1 - \lambda W) + \mu(1 - \lambda W) = X\beta(1 - \lambda W) + \varepsilon$$
$$\Rightarrow y = \lambda Wy + X\beta - \lambda WX\beta + \varepsilon \tag{6.9}$$

故,若 $\delta = - \lambda\beta$,则可推出 SDM 模型退化至 SEM 模型。此时,λ 即为空间杜宾模型中的 ρ 。故可写成 $\delta = - \rho\beta$ 。

① 又称空间自回归模型(Spatial Autoregression Model, SAR)。

那么,对于研究对象所适用的模型的选择问题,勒萨热等[①]指出,忽略了因变量与自变量的空间效应,与忽略误差项的空间效应相比,成本会更加高昂。因此,埃洛斯特[②]建议,先估计空间杜宾模型,因为该模型考虑了因变量与自变量的空间效应。然后,再通过 Wald 检验、LR 检验或者 LM 检验来验证 SDM 是否可以简化为 SLM 或者 SEM,三种检验是近似等效的。对应 SLM 或 SEM 的假设检验原假设分别为:$H_0:\delta=0$ 和 $H_0:\delta+\rho\beta=0$。

确定了模型的形式后,还要进行固定效应和随机效应的检验。面板数据模型的误差项通常由两部分组成:一部分是不随时间变化而变化的因素,仅与截面个体有关;另一部分是随着时间变化而产生变化的因素,是不可观测的。为判定应使用固定效应模型还是随机效应模型,关键是看不随时间变化的非观测效应对应的因素是否与模型中可观测到的解释变量相关。若相关,则为固定效应;反之,为随机效应。判定方法一般采用 Hausman 检验,该方法已被从普通面板模型推广至空间面板模型中。然而,通常来讲,固定效应比随机效应更加符合现实。

三、模型的估计

如果数据是存在着某种空间相关性的,那么就失去了独立性,若仍继续使用普通最小二乘法(OLS)等方法进行参数估计,则不能满足经典的高斯—马尔科夫假设,即各个变量是独立的,将出现有偏估计。因此,普通最小二乘估计在空间计量模型中已经不再适用,对于不同的空间计量模型,参数估计会出现有偏或非有效或非一致。因此,空间计量模型的参数估计应当使用其他方法。目前,空间计量模型的参数估计方法有三种,一是基于极大似然估计法,该种方法较为常用,安瑟兰等(Anselin,1988;Anselin & Hudak,1992)建议使用极大似然估计法进行空间计量模型的估计;二是基于工具变量或者广义矩法;三是基于贝叶斯马尔科夫链蒙特卡洛方法。本部分将采用极大似然估计方法,对固定效应模型进行估计时,其空间误差模型的对数极大似然函数为:

$$-\frac{NT}{2}\ln(2\pi\sigma^2)+T\sum_{i=1}^{N}\ln(1-\lambda\omega_i)-\frac{1}{2\sigma^2}\sum_{t=1}^{T}\ln e_t' e_t$$

$$e_t=(1-\lambda W)[Y_t-\bar{Y}-(X_t-\bar{X})\beta] \tag{6.10}$$

空间滞后模型的对数极大似然函数为:

① Lesage J P, Pace R K. Introduction to Spatial Econometrics[M]. Boca Raton: CRC Press Taylor & Francis Group, 2009.

② Elhorst J P. Spatial Panel Data Models[M]//Fischer M M, Getis A. Handbook of Applied Spatial Analysis. Berlin: Springer,2010:377-407.

$$-\frac{NT}{2}\ln(2\pi\sigma^2) + T\sum_{i=1}^{N}\ln(1-\rho\omega_i) - \frac{1}{2\sigma^2}\sum_{t=1}^{T}\ln e_t' e_t$$

$$e_t = (1-\rho W)(Y_t - \bar{Y}) - (X_t - \bar{X})\beta \tag{6.11}$$

其中，$\bar{Y} = (\bar{Y}_1, \cdots, \bar{Y}_N)$，$\bar{X} = (\bar{X}_1, \cdots, \bar{X}_N)$。

随机效应模型不常用,其对数极大似然函数形式此处不予列出。

本文采用极大似然估计法对其参数进行估计。

第七部分　中国各省份碳排放的空间面板模型实证分析

在第五部分对我国各省份二氧化碳排放量的现状进行分析的基础上，结合第六部分的模型设计，本部分将针对我国各省份二氧化碳排放量进行空间面板模型的研究。首先，基于 IPAT 模型和能源的供给来源、需求去向，选取实际地区生产总值、代表能源结构的单位能源消耗碳排放量和人口总数三个变量。然后，进行模型的识别和模型的估计，具体包括碳排放的空间集聚性分析、空间权重矩阵的设置、空间自相关性(全局、局部)及模型的选择和估计。其中，空间权重矩阵的设计到目前为止仍然无法脱离主观性，因此，本部分尝试采用主观上较为合理的三种空间权重矩阵的设置方法，分别进行后续的分析和回归，以达到相对较为客观的结果。

一、指标选取的理论基础

1971 年，恩里希和霍尔顿(Ehrlich & Holden)提出了 IPAT 模型，即通过人口规模、经济发展程度、技术水平三个因素来研究环境问题，找出影响环境的主要因素。本部分以 IPAT 模型为理论基础，进行碳排放的空间面板计量分析。经大量实证研究，该 IPAT 模型已经被广泛运用于影响环境的因素研究。然而，IPAT 模型仍存在一些问题，即当其他条件不变时，三种因素对环境的影响是等比例的，因此，罗斯和迪茨(Rosa & Dietz，1994)提出了 STIRPAT 模型，如式(7.1)所示：

$$I = aP^{b}A^{c}T^{d}e \tag{7.1}$$

式中：I 为环境影响；P 为人口规模；A 为富裕程度；T 为技术水平；a,b,c,d 分别为模型的系数、三种因素的驱动力指数；e 为随机误差项。

本部分在指标选取上，基于 STIRPAT 模型，采用实际地区生产总值表示富裕程度，选择各省份年末总人口数量代表人口规模，选择单位能源消耗的碳排放量即能源结构，反映技术水平，以此为基础进行后续的空间面板计量分析研究。数据均进行了标准化处理，因为如果变量的单位不同，就无法比较自变量对于因变量影响的重要程度。要想绝对地比较自变量之间谁对被解释变量的影响作用更大，就需要有着共同的度量单位。

实际上,从供给和需求的角度分析,也可以很好地证明上述指标选取的合理性。从供给来源的角度看,二氧化碳排放量的增长主要来自化石能源的燃烧,而化石能源燃烧的增长,在不考虑能源结构的情况下,通常能够反映地区生产总值的增加。从需求去向的角度来看,碳排放的增长主要源于人们对能源的需求,那么,人口数量越多,对能源的需求越大,能源消耗水平越高。还有一个不可忽视的因素,就是能源结构。当能源结构更加合理化、清洁化时,必定会减轻由地区生产总值和人口数量所引致的碳排放量的增加程度。例如,现如今煤炭仍然是大多数省份所依赖的能源,如果我们大力开发低碳能源,转变煤炭消费的主导地位,那么,我国的碳排放现状一定会有较大的改善。

二、中国各省份碳排放的空间集聚性分析

本部分利用制图软件,绘制出 2012 年我国各省份二氧化碳排放量分布图,如图 7. 1 所示。

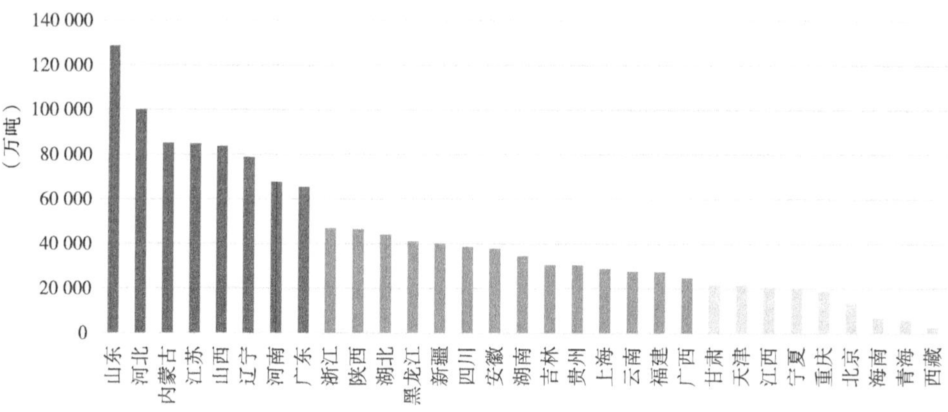

图 7. 1　2012 年我国各省份碳排放量分布图

由图 7. 1 的图例可知,本部分使用的是柱状图,将各省份碳排放量分为三部分,这三部分的碳排放量是有明显层次的,第一层与第二层数值相差了 2 928. 7 万吨,第二层与第三层更是相差了 18 404. 8 万吨。这说明,我国各省份碳排放量是存在着空间集聚性的。

图 7. 2 为 1990 年我国各省份二氧化碳排放量分布图。我们发现,2012 年与 1990 年相比,层次之间的差距是加大的,可以通过计算第三层次和第二层次的差距来得出此结论。不难计算,2012 年第三层次与第二层次的差额为 18 404. 8 万

吨,相当于第三层次比第二层次高了 40%,而 1990 年第三层次与第二层次的差额为 3 199.4 万吨,相当于第三层次比第二层次高了 27%。这说明,由柱状图所区分的三个层次的差距是增大的。

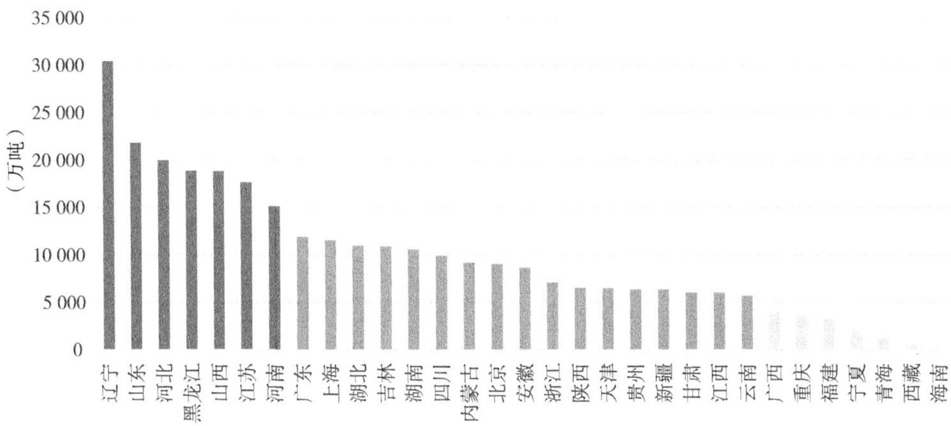

图 7.2　1990 年我国各省份碳排放量分布图

我国各省份碳排放量的空间集聚和空间差异明显,总体呈东北高西南低的特征。1990 年,黑龙江省、辽宁省、河北省、山西省、山东省、河南省和江苏省的碳排放量相对最高,2012 年则是内蒙古自治区、辽宁省、河北省、山西省、山东省、河南省、江苏省、广东省相对最高。

三、空间权重矩阵的确定

由于我国各省份碳排放量是存在空间集聚性的,为进行后续的空间自相关分析和计量建模分析,首先应当确定合适的空间权重矩阵。空间权重矩阵目前的分类大致有三种,第一种是基于邻接关系,第二种是基于距离关系,第三种是基于经济社会关系。目前来看,学者们的确定方法均难以脱离主观性,通常直接利用邻接关系,即:若两区域在空间上相邻,则空间权重矩阵对应的元素取值为 1;否则,取值为 0。以这样的方式构建空间权重矩阵,笔者认为未必合适。本部分将尝试比较几种空间权重矩阵的效果,从而确定最适合我国碳排放量数据的空间权重矩阵。首先,利用门槛距离法来构建,也就是说,利用各省份的质心距离,当两省份的质心距离小于门槛距离,取值为 1;反之,则取值为 0。门槛距离设定为使得每个省份至少有一个邻居的门槛值。其次,尝试利用 K 值最邻近法,该方法的 K 取值通常为 4,也就是考虑东、南、西、北可能各有一个邻近的区域。那么,考虑到我国地形版图,本部分将 K 分别取值为 4 和 6,比较三者实证结果的共同点和区别。

四、中国各省份碳排放的空间自相关分析

托卜勒(Tobler,1970)认为:“所有事物都与其他事物相关联,但较近的事物比较远的事物更关联”。空间自相关分析方法可以通过空间权重矩阵来刻画区域之间的空间关联性,应用于碳排放问题研究领域,空间自相关分析能够揭示二氧化碳排放量的空间分布特征和省域间的空间自相关性。此外,它也是分析确定空间计量方法是否适用于所研究问题的方法。本部分利用空间计量软件 Geoda,采用全局空间自相关分析和局部空间自相关分析方法,具体分析我国二氧化碳排放的空间集聚特征。

(一)全局空间自相关分析

本部分计算了我国二氧化碳排放量的全局 Moran 指数,采用随机排列法构造正态分布来检验其显著性。结果表明,我国二氧化碳排放的全局 Moran 指数大于零,Moran 检验统计量 Z 均通过了显著性水平为 0.05 的检验。这说明我国二氧化碳排放量存在着显著的空间自相关性,初步判定空间面板模型是适用的。图 7.3 到图 7.5 为不同空间权重矩阵设置下的 2012 年 Moran 指数散点图,横轴表示二氧化碳排放量的标准差,纵轴表示空间滞后项。图中,每一个空心圆点代表一个省份,共有四个象限,第一象限代表碳排放量高的省份的集聚情况,第三象限代表碳排放量低的省份的集聚情况,而第二象限和第四象限展示了离群省份的情况。其中,图 7.3 代表根据门槛距离法设定的空间权重矩阵所得到的 Moran 指数;图 7.4 代表根据 K 值最邻近法设定的空间权重矩阵所得到的 Moran 指数,K 值为 4;图 7.5 代表根据 K 值最邻近法设定的空间权重矩阵所得到的 Moran 指数,K 值为 6。

在不同的空间权重矩阵设定下,Moran 统计量显著性检验结果见表 7.1。

可以看出,在门槛距离法、K 值最邻近法(K 值为 4)、K 值最邻近法(K 值为 6)三种空间权重矩阵的设置下,我国各省份二氧化碳排放量均通过了全局空间自相关检验,说明从整体上而言我国各省份二氧化碳排放量是具有很强的空间自相关性的。

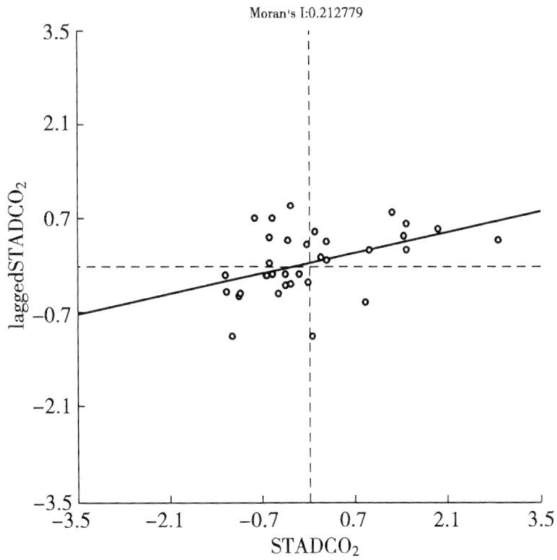

图 7.3　Moran 散点图(门槛距离法)

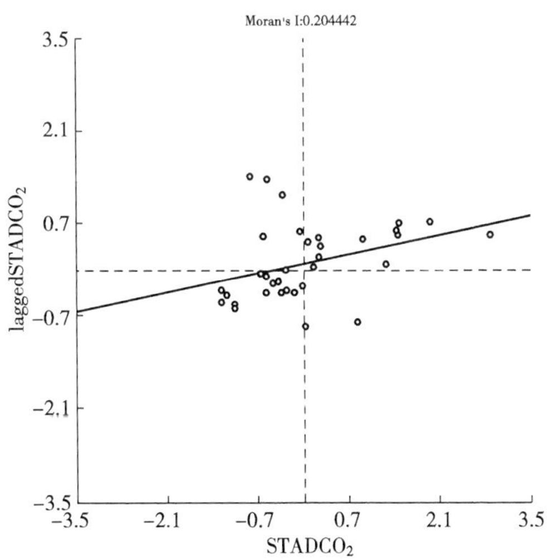

图 7.4　Moran 散点图(K 值为 4)

表 7.1　Moran 统计量的显著性检验结果

p 值		
门槛距离法	K 值最邻近法(K 值为 4)	K 值最邻近法(K 值为 6)
0. 005	0. 043	0. 001

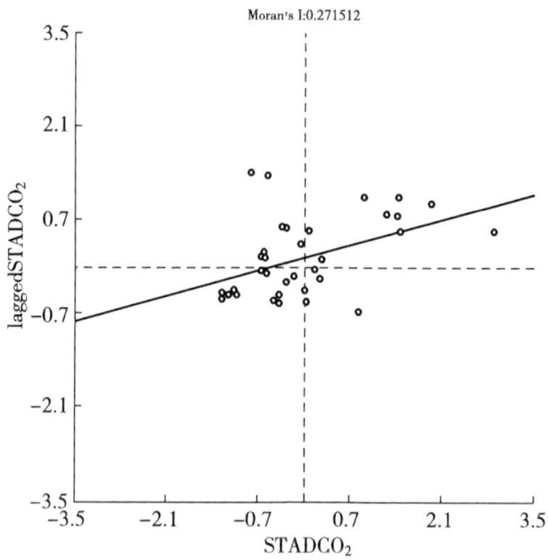

图 7.5　Moran 散点图(K 值为 6)

(二)局部空间自相关分析

全局空间自相关性分析能够得出研究区域内空间相关区域的集聚程度,局部空间自相关分析则针对局部地区,根据局部区域的具体情况进行分析,能够得出研究区域中的每个局部区域与其相邻区域之间的空间相关程度。

本部分首先采用 LISA 集聚柱状图、LISA 显著性柱状图,直观反映我国二氧化碳排放量的局部空间自相关性;然后给出我国各省份局部空间自相关统计量的显著性水平,具体分析我国各省份二氧化碳排放的局部空间自相关性。

表 7.2 显示了局部空间自相关性显著性较强的区域。可以看出,局部自相关性非常显著的区域分布在东北、华北和广西壮族自治区、广东省。其中,显著性通过了 p 值为 0.01 检验的有内蒙古自治区、河北省、辽宁省、北京市、天津市、山东省、广东省、广西壮族自治区;显著性通过了 p 值为 0.05 检验的有吉林省、山西省、陕西省、宁夏回族自治区、河南省、江苏省、安徽省和上海市。

表 7.2　我国二氧化碳排放量的局部空间自相关性显著性检验结果(门槛距离法)

P 值	通过显著性检验的省市
p = 0.01	内蒙古自治区、河北省、辽宁省、北京市、天津市、山东省、广东省、广西壮族自治区
p = 0.05	吉林省、山西省、陕西省、宁夏回族自治区、河南省、江苏省、安徽省、上海市

从表 7.3 可以看出,H-H 区域为碳排放量高的区域,同时也与碳排放量高的区域相邻;L-L 区域为碳排放量低的区域,同时也与碳排放量低的区域相邻;L-H 区域为碳排放量低的区域,同时与碳排放量高的区域相邻;H-L 区域为碳排放量高的区域,同时与碳排放量低的区域相邻。

表 7.3　我国二氧化碳排放量的空间集聚情况(门槛距离法)

集聚种类	省市
H-H 区域	内蒙古自治区、河北省、辽宁省、河南省、山东省、山西省、陕西省、江苏省
L-L 区域	广西壮族自治区
L-H 区域	吉林省、北京市、天津市、宁夏回族自治区、安徽省、上海市
H-L 区域	广东省

由于本文不打算分析不同空间权重矩阵设置下的局部空间自相关性,故 K 值最邻近法只列举一个 LISA 显著性和集聚性。表 7.4 为 K 值为 6 时的局部空间自相关显著性检验结果。表 7.5 为 K 值为 6 时的 LISA 集聚状况。可以看出,在根据 K 值最邻近法设置的空间权重矩阵下,局部空间自相关性非常显著的区域分布在华北地区、广西壮族自治区。其中,显著性通过了 p 值为 0.01 检验的有内蒙古自治区、河北省、北京市、天津市、河南省;显著性通过了 p 值为 0.05 检验的有辽宁省、山西省、广西壮族自治区和福建省。表 7.5 的区域划分方法同表 7.3。

表 7.4　我国二氧化碳排放量的局部空间自相关性显著性检验结果(K=6)

P 值	通过显著性检验的省市
p=0.01	内蒙古自治区、河北省、北京市、天津市、河南省
p=0.05	辽宁省、山西省、广西壮族自治区、福建省

表 7.5　我国二氧化碳排放量的空间集聚情况(K=6)

集聚种类	省市
H-H 区域	内蒙古自治区、河北省、辽宁省、河南省、山西省
L-L 区域	广西壮族自治区、福建省
L-H 区域	北京市、天津市
H-L 区域	无

表 7.6 为 LISA 统计量在三种空间权重矩阵设置下的显著性水平。可以清晰地看出,三种空间权重矩阵设置下的 p 值相差不大,显著性一致。山西省、西藏自治区、山东省、江苏省、辽宁省、天津市、青海省、内蒙古自治区、河北省、北京市的局部空间自相关性,在三种空间权重矩阵设置均通过了显著性检验,河南省在 K 值最邻近法(K 值为 6)下通过了显著性检验。

表 7.6　LISA 统计量在三种空间权重矩阵设置下的显著性水平

省份	门槛距离法	K 值最邻近法(K 值为 4)	K 值最邻近法(K 值为 6)
黑龙江	0. 493	0. 486	0. 488
新疆	0. 441	0. 394	0. 398
山西	0. 004	0. 065	0. 003
宁夏	0. 163	0. 270	0. 439
西藏	0. 038	0. 047	0. 012
山东	0. 000	0. 004	0. 001
河南	0. 212	0. 238	0. 010
江苏	0. 025	0. 026	0. 042
安徽	0. 460	0. 461	0. 500
湖北	0. 384	0. 475	0. 472
浙江	0. 367	0. 463	0. 481
江西	0. 262	0. 341	0. 462
湖南	0. 386	0. 358	0. 375
云南	0. 256	0. 266	0. 181
贵州	0. 295	0. 312	0. 297
福建	0. 477	0. 495	0. 495
广西	0. 151	0. 486	0. 325
广东	0. 110	0. 324	0. 204
海南	0. 334	0. 464	0. 334

续表

省份	门槛距离法	K 值最邻近法(K 值为 4)	K 值最邻近法(K 值为 6)
吉林	0. 175	0. 422	0. 327
辽宁	0. 002	0. 480	0. 008
天津	0. 021	0. 024	0. 006
青海	0. 025	0. 019	0. 039
甘肃	0. 286	0. 197	0. 286
陕西	0. 346	0. 430	0. 463
内蒙古	0. 003	0. 092	0. 000
重庆	0. 304	0. 338	0. 490
河北	0. 000	0. 003	0. 000
上海	0. 226	0. 148	0. 283
北京	0. 002	0. 002	0. 000
四川	0. 359	0. 424	0. 387

综上所述,从减排效率上考虑,我们的政策导向应体现重点关注 H-H 区域的碳排放情况,也就是内蒙古自治区、辽宁省、河北省、山西省、陕西省、河南省、山东省和江苏省,重点将区域联动策略落实到这几个省份上面,这样才能更快地实现我国减排的目标。

五、空间面板模型的实证结果分析

上述空间集聚性分析和空间自相关分析表明,我国各省份碳排放量存在显著的空间自相关性。因此,本部分将空间因素纳入模型,进行空间面板计量模型的建立与估计。此外,还通过空间截面模型与空间面板模型的对比分析,具体阐述空间面板模型的好处。

(一)空间面板模型实证分析

由于空间杜宾模型较为综合,包含的空间效应较多,因此,比较稳健的做法是首先进行空间杜宾模型的回归,然后进行豪斯曼检验,以确定选择固定效应模型还是随机效应模型，最后利用 Wald 假设检验，判断空间杜宾模型是否能够因满足假设检验的原假设而退化到空间滞后模型或者空间误差模型。本部分在门槛距离法、K 值最邻近法（K 值为 4）、K 值最邻近法（K 值为 6）三种空间权重矩阵的设置下，分别进行我国各省份二氧化碳排放量的空间面板模型研究。

首先，在根据门槛距离法设置的空间权重矩阵下，空间杜宾模型的面板回归结果表明，人口因素并不显著，因此去掉人口，进行下一步回归。对回归结果进行假设检验，当 $\delta=0$ 时，空间杜宾模型转化为 SLM 模型；当 $\delta+\lambda\beta=0$ 时，空间杜宾模型转化为 SEM 模型。两个 Wald 假设检验结果如表 7.7 所示。

表 7.7　Wald 假设检验结果（门槛距离法）

$H_0:\delta=0$	$H_0:\delta=-\rho\beta$
Chi2(1) = 5.53　　Prob > chi2 = 0.018 7	Chi2(1) = 1.16　　Prob > chi2 = 0.282 2

由表 7.7 可知，左侧检验结果显示，拒绝 $\delta=0$ 的原假设，说明此时空间杜宾模型不可以简化成空间滞后模型；右侧检验结果显示，不能拒绝 $\delta=-\rho\beta$ 的原假设，说明空间杜宾模型可以简化成空间误差模型。

此外，豪斯曼检验结果拒绝了随机效应的原假设，应采用固定效应模型，回归结果如表 7.8 所示。其中，rgdp 表示实际地区生产总值；eff 表示能源结构，即每消耗一标准煤的能源所排放出的二氧化碳的量；z 表示数据是经过标准化的，以便进行各指标重要性的比较。如前所述，如果自变量的单位不同，则不能比较自变量对因变量的影响程度大小。标准化系数可以直接反映各变量的重要程度，因为它将自变量的波动性也考虑在内了，在一个特定的环境中，一个因素波动越大，可能它会显得更加重要。我们发现，各变量均通过了显著性水平为 0.05 的显著性检验。这说明，地区生产总值和能源结构对碳排放量的影响是非常值得关注的。

表 7.8　空间误差模型（SEM）回归结果

变量	系数（Coef）	稳健的标准误（Std. Err）	z 值	p 值
z_rgdp	0.670 513 1	0.151 374 5	4.43	0.000
z_eff	0.227 084 0	0.090 111 9	2.52	0.012
λ	0.704 011 7	0.110 583 1	6.37	0.000
σ^2	0.081 018 3	0.022 723 6	3.57	0.000
R^2	组内 = 0.764　　组间 = 0.748　　总 = 0.754			

其次,在根据 K 值最邻近法(K 值为 4)设置的空间权重矩阵下,空间杜宾模型的面板回归结果表明,人口也不显著,因此去掉人口,进行下一步的回归。对回归结果进行 Wald 假设检验,两个假设检验结果如表 7.9 所示。

表 7.9　Wald 假设检验结果[K 值最邻近法(K 值为 4)]

$H_0:\delta=0$	$H_0:\delta=-\rho\beta$
Chi2(1)= 101.09　　Prob > chi2 =0.000	Chi2(1)= 7.19　　Prob > chi2 =0.0275

由表 7.9 可知,左侧检验结果显示拒绝 $\delta=0$ 的原假设,说明此时空间杜宾模型不可以简化成空间滞后模型;右侧检验结果显示,拒绝了 $\delta=-\rho\beta$ 的原假设,说明空间杜宾模型也不可以简化成空间误差模型。因此,仍采用空间杜宾模型进行后续的估计。

此外,豪斯曼检验结果拒绝了随机效应的原假设,应采用固定效应模型,回归结果如表 7.10 所示。其中,ρ 表示空间自回归系数,其他变量含义同表 7.8。我们发现,各变量均通过了显著性水平为 0.05 的显著性检验,而且,z_rgdp 和 z_eff 对因变量的直接效应通过了显著性水平为 0.05 的显著性检验,z_rgdp 对因变量的总效应也通过了显著性检验。这说明,本地区的实际地区生产总值和本地区的能源结构对本地区的二氧化碳排放量的影响是显著的,其他区域的实际地区生产总值和能源结构对二氧化碳排放量的影响是不显著的。从总效应的角度看,实际地区生产总值对二氧化碳排放量有显著影响。

表 7.10　空间杜宾模型(SDM)回归结果

变量	系数(Coef)	稳健的标准误(Std. Err)	z 值	p 值
z_rgdp	0.703 270 5	0.156 867 8	4.48	0.000
z_eff	0.256 300 5	0.086 892 3	2.95	0.003
δ_{rgdp}	−0.378 485 9	0.110 583 1	−3.06	0.002
δ_{eff}	−0.287 386 9	0.174 877 9	−1.64	0.100
ρ	0.564 463 6	0.125 169 6	4.51	0.000
$\sigma^2 e$	0.079 783 3	0.021 545 5	3.70	0.000
z_rgdp_direct	0.706 142 4	0.131 064 3	5.39	0.000

续表

变量	系数(Coef)	稳健的标准误(Std. Err)	z 值	p 值
z_eff_direct	0.232 382 6	0.099 043 6	2.35	0.019
z_rgdp_indirect	0.079 909 4	0.170 773 6	0.47	0.640
z_eff_indirect	-0.447 789 7	0.624 109 9	-0.72	0.473
z_rgdp_total	0.786 051 8	0.198 295 1	3.96	0.000
z_eff_total	-0.215 407 2	0.665 999 5	-0.32	0.746
R^2	组内 = 0.773　组间 = 0.626　总 = 0.694			

最后,在根据 K 值最邻近法(K 值为 6)设置的空间权重矩阵下,进行空间杜宾模型的面板回归。结果表明,人口同样是不显著的,因此去掉人口,进行下一步的回归。对回归结果进行 Wald 假设检验,两个假设检验结果如表 7.11 所示。

表 7.11　Wald 假设检验结果[K 值最邻近法(K 值为 6)]

$H_0:\delta=0$	$H_0:\delta=-\rho\beta$
Chi2(1)= 2.67　Prob > chi2 = 0.1024	Chi2(1)= 3.19　Prob > chi2 = 0.0741

由表 7.11 可知,左侧检验结果显示不能拒绝 $\delta=0$ 的原假设,说明此时空间杜宾模型可以简化成空间滞后模型;右侧检验结果显示拒绝了 $\delta=-\rho\beta$ 的原假设,说明空间杜宾模型不可以简化成空间误差模型。因此,采用空间滞后模型来进行后续的估计。

此外,豪斯曼检验结果拒绝了随机效应的原假设,应采用固定效应模型,回归结果如表 7.12 所示。我们发现,各变量均通过了显著性水平为 0.1 的显著性检验,而且,z_rgdp 和 z_eff 对因变量的直接效应通过了显著性水平为 0.05 的显著性检验,z_rgdp 对因变量的间接效应和总效应也都通过了显著性检验。这说明,本地区的实际地区生产总值和本地区的能源结构对本地区的二氧化碳排放量的影响是显著的,其他区域的实际地区生产总值对本地区的二氧化碳排放量的影响也是显著的。从总效应的角度来看,实际地区生产总值对二氧化碳排放量有显著影响。

综上所述,在三种不同的空间权重矩阵的设置下,适合的模型也有所不同。究竟哪一种模型是更为合适的,目前,只能通过 R^2 值来确定,即在基于门槛距离法和

K 值最邻近法(K 值为 6)得到的空间权重矩阵设置下的回归拟合效果更好。在三种不同的空间权重矩阵的设置下,回归结果是趋于一致的,均显示出实际地区生产总值和能源结构对碳排放的重要性,说明这个结果是相对客观的。

表 7.12　空间滞后模型(SLM)回归结果

变量	系数(Coef)	稳健的标准误(Std. Err)	z 值	p 值
z_rgdp	0.581 619	0.125 626 4	4.63	0.000
z_eff	0.209 476 5	0.115 428 6	1.81	0.070
ρ	0.362 631 7	0.131 208 6	2.76	0.006
$\sigma^2 e$	0.082 329 3	0.021 373 5	3.85	0.000
z_rgdp_direct	0.595 407	0.102 157 9	5.83	0.000
z_eff_direct	0.224 544 4	0.129 173 7	1.74	0.082
z_rgdp_indirect	0.341 977 9	0.153 465 8	2.23	0.026
z_eff_indirect	0.142 918 1	0.135 999 8	1.05	0.293
z_rgdp_total	0.937 384 9	0.158 487	5.91	0.000
z_eff_total	0.367 462 5	0.247 227 7	1.49	0.137
R^2	组内=0.793　组间=0.740　总=0.752			

(二)与空间截面模型结果的比较分析

为了说明空间面板模型在我国各省份碳排放量的回归分析上优于空间截面模型,本部分也进行了空间截面模型的回归分析。首先,为了判断我国二氧化碳排放量是否存在空间效应,须先进行普通最小二乘法回归,然后将已选定的空间权重矩阵考虑进来,进行 LM 和 Robust LM 检验,以确定使用哪种类型的空间截面模型。当 SLM 的 LM 统计量比 SEM 更显著时,说明 SLM 更加适合;反之,则 SEM 更加适合。已有学者利用蒙特卡洛实验方法证明了上述结论。结果如表 7.13 所示。

由表 7.13 可以看出,应选择空间滞后模型进行回归分析。表 7.14 为空间滞后模型的回归结果。其中,pop 表示人口数量,其他变量的解释同空间面板模型。由表 7.14 可以看出,除常数项以外,实际地区生产总值、人口数量以及能源结构变量均显著。标准化系数可以直接反映各变量的重要程度,因此,由表 7.14 可知,能源结构在我国各省份二氧化碳排放量的影响因素中最为重要,其次是人口和地区生产总值。

表 7.13 空间效应的 LM 检验

假设检验(Test)	p 值
空间误差(Spatial error)	
LM 检验 (Lagrange multiplier)	0.014
稳健的 LM 检验 (Robust Lagrange multiplier)	0.664
空间滞后(Spatial lag)	
LM 检验 (Lagrange multiplier)	0.001
稳健的 LM 检验 (Robust Lagrange multiplier)	0.023

表 7.14 空间滞后模型截面回归结果

变量名称	系数	标准误	z 值	p 值
z_rgdp	0.394 699	0.174 405 5	2.26	0.024
z_pop	0.410 646	0.173 394 5	2.37	0.018
z_effect	0.420 894	0.096 955 2	4.34	0.000
_cons	-0.084 684 4	0.100 081 5	-0.85	0.397
rho	0.047 295 4	0.027 506 2	1.72	0.086
瓦尔德检验 (Wald test of $\rho=0$)	Chi2(1)= 2.956 (0.086)			

我们发现,空间截面模型和空间面板模型的结论不完全一致。这是因为,面板数据的信息量非常大,远远大于截面数据,而且相比而言,面板数据很少出现多重共线性,自由度更大,因此估计效率更高。此外,面板数据包含了时间因素,它可以反映同一截面个体随着时间的变化而发生的变化,更有助于分析研究对象的动态变化特征。当考虑了时间因素,即使用空间面板模型时,人口变量并不十分显著;而在空间截面模型中,人口是显著的。这在一定程度上说明,从截面的角度考虑,人口越多的省份,人们对能源消费的需求越大,这无疑是符合现实

的。但是从长期的角度考虑,人口的变动,并不是导致碳排放量变动的主要因素。另外,标准化系数可以反映各个自变量对因变量的重要性,由此可以得出,实际地区生产总值是影响碳排放的首要因素,能源结构对碳排放的影响也是非常显著的。

第八部分　中国各省份扩展生产函数模型的实证研究

在第五至第七部分讨论低碳经济空间计量后，本部分讨论包括能源投入的生产函数，以作为前述研究的补充。

一、引言

经济增长离不开各种要素的投入。1978 年以来，我国凭借“人口红利”等天然优势，利用大量的廉价劳动力为国家创造了大量的物质财富，一定程度上提高了人民生活水平。随着全球科技不断发展，“人口红利”和“自然资源红利”的优势逐渐减弱，粗放的“要素和投资推动”已不能满足当今经济发展的需要，生态环境也日渐恶劣。由此，中央政府将目光投向“制度改革”和集约的“技术创新驱动”，并呼吁经济绿色健康发展。那么，我国各省份现今的经济发展中所投入的各种生产要素的比例是多少呢？能源要素投入带动的经济效益是否远大于其所引起的负外部性？各要素的产出弹性和产出贡献率是否已经达到各省份所能达到的饱和状态？中央政府提出的政策对各省份产出中的要素结构起到哪些影响？这些问题已经成为各界学者关注的焦点。为此，本部分针对各投入要素对产出的影响进行实证研究。

（一）研究意义

一国的经济增长离不开各投入要素的作用，其对产出的影响程度也各有不同，各个省份经济发展中要素投入的多少也不尽相同。为了更好地发展国民经济，对各省份的各个投入要素进行深入研究就显得格外重要。研究各个投入要素对产出的各种影响，有利于各省份更好地发挥要素的优势，弥补要素投入的劣势，抓住经济发展的机遇。本部分在以往的理论研究基础上，将劳动要素投入、资本要素投入、能源要素投入加入 C-D 生产函数。同时，也考虑有关技术进步的全要素生产率及其增长率对产出的影响，并对各个要素进行产出弹性分析和要素贡献率分析。在经济理论指导下进行创新，力求丰富中国各省份经济增长探索中理论研究的内涵，并借此为中国经济增长提出正确有效的政策建议。同时，通过对包含能源投入的生产函数模型的研究，力求节约能源，特别是减少化石能源的投入，实现低碳发展模式，因此本选题有着重要的理论与实际意义。

（二）研究背景

1. 现状分析

本部分以 2012 年中国 31 个省份的数据为例，分析各省份年劳动力、资本和能源在总产出中的投入以及该投入带来的地区生产总值（即 GDP）的差异。各省份的排列顺序是：北京、天津、河北、山西、内蒙古、辽宁、吉林、黑龙江、上海、江苏、浙江、安徽、福建、江西、山东、河南、湖北、湖南、广东、广西、海南、重庆、四川、贵州、云南、西藏、陕西、甘肃、青海、宁夏、新疆。后面的柱状图按此顺序排列。数据来源及处理参照本部分后面的数据说明部分。

（1）劳动要素投入分析。劳动要素的投入是经济发展的原动力。要想分析一个地区的经济发展状况，首先要分析劳动这一生产要素的投入状况。2012 年度中国各省份从业人口数量的算术平均值为 2 569. 697 万人，其中，年度从业人口数量最多的省份是山东，其年度劳动投入数量达 6 519. 95 万人，比均值高出 1. 5 倍。而 2012 年从业人口数量最少的省份是西藏，其年度劳动要素投入仅为 193. 805 万人，仅为均值的 7. 5%。

由图 8. 1 可知，2012 年从业人口数量最多的五个省份按数量由多到少顺序排列依次是山东省、河南省、广东省、四川省和江苏省，数量最少的五个省份按由少到多的顺序排列依次为西藏自治区、青海省、宁夏回族自治区、海南省和天津市。从地区分布看，以山东省、广东省和江苏省为代表的东部地区从业人口偏多，其次为河南省所代表的中部地区，从业人口分布最少的为西藏自治区、青海省和宁夏回族自治区等西部地区。可见我国地区从业人口分布严重不均，区域化明显，西部地区远落后于东中部地区。

（2）资本要素投入分析。资本投入是一个地区发展的经济来源，通过分析资本要素的投入量可以间接地反映出该地区经济发展的态势。2012 年中国各省份资本投入量的算术平均值为 21 216. 55 亿元（1990 年的不变价），其中年度资本投入量最多的省份为江苏省，其年度资本投入量高达 58 388. 72 亿元（1990 年的不变价），超出均值 1. 75 倍。然而，同年资本投入数量最少的地区——西藏自治区，其年度资本要素投入仅为 1 030. 62 亿元（1990 年的不变价），仅占均值的 4. 9%。

由图 8. 2 可见，2012 年资本投入量最多的五个省份按数量由多到少顺序排列依次是江苏省、广东省、山东省、浙江省和河南省，而资本投入量最少的五个省份按由少到多的顺序排列依次为西藏自治区、青海省、宁夏回族自治区、海南省和甘肃省。从地区分布看，以江苏省、广东省和山东省为代表的东部地区资本投入量集

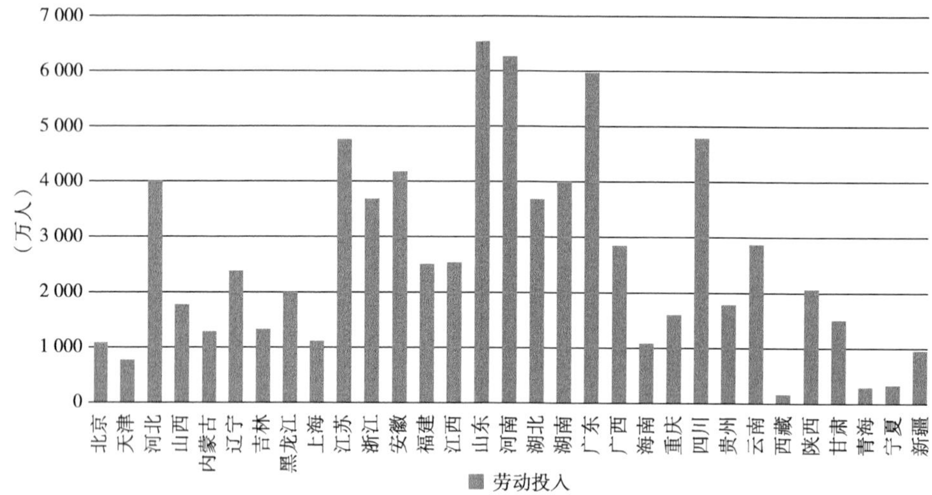

图 8.1　2012 年各省份劳动投入量柱状图

中,其次为河南省所代表的中部地区,资本投入量相对稀少的为西藏自治区、青海省和宁夏回族自治区等西部地区。可见我国地区资本投入严重不均,区域化明显,西部地区远落后于东中部地区。

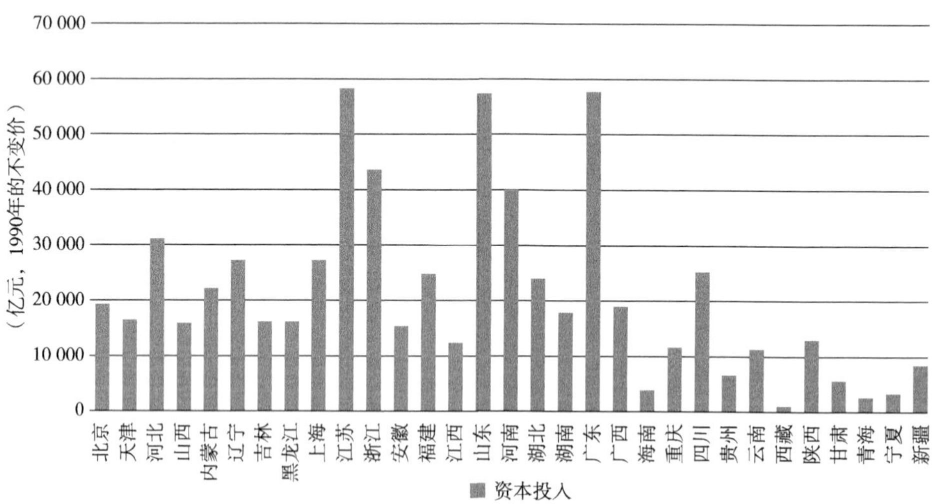

图 8.2　2012 年各省份资本投入量柱状图

(3)能源要素投入量分析。工业生产作为现代物质财富的主要来源,其生产规模能直接反映一个地区的财富创造能力。大量的能源投入给工业生产提供原动力，通过考察地区的能源投入量可以间接地达到分析地区经济存量的目的。各省份能源投入量 2012 年的算术平均值为 14 350.91 万吨标准煤，其中投入量最多的省份为山东省，其数值高达 38 899 万吨标准煤，比平均水平高出 1.71 倍。同年能源投入量最少的省份为西藏，其年度能源投入量仅为 1 662.27 万吨标准煤，仅为平均水平的 11.58%。

从图 8.3 可知，2012 年能源投入量最多的五个省份按数值由多到少顺序排列依次为山东省、河北省、广东省、江苏省和河南省，能源投入量最少的五个省市按由少到多的顺序排列依次为西藏、海南、青海、宁夏和甘肃。从地区分布来看，2012 年能源投入量最多的省份主要集中在东部地区，其次为河南省所在的中部地区，能源投入量最为稀少的西藏、青海和宁夏等则集中在西部地区。我国西部地区的能源投入量明显低于东中部地区。由此可见，节约能源、实现低碳发展的重点区域是东中部地区。

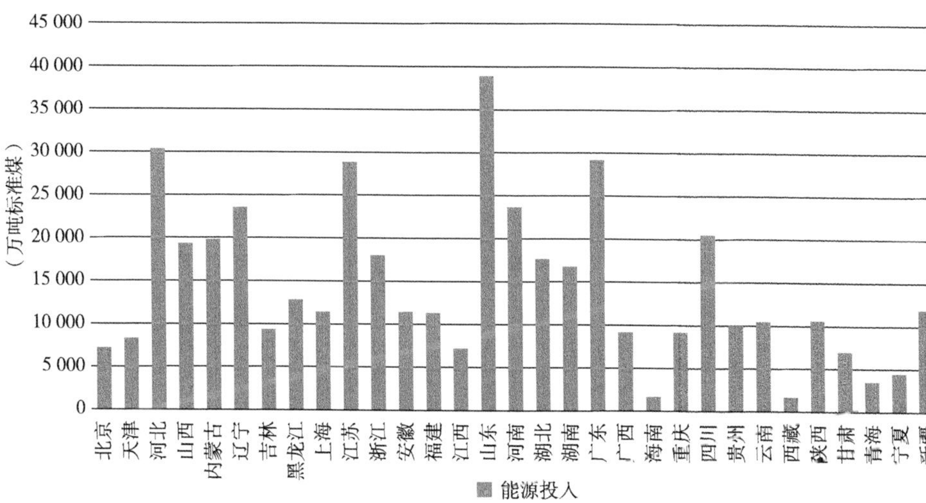

图 8.3　2012 年各省份能源投入量柱状图

（4）各省份 GDP 分析。GDP 是分析一个地区经济发展快慢好坏的一项最直观的指标。2012 年各省份 GDP 水平的算术平均值为 7 436.44 亿元（1990 年的不变价），其中年度 GDP 水平最高的省份为广东省，其数值高达 25 590.50 亿元（1990 年的不变价），超出平均水平的 2.44 倍。同年 GDP 水平最低的省份为西藏，其年度 GDP 仅为 334.31 亿元（1990 年的不变价），仅为平均水平的 4.5%。

由图 8.4 可见，2012 年 GDP 最高的前五个省份按数量由高到低顺序排列依次为广东、山东、江苏、浙江和河北省，年度 GDP 最低的后五个省份按由低到高顺序排列依次为西藏、宁夏、青海、海南和新疆。从地区分布来看,GDP 较高的省份主要集中在东中部地区,西部地区则主要涵盖了 GDP 最少的几个省份。

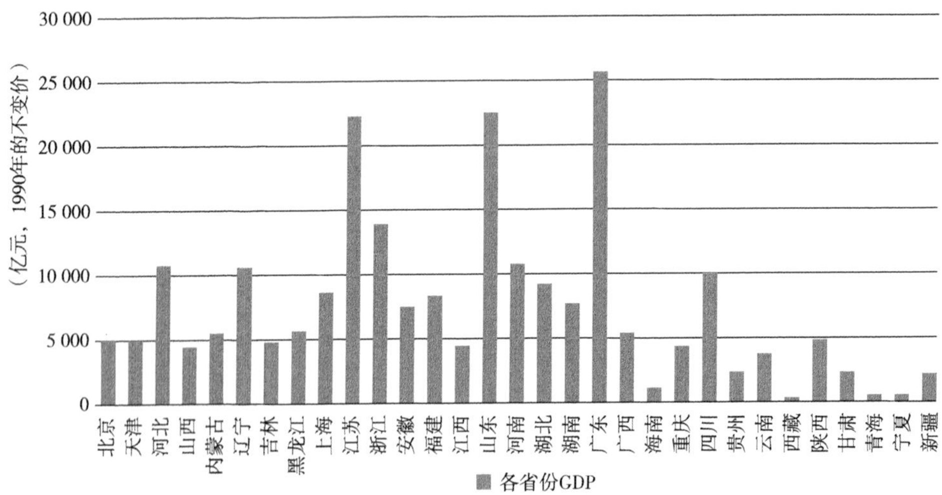

图 8.4　2012 年各省份 GDP 柱状图

2. 变量趋势分析

本部分以 1990 年数据为不变价,用 1990 年各个变量的数据同 2012 年数据进行对比,通过分析各省份对于各个变量的变化率得出初步结论。

(1)劳动要素投入变化率。1990—2012 年,各省份劳动要素投入均有不同幅度的增长,平均增速为 44.62%。其中增速最快的省份为广东省,增速高达 94%,即自 1990 年来该省劳动要素投入量增加将近一倍。增速最为缓慢的重庆市,其增速为 4%,即 1990—2012 年该市劳动要素投入量几乎处于平稳状态。

由图 8.5 可以看出:前五个劳动要素投入增长率最高的省份为广东、福建、西藏、北京、天津。这五个省份中的广东、福建位于海峡两岸经济区;西藏属于西部大开发项目中的重点发展省份,可见国家近年来鼓励人才向西部转移,倡导西部大开发卓有成效;北京是政治中心和文化中心,自然吸引大量劳动要素流入;天津作为新晋沿海经济开发城市,劳动要素投入的增加是带动该市经济快速发展不可缺少的重要因素之一。从图 8.5 中我们还可看出,劳动要素增长率最低的后五个省份分别为重庆、贵州、四川、吉林、甘肃。这五个省份未处于近年来国家经济着重发展的区域,加之其地形和气候原因,不利于物质财富的大量创造。

(2)资本要素投入变化率。近年来,我国在经济发展方面非常注重资本要素的投入:1990—2012 年各省份资本投入量呈倍数增长,平均增长倍数约为 10.97。

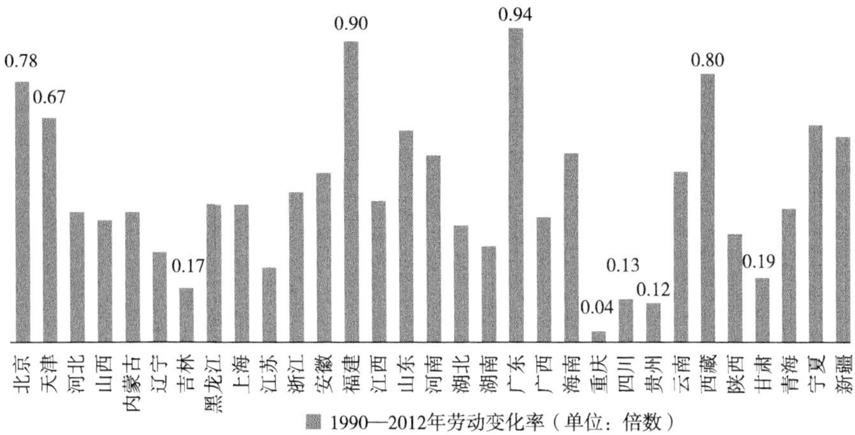

图 8.5　1990—2012 年各省份劳动投入变化率

其中增长最为明显的是西藏自治区，增速高达 21.43 倍。增速最为缓慢的黑龙江省，其增长倍数为 5.05，即各省资本投入平均水平的二分之一。

从图 8.6 来看，与 1990 年相比，2012 年各省份资本投入量有很明显的增长，增速最快的前五个省份为西藏、内蒙古、福建、重庆和广西，增速相对缓慢的后五个省份分别为黑龙江、辽宁、安徽、甘肃和湖北。从经济带划分方面来看，西部地区资本投入量猛增，东中部地区资本投入增长率相对较为平缓。

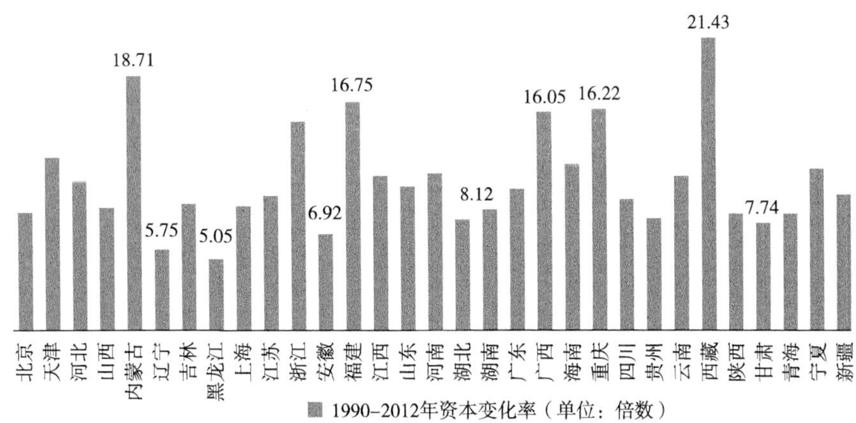

图 8.6　1990—2012 年各省份资本投入变化率

(3)能源要素投入变化率。能源投入量作为工业生产的动力来源，其数值在样本对比数据中也有相应的增加。1990—2012 年各省份平均增加 4.36 倍。增速最快的为海南省,增长率高达 1 295%,即自 1990 年以来其能源投入量增加将近 13 倍。变化率最小的为黑龙江省,1990—2012 年其年度能源投入量仅增加 1.41 倍。

图 8.7 直观地显示出我国各省份能源投入量的增长率,2012 年较基期的能源投入量,各省份中变化率最高的前五个省份依次为海南、内蒙古、福建、西藏和广东,变化相对较小的后五个省份依次为黑龙江、北京、吉林、辽宁和甘肃。从经济带划分来看,能源投入量从东北地区转移至西南地区。

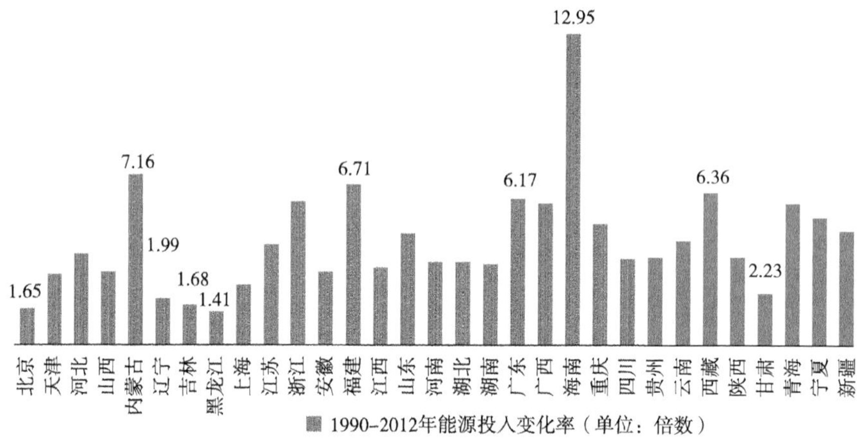

图 8.7　1990—2012 年各省份能源投入变化率

(4)各省份 GDP 变化率。近年来国家大力发展经济,1990—2012 年各省份 GDP 水平皆出现大幅增长,平均增长倍数为 10.77。其中:增速最快的为内蒙古自治区,其 GDP 增长为基期的 16.43 倍,即 2012 年该省 GDP 水平为 1990 年的 16.43 倍;增速最为缓慢的是黑龙江省,但其 GDP 水平也增速惊人,约为 6.93 倍,即 1990—2012 年该省 GDP 增加将近 7 倍。

从图 8.8 来看,各省份 GDP 变化率都很大,增速最快的前五个省份依次为内蒙古、广东、天津、福建和江苏,增速相对缓慢的后五个省份分别为黑龙江、新疆、云南、宁夏和贵州。从区域划分来看,东中部地区的 GDP 水平高于西部地区。

3. 总结

从 2012 年的样本数据分析结果可知,无论是从生产要素的投入(劳动、资本和能源),还是从最终的各省份生产总值的角度来看,东中部地区的经济发展都远快于西部地区。可见,各地区在经济基础方面还是有很大差异的。从区域结构来看,劳动要素增长较快的省份大致呈射线分布,即以某重点经济发展省份为射点,向周边省份放射性扩散。例如,长三角经济开发区内的省份是经济大力开发的省份,而其周边的省份经济实力次之,再远一些的省份再次之,以此类推。我们还可以看

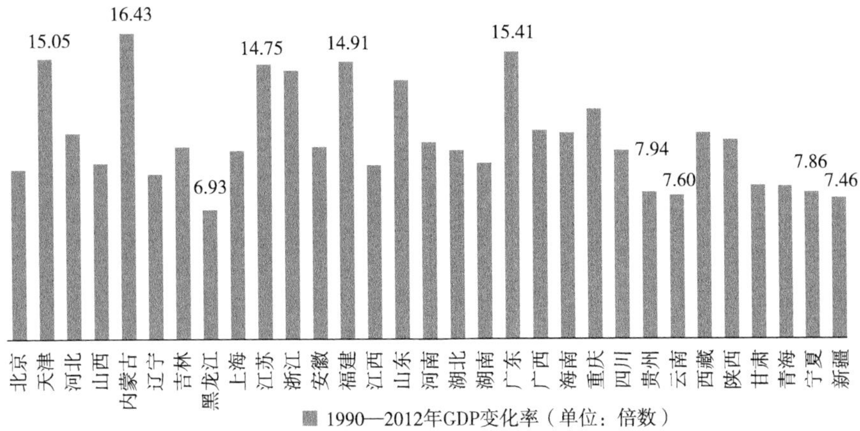

图 8.8　1990—2012 年各省份 GDP 变化率

出，西部地区自 1990 年以来在劳动、资本和能源这三大生产要素投入方面的追加量急速增长，其变化率远高于东中部地区。这说明我国改革开放以来颁布的一系列经济政策在一定程度上缩小了我国各省份间的财富水平差距。然而，东中部地区的经济存量始终远高于西部地区，可见西部地区的经济基础始终与东中部地区存在一定的差距。

二、相关概念

（一）生产函数与扩展的生产函数

生产函数是指在技术水平保持不变的条件下，一定时期内生产所需的各种生产要素的数量与其所能生产出的最大产量之间的关系，即生产中的一种投入与产出的关系。C-D 生产函数是其中应用最广泛的一种。C-D 生产函数，也称柯布—道格拉斯生产函数，其一般形式表现为：

$$Y = AK^{\alpha}L^{\beta}$$

式中：Y 代表总产出，一般用 GDP（国内生产总值）来代表其具体值；A 表示全要素生产率（即技术投入）；K 与 L 分别表示资本要素投入和劳动要素投入；K（资本）与 L（劳动）的产出弹性则分别由 α 和 β 代表，二者之和为资本与劳动的规模报酬。

按不同研究侧重，生产函数分为多种类型，但绝大多数的生产函数都是以 C-D 生产函数为原形，通过数学公式转换为另一种形式的生产函数。C-D 生产函数具有三个特点：首先，该函数中的各生产要素的产出弹性均为常数，即不变产出弹性模型;其次,C-D 生产函数的替代弹性始终为 1;最后,在规模报酬不变的情况下,产出替代弹性之和为 1。这三个特点有利于学者轻松地求出所需未知参数值,对各投入要素进行产出弹性分析,得出每一种投入要素对于总产出的影响。

热衷于使用 C-D 生产函数的学者们又将其扩展为更加一般的形式:

$$Y = A\prod x_i^{\alpha_i}$$

式中:x_i $(i=1,2,\cdots,n)$ 为生产过程中所投入的 n 种生产要素;$\alpha_i(i=1,2,\cdots,n)$ 为相应生产要素的产出弹性。

这种形式的生产函数即为扩展的生产函数。扩展的生产函数使分析重点不局限于两种生产要素,可以在此基础上增添想要研究的其他投入要素,以研究其对总产出的影响。

(二)面板数据

一般情况下,可用于经验分析的数据主要分为时间序列数据、横截面数据和面板数据三大类。显然,时间序列数据主要用于研究时间维度,横截面数据主要用于研究空间维度。同时兼具时间和空间两个维度的数据,即为面板数据,它是一组多维数据的集合,由一段时间内某一部分的个体(个人、家庭或国家等)的某个变量的观测值所组成。通过一段时期内对一些特定个体进行跟踪调查即可获得所需的面板数据。

使用面板数据来做实证研究有很多优势。首先,面板数据与一定时期内的某种个体有关,那么该个体中一定存在异质性,面板数据的估计方法可以明确考虑到这种异质性。其次,通过对横截面数据进行重复研究可以更好地进行动态变化研究和更加复杂的行为模型的研究。再次,将时间和空间两种维度结合,能够获得更加有信息价值的数据。由此,变量之间的共线性削弱,变量增加了变异性,同时又提高了自由度和有效性。最后,在模型检验方面,面板数据模型更具优势,其数据中的个体数较大,具有趋于无穷的渐近性质,且通常不需要处理非平稳问题,若其个体是随机抽样产生的,那么个体之间也几乎不存在空间相关性。

简言之,面板数据可以在很多方面进行丰富的经验分析,且无须对模型结果进行反复检验,这是仅使用另外两种数据中的任意一种都无法达到的。

1. 变截距模型与变系数模型

面板数据模型又分为单方程面板数据模型与联立方程面板数据模型两种。单方程面板数据模型一般表示为:

$$y_{it} = \alpha_i + \boldsymbol{x}_{it}\beta_i + \mu_{it}, i = 1,\cdots,n,\ t = 1,\cdots,m$$

式中:x_{it} 为 $1\times K$ 向量,β_i 为 K×1 向量,K 代表解释变量的数目。模型常用的假设有以下三种:

假设一：$\alpha_i = \alpha_j$，$\beta_i = \beta_j$

假设二：$\alpha_i \neq \alpha_j$，$\beta_i = \beta_j$

假设三：$\alpha_i \neq \alpha_j$，$\beta_i \neq \beta_j$

在第一种假设下，横截面上无个体影响和结构变化，相当于一组重复样本数据，可用普通最小二乘法进行估计，但这种假设太过于理想化，在现实中往往无法实现；在第二种假设下，横截面上的个体影响不同（具体表现为模型中被忽略的能够反映个体差异的变量的影响），这种模型称为变截距模型；在第三种假设下，横截面上除存在个体影响外，还存在经济结构的变化，从而导致不同横截面单位上的结构参数不同，这种模型称为变系数模型。后两种假设在实际操作中虽容易获得符合假设的数据，但总的来说，变截距模型是实际应用中最为广泛的一种面板数据模型。

2. 固定效应与随机效应

变截距模型与变系数模型根据不同情况又分为固定效应和随机效应两种。固定效应与随机效应的差别，在于研究中未观测到的个体影响是否被包含于模型与解释变量相关的元素中。本部分以变截距模型为例对这两种效应进行阐述。

变截距模型可表示为：

$$y_{it} = \alpha_i + x_{it}\beta_i + \mu_{it}, \qquad i = 1,\cdots,n,\ t = 1,\cdots,m$$

式中：x_{it} 为 $1\times K$ 向量，β_i 是 $K\times 1$ 向量，K 代表解释变量的数目；α_i 代表个体影响，即模型中被忽略的用来反映个体差异的变量的影响；μ_{it} 为随机干扰项，即为被模型所忽略的其他因素的影响，假设该随机干扰项为零均值同方差，同时假定 μ_{it} 与 x_{it} 不相关。若横截面的个体影响可以用截距项 α_i 的差异说明，这样 α_i 就是待估的未知参数，此时的模型称为固定效应变截距模型；若截面的个体影响可用固定的常数项与随机项之和 $\alpha_o + \varepsilon_i$ 的差别说明，那么该模型称为随机效应变截距模型。

三、扩展生产函数模型的设定与检验

（一）数据说明

本部分采用 1989—2013 年的统计数据，进行变量指标数据的计算。经过处理后所取的样本区间为 1990—2012 年，并以 1990 年为基期对数据进行实证分析。另外，本部分所用的原始数据均取自各省份相应年份的统计年鉴。本部分所选投入与产出要素的指标如下：

1. 要素投入指标

关于劳动要素的投入，理想指标应该同时包含劳动时间和劳动效率，但由于数据来源有限，本部分借鉴现有研究中多数学者的选择，采用各省份年末从业总人口数，将各省份上年末从业人口总数与本年末从业人口总数加总后取其均值作为该地区本年劳动投入。资本要素投入方面，选用固定资本存量与存货来表示，因统计年鉴中没有相应的存量数据，需要自行计算。本部分以大多数研究所使用的永续盘存法为基础进行计算：本部分将各省份2013年与以前年份的统计年鉴中的固定资产和存货作为已知期数据，将统计年鉴中的固定资本形成总额除以固定资产投资价格指数（1990年=100）得到平减后的固定资本形成总额，将存货增加除以原材料、燃料及动力购进价格指数（1990年=100）得到平减后的存货增加，其中1990年的定基价格指数是由相应的价格指数（上年为100）累乘得到的，用2013年的相应价格指数处理2013年已知的固定资产和存货数据，得到1990年不变价表示的2013年的固定资产和存货。利用存货增加（1990年不变价）和2013年存货（1990年不变价）推出历年的存货，与存货计算不同的是固定资产形成总额的计算要考虑5%的折旧率，最后将存货与固定资产相加得到历年的资本存量。然后将各省份上年末资本存量与本年末资本存量加总后取其均值作为各省份本年资本要素投入。能源投入方面，鉴于能源的主要消耗品为煤，因此采用各省份每年的标准煤消耗量作为能源投入的衡量指标，即将所有能源实物量转化为以标准煤为单位。

2. 总产出指标

关于总产出指标的选取，为剔除价格因素的影响，本部分将各省份相应年份的GDP统一换算为1990年价格水平的GDP，即用从各省份相应年份的统计年鉴中所获的1990年为100的地区生产总值指数乘以1990年的现价GDP，得出相应年份各省份1990年价格水平下的GDP值，将其作为各省份总产出的衡量指标。

（二）模型的建立与检验

本部分所建模型是将能源这一生产要素纳入C-D生产函数中建立起来的，称其为扩展生产函数，其表现形式为：

$$Y = AK^{\alpha}L^{\beta}E^{\gamma}$$

式中：Y代表总产出；K，L和E分别表示资本、劳动和能源要素投入；α，β和γ则分别为其相应的产出弹性；A代表的是除资本、劳动和能源要素之外的其他因素对总产出水平的影响。

然而，这种形式的扩展生产函数不能快速地运用数据求得各系数的具体值，且复杂的迭代计算反而会造成更大的误差。为此，本部分通过公式将该函数进行转换，变成一种更简便的模型。另外，为方便对于未知参数的求值，需要给模型设立一个约束条件:该生产函数保持规模报酬不变,即 $\alpha + \beta + \gamma = 1$。推导过程如下:

$$Y = AK^{\alpha}L^{\beta}E^{\gamma} \tag{8.1}$$

将式(8.1)两边同时除以 L,得:

$$\frac{Y}{L} = \frac{AK^{\alpha}L^{\beta}E^{\gamma}}{L} \tag{8.2}$$

将式(8.2)两边同时取对数,得式(8.3):

$$\ln\left(\frac{Y}{L}\right) = \ln\left(\frac{AK^{\alpha}L^{\beta}E^{\gamma}}{L}\right) \tag{8.3}$$

结合约束条件,将式(8.3)整理为式(8.4):

$$\ln\left(\frac{Y}{L}\right) = \ln A + \alpha\ln\frac{K}{L} + \gamma\ln\frac{E}{L} \tag{8.4}$$

式(8.4)即为最终推导模型,通过求取式(8.4)中未知参数 α 和 γ 的值,可以间接求得劳动产出弹性 β 的值,即用约束条件:$\alpha + \beta + \gamma = 1$。

根据前面的背景分析所得结论可知,各省份之所以在年度总产出水平上差异化明显,最有可能是因为其经济基础存在较大差异。故后文将所取面板数据代入模型,并分别结合固定效应变截距模型和随机效应变截距模型进行计算。

1. 固定效应变截距模型

将整理所得面板数据和理论模型代入固定效应变截距模型进行普通最小二乘回归,回归结果如表 8.1 所示。

表 8.1　固定效应变截距模型回归结果

Variable	Coefficient	Std. Error	t-Statistic	Prob.
ln$A$	-0.789 624	0.020 206	-39.782 6	0.000 0
ln(K/L)	0.676 257	0.027 406	24.675 95	0.000 0
ln(E/L)	0.056 644	0.021 708	2.609 336	0.009 3

Fixed Effects(Cross)		Fixed Effects(Period)	
北京	0.009 119	1990年	-0.357 022
天津	0.112 713	1991年	-0.349 834
河北	0.067 135	1992年	-0.282 728
山西	-0.124 412	1993年	-0.217 396
内蒙古	-0.063 530	1994年	-0.168 930
辽宁	0.139 272	1995年	-0.137 182
吉林	-0.011 362	1996年	-0.106 104
黑龙江	-0.037 328	1997年	-0.078 927

续表

Fixed Effects(Cross)		Fixed Effects(Period)	
上海	0.246 892	1998年	-0.059 019
江苏	0.130 990	1999年	-0.043 470
浙江	0.171 081	2000年	-0.021 250
安徽	0.043 528	2001年	0.002 832
福建	0.209 936	2002年	0.031 861
江西	-0.030 788	2003年	0.063 772
山东	0.144 902	2004年	0.098 486
河南	-0.152 793	2005年	0.126 056
湖北	-0.015 510	2006年	0.158 124
湖南	0.084 373	2007年	0.180 036
广东	0.347 962	2008年	0.197 371
广西	0.045 862	2009年	0.223 184
海南	0.001 002	2010年	0.241 219
重庆	0.083 349	2011年	0.249 702
四川	-0.016 548	2012年	0.249 218
贵州	-0.241 249		
云南	-0.038 321		
西藏	0.084 624		
陕西	-0.082 675		
甘肃	-0.149 191		
青海	-0.318 725		
宁夏	-0.482 574		
新疆	-0.157 732		
R-squared	0.991 027	Adjusted R-squared	0.990 291

由表 8.1 可知,依据显著性检验原假设(H_0:变量系数均为零),在 95%的置信度下,各变量系数 p 值皆远小于 5%(即 5%的显著性水平),拒绝原假设,所有系数通过显著性检验。模型拟合优度检验的结果显示,该模型所描述的变量间关系可用来解释 99. 10%的原始数据,且调整后的判定系数为 99. 03%,拟合程度很好,通

过拟合优度检验。

根据回归结果得到的固定效应变截距初步模型为：

$$\ln\left(\frac{Y}{L}\right) = -0.789\ 624 + 0.676\ 257\ln\frac{K}{L} + 0.056\ 644\ln\frac{E}{L} \tag{8.5}$$

由此得出资本和能源的产出弹性估计值（α 和 γ）分别为：$\alpha = 0.676\ 257$，$\gamma = 0.056\ 644$。结合最初的模型约束条件 $\alpha + \beta + \gamma = 1$，求得劳动要素的产出弹性 $\beta = 0.267\ 099$，从而得出固定效应变截距模型拟合下的最终模型结果：

$$Y = 0.454\ 015K^{0.676\ 257}L^{0.267\ 099}E^{0.056\ 644} \tag{8.6}$$

2. 随机效应变截距模型

同理，将整理所得面板数据和理论模型代入随机效应变截距模型进行普通最小二乘回归，回归结果如表 8.2 所示。

表 8.2　随机效应变截距模型回归结果

Variable	Coefficient	Std. Error	t-Statistic	Prob.
$\ln A$	-1.005 085	0.026 035	-38.604 44	0.000 0
$\ln(K/L)$	1.009 271	0.015 323	65.866 44	0.000 0
$\ln(E/L)$	-0.034 384	0.020 253	-1.697 716	0.090 0

Random Effects(Cross)			
北京	-0.320 515	河南	-0.078 82
天津	-0.141 856	湖北	0.022 831
河北	0.106 568	湖南	0.256 622
山西	-0.094 834	广东	0.198 765
内蒙古	-0.116 908	广西	0.158 956
辽宁	0.040 713	海南	-0.150 759
吉林	-0.063 241	重庆	0.203 112
黑龙江	-0.104 985	四川	0.125 381
上海	-0.136 154	贵州	0.051 651
江苏	-0.008 911	云南	0.136 686
浙江	0.031 102	西藏	0.283 165
安徽	0.177 279	陕西	-0.006 556
福建	0.104 865	甘肃	0.063 516
江西	0.069 323	青海	-0.282 655
山东	0.088 904	宁夏	-0.400 914
		新疆	-0.212 333
Weighted Statistics			
R-squared	0.976 552	Adjusted R-squared	0.976 486

由表 8.2 可知,该模型的显著性检验(原假设 H_0:变量系数均为零),在 95%的置信度下,模型的截距项和资本产出弹性的 p 值皆远小于 5%(即 5%的显著性水平),拒绝原假设,通过显著性检验。而能源的产出弹性 p 值为 0.09,超过了 5%的显著性水平,未通过变量系数显著性检验。模型拟合优度检验的结果显示,该模型在加权数据情况下所描述的变量间关系可用来解释 97.66%的原始数据,且调整后的判定系数为 97.65%,拟合程度较好,通过拟合优度检验。

根据回归结果得到变形后的随机效应变截距模型为:

$$\ln\left(\frac{Y}{L}\right) = -1.005\,085 + 1.009\,271\ln\frac{K}{L} - 0.034\,384\ln\frac{E}{L} \tag{8.7}$$

由此得出该模型拟合下的资本和能源的产出弹性估计值(α 和 γ)分别为:$\alpha=1.009\,271$,$\gamma=-0.034\,384$。结合最初的模型约束条件 $\alpha+\beta+\gamma=1$,求得劳动要素的产出弹性 $\beta=0.025\,113$,则随机效应变截距模型拟合下的模型结果为:

$$Y = 0.366\,014K^{1.009\,271}L^{0.025\,113}E^{-0.034\,384} \tag{8.8}$$

(三)模型选择

由于固定效应变截距模型和随机效应变截距模型均为变截距模型,其区别在于是随机效应还是固定效应,所以为选取更加适合本部分研究的实证模型,需要对两种模型进行 Hausman 检验。

Correlated Random Effects - Hausman Test
Pool: TEST
Test cross-section random effects

Test Summary	Chi-Sq. Statistic	Chi-Sq. d.f.	Prob.
Cross-section random	0.000000	2	1.0000

* Cross-section test variance is invalid. Hausman statistic set to zero.
** WARNING: robust standard errors may not be consistent with assumptions of Hausman test variance calculation.

图 8.9 Hausman 检验结果

由图 8.9 检验结果可见,其显示 p 值为 1.000 0,无理由拒绝原假设,即固定效应影响与随机效应影响在此数据与模型中无差异。由此,该检验无法在模型建立方面拒绝任一模型。

通过对比两个模型各自的经济意义检验、变量系数显著性检验和拟合优度检验结果,发现固定效应变截距模型明显好于随机效应变截距模型。因此,本文选择面板数据的固定效应变截距模型回归得出的扩展生产函数模型作为最终模型,即:

$$Y = 0.45015K^{0.676257}L^{0.267099}E^{0.056644}$$

本部分将在实证分析时对该模型进行不同角度的分析。

四、扩展生产函数模型的实证分析

(一)产出弹性分析

在扩展生产函数模型的实证分析中,产出弹性分析是必不可少的。产出弹性(Output Elasticity)又称生产弹性,是指在其他条件不变的前提下,某一种投入要素的既定的百分比变动所引起的总产出的百分比变动。它往往用来表示生产中的产出变动对生产要素的投入量变动的敏感程度,经常用以评价各产出要素投入的转化效果。加之产出弹性可在最终模型中直接读取,因此,本部分在实证分析中首先讨论扩展生产函数模型中的产出弹性。

前面得出扩展生产函数模型的最终结果为:

$$Y = 0.45405K^{0.676257}L^{0.267099}E^{0.056644} \tag{8.9}$$

其中各个生产要素投入的产出弹性如表 8.3 所示。

表 8.3　要素投入的产出弹性估计值

	估计值
资本要素产出弹性(α)	0.676 257
劳动要素产出弹性(β)	0.267 099
能源要素产出弹性(γ)	0.056 644

由表 8.3 可知,在同一时期内,在其他影响因素保持不变的条件下,资本要素的投入每增长 1%,总产出则增长 0.676 257 个百分点;同条件下,劳动要素的投入每增长 1%,总产出增长 0.267 099 个百分点;而能源要素投入每增长 1%,总产出增长 0.056 644 个百分点。可见,三种生产要素投入中资本的产出弹性最大(即资本要素的使用效率最高),其次是劳动生产要素,能源要素在总产出中的产出弹性最小(即能源要素使用率最低)。由此可以看出,能源要素投入对于现代经济发展起到的作用不大,其使用效率还存在很大的提升空间。

(二)全要素生产率(截距项)分析

全要素生产率是分析宏观经济增长源泉以及各级政府制定长期可持续增长政策的重要工具和重要依据。产量与全部要素投入量之比即为全要素生产率(TFP,

也称综和要素生产率)。它代表一个经济主体的基本技术水平。本部分中的全要素生产率(A)这一指标从模型结构来看,是由模型中的截距项($\ln A$)取反对数得到的,加之本部分所引用的模型是基于面板数据中的固定效应变截距模型,因此,分析各省份全要素生产率的差异(也即各省份的截距差异)有助于对各省份基本技术情况有一定的了解。各省份全要素生产率差异(即各省份截距项差异)见表 8.4。

表 8.4　中国各省份模型截距项及全要素生产率

省份	模型截距项($\ln A$)	全要素生产率(A)
北京	0.009 119	1.009 161
天津	0.112 713	1.119 311
河北	0.067 135	1.069 440
山西	-0.124 412	0.883 016
内蒙古	-0.063 530	0.938 446
辽宁	0.139 272	1.149 437
吉林	-0.011 362	0.988 702
黑龙江	-0.037 328	0.963 360
上海	0.246 892	1.280 041
江苏	0.130 990	1.139 956
浙江	0.171 081	1.186 587
安徽	0.043 528	1.044 489
福建	0.209 936	1.233 599
江西	-0.030 788	0.969 681
山东	0.144 902	1.155 926
河南	-0.152 793	0.858 307
湖北	-0.015 510	0.984 610
湖南	0.084 373	1.088 035
广东	0.347 962	1.416 178
广西	0.045 862	1.046 930
海南	0.001 002	1.001 003
重庆	0.083 349	1.086 921

续表

省份	模型截距项(ln$A$)	全要素生产率(A)
四川	−0.016 548	0.983 588
贵州	−0.241 249	0.785 646
云南	−0.038 321	0.962 404
西藏	0.084 624	1.088 308
陕西	−0.082 675	0.920 650
甘肃	−0.149 191	0.861 405
青海	−0.318 725	0.727 075
宁夏	−0.482 574	0.617 193
新疆	−0.157 732	0.854 079

由表 8.4 可见,各省份全要素生产率中最高的前五名(按从高到低顺序排列)为广东、上海、福建、浙江和山东,其中,排名第一的广东省全要素生产率为 1.416 178;最低的后五个省份(按从低到高顺序排列)为宁夏、青海、贵州、新疆和河南,其中,排名最后的是宁夏,其全要素生产率为 0.617 193。各省份全要素生产率极差为 0.798 976,可见各省份的全要素生产率差距非常明显,也就是说各省份的基础技术水平存在着明显的差异。从地域来看,东部地区各省份的平均全要素生产率为 1.160 058,中部地区各省份的平均全要素生产率为 0.972 525,西部地区各省份的平均全要素生产率为 0.906 054。可见中西部地区技术水平差异不太明显,而东部地区技术水平明显高于中西部地区。

(三)全要素生产率增长率分析

产出增长率超出要素投入增长率的部分称为全要素生产率的增长率,又称索洛余值。估算全要素生产率增长率有利于分析其他因素(除资本、劳动和能源投入要素外)对经济增长的贡献,有利于分辨出经济增长类型(是投入型增长还是效率型增长),有利于识别经济增长的可持续性。最重要的是,它还是评价和制定长期可持续增长政策的基础。

一般情况下,全要素生产率增长率无法从总产量中直接计算出来,只能采取间接的计算方法,结合本文的扩展生产函数模型,计算公式如下:

$$\frac{\Delta A}{A} = \frac{\Delta Y}{Y} - \alpha\frac{\Delta K}{K} - \beta\frac{\Delta L}{L} - \gamma\frac{\Delta E}{E} \tag{8.10}$$

式中:$\frac{\Delta A}{A}$为全要素生产率增长率(又称索洛余值);$\frac{\Delta Y}{Y}$为经济增长率;$\frac{\Delta K}{K}$为资本

增长率；$\frac{\Delta L}{L}$ 为劳动增长率；$\frac{\Delta E}{E}$ 为能源增长率；α、β、γ 则分别为资本、劳动和能源的产出弹性。

通过式(8.9)即可计算得出各省份扩展生产函数模型中的全要素生产率的增长率(即索洛余值)，见表8.5。

表8.5 各省份2012年相对1990年的全要素生产率增长率(%)

省份	全要素生产率增长率	省份	全要素生产率增长率
北京	3.7744	湖北	5.2623
天津	5.0432	湖南	4.8313
河北	4.5458	广东	5.2415
山西	4.5331	广西	3.1905
内蒙古	4.5204	海南	3.3604
辽宁	6.2034	重庆	6.2745
吉林	5.9960	四川	5.7893
黑龙江	4.9950	贵州	5.1666
上海	4.7972	云南	2.1814
江苏	6.9309	西藏	1.2134
浙江	4.4400	陕西	5.4156
安徽	5.4912	甘肃	5.1444
福建	3.4425	青海	3.6717
江西	3.4974	宁夏	1.8416
山东	5.1807	新疆	2.2865
河南	3.7421		

从整体来看，1990—2012年各省份全要素生产率增速平缓，增速相对明显的前五个省份为江苏、重庆、辽宁、吉林和四川，排名在后五位的省份按降序排列依次为广西、新疆、云南、宁夏和西藏。增长率最高的省份为6.930 9%，最低省份的仅为1.213 4%。按照经济带划分来看，该指标最高的为江苏省代表的东部地区，约为4.814 6%；该指标相对较低的为吉林省所代表的中部地区，约为4.793 5%；各省份平均增长率最低的为西藏自治区所代表的西部地区，平均全要素生产率增长率约为3.874 4%。可见，东部地区全要素生产率增长率高出中部地区约0.0211个百

分点，两个地区差距不明显；中部地区的增长率高出西部地区约 0.919 1 个百分点，两个地区差距相对明显；同理可推得西部地区与东部地区平均全要素生产率增长率差距明显。

(四)要素贡献率分析

各要素贡献率的分析是与全要素生产率增长率的分析相互关联的，通过这两方面的分析，可以准确地决定经济政策的侧重点，即是以调整经济结构、鼓励技术进步为主还是以增加总需求为主。

通过计算得出各省份总产出中各个投入要素对其经济增长的贡献率，计算公式如下：

$$\alpha \frac{\frac{\Delta K}{K}}{\frac{\Delta Y}{Y}} = \text{资本要素贡献率}$$

$$\beta \frac{\frac{\Delta L}{L}}{\frac{\Delta Y}{Y}} = \text{劳动要素贡献率}$$

$$\gamma \frac{\frac{\Delta E}{E}}{\frac{\Delta Y}{Y}} = \text{能源要素贡献率}$$

$$1 - \alpha \frac{\frac{\Delta K}{K}}{\frac{\Delta Y}{Y}} - \beta \frac{\frac{\Delta L}{L}}{\frac{\Delta Y}{Y}} - \gamma \frac{\frac{\Delta E}{E}}{\frac{\Delta Y}{Y}} = \text{全要素生产率贡献率}$$

式中：α，β，γ 分别为所求要素的产出弹性。

计算结果如表 8.6 所示。

表 8.6　各省份产出中的各要素贡献率(%)

省份	劳动要素贡献率	资本要素贡献率	能源要素贡献率	全要素生产率贡献率
北京	60.497 6	26.640 2	5.241 9	7.620 3
天津	58.707 1	26.499 5	5.261 1	9.532 3
河北	58.052 6	26.696 0	5.405 1	9.846 4
山西	58.340 5	26.651 2	5.386 2	9.622 1

续表

省份	劳动要素贡献率	资本要素贡献率	能源要素贡献率	全要素生产率贡献率
内蒙古	57.064 6	26.868 2	5.454 6	10.612 6
辽宁	57.691 4	26.187 9	5.292 6	10.828 1
吉林	56.029 9	26.567 0	5.214 9	12.188 3
黑龙江	59.499 6	26.326 9	5.269 5	8.904 0
上海	58.470 5	26.567 0	5.323 6	9.638 9
江苏	55.959 4	26.231 0	5.352 1	12.457 6
浙江	57.775 6	26.780 1	5.443 9	10.000 4
安徽	58.961 0	26.229 7	5.364 1	9.445 2
福建	59.517 1	26.852 0	5.462 5	8.168 3
江西	58.755 1	26.952 5	5.393 9	8.898 5
山东	58.772 4	26.382 9	5.392 2	9.452 5
河南	59.156 0	26.811 4	5.390 5	8.642 1
湖北	58.002 8	26.447 2	5.392 8	10.157 3
湖南	57.695 9	26.636 0	5.408 7	10.259 3
广东	59.541 1	26.234 1	5.433 5	8.791 3
广西	57.942 8	27.153 6	5.506 4	9.397 2
海南	59.083 0	26.835 9	5.706 3	8.374 8
重庆	51.816 8	27.051 8	5.443 8	15.687 6
四川	55.482 3	26.646 8	5.408 8	12.462 2
贵州	55.954 7	26.751 4	5.466 6	11.827 2
云南	59.805 0	27.200 5	5.521 9	7.472 6
西藏	60.010 4	27.523 9	5.523 5	6.942 2
陕西	57.705 3	26.441 5	5.400 1	10.453 1
甘肃	57.044 5	26.642 4	5.339 0	10.974 2
青海	58.995 8	26.768 9	5.585 1	8.650 2
宁夏	60.381 5	27.214 6	5.571 0	6.833 0
新疆	60.366 8	27.063 7	5.548 6	7.020 9

由表 8. 6 可知,1990 年至 2012 年各省份产出各个要素的贡献率中,劳动要素贡献率最高的前五个省份为北京、宁夏、新疆、西藏和云南;排在后五位的省份按其贡献率的降序排列为吉林、江苏、贵州、四川和重庆。按照由经济带所划分的东中西部来看,劳动要素投入的贡献率最高的为北京市代表的东部地区,各省份平均劳动贡献率约为 58. 551 6%;各省份平均劳动贡献率相对较小的为吉林省所代表的中部地区,约为 58. 305 1%;各省份平均劳动贡献率最低的为重庆市所代表的西部地区,约为 57. 714 2%。东中部地区劳动要素投入的贡献率相差约 0. 246 5 个百分点,而西部地区较东部地区的差距约 0. 837 4 个百分点,由此可见,在劳动要素对经济增长的贡献率方面,东中部地区明显高于西部地区。

资本要素贡献率最高的前五个省份为西藏、宁夏、云南、广西和新疆;排在后五位的省份按其贡献率的降序排列为黑龙江、广东、江苏、安徽和辽宁。按照经济带划分来看,资本要素投入的贡献率最高的为西藏自治区代表的西部地区,各省份平均资本贡献率约为26.943 9%;各省份平均资本贡献率相对较小的为黑龙江省代表的中部地区,约为26.577 7%;各省份平均资本贡献率最低的为辽宁省代表的东部地区,其值约为26.537 0%。中西部地区资本要素投入的贡献率相差约0.366 2个百分点,而东部地区较西部地区相差约0.406 9个百分点。可见,在资本要素对经济增长的贡献率方面,东中部地区与西部地区间差距比较明显。

能源投入要素贡献率最高的前五个省份为海南、青海、宁夏、新疆和西藏;排在后五位的省份按其贡献率的降序排列为辽宁、黑龙江、天津、北京和吉林。按照经济带划分来看,能源要素投入的贡献率最高的为青海省代表的西部地区,各省份平均能源贡献率约为5.480 8%;各省份平均能源贡献率相对较小的为海南省代表的东部地区,约为5.392 3%;各省份平均能源贡献率最低的为黑龙江省代表的中部地区,其值约为5.352 6%。东西部地区能源要素投入的贡献率相差约0.088 5个百分点,而中部地区较西部地区的差距约0.128 2个百分点。可见,在能源要素对经济增长的贡献率方面,东中部地区与西部地区间差距不太明显。这说明,提高能源投入的贡献率,实现低碳发展,不仅是东中部的任务,也是西部的任务。

全要素生产率贡献率最高的前五个省份为重庆、四川、江苏、吉林和贵州;排在后五位的省份按其贡献率的降序排列为北京、云南、新疆、西藏和宁夏。按照经济带划分来看,全要素生产率贡献率最高的为重庆市代表的西部地区,各省份平均贡献率约为9.861 1%;各省份平均全要素生产率贡献率相对较低的为吉林省代表的中部地区,约为9.764 6%;各省份平均全要素生产率贡献率最低的为北京市代表的东部地区,约为9.519 2%。中西部地区全要素生产率贡献率相差约0.096 5个百分点,而东部地区较西部地区的差距约0.341 9个百分点。可见,在全要素生产率对经济增长的贡献率方面,东中西部地区两两间差距不太明显。

五、本部分结论与政策建议

本部分以1990—2012年中国各省份面板数据为基础,先对要研究的变量进行现状分析和变化率分析,初步掌握所需研究的变量的基本状况。接着将能源作为投入要素加入生产函数理论模型。为便于求解出模型参数和去除时间序列的干扰,本部分在假设规模报酬不变的情况下将扩展生产函数变形,结合面板数据模型中的固定效应变截距模型和随机效应变截距模型,通过数据拟合得出具体的扩展生产函数模型。为选取更优模型又对两种拟合结果分别进行了经济意义检验、拟合优度检验、变量显著性检验和Hausman检验,通过对比选取了固定效应变截距模型拟合得出的扩展生产函数模型作为最终模型。最后针对最终模型进行了各要素投入产出弹性、全要素生产率、全要素生产率增长率和各要素贡献率的实证分析。通过背景分析与实证分析得出如下结论与政策建议。

(一)结论

1. 从整体来看

第一,劳动投入要素是我国经济增长的首要原动力。结合表8.3和表8.6可以看出,劳动要素投入对经济增长的平均贡献率约为58%,这说明我国经济增长基本是靠大量的劳动要素投入推动的,但劳动的产出弹性并不是最大的,仅为0.27,即劳动要素投入每增长1个百分点,总产出增长仅约0.27个百分点。可见,我国的劳动要素投入还属于粗放模式,拥有人口红利。

第二,资本投入要素是推动我国经济发展的重要源泉。表8.3显示,资本投入要素每增长1个百分点,总产出增长约0.68个百分点,表8.6中各省平均资本贡献率仅约为27%。这说明资本要素投入的利用效率虽高,却不是拉动我国经济的主力。也就是说,资本要素虽相对处于集约型阶段,但资本投入的匮乏无法满足经济增长的需要。

第三,能源要素投入是我国经济增长中的次要因素。根据表8.3和表8.6的结果,能源投入要素每增长1个百分点,总产出增长约0.06个百分点,其对产出的贡献率仅为5%左右。在三种投入要素中,其利用效率和贡献率都是最低的。可见,化石能源要素的投入量对经济发展的带动效果并不明显。

第四,当前技术水平对经济增长的贡献优势不明显。表8.5和表8.6显示,1990—2012年各省份平均全要素生产率增长率仅约为4.45%,对经济增长的贡献率约为10%。改革开放以来,“科学技术是第一生产力”已经深入人心,政府在这一理念的指导下,实施科教兴国的伟大战略,加快科技成果转化以及附加值的提升。然而,科学技术的投入转化为现实的生产力是一个潜移默化的过程,只有坚持不懈的努力才会有显著的成果,短期内无法看出技术进步对我国经济增长的明显贡献。同时,这也说明我国的技术进步对拉动经济增长的提升空间很大。

2. 从不同经济带来看

第一,东部地区的初始技术水平明显高于中西部地区,而东中部地区技术进步速度则明显高于西部地区。通过分析表 8.4 中各省份的全要素生产率,东部地区各省份平均水平高出西部地区约 0.254 004,而中部地区各省份的平均全要素生产率仅高出西部地区约 0.066 471;表 8.5 中的结果显示,东中部地区的全要素生产率增长率相差仅 0.021 1 个百分点,而西部地区比中部地区低 0.919 1 个百分点。

第二,西部地区产出中劳动要素的贡献率低于东中部地区,而其资本要素的产出贡献率高于东中部地区。表 8.6 显示,在劳动要素贡献率方面,西部地区低于东部地区约 0.837 4 个百分点,而东中部地区仅相差约 0.246 5 个百分点。可见西部地区的劳动要素贡献率明显低于东中部地区。在资本要素贡献率方面,西部地区高出中部地区 0.366 2 个百分点,比东部地区高 0.406 9 个百分点。

第三,西部地区能源要素投入和全要素生产率在产出中的贡献率均高于东中部地区,但这种优势均不太明显。从表 8.6 的结果看出,能源要素投入在产出中贡献率最高的是西部地区,其各省份平均能源贡献率约为 5.480 8%,能源要素贡献率最低的为中部地区,各省份平均值约为 5.352 6%,相差仅 0.128 2 个百分点;西部地区的全要素生产率贡献率为 9.861 1%,东部地区的全要素生产率贡献率为 9.519 2%,相差 0.341 9 个百分点。

(二)政策建议

依照前面的结论,我国经济的增长模式为“粗放劳动推动、资本集约助之”。可见我国经济增长模式正处于由“粗放型”向“集约型”的过渡阶段。中国各省份经济增长存在较大差异,究其原因主要在于劳动要素投入和资本要素投入存在着较大差异,而技术进步率及其贡献对经济发展却无明显影响。根据书中的背景分析结果可知,我国颁布的一系列经济政策在一定程度上缩小了我国各省份间的财富水平差距。然而,西部地区的经济基础始终与东中部地区存在一定的差距。1990—2012 年各地区的全要素生产率增长率差别不明显,可见在政策驱使下,各地区的技术进步差距并不明显。在各省份要素贡献率的实证分析中,西部地区的劳动要素投入贡献率明显低于东中部地区,资本要素的贡献率高于东中部地区,其余要素的贡献率均比东中部地区高,但差距不明显。可见,近年来我国对西部地区虽大力输出资本要素投入,但劳动要素投入不足。由此,本部分提出以下建议:

第一,扩大教育普及范围,持续追加教育经费投入,以提高劳动力素质,增加人力资本。当前我国仍处于劳动要素投入"粗放"型阶段,即大量的劳动要素投入只带来了少部分的产出。但同时也说明我国的人口红利优势仍然存在。为了能够充分利用人口红利来拉动经济增长,需要尽快提高所投劳动要素的使用效率。因此,提高劳动者素质就是当前需要解决的首要问题。应充分重视劳动者的职业教育,提倡劳动者的继续教育,对劳动者进行各阶段的技能培训。例如,职业培训机构以及高等技术院校开设专门的创业知识课程,全面系统地教授有关的知识和技能,以便更好地缓解和改善当前劳动力市场求职者平均素质不高的问题。本部分的实证结果表明,我国各省份产出中资本要素的利用率虽然最高,但其产出贡献率却不太理想。人力资本是资本投入要素中最重要的组成要素之一。大量的人力资本能够创造出正比例的物质资本,从而带来更多的财富收入。因此,增加人力资源数量能够有效地提高资本要素投入。为此,各地方政府应当不间断地从财政收入中拨出较多数额的教育经费支出,与校企合作,重视外来人才,外派现有人才出国深造,积极探索人才培养的路径和模式,为经济增长提供充足的高质量人力资本储备。

第二,提倡开发绿色能源,为低碳发展提供更多原动力。本部分实证模型中能源的产出弹性在三种投入要素中最低,且其对产出的贡献率也最低。我国目前的生产生活中,主要依靠的是煤炭、石油和天然气等化石能源,其开采与提炼过程复杂,人员和物资耗费多,其最终的利用效率却不高。可见,仅靠煤炭、石油等化石能源无法满足当前中国经济飞速发展的需要。如今,全世界都在呼吁经济绿色健康发展,开发更多的清洁能源不仅能为经济发展提供更多的原动力,满足我国经济飞速发展的需要,还有利于改善生态环境。

第三,抵制地区歧视观,改善人才分布区域不均衡的格局。造成西部地区的经济存量持续低于东中部地区的主要原因是:西部地区总产出中劳动要素投入明显低于东中部地区。可见,我国劳动者分布严重不均,以致各地区贫富差距明显。造成这种人才分布区域不均衡的原因主要是:西部地区地形地貌多高原和沙漠,生存环境艰苦;西部地区较东中部地区经济水平落后,人民生活水平相对较低。为了缓解这一格局,中央及各地方政府应积极改善地域间的不利因素,为西部地区营造出良好的人才聚集环境,以增加西部地区的吸引力。

第四,鼓励包括节能技术创新在内的科技创新,加速经济增长并提高经济增长的质量。由前面的分析可知,1990—2012 年我国各省份全要素生产率普遍偏低,加之我国逐年全要素生产率增长率水平大部分趋于平缓,可见我国技术水平急需大幅度的提高。不断进行科技创新,特别是节能技术创新,是有效地改进生产力、提高生产力水平的重要手段,同时也能保证经济增长的质量。因此,政府应合理调整财政支出结构,增加对科技创新方面的支出,制定支持高新技术产业的专项资金政策,鼓励企业进行技术创新和技术引进,完善各行业的技术创新体系。

第五,加快产业结构战略性调整和供给侧改革,淘汰劣势产能,实现低碳发展。如今我国经济飞速发展,许多产业成功转型,摆脱了固有生产模式带来的桎梏。但不可避免的是,一些技术附加值不高的产业还保持原有的落后生产模式。这种产业存在很多弊端,如劳动要素大量投入而产能不足、物质资本闲置等。近年来中央推出了供给侧结构性改革,该政策主要是从提高供给的质量方面出发,通过改革推进产业结构调整,矫正要素配置扭曲,从而扩大有效供给,促进我国经济的持续健康发展。该政策核心之一就是去除过剩产能(即劣势产能)。加快产业结构调整速度,去除劣势产能有助于促进产业转型,为高新技术产业和朝阳产业的发展提供充分而广阔的空间。为此,各地方政府应积极响应党中央号召,做好供给侧结构性改革的推广和实施,以实现低碳发展。

第六,提高市场化程度。大多数学者发现,市场化在一国或一个地区的经济发展过程中的作用是至关重要的。当前,我国的市场化程度还不高。为此,在未来一段时期,应继续深化经济体制改革,建立健全社会主义市场经济体系,制定措施保障该体系的运行机制。同时应努力建立透明的市场化制度,创造公平、公正、公开的竞争原则,为建立健全中国特色社会主义市场经济打好基础。

第七,延续区域化经济发展模式。由前面的背景分析可知,经济增长较快的省份大致呈射线分布,即以某重点经济发展省份或区域为射点,向周边省份放射性扩散。作为我国经济增长的首要原动力——劳动要素,其增长率的高低也呈射线状扩散。在对各省份数据进行实证分析时,处于经济开发区的省份的各要素投入的贡献率和全要素生产率的增长率均比其他周边省份高。由此可见,自我国实行区域化发展战略以来,经济提速效果显著,该法可行度很高。

第九部分　中国2012年能源消耗与碳排放的投入产出分析

在地区层面低碳经济分析讨论完以后，从本部分开始至第十二部分讨论行业层面的低碳经济分析。

一、引言

（一）研究的意义

我国经济的高速增长使得国民生活质量大幅度提高，与此同时也增加了能源消耗，而能源消耗会产生大量的二氧化碳，并引发空气质量恶化、全球变暖等环境问题。为了平衡经济、能源、环境三者的发展，我们需要通过定量的研究，剖析我国各产业部门对各类能源的消耗和碳排放情况，为日后制定相关政策、促进三者协同发展打下基础。本部分以投入产出分析方法为基本工具，通过对中国2012年低碳经济投入产出表的分析，从整体上把握我国能源消耗以及二氧化碳的排放情况，找出相应的高能耗、高排放部门及高能耗、高排放的原因，从而为国民经济部门之间的能源结构调整和优化以及日后的减排工作提供一定的参考依据。本部分首先分别从能源消耗的价值量和实物量的角度出发，分析各个部门在生产活动中的能源消耗情况，并从居民消费的角度出发，分析城镇居民和农村居民的能源消费情况；然后从碳排放的角度出发，分析各个部门在生产活动中的二氧化碳排放量，并从居民消费的角度出发，分析城镇居民和农村居民的二氧化碳排放情况；最后得出结论并提出相关政策建议。

（二）投入产出分析的有关理论

1. 投入产出分析的概述

投入产出分析是根据投入产出表，对经济系统内各产业部门间的投入与产出数量依存关系进行研究的分析方法。它由美国的列昂惕夫（Leontief）最早提出。投入产出分析方法以各产业部门为研究对象，利用线性代数中的矩阵知识，通过矩阵运算得出各部门之间的数量依存关系。投入产出分析是经济理论与数学的融合:投入产出分析的基础是投入产出表,而投入产出表的制作过程是首先基于经济理论提出模型框架,然后在这一框架上进行数据统计而最终形成投入产出表。因此,进行投入产出分析要将经济理论和数学计算紧密结合起来。

2. 投入产出分析的基本原理

投入产出分析的两个基本要素是:通过复式记账方法建立的投入产出表和以矩阵形式构造的投入产出模型。投入产出模型以投入产出表为基础,二者相结合就是对产业部门间的经济关系进行量化研究的有力工具。投入产出分析需要将投入与产出在一个系统中进行分析。投入产出分析中的投入,是指经济活动过程中的各种投入,包括中间投入和最初投入。中间投入是指生产性消耗,包括各种直接消耗和全部间接消耗;最初投入是指各生产要素的增加值,包括固定资产折旧、劳动者报酬、生产税净额以及营业盈余。投入产出分析中的产出,是指经济活动的成果及其使用去向,包括中间使用和最终使用。中间使用是指经济系统各部分所生产的产品被用于中间消耗的部分;最终使用是指被用于最终消费、资本形成和净出口的产品。从投入产出表的结构来看,横向排列的是各部门的产出,纵向排列的是各部门的投入。由此,投入产出表可以看成矩阵形式,进而应用线性代数的矩阵运算方法进行投入产出分析。

二、中国各产业部门能源消耗的价值量分析

(一)2012年各产业部门对能源产业部门的直接消耗系数分析

2012年各产业部门对能源产业部门的直接消耗系数见附表9.1。由附表9.1可知,将各产业部门对5个能源产业部门的直接消耗系数加在一起,所得的数据为直接综合能耗系数,它能够反映各产业部门对整个能源部门的直接依赖程度。2012年中国直接综合能耗系数最大的6个部门分别是石油加工、炼焦及核燃料加工业,燃气生产和供应业,电力、热力生产和供应业,煤炭开采和洗选业,交通运输及仓储业,水的生产和供应业。其直接综合能耗系数分别为0.706 1,0.659 7,0.558 8,0.206 2,0.173 1和0.161 2。其中4个化石能源部门对整个能源部门的依赖程度较高,尤其是石油加工、炼焦及核燃料加工业,燃气生产和供应业,电力、热力生产和供应业,直接综合能耗系数都超过0.5。依赖程度最低的6个部门是食品制造及烟草加工业,通信设备、计算机及其他电子设备制造业,纺织服装鞋帽皮革羽绒及其制品业,卫生、社会保障和社会福利业,金融业,房地产业。其直接综合能耗系数在0.011 9到0.008 4之间。

附表9.1还提供了各产业部门对化石能源的直接消耗。

第一,对于煤炭开采和洗选业的直接消耗。直接消耗系数最大的前6个部门分别是电力、热力生产和供应业,煤炭开采和洗选业,燃气生产和供应业,石油加工、炼焦及核燃料加工业,非金属矿物制品业,其他制造产品。直接消耗系数分别为0.181 8,0.159 7,0.065 6,0.057 4,0.050 8和0.032 0。在全部42个部门中有6个部门对煤炭开采和洗选业的直接消耗系数为0,它们分别是租赁和商务服务业,批发和零售业,信息传输、计算机服务和软件,仪器仪表,通信设备、计算机及其他电子设备制造业,金融业。这些行业在生产过程中没有直接使用煤炭。

第二,对石油和天然气开采业的直接消耗。这一部门属于产业链的顶端,有13个部门对它的直接消耗系数是正值,其余29个部门的直接消耗系数都是0。13个系数为正的部门为石油加工、炼焦及核燃料加工业,燃气生产和供应业,化学工业,电力、热力生产和供应业,石油和天然气开采业,非金属矿物制品业,非金属矿及其他矿采选业,金属矿采选业,金属制品业,通用、专用设备制造业,金属冶炼及压延加工业,煤炭开采和洗选业,交通运输设备制造业。直接消耗系数分别为0.560 8,0.453 8,0.011 5,0.009 9,0.008 3,0.001 6,0.001 4,0.000 7,0.000 6,0.000 5,0.000 4,0.000 3和0.000 2。石油加工、炼焦及核燃料加工业,燃气生产和供应业的系数值都超过了0.4,这是因为石油和天然气开采产品是这两个部门生产过程中用量最大的要素。

第三,对石油加工、炼焦及核燃料加工业的直接消耗。其直接消耗系数最大的6个部门是交通运输及仓储业,石油加工、炼焦及核燃料加工业,化学工业,租赁和商务服务业,非金属矿及其他矿采选业,金属矿采选业。其直接消耗系数分别为0.150 6,0.070 9,0.061 5,0.059 4,0.0584和0.050 6。而依赖程度最小的6个部门分别是卫生、社会保障和社会福利业,信息传输、计算机服务和软件,纺织服装鞋帽皮革羽绒及其制品业,房地产业,食品制造及烟草加工业,纺织业。

第四,对燃气生产和供应业的直接消耗。各产业部门对其的直接消耗系数普遍较小。系数最大的前6个部门是燃气生产和供应业,交通运输及仓储业,居民服务和其他服务业,住宿和餐饮业,水利、环境和公共设施管理业,其他制造产品。这6个部门中直接消耗系数最大的为0.103 9,其余系数在0.011 3到0.004 2之间。有14个部门的直接消耗系数为0,它们分别是金融业,食品制造及烟草加工业,非金属矿及其他矿采选业,信息传输、计算机服务和软件,仪器仪表,纺织服装鞋帽皮革羽绒及其制品业,批发和零售业,煤炭开采和洗选业,纺织业,农林牧渔业,金属矿采选业,建筑业,交通运输设备制造业,木材加工及家具制造业。

(二)2012年各产业部门对能源产业部门的完全消耗系数分析

2012年各产业部门对能源产业部门的完全消耗系数见附表9.2。我国对能源部门完全综合消耗系数最大的6个部门是电力、热力生产和供应业,石油加工、炼焦及核燃料加工业,燃气生产和供应业,化学工业,金属冶炼及压延加工业,非金属矿物制品业。这6个部门的完全消耗系数合计分别为1.082 0,1.022 4,0.993 3,0.559 3,0.548 2和0.533 1。出现完全消耗系数大于1的情况,是由综合考虑全部生产过程所导致的累加效应引起的。而住宿和餐饮业、废弃资源和废旧材料回收加工品、批发和零售业、金融业、教育和房地产业是对能源产业部门完全消耗系数最小的,最小值为0.061 2。

附表9.2同样提供了各部门对化石能源的完全消耗。

第一,对煤炭开采和洗选业的完全消耗。其完全消耗系数最大的前6个部门分别是电力、热力生产和供应业,煤炭开采和洗选业,非金属矿物制品业,燃气生产和供应业,金属冶炼及压延加工业,石油加工、炼焦及核燃料加工业。它们对应的完全消耗系数分别是0.350 7,0.228 3,0.140 2,0.126 7,0.114 8和0.114 7。而完全消耗系数最小的6个部门是废弃资源和废旧材料回收加工品、住宿和餐饮业、教育、金融业、批发和零售业,以及房地产业。系数值在0.0189到0.0088之间。相对于直接消耗系数,各部门的完全消耗系数都变大了,这也是因为考虑了全部生产过程所导致的累加效应引起的。

第二,对石油和天然气开采业的完全消耗。石油加工、炼焦及核燃料加工业,燃气生产和供应业,交通运输及仓储业,化学工业,金属冶炼及压延加工业,非金属矿物制品业是完全消耗系数最大的6个部门。它们的系数值分别为0.649 1,0.557 0,0.137 6,0.122 2,0.088 7和0.079 3。完全消耗系数最小的6个部门是信息传输、计算机服务和软件,金融业,批发和零售业,废弃资源和废旧材料回收加工品,教育,房地产业。它们的完全消耗系数分别为0.024 6,0.019 3,0.018 5,0.018 0,0.017 9和0.011 6。排序上的变动、不再出现系数为零的情况都是因为累加效应。

第三,对石油加工、炼焦及核燃料加工业的完全消耗。对石油加工、炼焦及核燃料加工业完全消耗系数最大的6个部门是交通运输及仓储业,化学工业,金属冶炼及压延加工业,石油加工、炼焦及核燃料加工业,非金属矿物制品业,非金属矿及其他矿采选业。它们的系数分别为0.226 4,0.171 2,0.146 3,0.140 5,0.124 8和0.122 6。排名靠后的6个部门分别为住宿和餐饮业,金融业,批发和零售业,废弃资源和废旧材料回收加工品,教育,房地产业。系数在0.037 5到0.017 2之间。

第四,对燃气生产和供应业的完全消耗。对燃气生产和供应业的完全消耗系数最大的6个部门分别是燃气生产和供应业,交通运输及仓储业,居民服务和其他服务业,水利、环境和公共设施管理业,其他制造产品,住宿和餐饮业。完全消耗系数比直接消耗系数大,但是还是比较小,这6个部门的系数介于0.117 5到0.004 6

之间。而信息传输、计算机服务和软件,石油和天然气开采业,批发和零售业,金融业,农林牧渔业,废弃资源和废旧材料回收加工品是对燃气部门完全消耗系数最小的6个部门,系数都小于0.001 5。

三、中国各产业部门能源消耗的实物量分析

(一)2012年各产业部门单位增加值能耗分析

单位增加值能耗表示生产单位增加值而消耗的能源量,是各部门能源消耗量与各部门增加值(最初投入)之间的比值,此系数可以表明各部门消耗能源的强度。下面对各部门单位增加值能耗进行比较分析。

由表9.1可知,单位增加值能耗排在前6位的部门是金属冶炼及压延加工业,其他制造产品,非金属矿物制品业,石油加工、炼焦及核燃料加工业,化学工业以及电力、热力生产和供应业。其系数分别为0.000 375 346 4, 0.000 310 434 0, 0.000 249 716 7, 0.000 243 437 9, 0.000 189 900 6和 0.000 189 650 6。它们是能源消耗最多的几个部门,属于重度能源消耗部门。信息传输、计算机服务和软件,批发和零售业,教育,金融业,废弃资源和废旧材料回收加工品,房地产业这6个部门单位增加值能耗较小,其系数分别为0.000 008 454 0,0.000 008 163 4, 0.000 007 431 2,0.000 003 982 1,0.000 003 287 4和0.000 003 245 9。从节能的角度讲,上述行业的能耗量较低。

表9.1　各部门单位增加值能耗　　单位:万吨标准煤/万元

部　　门	单位增加值能耗	部　　门	单位增加值能耗
农林牧渔业	0.000 012 957 6	废弃资源和废旧材料回收加工品	0.000 003 287 4
煤炭开采和洗选业	0.000 111 211 8	电力、热力生产和供应业	0.000 189 650 6
石油和天然气开采业	0.000 050 823 4	燃气生产和供应业	0.000 102 513 6
金属矿采选业	0.000 062 168 3	水的生产和供应业	0.000 142 724 0
非金属矿及其他矿采选业	0.000 071 598 2	建筑业	0.000 016 757 0
食品制造及烟草加工业	0.000 028 017 0	交通运输及仓储业	0.000 142 787 9
纺织业	0.000 091 706 0	邮政业	0.000 022 260 2
纺织服装鞋帽皮革羽绒及其制品业	0.000 022 613 0	信息传输、计算机服务和软件	0.000 008 454 0

续表

部　　门	单位增加值能耗	部　　门	单位增加值能耗
木材加工及家具制造业	0.000 031 770 0	批发和零售业	0.000 008 163 4
造纸印刷及文教体育用品制造业	0.000 064 819 5	住宿和餐饮业	0.000 046 954 0
石油加工、炼焦及核燃料加工业	0.000 243 437 9	金融业	0.000 003 982 1
化学工业	0.000 189 900 6	房地产业	0.000 003 245 9
非金属矿物制品业	0.000 249 716 7	租赁和商务服务业	0.000 033 296 5
金属冶炼及压延加工业	0.000 375 346 4	研究与试验发展业	0.000 015 318 1
金属制品业	0.000 060 364 3	综合技术服务业	0.000 021 904 6
通用、专用设备制造业	0.000 033 552 9	水利、环境和公共设施管理业	0.000 042 426 8
交通运输设备制造业	0.000 030 429 0	居民服务和其他服务业	0.000 016 725 9
电气机械及器材制造业	0.000 028 001 4	教育	0.000 007 431 2
通信设备、计算机及其他电子设备制造业	0.000 024 184 8	卫生、社会保障和社会福利业	0.000 011 946 5
仪器仪表	0.000 025 213 9	文化、体育和娱乐业	0.000 009 214 4
其他制造产品	0.000 310 434 0	公共管理和社会组织	0.000 012 475 3

(二)2012年各产业部门能源直接消耗系数分析

能源直接消耗系数是指产业部门生产单位总产品时对能源的直接消耗量(单位:万吨标准煤/万元)。由附表9.3可知,2012年中国42个部门中能源直接消耗系数大丁0.000 03的有11个部门,属于高能耗部门。它们依次是金属冶炼及压延加工业,水的生产和供应业,其他制造产品,非金属矿物制品业,煤炭开采和洗选业,交通运输及仓储业,电力、热力生产和供应业,石油加工、炼焦及核燃料加工业,化学工业,非金属矿及其他矿采选业,石油和天然气开采业。其系数分别为0.000 067 655 0,0.000 065 563 6,0.000 064 378 0,0.000 063 085 9,0.000 054 820 4,0.000 052 379 7,0.000 048 896 3,0.000 045 273 7,0.000 036 405 3,0.000 031 620 3和0.000 031 049 5。其中交通运输及仓储业属于第三产业,其余均属于第二产业;金属冶炼及压延加工业,水的生产和供应业,其他制造产品,非金属矿物制品业的能源直接消耗系数位居前四,它们都属于第二产业,这表明第二产业依然是能源消耗的主力。水的生产和供应业,煤炭开采和洗选业,电力、热力生产和供应业这二大资源型行业在整个产业链中占据着重要地位,因此它们的能源直接消耗系数都相当高,均高于0.000 04。能源直接消耗系数在0.000 01到0.000 03之间的部门一共有 9 个,属于中能耗部门,主要包含第二产业和第三产业的一些部门。剩余的 22 个部门能源直接消耗系数都小于0.000 01,属于低能耗行业,主要是第一产业农林牧渔业,以及第三产业与第二产业的一些部门。信息传输、计算机服务和软件(0.000 003 976 6),废弃资源和废旧材料回收加工品(0.000 002 542 4),房地产业(0. 000 002 420 2),金融业(0.000 002 374 4),这 4 个部门的能源直接消耗系数小于0. 000 004,除废弃资源和废旧材料回收加工品属于第二产业外,其他均为第三产业部门。

在能源直接消耗系数中,作为化石能源的煤炭、天然气最值得关注。从对煤炭的消耗看,电力、热力生产和供应业,煤炭开采和洗选业,石油加工、炼焦及核燃料加工业,非金属矿物制品业,燃气生产和供应业,金属冶炼及压延加工业这 6 个部门的煤炭直接消耗系数(单位:万吨/万元)较大,分别为0.000 357 899 7,0.000 116 238 8,0.000 091 095 6,0.000 053 243 6,0.000 034 410 0和0.000 033 335 9。这些部门对于煤炭的依存度较高。废弃资源和废旧材料回收加工品,批发和零售业,房地产业,租赁和商务服务业,信息传输、计算机服务和软件,金融业这 6 个部门的煤炭直接消耗系数较小,分别为 0.000 000 341 5, 0.000 000 333 5, 0.000 000 108 3,0.000 000 041 8,0.000 000 000 0和0.000 000 000 0。这些部门对于煤炭类能源的使用量少,依存度较低。从对天然气的消耗看,石油和天然气开采业,电力、热力生产和供应业,燃气生产和供应业,交通运输及仓储业,石油加工、炼焦及核燃料加工业,化学工业这 6 个部门的天然气直接消耗系数(单位:万立方米/万元)较大,分别为 0.000 001 002 5, 0.000 000 462 1, 0.000 000 298 5, 0.000 000 258 0,0.000 000 247 1和0.000 000 216 0。这些部门对天然气的直接使用量大,依存度高。批发和零售业,建筑业,农林牧渔业,金融业,信息传输、计算机服务和软件,金属矿采选业这 6 个部门的天然气直接消耗系数较小,分别为0.000 000 001 0,0.000 000 000 9,0.000 000 000 7,0.000 000 000 6,0.000 000 000 4和0.000 000 000 2。这些部门对于天然气的直接使用量少,依存度较低。

(三)2012 年各产业部门能源完全消耗系数分析

产业部门生产单位最终产品时对能源的完全消耗量是能源完全消耗系数。完全消耗系数不仅考虑了直接消耗系数,还考虑了间接消耗系数,能够反映经济社会各部门之间错综复杂的能源消耗关系,这是完全消耗系数和直接消耗系数的区别所在。由附表9.4可知,42 个部门中能源完全消耗系数大于0.000 1的有金属冶炼及压延加工业,非金属矿物制品业,其他制造产品,电力、热力生产和供应业,化学工业,水的生产和供应业,金属制品业,石油加工、炼焦及核燃料加工业,交通运输及仓储业，煤炭开采和洗选业。它们的完全能耗系数分别为0.000 163 324 7，0.000 142 634 5，0.000 136 977 4，0.000 124 514 4，0.000 115 236 5，0.000 112 519 3，0.000 110 114 1，0.000 107 228 7，0.000 102 108 0和0.000 101 507 3。这 10 个部门属于高能耗部门。由于考虑了能源的间接消耗关系，水的生产和供应业由之前的第 2 位排到了第 6 位。虽然前几位的顺序没有发生太大的变化，但是可以发现在直接消耗系数中排在第 7 位的电力、热力生产和供应业及排第 9 位的化学工业，与排在第 1 位的金属冶炼及压延加工业的系数有一定差距，然而在完全消耗系数中它们分别排第 4 位、第 5 位，与排在第 1 位的金属冶炼与压延加工业的系数相差无几。所以，为降低能耗、节约能源，电力、热力生产和供应业以及化学工业应大力提升生产技术。完全消耗系数在0.000 05到0.000 1之间的有 19 个部门，属于中能耗部门，而且大部分为第二产业的一些部门。其中石油和天然气开采业由之前的第 11 位排到了第 21 位，说明如果只考察各产业部门之间的直接能耗关系，这个部门的能耗较多，但若从整体上考虑我国各个产业部门之间错综复杂的直接与间接关系，这个部门的能耗则适中。完全消耗系数小于0.000 05的部门有 13 个，属于低能耗部门，主要为第三产业的部门、第二产业的一些部门以及第一产业农林牧渔业。排在后 6 位的为公共管理和社会组织，批发和零售业，废弃资源和废旧材料回收加工品，教育，金融业，房地产业，它们的完全消耗系数分别是0.000 031 818 6，0.000 021 890 0，0.000 021 011 9，0.000 020 804 2，0.000 020 618 0和0.000 013 170 6。这些部门的能源使用量少，对整体能源的依存度较低。综合考察能源直接消耗系数和能源完全消耗系数可知，金融业、房地产业这两个部门是能耗最低的两个部门。

在完全消耗系数中，作为化石能源的煤炭、天然气最为值得关注。从对煤炭的完全消耗来看，电力、热力生产和供应业，煤炭开采和洗选业，非金属矿物制品业，石油加工、炼焦及核燃料加工业，金属冶炼及压延加工业，水的生产和供应业对煤炭的完全消耗系数排在前 6 位，其系数分别为0.000 612 488 5，0.000 197 593 9，0.000 175 426 0，0.000 170 176 5，0.000 159 348 7和0.000 129 311 9。这说明它们对煤炭的依赖程度较大。公共管理和社会组织，废弃资源和废旧材料回收加工品，金融业，教育，批发和零售业，房地产业这 6 个部门的完全消耗系数排在后 6 位，其系数分别为0.000 029 832 0，0.000 024 335 8，0.000 020 355 7，0.000 020 255 8，0.000 020 039 0和0.000 013 120 4。说明它们对煤炭的依赖性较小。从对天然气的完全消耗看，石油和天然气开采业，石油加工、炼焦及核燃料加工业，燃气生产和供应业，电力、热力生产和供应业，化学工业，交通运输及仓储业对天然气的完全消耗系数排在前 6 位，其系数分别为0.000 001 197 8，0.000 001 063 3，0.000 001 031 5，0.000 000 889 1，0.000 000 700 5和0.000 000 594 0。说明它们对天然气的依赖性较大。信息传输、计算机服务和软件,教育,废弃资源和废旧材料回收加工品,金融业,批发和零售业,房地产业的天然气完全消耗系数排在后6位,其系数分别为0.000 000 124 3,0.000 000 094 1,0.000 000 089 0,0.000 000 085 4,0.000 000 080 3和0.000 000 075 2。这说明它们对天然气的依赖性较小。对比之前的煤炭与天然气直接消耗系数,易知金融业与批发和零售业这两个部门对煤炭和天然气的消耗相当低,因此政府应鼓励发展第三产业。然而电力、热力生产和供应业与石油加工、炼焦及核燃料加工业对煤炭和天然气的消耗相当大,应当提高这两个部门的生产技术,或加以限制。

(四)2012年居民部门能源消费系数分析

居民能源消费系数表示居民每消费一单位产品时耗用的能源量,用居民消费的能源产品(实物量)除以居民消费额得到(见表9.2)。

由表9.2可知,从能源消费总量上看,城镇居民的能源消费系数要比农村居民能源消费系数小得多,说明农村居民对能源的利用还不够充分,应当在能源利用结构上对其进行调整。农村居民对煤炭能源的消费量最大,依赖性最强,而城镇居民对电力的消费量最大,依赖度最高。所以,应该对农村居民的能源消费结构进行调整,提高电力的使用比例,减少煤炭能源的使用量。

表9.2　城镇居民与农村居民消费系数对比

能　源	农村居民能源消费系数	城市居民能源消费系数
能源消费总量(万吨标准煤/万元)	0.000 022 029 0	0.000 007 828 4
煤炭消费量(万吨/万元)	0.000 016 853 0	0.000 000 999 3
焦炭消费量(万吨/万元)	0.000 000 039 4	0.000 000 024 7
原油消费量(万吨/万元)	0.000 000 000 0	0.000 000 000 0
汽油消费量(万吨/万元)	0.000 001 162 1	0.000 000 744 2
煤油消费量(万吨/万元)	0.000 000 049 6	0.000 000 002 0
柴油消费量(万吨/万元)	0.000 000 630 6	0.000 000 442 8
燃料油消费量(万吨/万元)	0.000 000 000 0	0.000 000 000 0
天然气消费量(亿立方米/万元)	0.000 000 001 7	0.000 000 187 5
电力消费量(亿千瓦小时/万元)	0.000 005 881 1	0.000 002 321 6

四、中国各部门二氧化碳排放量分析

（一）2012年各产业部门单位增加值排放系数分析

单位增加值二氧化碳排放系数表示生产单位增加值而排放的二氧化碳量，是二氧化碳的各部门排放量与各部门增加值（最初投入）之间的比值关系，此系数可以表明各部门排放二氧化碳的强度。下面对各产业部门单位增加值二氧化碳排放系数进行比较分析（见表9.3）。

表9.3　各产业部门单位增加值二氧化碳排放系数

部　门	单位增加值排放系数	部　门	单位增加值排放系数
农林牧渔业	0.000 017 067 0	废弃资源和废旧材料回收加工品	0.000 003 517 0
煤炭开采和洗选业	0.000 535 775 3	电力、热力生产和供应业	0.003 137 927 3
石油和天然气开采业	0.000 096 919 7	燃气生产和供应业	0.000 389 952 0
金属矿采选业	0.000 033 628 0	水的生产和供应业	0.000 020 742 3
非金属矿及其他矿采选业	0.000 103 554 3	建筑业	0.000 011 782 1
食品制造及烟草加工业	0.000 045 403 3	交通运输及仓储业	0.000 272 997 4
纺织业	0.000 069 330 0	邮政业	0.000 040 928 9
纺织服装鞋帽皮革羽绒及其制品业	0.000 014 343 7	信息传输、计算机服务和软件	0.000 000 890 7
木材加工及家具制造业	0.000 027 268 6	批发和零售业	0.000 003 285 2
造纸印刷及文教体育用品制造业	0.000 151 778 7	住宿和餐饮业	0.000 062 238 3
石油加工、炼焦及核燃料加工业	0.002 933 601 5	金融业	0.000 001 551 6
化学工业	0.000 302 866 8	房地产业	0.000 001 591 3
非金属矿物制品业	0.000 516 803 2	租赁和商务服务业	0.000 040 656 9
金属冶炼及压延加工业	0.000 947 678 0	研究与试验发展业	0.000 007 225 5
金属制品业	0.000 023 549 9	综合技术服务业	0.000 026 448 8
通用、专用设备制造业	0.000 032 556 8	水利、环境和公共设施管理业	0.000 035 195 6
交通运输设备制造业	0.000 026 733 5	居民服务和其他服务业	0.000 012 998 7
电气机械及器材制造业	0.000 017 831 3	教育	0.000 008 530 8

续表

部　　门	单位增加值排放系数	部　　门	单位增加值排放系数
通信设备、计算机及其他电子设备制造业	0.000 007 453 5	卫生、社会保障和社会福利业	0.000 013 617 8
仪器仪表	0.000 010 219 7	文化、体育和娱乐业	0.000 008 499 7
其他制造产品	0.000 237 764 4	公共管理和社会组织	0.000 012 107 0

由表9.3可知，单位增加值二氧化碳排放系数最大的前 6 个产业部门是电力、热力生产和供应业，石油加工、炼焦及核燃料加工业，金属冶炼及压延加工业，煤炭开采和洗选业，非金属矿物制品业，燃气生产和供应业，属于二氧化碳重度排放部门。研究与试验发展业，废弃资源和废旧材料回收加工品，批发和零售业，房地产业，金融业，信息传输、计算机服务和软件排放系数较小。

（二）2012 年各产业部门直接排放系数分析

二氧化碳直接排放系数是二氧化碳的排放值与总产出（总投入）的比值，表示生产单位总产品所排放的二氧化碳量，下面对各部门的直接排放系数进行排序分析。

由附表9.5可知，依据碳排放的系数对 42 个部门分类，分为高碳排放系数部门、中碳排放系数部门以及低碳排放系数部门。由直接排放系数表可知，直接排放系数大于0.000 04的部门有 11 个，属于高碳排放系数部门，这些部门基本都属于第二产业，交通运输及仓储业属于第三产业。其中，电力、热力生产和供应业，石油加工、炼焦及核燃料加工业碳排放系数排在前两位，且都属于能源部门。这些部门耗费的能源量大，直接排放系数也最大。作为第三产业的交通运输及仓储业存在着较高的直接碳排放系数，原因在于交通运输工具的使用造成了较高的碳排放，因此对于交通工具的节能减排还有巨大的提升空间。

直接排放系数在0.000 009和0.000 04之间的部门归为中碳排放系数部门。这些部门有 11 个，包括第一产业的农林牧渔业以及第二产业和第三产业中的高碳排放部门。属于第三产业部门的有住宿和餐饮业，邮政业，水利、环境和公共设施管理业，租赁和商务服务业，综合技术服务业。剩余的部门直接碳排放系数小于0.000 009，属于低碳排放部门，主要是第三产业的部门和一些第二产业的低碳排放部门，这些部门有 20 个。其中，仪器仪表，批发和零售业，通信设备、计算机及其他电子设备制造业，房地产业，金融业，信息传输、计算机服务和软件的直接碳排放系数排在最后 6 位，生产单位产品时排放的二氧化碳数量较少。

下面对煤炭和天然气的二氧化碳直接排放系数进行对比分析。消耗煤炭排放二氧化碳较高的 6 个部门为电力、热力生产和供应业，煤炭开采和洗选业，石油加工、炼焦及核燃料加工业，非金属矿物制品业，燃气生产和供应业，金属冶炼及压延加工业，其直接排放系数分别是0.000 798 116 3，0.000 259 212 5，0.000 203 143 2，0.000 118 733 3，0.000 076 734 4和0.000 074 339 0。以上 6 个部门在消耗煤炭时所排放的二氧化碳量较高，其中电力、热力生产和供应业，煤炭开采和洗选业，石油加工、炼焦及核燃料加工业所占比重较大，也是最需要集中解决的部门。

消耗天然气排放二氧化碳较高的 6 个部门是石油和天然气开采业，电力、热力生产和供应业，燃气生产和供应业，交通运输及仓储业，石油加工、炼焦及核燃料加工业，化学工业，其直接排放系数分别为0.000 021 893 9，0.000 010 092 5，0.000 006 518 6，0.000 005 635 6，0.000 005 397 7和0.000 004 716 7，其中，石油和天然气开采业以及电力、热力生产和供应业这两个部门所占比重最大。消耗煤炭和天然气碳排放最高的 6 个部门中交叉的部门为电力、热力生产和供应业、燃气生产和供应业、石油加工、炼焦及核燃料加工业，这三个部门需要特别注意。

(三)2012 年各产业部门完全排放系数分析

完全排放系数等于直接排放系数加间接排放系数，二氧化碳的完全排放系数表示某部门生产单位最终产品时对二氧化碳的完全排放量。

由附表9.6的完全排放系数易知，电力、热力生产和供应业，石油加工、炼焦及核燃料加工业，金属冶炼及压延加工业，煤炭开采和洗选业，非金属矿物制品业，化学工业，金属制品业是二氧化碳完全排放系数数值较大的 7 个部门。如果我们将所有 42 个部门的完全排放系数做归一化处理(附表9.6中“排放合计”那一列，分别将每个部门的排放系数除以所有部门的排放系数之和)，这 7 个部门的排放系数所占百分比均超过 3%。如果将这 7 个部门的排放系数相加，其累计的百分比达到了39.54%；我们把完全排放系数所占百分比大于 2%小于 3%的部门归为第二类，这些部门完全排放的二氧化碳量较多，这些部门有 13 个，其中包括了二氧化碳完全排放量较大的第二产业部门以及一个第三产业部门(交通运输及仓储业)；剩余的 22 个部门归为第三类，这些部门所排放的二氧化碳完全排放系数所占百分比小于 2%。

由消耗煤炭所引起的二氧化碳完全排放系数较大的 6 个部门是电力、热力生产和供应业，煤炭开采和洗选业，非金属矿物制品业，石油加工、炼焦及核燃料加工业，金属冶炼及压延加工业，水的生产和供应业。它们的二氧化碳完全排放系数分别是0.001 365 849 4，0.000 440 634 5，0.000 391 199 9，0.000 379 493 6，0.000 355 347 6，0.000 288 365 4。其中，电力、热力生产和供应业，煤炭开采和洗选业，非金属矿物制品业这 3 个部门在煤炭能源中的二氧化碳完全排放系数最大(将 42 个部门“煤炭”一列的系数做归一化处理,每个部门系数除以所有部门系数和),均超过5%,合计将近30%。

由消耗天然气所引起的二氧化碳完全排放系数较大的6个部门是石油和天然气开采业,石油加工、炼焦及核燃料加工业,燃气生产和供应业,电力、热力生产和供应业,化学工业,交通运输及仓储业。它们的完全排放系数分别是0.000 026 159 5,0.000 023 222 9,0.000 022 528 5,0.000 019 417 5,0.000 015 299 7和0.000 012 973 1。天然气完全排放系数最大的部门是石油和天然气开采业,石油加工、炼焦及核燃料加工业,燃气生产和供应业(将42个部门“天然气”一列的系数做归一化处理,每个部门系数除以所有部门系数和),均超过7%,合计将近25%;电力、热力生产和供应业,化学工业,交通运输及仓储业这3个部门的完全排放系数也较大,所占比例均高于4%。

(四)2012年居民部门二氧化碳排放分析

居民消费支出排放系数表示居民每消费一单位产品时所需能源的二氧化碳排放量。下面对农村居民以及城镇居民的消费支出排放系数及比重进行对比分析。

由表9.4可知,农村居民与城镇居民的消费支出排放系数在结构和数量上都有比较明显的差距。从数量上看,农村居民消费煤炭引起的碳排放系数最大,为0.000 037 582 2,所占比重高达86.65%;城镇居民对天然气的消费排放系数最大,

表9.4 居民消费支出排放系数及比重

能源	农村居民排放系数	比重(%)	城镇居民排放系数	比重(%)
煤炭	0.000 037 582 2	86.65	0.000 002 228 4	22.21
焦炭	0.000 000 119 9	0.28	0.000 000 075 2	0.75
原油	0.000 000 000 0	0.00	0.000 000 000 0	0.00
汽油	0.000 003 486 2	8.04	0.000 002 232 7	22.24
煤油	0.000 000 152 8	0.35	0.000 000 006 3	0.06
柴油	0.000 001 992 7	4.59	0.000 001 399 3	13.94
燃料油	0.000 000 000 0	0.00	0.000 000 000 0	0.00
天然气	0.000 000 037 7	0.09	0.000 004 095 4	40.80
电力	0.000 000 000 0	0.00	0.000 000 000 0	0.00
能源排放合计	0.000 043 371 5	100.00	0.000 010 037 3	100.00

为0.000 004 095 4，所占比例为40.80%，其次是消费汽油引起的碳排放系数，为0.000 002 232 7，比重为22.24%，二者合计所占比例超过 60%，煤炭消费碳排系数与汽油相当，其比重分别为22.21%和 22. 24%。从结构上看，农村居民的能源消费主要集中在煤炭上，而煤炭排放的二氧化碳量比其他能源多，因此有必要对农村居民的能源利用结构进行调整；城镇居民消费天然气和汽油的碳排放量较高，使得单位能源的碳排放量比农村居民少。

五、本部分结论与政策建议

(一) 研究结论

通过以上分析，可得出以下研究结论：

第一，由各产业部门能耗的价值量分析，能耗高的主要是资源型产业。

2012 年中国直接综合能耗系数排在前 5 位的部门分别是石油加工、炼焦及核燃料加工业，燃气生产和供应业，电力、热力生产和供应业，煤炭开采和洗选业，交通运输及仓储业。其中，4 个化石能源部门对整个能源部门的依赖程度尤其高。我国对能源部门完全综合能耗系数最大的 5 个部门是电力、热力生产和供应业，石油加工、炼焦及核燃料加工业，燃气生产和供应业，化学工业，金属冶炼及压延加工业，以资源型产业为主。

第二，由各产业部门能耗的实物量分析，能耗高的也主要是资源型产业。

2012 年中国直接综合消耗系数排在前列的依次是金属冶炼及压延加工业，水的生产和供应业，其他制造产品，非金属矿物制品业，煤炭开采和洗选业，交通运输及仓储业，电力、热力生产和供应业，石油加工、炼焦及核燃料加工业，化学工业，非金属矿及其他矿采选业，石油和天然气开采业。其中，9 个部门都是石油、燃气、电力、煤炭、水、金属、矿物等资源型产业部门。同时，完全综合消耗系数较高的是金属冶炼及压延加工业，非金属矿物制品业，其他制造产品，电力、热力生产和供应业，化学工业，水的生产和供应业，金属制品业，石油加工、炼焦及核燃料加工业，交通运输及仓储业，煤炭开采和洗选业，还是以资源型产业为主。

第三，由各产业部门二氧化碳排放量分析，中国高排放部门主要归属于第二产业。

2012 年直接碳排放系数高的部门基本属于第二产业，只有交通运输及仓储业属于第三产业。其中电力、热力生产和供应业，石油加工、炼焦及核燃料加工业碳排放系数排在前两位，且都属于能源部门。2012 年完全碳排放系数靠前的是电力、热力生产和供应业，石油加工、炼焦及核燃料加工业，金属冶炼及压延加工业，煤炭开采和洗选业,非金属矿物制品业,化学工业,金属制品业,主要原因是这些产业部门直接与间接消耗的化石能源较多。

第四,由各产业部门单位增加值能耗与单位增加值排放量分析,中国能耗与排放强度高的产业仍主要是资源型产业。

2012 年单位增加值能耗排在前 6 位的部门是金属冶炼及压延加工业,其他制造产品,非金属矿物制品业,石油加工、炼焦及核燃料加工业,化学工业以及电力、热力生产和供应业,属于高能耗部门。2012 年单位增加值二氧化碳排放系数最大的前 6 个行业是电力、热力生产和供应业,石油加工、炼焦及核燃料加工业,金属冶炼及压延加工业,煤炭开采和洗选业,非金属矿物制品业,燃气生产和供应业,属于二氧化碳重度排放部门。将各产业部门的能耗强度与排放强度比较,前 6 位中相同的有 4 个部门,都属于资源型部门;二氧化碳重度排放部门都为资源型部门。

第五,由居民能源消费及其二氧化碳排放系数分析,城镇与农村存在一些差异。

从能源消费总量上看,2012 年城镇居民的能源消费系数要比农村居民能源消费系数小得多;同时,城镇居民对电力的依赖性较强,而农村居民对煤炭等化石能源的依赖性较强。2012 年城镇居民与农村居民碳排放系数在结构和数量上存在较为明显的区别。对城镇居民来说,由于天然气和汽油的消费引起的碳排放系数最大,分别为 40.80%和 22.24%,二者占到了较大比重;农村居民由于煤炭消费引起的碳排放系数最大,高达 86.65%。从结构上看,城镇居民的煤炭用得较少,使得单位能源消费中其二氧化碳排放量也较少;而农村居民的能源利用过多地集中在煤炭上,而煤炭排放的二氧化碳量较其他能源多。

(二)政策建议

为实现我国的低碳可持续发展目标,结合本部分的研究结论,我们提出以下政策建议:

第一,实施产业结构战略性调整与供给侧结构性改革,限制高能耗、高排放产业。

通过上述分析可知,我国必须进行战略性的产业结构调整。要以低能耗、低排放为标准发展支柱和重点行业,对高能耗、高排放的产业加以限制。从第二产业看主要限制石油加工、炼焦及核燃料加工业,燃气生产和供应业,电力、热力生产和供应业,煤炭开采和洗选业。从第三产业看,继续由传统服务业向现代服务业过渡。限制交通运输及仓储业,鼓励发展现代金融业,信息传输、计算机服务和软件,研究与试验发展业,综合技术服务业等行业,促进新兴的生产性服务行业快速发展。同时也要鼓励发展教育以及废弃资源和废旧材料回收加工品行业,这两个行业排放低、能耗低,废弃资源回收再利用有利于改善环境、节约资源。此外,政府部门还可以从空间上优化整体产业布局,使得知识密集与技术密集相结合,从而进一步提高资源配置效率。

第二,继续进行能源消耗结构调整,降低煤炭消耗,鼓励风电、光伏电站等清洁能源的使用。

我国 2012 年能源消耗结构大体为煤炭占比 49.8%,近一半的能源消耗都属于煤炭消耗,而煤炭类能源的二氧化碳排放量普遍偏高。如果继续保持现有能源结构,减少碳排放量几乎不可能实现。因此,将农村使用的能源由煤改电,发展风电、光伏电站、地热开采,改变能源消耗结构,降低二氧化碳排放量,也是现阶段更切实可行的方法。

第三,提倡绿色出行、低碳出行,减少汽车尾气的排放。

从需求侧入手,实现我国降低碳排放的目标。交通运输及仓储业对石油加工品的依赖程度最高,直接消耗系数已达到 0.150 6,所以要想减少对石油化工品的消耗,可以转变人们的出行方式,如鼓励居民使用公共交通、电力交通以及新能源汽车,减少汽车尾气排放。

第四,建造绿色建筑、低碳建筑,充分利用太阳能并节能。

提倡在人口密集的城市对高层建筑物进行技术创新与改造,建造绿色建筑和低碳建筑,使建筑物既能充分利用太阳能,也能节能。比如,采用保温材料建造,使居民住宅、办公楼与酒店冬暖夏凉。

第五,通过发展清洁能源,提高大气质量,减少雾霾天的发生。

现阶段我国的能源消耗以煤炭、汽油等化石燃料以及电力为主,这些能源的消耗伴随着大量空气污染物的产生,加重了雾霾。因此,政府应加大新能源技术方面的资金投入,发展清洁能源,并大力推广使用清洁能源。

附表

附表 9. 1　2012 年各部门对能源产业部门的直接消耗系数

部　　门	煤炭开采和洗选业	石油和天然气开采业	石油加工、炼焦及核燃料加工业	电力、热力生产和供应业	燃气生产和供应业	合计
农林牧渔业	0.000 1	0.000 0	0.016 2	0.009 9	0.000 0	0.026 2
煤炭开采和洗选业	0.159 7	0.000 3	0.006 6	0.039 6	0.000 0	0.206 2
石油和天然气开采业	0.002 6	0.008 3	0.031 7	0.045 2	0.000 1	0.087 9
金属矿采选业	0.006 0	0.000 7	0.050 6	0.098 1	0.000 0	0.155 4
非金属矿及其他矿采选业	0.010 2	0.001 4	0.058 4	0.066 6	0.000 0	0.136 7
食品制造及烟草加工业	0.002 1	0.000 0	0.001 6	0.008 2	0.000 0	0.011 9
纺织业	0.003 2	0.000 0	0.001 2	0.019 4	0.000 0	0.023 7
纺织服装鞋帽皮革羽绒及其制品业	0.001 5	0.000 0	0.001 7	0.007 5	0.000 0	0.010 7
木材加工及家具制造业	0.002 8	0.000 0	0.005 1	0.019 9	0.000 0	0.027 8
造纸印刷及文教体育用品制造业	0.009 3	0.000 0	0.003 4	0.019 0	0.000 1	0.031 8
石油加工、炼焦及核燃料加工业	0.057 4	0.560 8	0.070 9	0.016 2	0.000 9	0.706 1
化学工业	0.017 9	0.011 5	0.061 5	0.041 9	0.001 1	0.133 8
非金属矿物制品业	0.050 8	0.001 6	0.038 0	0.056 9	0.000 2	0.147 5
金属冶炼及压延加工业	0.026 6	0.000 4	0.046 2	0.042 5	0.000 3	0.115 9
金属制品业	0.004 2	0.000 6	0.007 0	0.045 6	0.000 7	0.058 2
通用、专用设备制造业	0.002 1	0.000 5	0.005 0	0.016 6	0.000 7	0.024 8
交通运输设备制造业	0.000 5	0.000 2	0.003 5	0.009 0	0.000 0	0.013 2
电气机械及器材制造业	0.000 4	0.000 0	0.003 4	0.012 0	0.000 1	0.015 9
通信设备、计算机及其他电子设备制造业	0.000 0	0.000 0	0.002 1	0.008 7	0.000 1	0.011 0
仪器仪表	0.000 0	0.000 0	0.003 4	0.010 2	0.000 0	0.013 6

续表

部　　门	煤炭开采和洗选业	石油和天然气开采业	石油加工、炼焦及核燃料加工业	电力、热力生产和供应业	燃气生产和供应业	合计
其他制造产品	0.032 0	0.000 0	0.009 5	0.011 6	0.002 4	0.055 5
废弃资源和废旧材料回收加工品	0.002 3	0.000 0	0.005 3	0.010 4	0.000 1	0.018 1
电力、热力生产和供应业	0.181 8	0.009 9	0.039 4	0.326 4	0.001 3	0.558 8
燃气生产和供应业	0.065 6	0.453 8	0.014 7	0.021 8	0.103 9	0.659 7
水的生产和供应业	0.001 2	0.000 0	0.002 2	0.157 6	0.000 2	0.161 2
建筑业	0.000 3	0.000 0	0.012 7	0.013 0	0.000 0	0.025 9
交通运输及仓储业	0.000 9	0.000 0	0.150 6	0.010 3	0.011 3	0.173 1
邮政业	0.000 9	0.000 0	0.026 6	0.006 0	0.000 6	0.034 1
信息传输、计算机服务和软件	0.000 0	0.000 0	0.001 9	0.012 2	0.000 0	0.014 1
批发和零售业	0.000 0	0.000 0	0.002 9	0.010 6	0.000 0	0.013 6
住宿和餐饮业	0.000 2	0.000 0	0.003 1	0.008 0	0.003 0	0.014 3
金融业	0.000 0	0.000 0	0.004 1	0.005 6	0.000 0	0.009 7
房地产业	0.000 1	0.000 0	0.001 7	0.004 8	0.001 8	0.008 4
租赁和商务服务业	0.000 0	0.000 0	0.059 4	0.002 3	0.000 2	0.061 9
研究与试验发展业	0.000 5	0.000 0	0.004 2	0.014 2	0.000 2	0.019 2
综合技术服务业	0.000 5	0.000 0	0.035 6	0.003 3	0.000 2	0.039 5
水利、环境和公共设施管理业	0.002 8	0.000 0	0.020 0	0.028 5	0.002 9	0.054 2
居民服务和其他服务业	0.001 1	0.000 0	0.007 2	0.013 9	0.004 2	0.026 5
教育	0.001 3	0.000 0	0.006 8	0.005 6	0.001 1	0.014 8
卫生、社会保障和社会福利业	0.001 6	0.000 0	0.002 0	0.006 6	0.000 5	0.010 7
文化、体育和娱乐业	0.000 9	0.000 0	0.003 9	0.006 8	0.001 1	0.012 8
公共管理和社会组织	0.000 9	0.000 0	0.018 3	0.008 9	0.000 3	0.028 4

附表 9.2　2012 年各部门对能源产业部门的完全消耗系数

部　　门	煤炭开采和洗选业	石油和天然气开采业	石油加工、炼焦及核燃料加工业	电力、热力生产和供应业	燃气生产和供应业	合计
农林牧渔业	0.021 0	0.032 7	0.051 7	0.047 6	0.001 1	0.154 0
煤炭开采和洗选业	0.228 3	0.032 2	0.050 5	0.113 3	0.001 5	0.425 9
石油和天然气开采业	0.043 2	0.054 3	0.075 3	0.116 0	0.001 3	0.290 1
金属矿采选业	0.076 8	0.074 8	0.120 9	0.225 3	0.002 2	0.500 0
非金属矿及其他矿采选业	0.070 2	0.076 3	0.122 6	0.162 3	0.002 2	0.433 7
食品制造及烟草加工业	0.026 0	0.031 6	0.049 8	0.056 0	0.001 7	0.165 1
纺织业	0.045 7	0.043 0	0.064 2	0.104 4	0.002 0	0.259 3
纺织服装鞋帽皮革羽绒及其制品业	0.038 3	0.039 9	0.060 2	0.083 6	0.002 0	0.224 0
木材加工及家具制造业	0.048 5	0.047 9	0.073 7	0.109 5	0.002 3	0.281 9
造纸印刷及文教体育用品制造业	0.064 2	0.051 8	0.079 0	0.114 3	0.002 4	0.311 8
石油加工、炼焦及核燃料加工业	0.114 7	0.649 1	0.140 5	0.115 6	0.002 6	1.022 4
化学工业	0.095 0	0.122 2	0.171 2	0.166 7	0.004 2	0.559 3
非金属矿物制品业	0.140 2	0.079 3	0.124 8	0.186 0	0.002 8	0.533 1
金属冶炼及压延加工业	0.114 8	0.088 7	0.146 3	0.195 8	0.002 6	0.548 2
金属制品业	0.088 1	0.067 6	0.106 4	0.192 8	0.003 4	0.458 4
通用、专用设备制造业	0.064 0	0.057 7	0.090 5	0.130 3	0.003 5	0.346 0
交通运输设备制造业	0.055 2	0.054 6	0.085 9	0.110 9	0.002 6	0.309 2
电气机械及器材制造业	0.072 3	0.065 7	0.103 6	0.140 3	0.002 8	0.384 7
通信设备、计算机及其他电子设备制造业	0.046 4	0.047 8	0.074 0	0.100 6	0.002 4	0.271 1
仪器仪表	0.049 9	0.048 7	0.076 5	0.104 8	0.002 4	0.282 3
其他制造产品	0.093 7	0.062 4	0.093 6	0.113 6	0.005 3	0.368 6
废弃资源和废旧材料回收加工品	0.018 9	0.018 0	0.028 4	0.038 8	0.000 9	0.105 1

续表

部门	煤炭开采和洗选业	石油和天然气开采业	石油加工、炼焦及核燃料加工业	电力、热力生产和供应业	燃气生产和供应业	合计
电力、热力生产和供应业	0.350 7	0.076 9	0.103 5	0.547 2	0.003 6	1.082 0
燃气生产和供应业	0.126 7	0.557 0	0.076 4	0.115 6	0.117 5	0.993 3
水的生产和供应业	0.076 6	0.035 0	0.050 9	0.289 3	0.002 1	0.454 0
建筑业	0.071 1	0.062 4	0.100 2	0.127 0	0.002 4	0.363 2
交通运输及仓储业	0.041 0	0.137 6	0.226 4	0.068 3	0.016 2	0.489 4
邮政业	0.026 9	0.047 7	0.078 5	0.051 8	0.003 0	0.207 9
信息传输、计算机服务和软件	0.023 8	0.024 6	0.038 8	0.059 3	0.001 3	0.147 8
批发和零售业	0.012 7	0.018 5	0.030 1	0.033 5	0.001 2	0.096 1
住宿和餐饮业	0.018 8	0.025 2	0.037 5	0.045 4	0.004 6	0.131 6
金融业	0.013 3	0.019 3	0.031 3	0.030 7	0.001 2	0.095 7
房地产业	0.008 8	0.011 6	0.017 2	0.021 0	0.002 7	0.061 2
租赁和商务服务业	0.034 9	0.072 6	0.121 2	0.063 0	0.002 7	0.294 3
研究与试验发展业	0.036 4	0.041 9	0.064 7	0.081 3	0.002 4	0.226 7
综合技术服务业	0.033 8	0.059 1	0.096 7	0.063 8	0.002 3	0.255 8
水利、环境和公共设施管理业	0.040 5	0.047 5	0.073 1	0.093 7	0.005 4	0.260 1
居民服务和其他服务业	0.028 8	0.034 0	0.049 5	0.064 1	0.006 4	0.182 7
教育	0.013 6	0.017 9	0.027 8	0.027 6	0.002 2	0.089 1
卫生、社会保障和社会福利业	0.044 6	0.053 3	0.076 2	0.083 4	0.002 7	0.260 3
文化、体育和娱乐业	0.022 5	0.027 3	0.042 1	0.046 6	0.003 1	0.141 6
公共管理和社会组织	0.019 7	0.031 6	0.051 6	0.042 5	0.002 0	0.147 4

附表 9.3　2012 年各产业部门

部　门	煤炭	焦炭	原油	汽油
农林牧渔业	0.000 001 975 1	0.000 000 064 3	0.000 000 000 0	0.000 000 215 7
煤炭开采和洗选业	0.000 116 238 8	0.000 000 290 6	0.000 000 000 0	0.000 000 072 6
石油和天然气开采业	0.000 003 896 7	0.000 000 000 0	0.000 008 565 0	0.000 000 116 1
金属矿采选业	0.000 002 507 1	0.000 001 116 4	0.000 000 000 1	0.000 000 115 0
非金属矿及其他矿采选业	0.000 012 705 3	0.000 000 726 6	0.000 000 372 9	0.000 000 206 3
食品制造及烟草加工业	0.000 004 377 3	0.000 000 016 4	0.000 000 000 1	0.000 000 058 0
纺织业	0.000 005 646 7	0.000 000 008 4	0.000 000 000 0	0.000 000 046 2
纺织服装鞋帽皮革羽绒及其制品业	0.000 001 036 6	0.000 000 011 8	0.000 000 000 5	0.000 000 084 1
木材加工及家具制造业	0.000 002 427 5	0.000 000 022 2	0.000 000 000 9	0.000 000 068 0
造纸印刷及文教体育用品制造业	0.000 015 612 3	0.000 000 018 8	0.000 000 000 4	0.000 000 078 2
石油加工、炼焦及核燃料加工业	0.000 091 095 6	0.000 000 184 1	0.000 105 998 5	0.000 000 102 0
化学工业	0.000 016 610 7	0.000 002 157 6	0.000 002 529 1	0.000 000 066 0
非金属矿物制品业	0.000 053 243 6	0.000 001 623 7	0.000 000 016 7	0.000 000 071 2
金属冶炼及压延加工业	0.000 033 335 9	0.000 031 120 8	0.000 000 000 2	0.000 000 019 6
金属制品业	0.000 001 117 7	0.000 000 325 7	0.000 000 000 0	0.000 000 071 5
通用、专用设备制造业	0.000 000 953 3	0.000 001 240 4	0.000 000 000 1	0.000 000 088 0
交通运输设备制造业	0.000 001 260 1	0.000 000 307 3	0.000 000 000 1	0.000 000 073 0
电气机械及器材制造业	0.000 000 982 2	0.000 000 036 0	0.000 000 000 1	0.000 000 056 3
通信设备、计算机及其他电子设备制造业	0.000 000 378 9	0.000 000 003 7	0.000 000 000 0	0.000 000 021 6
仪器仪表	0.000 000 561 7	0.000 000 076 7	0.000 000 000 0	0.000 000 091 5
其他制造产品	0.000 021 487 9	0.000 000 020 0	0.000 000 000 0	0.000 000 073 7
废弃资源和废旧材料回收加工品	0.000 000 341 5	0.000 000 474 6	0.000 000 000 0	0.000 000 015 2
电力、热力生产和供应业	0.000 357 899 7	0.000 000 001 0	0.000 000 005 1	0.000 000 057 0
燃气生产和供应业	0.000 034 410 0	0.000 000 239 8	0.000 000 000 0	0.000 000 084 5
水的生产和供应业	0.000 003 742 3	0.000 000 002 4	0.000 000 000 0	0.000 000 205 8
建筑业	0.000 000 543 5	0.000 000 004 6	0.000 000 000 0	0.000 000 207 0
交通运输及仓储业	0.000 000 992 3	0.000 000 000 1	0.000 000 198 5	0.000 006 240 0
邮政业	0.000 000 962 7	0.000 000 000 0	0.000 000 035 1	0.000 001 102 5
信息传输、计算机服务和软件	0.000 000 000 0	0.000 000 000 1	0.000 000 000 0	0.000 000 064 7
批发和零售业	0.000 000 333 5	0.000 000 006 9	0.000 000 000 0	0.000 000 205 8
住宿和餐饮业	0.000 009 091 1	0.000 000 007 4	0.000 000 000 0	0.000 000 221 0
金融业	0.000 000 000 0	0.000 000 000 2	0.000 000 000 0	0.000 000 144 1
房地产业	0.000 000 108 3	0.000 000 000 1	0.000 000 000 0	0.000 000 057 4
租赁和商务服务业	0.000 000 041 8	0.000 000 002 7	0.000 000 000 0	0.000 002 068 1
研究与试验发展业	0.000 000 812 4	0.000 000 000 2	0.000 000 000 0	0.000 000 147 7
综合技术服务业	0.000 000 763 7	0.000 000 001 6	0.000 000 000 0	0.000 001 237 2
水利、环境和公共设施管理业	0.000 004 158 7	0.000 000 000 9	0.000 000 000 0	0.000 000 697 1
居民服务和其他服务业	0.000 001 714 2	0.000 000 000 3	0.000 000 000 0	0.000 000 251 4
教育	0.000 001 984 1	0.000 000 000 3	0.000 000 000 0	0.000 000 237 1
卫生、社会保障和社会福利业	0.000 002 410 1	0.000 000 000 1	0.000 000 000 0	0.000 000 070 5
文化、体育和娱乐业	0.000 001 379 4	0.000 000 000 2	0.000 000 000 0	0.000 000 134 0
公共管理和社会组织	0.000 001 385 4	0.000 000 000 8	0.000 000 000 0	0.000 000 636 6

能源直接消耗系数

煤油	柴油	燃料油	天然气	电力	能源消耗总量
0.000 000 001 3	0.000 001 493 5	0.000 000 002 2	0.000 000 000 7	0.000 001 132 4	0.000 007 587 0
0.000 000 009 6	0.000 000 956 1	0.000 000 004 1	0.000 000 033 2	0.000 003 905 9	0.000 054 820 4
0.000 000 000 0	0.000 000 517 0	0.000 000 108 2	0.000 001 002 5	0.000 003 235 6	0.000 031 049 5
0.000 000 003 5	0.000 001 188 5	0.000 000 000 7	0.000 000 000 2	0.000 006 139 0	0.000 024 226 1
0.000 000 000 6	0.000 003 228 2	0.000 000 034 0	0.000 000 142 6	0.000 005 512 1	0.000 031 620 3
0.000 000 000 2	0.000 000 103 1	0.000 000 016 4	0.000 000 014 7	0.000 001 084 7	0.000 006 593 2
0.000 000 000 3	0.000 000 055 2	0.000 000 024 1	0.000 000 005 9	0.000 003 960 3	0.000 017 378 1
0.000 000 002 1	0.000 000 099 5	0.000 000 020 7	0.000 000 003 5	0.000 001 176 5	0.000 004 832 5
0.000 000 000 7	0.000 000 117 3	0.000 000 002 6	0.000 000 005 5	0.000 001 652 9	0.000 007 211 3
0.000 000 001 4	0.000 000 123 6	0.000 000 031 8	0.000 000 023 1	0.000 002 555 9	0.000 015 421 4
0.000 000 000 5	0.000 000 052 2	0.000 003 269 1	0.000 000 247 1	0.000 001 486 8	0.000 045 273 7
0.000 000 003 3	0.000 000 118 1	0.000 000 431 5	0.000 000 216 0	0.000 004 583 8	0.000 036 405 3
0.000 000 010 1	0.000 000 559 3	0.000 000 496 0	0.000 000 147 4	0.000 006 332 5	0.000 063 085 9
0.000 000 002 3	0.000 000 132 5	0.000 000 065 1	0.000 000 053 7	0.000 008 209 4	0.000 067 655 0
0.000 000 004 6	0.000 000 121 9	0.000 000 022 9	0.000 000 022 8	0.000 003 218 1	0.000 011 970 5
0.000 000 004 7	0.000 000 108 4	0.000 000 003 5	0.000 000 018 9	0.000 001 481 8	0.000 007 154 8
0.000 000 016 1	0.000 000 129 4	0.000 000 016 9	0.000 000 038 5	0.000 001 265 7	0.000 006 052 9
0.000 000 001 0	0.000 000 065 6	0.000 000 008 1	0.000 000 012 0	0.000 001 226 6	0.000 004 661 7
0.000 000 000 5	0.000 000 030 8	0.000 000 005 0	0.000 000 010 7	0.000 001 181 3	0.000 004 118 8
0.000 000 004 1	0.000 000 094 1	0.000 000 006 6	0.000 000 009 9	0.000 001 482 0	0.000 005 692 8
0.000 000 000 9	0.000 000 151 8	0.000 000 011 6	0.000 000 026 9	0.000 017 419 7	0.000 064 378 0
0.000 000 000 2	0.000 000 084 8	0.000 000 030 3	0.000 000 004 7	0.000 000 479 9	0.000 002 542 4
0.000 000 000 1	0.000 000 152 3	0.000 000 046 2	0.000 000 462 1	0.000 013 485 6	0.000 048 896 3
0.000 000 000 0	0.000 000 074 6	0.000 000 006 1	0.000 000 298 5	0.000 003 487 2	0.000 022 211 7
0.000 000 000 0	0.000 000 101 7	0.000 000 000 0	0.000 000 010 9	0.000 020 124 2	0.000 065 563 6
0.000 000 005 7	0.000 000 373 7	0.000 000 019 5	0.000 000 000 9	0.000 000 438 9	0.000 004 449 4
0.000 002 971 3	0.000 017 835 4	0.000 002 301 0	0.000 000 258 0	0.000 001 499 6	0.000 052 379 7
0.000 000 525 0	0.000 003 151 3	0.000 000 406 6	0.000 000 014 5	0.000 000 871 7	0.000 010 209 0
0.000 000 003 3	0.000 000 064 0	0.000 000 000 9	0.000 000 000 4	0.000 001 837 5	0.000 003 976 6
0.000 000 029 5	0.000 000 235 6	0.000 000 008 9	0.000 000 001 0	0.000 001 885 7	0.000 005 637 7
0.000 000 031 6	0.000 000 253 0	0.000 000 009 6	0.000 000 162 6	0.000 001 417 8	0.000 019 190 3
0.000 000 007 3	0.000 000 142 6	0.000 000 002 0	0.000 000 000 6	0.000 000 835 4	0.000 002 374 4
0.000 000 002 9	0.000 000 056 8	0.000 000 000 8	0.000 000 026 6	0.000 000 725 9	0.000 002 420 2
0.000 000 105 0	0.000 002 045 7	0.000 000 028 2	0.000 000 003 1	0.000 000 340 2	0.000 010 854 1
0.000 000 007 5	0.000 000 146 1	0.000 000 002 0	0.000 000 003 1	0.000 002 133 9	0.000 005 965 0
0.000 000 062 8	0.000 001 223 8	0.000 000 016 9	0.000 000 002 5	0.000 000 496 3	0.000 007 941 9
0.000 000 035 4	0.000 000 689 6	0.000 000 009 5	0.000 000 041 5	0.000 004 277 4	0.000 017 591 5
0.000 000 012 8	0.000 000 248 7	0.000 000 003 4	0.000 000 060 9	0.000 002 094 9	0.000 008 677 4
0.000 000 012 0	0.000 000 234 6	0.000 000 003 2	0.000 000 015 4	0.000 000 843 9	0.000 005 455 1
0.000 000 003 6	0.000 000 069 8	0.000 000 001 0	0.000 000 007 1	0.000 000 987 1	0.000 005 243 3
0.000 000 006 8	0.000 000 132 5	0.000 000 001 8	0.000 000 016 5	0.000 001 028 4	0.000 004 643 7
0.000 000 032 3	0.000 000 629 7	0.000 000 008 7	0.000 000 004 1	0.000 001 329 2	0.000 007 427 7

附表 9.4　2012 年各产业部门

部　　门	煤炭	焦炭	原油	汽油
农林牧渔业	0.000 033 042 7	0.000 001 455 5	0.000 006 316 8	0.000 000 659 8
煤炭开采和洗选业	0.000 197 593 9	0.000 005 732 8	0.000 005 929 0	0.000 000 722 5
石油和天然气开采业	0.000 066 759 8	0.000 004 517 6	0.000 017 348 7	0.000 000 558 4
金属矿采选业	0.000 114 133 3	0.000 006 103 3	0.000 013 946 6	0.000 000 987 0
非金属矿及其他矿采选业	0.000 103 388 9	0.000 006 064 9	0.000 014 617 8	0.000 001 048 7
食品制造及烟草加工业	0.000 041 190 6	0.000 001 707 1	0.000 006 021 3	0.000 000 916 6
纺织业	0.000 069 576 2	0.000 002 527 8	0.000 008 213 1	0.000 000 877 8
纺织服装鞋帽皮革羽绒及其制品业	0.000 055 659 7	0.000 002 477 1	0.000 007 615 1	0.000 000 984 0
木材加工及家具制造业	0.000 068 988 9	0.000 004 657 7	0.000 009 086 3	0.000 001 056 5
造纸印刷及文教体育用品制造业	0.000 094 300 1	0.000 007 609 8	0.000 009 869 6	0.000 001 035 5
石油加工、炼焦及核燃料加工业	0.000 170 176 5	0.000 004 064 7	0.000 126 844 2	0.000 000 764 3
化学工业	0.000 125 163 8	0.000 007 272 5	0.000 023 944 6	0.000 001 085 0
非金属矿物制品业	0.000 175 426 0	0.000 008 041 1	0.000 014 695 6	0.000 001 102 9
金属冶炼及压延加工业	0.000 159 348 7	0.000 052 292 5	0.000 016 667 7	0.000 000 905 3
金属制品业	0.000 122 702 4	0.000 023 655 0	0.000 012 460 3	0.000 001 059 4
通用、专用设备制造业	0.000 089 122 4	0.000 018 334 7	0.000 010 688 6	0.000 001 120 5
交通运输设备制造业	0.000 078 997 2	0.000 014 583 7	0.000 010 245 8	0.000 001 161 6
电气机械及器材制造业	0.000 101 924 0	0.000 020 528 9	0.000 012 413 7	0.000 001 095 9
通信设备、计算机及其他电子设备制造业	0.000 067 056 5	0.000 008 306 7	0.000 009 057 8	0.000 000 984 9
仪器仪表	0.000 071 769 3	0.000 010 418 7	0.000 009 186 1	0.000 001 079 4
其他制造产品	0.000 104 117 4	0.000 008 634 7	0.000 011 697 2	0.000 001 048 9
废弃资源和废旧材料回收加工品	0.000 024 335 8	0.000 003 024 9	0.000 003 414 3	0.000 000 340 7
电力、热力生产和供应业	0.000 612 488 5	0.000 004 275 7	0.000 011 893 7	0.000 000 750 2
燃气生产和供应业	0.000 110 982 8	0.000 003 749 3	0.000 013 144 5	0.000 000 817 3
水的生产和供应业	0.000 129 311 9	0.000 002 818 8	0.000 006 201 5	0.000 000 810 1
建筑业	0.000 097 193 7	0.000 013 220 7	0.000 011 766 9	0.000 001 215 6
交通运输及仓储业	0.000 059 780 1	0.000 003 389 9	0.000 025 705 4	0.000 007 810 7
邮政业	0.000 038 998 7	0.000 003 345 7	0.000 009 050 9	0.000 002 273 5
信息传输、计算机服务和软件	0.000 035 946 1	0.000 003 381 4	0.000 004 625 2	0.000 000 716 0
批发和零售业	0.000 020 039 0	0.000 001 204 5	0.000 003 478 2	0.000 000 897 4
住宿和餐饮业	0.000 038 154 1	0.000 001 245 2	0.000 004 494 9	0.000 000 877 6
金融业	0.000 020 355 7	0.000 001 353 3	0.000 003 636 8	0.000 000 773 2
房地产业	0.000 013 120 4	0.000 000 928 7	0.000 002 011 3	0.000 000 394 2
租赁和商务服务业	0.000 050 771 2	0.000 004 607 2	0.000 013 927 7	0.000 003 180 0
研究与试验发展业	0.000 053 166 3	0.000 004 573 1	0.000 007 934 2	0.000 001 113 5
综合技术服务业	0.000 048 364 5	0.000 004 624 0	0.000 011 336 6	0.000 002 281 3
水利、环境和公共设施管理业	0.000 060 248 2	0.000 003 196 5	0.000 008 741 8	0.000 001 530 3
居民服务和其他服务业	0.000 041 875 0	0.000 003 145 2	0.000 006 063 7	0.000 000 901 8
教育	0.000 020 255 8	0.000 001 048 4	0.000 003 292 7	0.000 000 649 7
卫生、社会保障和社会福利业	0.000 060 980 9	0.000 003 702 8	0.000 010 290 5	0.000 000 742 3
文化、体育和娱乐业	0.000 033 422 0	0.000 001 946 1	0.000 005 045 0	0.000 000 930 8
公共管理和社会组织	0.000 029 832 0	0.000 001 684 6	0.000 005 970 9	0.000 001 353 2

能源完全消耗系数

煤油	柴油	燃料油	天然气	电力	能源消耗总量
0.000 000 134 6	0.000 002 840 3	0.000 000 380 4	0.000 000 137 0	0.000 004 308 4	0.000 032 124 8
0.000 000 217 3	0.000 002 731 1	0.000 000 403 3	0.000 000 201 2	0.000 009 787 2	0.000 101 507 3
0.000 000 130 0	0.000 001 933 0	0.000 000 532 4	0.000 001 197 8	0.000 008 473 2	0.000 067 660 9
0.000 000 290 1	0.000 003 579 1	0.000 000 732 3	0.000 000 299 7	0.000 014 513 5	0.000 079 876 9
0.000 000 280 4	0.000 005 435 0	0.000 000 794 6	0.000 000 429 4	0.000 012 604 0	0.000 084 441 3
0.000 000 261 3	0.000 002 816 2	0.000 000 477 7	0.000 000 163 3	0.000 005 352 1	0.000 039 276 7
0.000 000 251 8	0.000 002 498 4	0.000 000 636 3	0.000 000 241 0	0.000 012 442 8	0.000 072 138 9
0.000 000 281 9	0.000 002 507 2	0.000 000 617 6	0.000 000 216 1	0.000 009 316 8	0.000 056 954 0
0.000 000 325 8	0.000 002 869 6	0.000 000 670 9	0.000 000 249 1	0.000 009 116 5	0.000 060 293 6
0.000 000 308 5	0.000 002 659 0	0.000 000 748 6	0.000 000 298 2	0.000 011 355 3	0.000 079 993 5
0.000 000 193 4	0.000 002 105 8	0.000 004 032 2	0.000 001 063 3	0.000 008 853 6	0.000 107 228 7
0.000 000 325 1	0.000 002 841 5	0.000 001 652 1	0.000 000 700 5	0.000 014 670 2	0.000 115 236 5
0.000 000 362 8	0.000 003 657 4	0.000 001 457 1	0.000 000 513 8	0.000 016 462 9	0.000 142 634 5
0.000 000 295 0	0.000 002 795 1	0.000 000 916 1	0.000 000 384 6	0.000 021 322 8	0.000 163 324 7
0.000 000 338 7	0.000 002 855 1	0.000 000 811 0	0.000 000 348 7	0.000 016 600 6	0.000 110 114 1
0.000 000 344 9	0.000 002 793 5	0.000 000 724 6	0.000 000 296 7	0.000 012 269 2	0.000 086 675 5
0.000 000 379 2	0.000 002 918 9	0.000 000 748 4	0.000 000 316 6	0.000 011 233 2	0.000 079 888 6
0.000 000 342 9	0.000 002 848 9	0.000 000 841 4	0.000 000 334 8	0.000 013 726 1	0.000 098 496 8
0.000 000 301 1	0.000 002 393 6	0.000 000 663 7	0.000 000 263 0	0.000 009 943 6	0.000 064 937 0
0.000 000 325 7	0.000 002 600 2	0.000 000 679 2	0.000 000 259 9	0.000 010 445 6	0.000 070 360 2
0.000 000 320 5	0.000 002 828 6	0.000 000 822 1	0.000 000 335 0	0.000 027 399 1	0.000 136 977 4
0.000 000 117 5	0.000 000 952 9	0.000 000 269 4	0.000 000 089 0	0.000 002 906 1	0.000 021 011 9
0.000 000 210 7	0.000 002 133 8	0.000 000 637 1	0.000 000 889 1	0.000 025 638 9	0.000 124 514 4
0.000 000 229 9	0.000 002 275 2	0.000 000 553 2	0.000 001 031 5	0.000 010 537 0	0.000 079 118 3
0.000 000 171 0	0.000 001 551 6	0.000 000 409 1	0.000 000 271 0	0.000 028 517 6	0.000 112 519 3
0.000 000 338 4	0.000 003 164 0	0.000 000 871 5	0.000 000 304 7	0.000 010 980 6	0.000 088 049 8
0.000 003 602 0	0.000 022 082 0	0.000 003 609 1	0.000 000 594 0	0.000 006 515 7	0.000 102 108 0
0.000 000 960 6	0.000 006 145 2	0.000 001 071 1	0.000 000 191 9	0.000 005 162 1	0.000 046 353 4
0.000 000 180 3	0.000 001 498 5	0.000 000 332 4	0.000 000 124 3	0.000 006 180 4	0.000 033 419 3
0.000 000 228 0	0.000 001 713 6	0.000 000 283 6	0.000 000 080 3	0.000 003 866 7	0.000 021 890 0
0.000 000 230 6	0.000 002 161 5	0.000 000 352 0	0.000 000 277 1	0.000 004 816 2	0.000 044 114 6
0.000 000 156 8	0.000 001 385 7	0.000 000 249 9	0.000 000 085 4	0.000 003 203 4	0.000 020 618 0
0.000 000 080 5	0.000 000 720 7	0.000 000 136 8	0.000 000 075 2	0.000 002 183 4	0.000 013 170 6
0.000 000 463 0	0.000 004 741 0	0.000 000 804 5	0.000 000 239 2	0.000 006 335 3	0.000 058 106 5
0.000 000 299 7	0.000 002 489 6	0.000 000 585 8	0.000 000 215 2	0.000 008 137 9	0.000 051 068 0
0.000 000 350 8	0.000 003 515 6	0.000 000 673 9	0.000 000 219 0	0.000 006 250 1	0.000 052 473 0
0.000 000 304 6	0.000 002 846 2	0.000 000 584 8	0.000 000 251 3	0.000 009 795 0	0.000 058 284 2
0.000 000 222 9	0.000 001 863 4	0.000 000 434 1	0.000 000 224 1	0.000 006 656 5	0.000 041 615 9
0.000 000 154 7	0.000 001 285 7	0.000 000 245 8	0.000 000 094 1	0.000 002 813 1	0.000 020 804 2
0.000 000 217 4	0.000 001 808 2	0.000 000 731 6	0.000 000 303 3	0.000 007 803 2	0.000 057 332 6
0.000 000 281 9	0.000 002 172 8	0.000 000 427 8	0.000 000 150 8	0.000 004 820 6	0.000 033 538 3
0.000 000 288 2	0.000 002 454 0	0.000 000 427 7	0.000 000 129 8	0.000 004 388 3	0.000 031 818 6

附表 9.5 2012 年各部门

部 门	煤炭	焦炭	原油	汽油
农林牧渔业	0.000 004 404 4	0.000 000 195 4	0.000 000 000 0	0.000 000 647 0
煤炭开采和洗选业	0.000 259 212 5	0.000 000 883 4	0.000 000 000 0	0.000 000 217 7
石油和天然气开采业	0.000 008 689 7	0.000 000 000 0	0.000 026 294 7	0.000 000 348 3
金属矿采选业	0.000 005 590 8	0.000 003 394 0	0.000 000 000 2	0.000 000 345 1
非金属矿及其他矿采选业	0.000 028 332 7	0.000 002 208 9	0.000 001 144 9	0.000 000 619 0
食品制造及烟草加工业	0.000 009 761 3	0.000 000 049 7	0.000 000 000 3	0.000 000 173 9
纺织业	0.000 012 592 1	0.000 000 025 6	0.000 000 000 0	0.000 000 138 5
纺织服装鞋帽皮革羽绒及其制品业	0.000 002 311 7	0.000 000 035 7	0.000 000 001 6	0.000 000 252 2
木材加工及家具制造业	0.000 005 413 4	0.000 000 067 5	0.000 000 002 8	0.000 000 204 0
造纸印刷及文教体育用品制造业	0.000 034 815 4	0.000 000 057 1	0.000 000 001 3	0.000 000 234 5
石油加工、炼焦及核燃料加工业	0.000 203 143 2	0.000 000 559 6	0.000 325 415 5	0.000 000 306 0
化学工业	0.000 037 041 9	0.000 006 559 1	0.000 007 764 3	0.000 000 198 1
非金属矿物制品业	0.000 118 733 3	0.000 004 936 2	0.000 000 051 2	0.000 000 213 5
金属冶炼及压延加工业	0.000 074 339 0	0.000 094 607 1	0.000 000 000 7	0.000 000 058 8
金属制品业	0.000 002 492 6	0.000 000 990 2	0.000 000 000 1	0.000 000 214 5
通用、专用设备制造业	0.000 002 125 8	0.000 003 770 8	0.000 000 000 3	0.000 000 263 9
交通运输设备制造业	0.000 002 809 9	0.000 000 934 2	0.000 000 000 4	0.000 000 219 0
电气机械及器材制造业	0.000 002 190 4	0.000 000 109 6	0.000 000 000 4	0.000 000 169 0
通信设备、计算机及其他电子设备制造业	0.000 000 844 9	0.000 000 011 4	0.000 000 000 0	0.000 000 064 9
仪器仪表	0.000 001 252 5	0.000 000 233 2	0.000 000 000 0	0.000 000 274 4
其他制造产品	0.000 047 918 0	0.000 000 060 9	0.000 000 000 0	0.000 000 221 2
废弃资源和废旧材料回收加工品	0.000 000 761 5	0.000 001 442 8	0.000 000 000 0	0.000 000 045 5
电力、热力生产和供应业	0.000 798 116 3	0.000 000 003 1	0.000 000 015 5	0.000 000 171 0
燃气生产和供应业	0.000 076 734 4	0.000 000 729 1	0.000 000 000 0	0.000 000 253 6
水的生产和供应业	0.000 008 345 4	0.000 000 007 1	0.000 000 000 0	0.000 000 617 3
建筑业	0.000 001 212 1	0.000 000 013 8	0.000 000 000 0	0.000 000 620 9
交通运输及仓储业	0.000 002 212 9	0.000 000 000 5	0.000 000 609 5	0.000 018 720 0
邮政业	0.000 002 146 9	0.000 000 000 1	0.000 000 107 7	0.000 003 307 6
信息传输、计算机服务和软件	0.000 000 000 0	0.000 000 000 3	0.000 000 000 0	0.000 000 194 1
批发和零售业	0.000 000 743 7	0.000 000 020 8	0.000 000 000 0	0.000 000 617 4
住宿和餐饮业	0.000 020 273 2	0.000 000 022 4	0.000 000 000 0	0.000 000 663 1
金融业	0.000 000 000 0	0.000 000 000 6	0.000 000 000 0	0.000 000 432 4
房地产业	0.000 000 241 6	0.000 000 000 2	0.000 000 000 0	0.000 000 172 2
租赁和商务服务业	0.000 000 093 2	0.000 000 008 4	0.000 000 000 0	0.000 006 204 2
研究与试验发展业	0.000 001 811 5	0.000 000 000 6	0.000 000 000 0	0.000 000 443 1
综合技术服务业	0.000 001 703 1	0.000 000 005 0	0.000 000 000 0	0.000 003 711 6
水利、环境和公共设施管理业	0.000 009 274 0	0.000 000 002 8	0.000 000 000 0	0.000 002 091 3
居民服务和其他服务业	0.000 003 822 6	0.000 000 001 0	0.000 000 000 0	0.000 000 754 1
教育	0.000 004 424 6	0.000 000 001 0	0.000 000 000 0	0.000 000 711 4
卫生、社会保障和社会福利业	0.000 005 374 5	0.000 000 000 3	0.000 000 000 0	0.000 000 211 6
文化、体育和娱乐业	0.000 003 076 0	0.000 000 000 5	0.000 000 000 0	0.000 000 401 9
公共管理和社会组织	0.000 003 089 5	0.000 000 002 6	0.000 000 000 0	0.000 001 909 8

二氧化碳直接排放系数

煤油	柴油	燃料油	天然气	电力	排放合计
0.000 000 004 1	0.000 004 719 4	0.000 000 007 2	0.000 000 015 7	0.000 000 000 0	0.000 009 993 2
0.000 000 029 6	0.000 003 021 4	0.000 000 013 2	0.000 000 725 8	0.000 000 000 0	0.000 264 103 6
0.000 000 000 0	0.000 001 633 9	0.000 000 350 6	0.000 021 893 9	0.000 000 000 0	0.000 059 211 1
0.000 000 010 9	0.000 003 755 6	0.000 000 002 3	0.000 000 005 4	0.000 000 000 0	0.000 013 104 4
0.000 000 001 9	0.000 010 201 1	0.000 000 110 3	0.000 003 114 3	0.000 000 000 0	0.000 045 733 3
0.000 000 000 6	0.000 000 325 9	0.000 000 053 1	0.000 000 320 0	0.000 000 000 0	0.000 010 684 7
0.000 000 001 0	0.000 000 174 5	0.000 000 077 9	0.000 000 128 2	0.000 000 000 0	0.000 013 137 9
0.000 000 006 4	0.000 000 314 3	0.000 000 067 2	0.000 000 076 2	0.000 000 000 0	0.000 003 065 3
0.000 000 002 1	0.000 000 370 8	0.000 000 008 5	0.000 000 120 5	0.000 000 000 0	0.000 006 189 6
0.000 000 004 2	0.000 000 390 5	0.000 000 103 1	0.000 000 504 0	0.000 000 000 0	0.000 036 110 0
0.000 000 001 6	0.000 000 164 8	0.000 010 592 0	0.000 005 397 7	0.000 000 000 0	0.000 545 580 5
0.000 000 010 1	0.000 000 373 2	0.000 001 398 2	0.000 004 716 7	0.000 000 000 0	0.000 058 061 7
0.000 000 031 0	0.000 001 767 5	0.000 001 607 0	0.000 003 220 2	0.000 000 000 0	0.000 130 559 8
0.000 000 007 2	0.000 000 418 6	0.000 000 210 8	0.000 001 173 7	0.000 000 000 0	0.000 170 815 9
0.000 000 014 2	0.000 000 385 3	0.000 000 074 2	0.000 000 498 9	0.000 000 000 0	0.000 004 670 0
0.000 000 014 4	0.000 000 342 4	0.000 000 011 4	0.000 000 413 3	0.000 000 000 0	0.000 006 942 4
0.000 000 049 6	0.000 000 408 8	0.000 000 054 6	0.000 000 841 1	0.000 000 000 0	0.000 005 317 8
0.000 000 003 2	0.000 000 207 2	0.000 000 026 4	0.000 000 262 4	0.000 000 000 0	0.000 002 968 6
0.000 000 001 6	0.000 000 097 3	0.000 000 016 0	0.000 000 233 2	0.000 000 000 0	0.000 001 269 4
0.000 000 012 6	0.000 000 297 4	0.000 000 021 4	0.000 000 215 7	0.000 000 000 0	0.000 002 307 4
0.000 000 002 7	0.000 000 479 7	0.000 000 037 6	0.000 000 587 6	0.000 000 000 0	0.000 049 307 7
0.000 000 000 7	0.000 000 267 9	0.000 000 098 2	0.000 000 103 4	0.000 000 000 0	0.000 002 720 0
0.000 000 000 2	0.000 000 481 3	0.000 000 149 8	0.000 010 092 5	0.000 000 000 0	0.000 809 029 7
0.000 000 000 0	0.000 000 235 8	0.000 000 019 7	0.000 006 518 6	0.000 000 000 0	0.000 084 491 2
0.000 000 000 0	0.000 000 321 4	0.000 000 000 0	0.000 000 237 3	0.000 000 000 0	0.000 009 528 4
0.000 000 017 5	0.000 001 180 9	0.000 000 063 2	0.000 000 019 9	0.000 000 000 0	0.000 003 128 4
0.000 009 151 7	0.000 056 359 8	0.000 007 455 3	0.000 005 635 6	0.000 000 000 0	0.000 100 145 2
0.000 001 617 0	0.000 009 958 2	0.000 001 317 3	0.000 000 316 1	0.000 000 000 0	0.000 018 770 9
0.000 000 010 1	0.000 000 202 3	0.000 000 002 9	0.000 000 009 3	0.000 000 000 0	0.000 000 419 0
0.000 000 090 7	0.000 000 744 3	0.000 000 029 0	0.000 000 022 8	0.000 000 000 0	0.000 002 268 8
0.000 000 097 5	0.000 000 799 5	0.000 000 031 1	0.000 003 550 4	0.000 000 000 0	0.000 025 437 1
0.000 000 022 5	0.000 000 450 6	0.000 000 006 4	0.000 000 012 7	0.000 000 000 0	0.000 000 925 1
0.000 000 009 0	0.000 000 179 5	0.000 000 002 5	0.000 000 581 5	0.000 000 000 0	0.000 001 186 6
0.000 000 323 5	0.000 006 464 4	0.000 000 091 5	0.000 000 068 3	0.000 000 000 0	0.000 013 253 4
0.000 000 023 1	0.000 000 461 7	0.000 000 006 5	0.000 000 067 1	0.000 000 000 0	0.000 002 813 7
0.000 000 193 5	0.000 003 867 3	0.000 000 054 7	0.000 000 054 3	0.000 000 000 0	0.000 009 589 5
0.000 000 109 0	0.000 002 179 1	0.000 000 030 8	0.000 000 906 2	0.000 000 000 0	0.000 014 593 2
0.000 000 039 3	0.000 000 785 8	0.000 000 011 1	0.002 001 329 8	0.000 000 000 0	0.000 006 743 8
0.000 000 037 1	0.000 000 741 3	0.000 000 010 5	0.000 000 336 5	0.000 000 000 0	0.000 006 262 4
0.000 000 011 0	0.000 000 220 5	0.000 000 003 1	0.000 000 155 9	0.000 000 000 0	0.000 005 976 9
0.000 000 021 0	0.000 000 418 8	0.000 000 005 9	0.000 000 359 4	0.000 000 000 0	0.000 004 283 5
0.000 000 099 6	0.000 001 989 9	0.000 000 028 2	0.000 000 089 0	0.000 000 000 0	0.000 007 208 4

附表 9.6　2012 年各部门

部　　门	煤炭	焦炭	原油	汽油
农林牧渔业	0.000 073 685 2	0.000 004 424 7	0.000 019 392 5	0.000 001 979 5
煤炭开采和洗选业	0.000 440 634 5	0.000 017 427 8	0.000 018 202 2	0.000 002 167 6
石油和天然气开采业	0.000 148 874 3	0.000 013 733 5	0.000 053 260 5	0.000 001 675 3
金属矿采选业	0.000 254 517 4	0.000 018 553 9	0.000 042 816 2	0.000 002 960 9
非金属矿及其他矿采选业	0.000 230 557 3	0.000 018 437 2	0.000 044 876 7	0.000 003 146 0
食品制造及烟草加工业	0.000 091 854 9	0.000 005 189 7	0.000 018 485 4	0.000 002 749 9
纺织业	0.000 155 154 9	0.000 007 684 6	0.000 025 214 1	0.000 002 633 3
纺织服装鞋帽皮革羽绒及其制品业	0.000 124 121 1	0.000 007 530 3	0.000 023 378 5	0.000 002 952 1
木材加工及家具制造业	0.000 153 845 2	0.000 014 159 4	0.000 027 894 9	0.000 003 169 4
造纸印刷及文教体育用品制造业	0.000 210 289 3	0.000 023 133 9	0.000 030 299 6	0.000 003 106 6
石油加工、炼焦及核燃料加工业	0.000 379 493 6	0.000 012 356 6	0.000 389 411 6	0.000 002 292 8
化学工业	0.000 279 115 3	0.000 022 108 5	0.000 073 509 8	0.000 003 254 9
非金属矿物制品业	0.000 391 199 9	0.000 024 445 1	0.000 045 115 4	0.000 003 308 6
金属冶炼及压延加工业	0.000 355 347 6	0.000 158 969 2	0.000 051 169 8	0.000 002 715 9
金属制品业	0.000 273 626 4	0.000 071 911 3	0.000 038 253 0	0.000 003 178 3
通用、专用设备制造业	0.000 198 743 1	0.000 055 737 6	0.000 032 814 0	0.000 003 361 5
交通运输设备制造业	0.000 176 163 8	0.000 044 334 4	0.000 031 454 6	0.000 003 484 9
电气机械及器材制造业	0.000 227 290 5	0.000 062 407 9	0.000 038 109 9	0.000 003 287 6
通信设备、计算机及其他电子设备制造业	0.000 149 536 1	0.000 025 252 3	0.000 027 807 3	0.000 002 954 8
仪器仪表	0.000 160 045 5	0.000 031 672 9	0.000 028 201 5	0.000 003 238 1
其他制造产品	0.000 232 181 9	0.000 026 249 4	0.000 035 910 5	0.000 003 146 8
废弃资源和废旧材料回收加工品	0.000 054 268 9	0.000 009 195 6	0.000 010 481 9	0.000 001 022 0
电力、热力生产和供应业	0.001 365 849 4	0.000 012 998 2	0.000 036 513 7	0.000 002 250 6
燃气生产和供应业	0.000 247 491 6	0.000 011 398 0	0.000 040 353 8	0.000 002 452 0
水的生产和供应业	0.000 288 365 4	0.000 008 569 1	0.000 019 038 7	0.000 002 430 2
建筑业	0.000 216 742 0	0.000 040 190 9	0.000 036 124 5	0.000 003 646 8
交通运输及仓储业	0.000 133 309 5	0.000 010 305 4	0.000 078 915 7	0.000 023 432 1
邮政业	0.000 086 967 0	0.000 010 171 1	0.000 027 786 2	0.000 006 820 5
信息传输、计算机服务和软件	0.000 080 159 8	0.000 010 279 4	0.000 014 199 3	0.000 002 148 0
批发和零售业	0.000 044 686 9	0.000 003 661 7	0.000 010 678 0	0.000 002 692 2
住宿和餐饮业	0.000 085 083 6	0.000 003 785 5	0.000 013 799 5	0.000 002 632 8
金融业	0.000 045 393 1	0.000 004 114 1	0.000 011 165 0	0.000 002 319 7
房地产业	0.000 029 258 5	0.000 002 823 4	0.000 006 174 8	0.000 001 182 6
租赁和商务服务业	0.000 113 219 8	0.000 014 005 8	0.000 042 758 2	0.000 009 540 1
研究与试验发展业	0.000 118 560 9	0.000 013 902 3	0.000 024 358 1	0.000 003 340 5
综合技术服务业	0.000 107 852 9	0.000 014 057 0	0.000 034 803 5	0.000 006 843 9
水利、环境和公共设施管理业	0.000 134 353 4	0.000 009 717 4	0.000 026 837 4	0.000 004 591 0
居民服务和其他服务业	0.000 093 381 2	0.000 009 561 4	0.000 018 615 5	0.000 002 705 3
教育	0.000 045 170 5	0.000 003 187 2	0.000 010 108 4	0.000 001 949 1
卫生、社会保障和社会福利业	0.000 135 987 5	0.000 011 256 5	0.000 031 591 9	0.000 002 226 8
文化、体育和娱乐业	0.000 074 531 1	0.000 005 916 0	0.000 015 488 0	0.000 002 792 4
公共管理和社会组织	0.000 066 525 3	0.000 005 121 2	0.000 018 330 7	0.000 004 059 6

二氧化碳完全排放系数

煤油	柴油	燃料油	天然气	电力	排放合计
0.000 000 414 6	0.000 008 975 3	0.000 001 232 4	0.000 002 992 3	0.000 000 000 0	0.000 113 096 5
0.000 000 669 2	0.000 008 630 2	0.000 001 306 7	0.000 004 393 1	0.000 000 000 0	0.000 493 431 2
0.000 000 400 4	0.000 006 108 4	0.000 001 725 1	0.000 026 159 5	0.000 000 000 0	0.000 251 937 0
0.000 000 893 5	0.000 011 309 9	0.000 002 372 6	0.000 006 544 5	0.000 000 000 0	0.000 339 968 8
0.000 000 863 7	0.000 017 174 6	0.000 002 574 6	0.000 009 377 8	0.000 000 000 0	0.000 327 007 8
0.000 000 804 7	0.000 008 899 3	0.000 001 547 8	0.000 003 567 3	0.000 000 000 0	0.000 133 099 1
0.000 000 775 5	0.000 007 894 9	0.000 002 061 6	0.000 005 262 8	0.000 000 000 0	0.000 206 681 7
0.000 000 868 2	0.000 007 922 6	0.000 002 001 0	0.000 004 719 8	0.000 000 000 0	0.000 173 493 6
0.000 001 003 5	0.000 009 067 9	0.000 002 173 7	0.000 005 439 4	0.000 000 000 0	0.000 216 753 4
0.000 000 950 3	0.000 008 402 5	0.000 002 425 5	0.000 006 513 2	0.000 000 000 0	0.000 285 120 8
0.000 000 595 7	0.000 006 654 4	0.000 013 064 2	0.000 023 222 9	0.000 000 000 0	0.000 827 091 8
0.000 001 001 4	0.000 008 979 0	0.000 005 352 8	0.000 015 299 7	0.000 000 000 0	0.000 408 621 5
0.000 001 117 3	0.000 011 557 3	0.000 004 721 0	0.000 011 222 0	0.000 000 000 0	0.000 492 686 5
0.000 000 908 6	0.000 008 832 7	0.000 002 968 2	0.000 008 399 8	0.000 000 000 0	0.000 589 311 7
0.000 001 043 3	0.000 009 022 2	0.000 002 627 6	0.000 007 614 9	0.000 000 000 0	0.000 407 277 1
0.000 001 062 1	0.000 008 827 4	0.000 002 347 8	0.000 006 479 6	0.000 000 000 0	0.000 309 373 1
0.000 001 167 8	0.000 009 223 7	0.000 002 424 9	0.000 006 913 8	0.000 000 000 0	0.000 275 167 8
0.000 001 056 2	0.000 009 002 7	0.000 002 726 1	0.000 007 310 9	0.000 000 000 0	0.000 351 191 9
0.000 000 927 3	0.000 007 563 7	0.000 002 150 5	0.000 005 743 3	0.000 000 000 0	0.000 221 935 2
0.000 001 003 2	0.000 008 216 5	0.000 002 200 7	0.000 005 677 0	0.000 000 000 0	0.000 240 255 5
0.000 000 987 0	0.000 008 938 4	0.000 002 663 5	0.000 007 316 0	0.000 000 000 0	0.000 317 393 5
0.000 000 361 8	0.000 003 011 1	0.000 000 873 0	0.000 001 943 6	0.000 000 000 0	0.000 081 157 9
0.000 000 649 0	0.000 006 742 8	0.000 002 064 2	0.000 019 417 5	0.000 000 000 0	0.001 446 485 4
0.000 000 708 1	0.000 007 189 7	0.000 001 792 4	0.000 022 528 5	0.000 000 000 0	0.000 333 914 0
0.000 000 526 7	0.000 004 903 1	0.000 001 325 6	0.000 005 918 5	0.000 000 000 0	0.000 331 077 4
0.000 001 042 1	0.000 009 998 4	0.000 002 823 7	0.000 006 654 7	0.000 000 000 0	0.000 317 223 1
0.000 011 094 1	0.000 069 779 2	0.000 011 693 3	0.000 012 973 1	0.000 000 000 0	0.000 351 502 4
0.000 002 958 6	0.000 019 418 9	0.000 003 470 3	0.000 004 191 7	0.000 000 000 0	0.000 161 784 4
0.000 000 555 4	0.000 004 735 3	0.000 001 076 8	0.000 002 715 5	0.000 000 000 0	0.000 115 869 6
0.000 000 702 3	0.000 005 415 0	0.000 000 918 9	0.000 001 754 4	0.000 000 000 0	0.000 070 509 4
0.000 000 710 3	0.000 006 830 4	0.000 001 140 4	0.000 006 052 5	0.000 000 000 0	0.000 120 035 1
0.000 000 482 8	0.000 004 378 8	0.000 000 809 6	0.000 001 864 2	0.000 000 000 0	0.000 070 527 3
0.000 000 247 9	0.000 002 277 4	0.000 000 443 1	0.000 001 642 0	0.000 000 000 0	0.000 044 049 8
0.000 001 425 9	0.000 014 981 5	0.000 002 606 5	0.000 005 224 2	0.000 000 000 0	0.000 203 762 0
0.000 000 923 0	0.000 007 867 1	0.000 001 897 9	0.000 004 699 8	0.000 000 000 0	0.000 175 549 6
0.000 001 080 4	0.000 011 109 2	0.000 002 183 4	0.000 004 783 3	0.000 000 000 0	0.000 182 713 6
0.000 000 938 0	0.000 008 994 0	0.000 001 894 9	0.000 005 489 4	0.000 000 000 0	0.000 192 815 5
0.000 000 686 6	0.000 005 888 3	0.000 001 406 4	0.000 004 893 4	0.000 000 000 0	0.000 137 138 3
0.000 000 476 6	0.000 004 062 7	0.000 000 796 3	0.000 002 055 2	0.000 000 000 0	0.000 067 805 9
0.000 000 669 7	0.000 005 714 0	0.000 002 370 4	0.000 006 624 1	0.000 000 000 0	0.000 196 440 9
0.000 000 868 1	0.000 006 866 1	0.000 001 386 0	0.000 003 293 1	0.000 000 000 0	0.000 111 140 8
0.000 000 887 6	0.000 007 754 7	0.000 001 385 8	0.000 002 834 8	0.000 000 000 0	0.000 106 899 7

第十部分　中国可比价低碳经济投入产出表的实证研究

本部分利用第二部分编制的可比价低碳经济投入产出表研究中国各部门的能耗与二氧化碳排放问题,对最终需求对能耗和二氧化碳排放的影响进行分析,参考投入产出分析方法中的最终需求对生产的诱发系数,设计了碳排放诱发系数。本部分首先从能耗的角度出发,对各部门2007—2012年的能源消耗情况和能源强度进行分析。然后从二氧化碳排放的角度出发,对各部门2007—2012年二氧化碳排放情况和碳排放诱发系数进行分析。

一、能源消耗分析

能源是国民经济各部门进行生产活动的一种重要投入,能源消耗对经济发展起到了重要作用。在可比价低碳经济投入产出表中,能源消耗量是联系投入产出表和二氧化碳排放的纽带,分析各部门的能源消耗有着重要的意义。

(一)中国2007—2012年能源消耗情况

根据可比价低碳经济投入产出表中国民经济各部门的能源消耗量数据,按照9种能源形式进行加总,即可得到2007—2012年各种能源形式的消耗量。需要注意的是,为了分析国民经济各部门的能源消耗结构,这里把不同的能源形式统一按照标准煤折算系数换算成标准煤,这就为不同能源形式的比较创造了条件。

通过表10.1我们可以看出,国民经济各部门能源消耗总量从2007年的238 793.18万吨标准煤增长至2012年的322 043.24万吨标准煤,年均增长6.16%,增长的幅度较大。而比较不同阶段能源消耗总量增长率,可以发现,2010—2012年的年均增长率是5.31%,低于2007—2010年的年均增长率6.74%,这一情况说明能源消耗总量的增长速度在不断下降,降低能源消耗的措施取得了一些成效。再看9种不同能源形式的能源消耗量,除了燃料油的消耗量一直在逐年降低,其他能源形式的能源消耗量都是逐年上升的,上升速度最快的是天然气,年均增长率是13.13%,最慢的是焦炭,年均增长率是3.96%。但是由于天然气消耗的绝对量较小,在能源消耗总量中的比例仅从3.38%提升至4.65%。煤炭在能源消耗总量中所占比例远超其他能源形式,每年都超过 40%。焦炭和油类能源的占比逐年下降。电力的占比逐年提高,接近能源消耗总量的 20%。

表 10.1　2007—2012 年各种能源消耗量及占比　单位:万吨标准煤

能源	2007 年		2010 年		2012 年	
	能耗	占比(%)	能耗	占比(%)	能耗	占比(%)
煤炭	97 352.86	40.77	124 664.28	42.93	133 085.26	41.33
焦炭	34 199.46	14.32	37 139.91	12.79	41 524.96	12.89
原油	15 353.13	6.43	18 850.43	6.49	19 641.17	6.10
汽油	10 023.77	4.20	11 120.56	3.83	12 459.29	3.87
煤油	2 009.77	0.84	2 814.91	0.97	3 153.22	0.98
柴油	22 447.83	9.40	25 332.29	8.72	28 461.00	8.84
燃料油	5 622.20	2.35	4 826.00	1.66	4 361.00	1.35
天然气	8 074.14	3.38	10 797.60	3.72	14 964.97	4.65
电力	43 710.02	18.31	54 835.25	18.89	64 392.38	19.99
总计	238 793.18	100.00	290 381.23	100.00	322 043.25	100.00

(二)各部门能源消耗分析

根据 2007—2012 年可比价低碳经济投入产出表对能源消耗量数据进行排序,可以得到 2007—2012 年能源消耗量排名前十位的部门(见表 10.2 至表 10.4)。

表 10.2　2007 年能源消耗量排名前十位的部门

排序	部　　门	能耗(万吨标准煤)
1	金属冶炼及压延加工业	58 460.74
2	化学工业	32 867.48
3	交通运输及仓储业	20 532.19
4	非金属矿物制品业	20 354.84
5	电力、热力生产和供应业	18 474.59
6	石油加工、炼焦及核燃料加工业	13 176.51
7	农林牧渔业	8 244.57
8	煤炭开采和洗选业	7 170.75
9	纺织业	6 207.57
10	食品制造及烟草加工业	4 867.98

从表 10.2 可以看出,2007 年能源消耗量排名前十位的部门中只有排名第三位的交通运输及仓储业为服务业部门,排名第七位的农林牧渔业为农业部门,其余 8 个全部是工业部门,这 10 个部门在能源消耗总量中所占比例是 79.72%。这一情况表明我国能源消耗量主要集中在工业部门,这些部门中金属冶炼及压延加工业是消耗量最大的,达到能源消耗总量的近四分之一。

从表 10.3 可以看出,2010 年能源消耗量排名前十位的部门与 2007 年相比变化不大,金属冶炼及压延加工业仍然是能源消耗量最大的部门。交通运输及仓储业、非金属矿物制品业、农林牧渔业、煤炭开采和洗选业在排序上有一些变化,但都依然在前十位。建筑业的能源消耗量从前十位以外上升至第九位,把食品制造及烟草加工业挤出前十位。这 10 个部门的能源消耗量占各部门能源消耗总量的 78.77%,总体来看能源消耗量排名前十位的部门相对比较稳定。

表 10.3　2010 年能源消耗量排名前十位的部门

排序	部　　门	能耗(万吨标准煤)
1	金属冶炼及压延加工业	70 375.16
2	化学工业	36 116.20
3	非金属矿物制品业	27 683.25
4	交通运输及仓储业	25 899.67
5	电力、热力生产和供应业	22 584.11
6	石油加工、炼焦及核燃料加工业	16 582.66
7	煤炭开采和洗选业	10 574.43
8	农林牧渔业	6 477.30
9	建筑业	6 226.30
10	纺织业	6 204.53

从表 10.4 可以看出,2012 年能源消耗量排名前十位的部门与 2010 年相同,只是非金属矿物制品业和交通运输及仓储业,建筑业和纺织业调换了顺序。前十位的能源消耗量之和仍然很高,达到 252 828.73 万吨标准煤,占各部门消耗总量的 78.51%。

表 10.4　2012 年能源消耗量排名前十位的部门

排序	部　　门	能耗(万吨标准煤)
1	金属冶炼及压延加工业	74 497.11
2	化学工业	44 059.31

续表

排序	部 门	能耗(万吨标准煤)
3	交通运输及仓储业	31 298.78
4	非金属矿物制品业	29 400.92
5	电力、热力生产和供应业	23 809.24
6	石油加工、炼焦及核燃料加工业	18 115.44
7	煤炭开采和洗选业	12 339.12
8	农林牧渔业	6 784.43
9	纺织业	6 357.01
10	建筑业	6 167.37

从上面的分析可以发现,我国各部门的能源消耗量并不平均,排在前十位的部门的能源消耗量占 41 个部门消耗总量的四分之三以上。能源消耗量主要集中在工业部门,这些部门应作为研究的重点。2007—2012 年,能源消耗量排名前五的部门是相同的,只是排序会有微小的变化,都是非金属矿物制品业,化学工业,交通运输及仓储业,电力、热力生产和供应业,金属冶炼及压延加工业这 5 个部门,除了交通运输及仓储业属于服务业部门,其他 4 个都为工业部门。这些部门里,金属冶炼及压延加工业由于自身生产方式的特点,主要消耗能源形式是焦炭与煤炭;交通运输及仓储业主要消耗的能源形式为柴油和汽油;电力、热力生产和供应业,化学工业,非金属矿物制品业这三个部门消耗的能源形式主要为煤炭,特别是电力、热力生产和供应业中煤炭占能源消耗量的 90%以上。这就导致我国煤炭消耗量的居高不下,也间接引起二氧化碳排放量的增长。

(三)各部门能源强度分析

能源可以说是国民经济增长的物质保障,通常经济快速增长相应地会引起能源消耗的快速增加,最终会导致二氧化碳排放量的增加,所以研究部门能源强度对分析碳排放问题有重要意义。根据可比价低碳经济投入产出表中的数据就可以得到 41 个部门的总产出和各部门能源消耗量,每个部门的能源强度就是每个部门的能源消耗量与总产出之比。

表 10.5 的数据说明,总的来说我国 2007—2012 年能源强度是在逐渐下降的,这表明我国单位总产出能源消耗量是在逐渐下降的,仅有非金属矿及其他矿采选业,工艺品及其他制造业(含废品废料),住宿和餐饮业,综合技术服务业,水利、环境和公共设施管理业这 5 个部门的能源强度是上升的,但上升幅度不大。能源强

度较高的部门集中在工业,金属冶炼及压延加工业、非金属矿物制品业、水的生产和供应业是 2012 年能源强度最高的三个部门,都超过了 0.6 吨标准煤/万元,它们全部属于工业部门。农业和服务业部门的能源强度普遍较低,只有交通运输及仓储业由于汽油和柴油的消耗量较大,所以能源强度较高。上面的分析说明,减少能源消耗的重点在于对工业部门进行研究。

表 10.5 各部门能源强度 单位:吨标准煤/万元

部　　门	2007 年	2010 年	2012 年
农林牧渔业	0.168 6	0.093 4	0.075 9
煤炭开采和洗选业	0.743 5	0.524 4	0.548 2
石油和天然气开采业	0.385 7	0.347 6	0.310 5
金属矿采选业	0.347 0	0.221 5	0.242 3
非金属矿及其他矿采选业	0.278 7	0.230 0	0.316 2
食品制造及烟草加工业	0.116 5	0.081 7	0.065 9
纺织业	0.246 4	0.190 2	0.173 8
纺织服装鞋帽皮革羽绒及其制品业	0.058 2	0.047 2	0.048 3
木材加工及家具制造业	0.088 8	0.082 8	0.072 1
造纸印刷及文教体育用品制造业	0.259 4	0.219 5	0.154 2
石油加工、炼焦及核燃料加工业	0.625 2	0.550 0	0.452 7
化学工业	0.530 1	0.387 3	0.364 1
非金属矿物制品业	0.892 6	0.691 0	0.630 9
金属冶炼及压延加工业	0.956 9	0.857 4	0.676 5
金属制品业	0.160 0	0.148 1	0.120 1
通用、专用设备制造业	0.102 0	0.077 3	0.073 3
交通运输设备制造业	0.072 1	0.063 9	0.060 5
电气机械及器材制造业	0.056 8	0.046 2	0.046 6
通信设备、计算机及其他电子设备制造业	0.048 7	0.044 6	0.041 2
仪器仪表及文化办公用机械制造业	0.053 1	0.048 5	0.040 7
工艺品及其他制造业(含废品废料)	0.126 5	0.115 9	0.256 5
电力、热力生产和供应业	0.586 8	0.516 2	0.489 0

续表

部　　门	2007 年	2010 年	2012 年
燃气生产和供应业	0.556 2	0.290 1	0.222 1
水的生产和供应业	0.680 1	0.557 3	0.655 6
建筑业	0.064 3	0.060 8	0.044 5
交通运输及仓储业	0.647 7	0.539 5	0.523 8
邮政业	0.152 1	0.134 2	0.102 1
信息传输、计算机服务和软件业	0.058 5	0.060 9	0.039 8
批发和零售业	0.144 4	0.073 3	0.056 4
住宿和餐饮业	0.121 5	0.169 5	0.191 9
金融业	0.038 9	0.035 1	0.023 7
房地产业	0.037 9	0.046 6	0.024 2
租赁和商务服务业	0.119 2	0.112 9	0.108 5
研究与试验发展业	0.074 4	0.081 4	0.059 7
综合技术服务业	0.078 9	0.076 2	0.079 4
水利、环境和公共设施管理业	0.159 2	0.202 6	0.175 9
居民服务和其他服务业	0.111 2	0.103 3	0.086 8
教育	0.128 5	0.071 5	0.054 6
卫生、社会保障和社会福利业	0.080 3	0.067 2	0.052 4
文化、体育和娱乐业	0.060 3	0.045 5	0.046 4
公共管理和社会组织	0.119 0	0.083 9	0.074 3

二、二氧化碳排放分析

国民经济各部门生产过程投入的能源消耗所产生的二氧化碳是各部门碳排放的主要来源，因此研究能源消耗产生的二氧化碳对于分析各部门的碳排放有重要意义。以下从两个角度研究这一问题，一是从能源角度，研究不同能源形式对二氧化碳排放量的不同作用；二是从部门角度，分析不同部门二氧化碳排放所存在的差异。

(一)中国2007—2012年二氧化碳排放情况

根据可比价低碳经济投入产出表里的国民经济各部门二氧化碳排放量数据,按照9种能源形式进行加总,即可得到各种能源形式的二氧化碳排放量。因为电力消耗并不直接产生二氧化碳排放,所以电力这一能源形式的二氧化碳排放量为0。

通过表10.6可以看到,2007—2012年我国各种能源形式二氧化碳排放量总体上是逐渐增加的。碳排放量占比最大的能源形式是煤炭,在各年都超过65%,消耗煤炭所产生的二氧化碳排放量远超其他能源形式;而焦炭和原油的二氧化碳排放量的比例也较大,全部年份都超过10%,这三种能源形式占到二氧化碳排放总量的九成左右;汽油、煤油、柴油、燃料油、天然气、电力的占比都在5%以下,总计不到各部门二氧化碳排放总量的一成。对比2012年各种能源的消耗量可以发现,煤炭在能源消耗量中占比为41.33%,而在二氧化碳排放量中占比达到67.05%;原油在能源消耗量中占比为6.10%,而在二氧化碳排放量中占比达到12.54%。二者在二氧化碳排放量中的比例远远超过在能源消耗量中的比例,说明我国消耗煤炭、原油两种主要能源对于增加二氧化碳排放量的影响较大。天然气在能源消耗量中占比为4.65%,而在二氧化碳排放量中占比为2.25%,表明天然气是一种相对来说二氧化碳排放量低的能源形式。由此可见,调整能源结构,在能源消耗中增加天然气与电力所占比例,降低煤炭和原油所占比例,有助于减少二氧化碳排放量。

表10.6 2007—2012年各种能源碳排放量 单位:万吨

能源	2007年		2010年		2012年	
	碳排放	占比(%)	碳排放	占比(%)	碳排放	占比(%)
煤炭	558 705.97	66.63	675 862.47	67.14	765 984.99	67.05
焦炭	91 991.06	10.97	102 278.70	10.16	119 550.74	10.47
原油	104 476.78	12.46	131 624.86	13.08	143 304.28	12.54
汽油	15 254.19	1.82	17 017.62	1.69	19 420.98	1.70
煤油	3 770.45	0.45	5 311.92	0.53	5 946.32	0.52
柴油	38 829.24	4.63	43 807.33	4.35	50 562.19	4.43
燃料油	13 211.04	1.58	12 175.97	1.21	11 933.80	1.04
天然气	12 270.60	1.46	18 539.06	1.84	25 653.12	2.25
电力	0.00	0.00	0.00	0.00	0.00	0.00

(二)部门碳排放分析

在2007—2012年可比价低碳经济投入产出表中对二氧化碳排放量进行排序，就能得到2007—2012年二氧化碳排放量排名前十位的部门(见表10.7)。

表10.7　2007年二氧化碳排放量排名前十位的部门

排序	部　门	碳排放(万吨)
1	电力、热力生产和供应业	298 646.36
2	石油加工、炼焦及核燃料加工业	152 650.33
3	金属冶炼及压延加工业	137 715.75
4	化学工业	53 296.57
5	非金属矿物制品业	42 468.51
6	交通运输及仓储业	39 958.35
7	煤炭开采和洗选业	37 443.43
8	农林牧渔业	12 134.54
9	造纸印刷及文教体育用品制造业	8 027.88
10	石油和天然气开采业	7 201.94

对比表10.2与表10.7可以看出，在能源消耗量排序仅居第五位的电力、热力生产和供应业，在二氧化碳排放量的排序中却居第一位，几乎是第二位石油加工、炼焦及核燃料加工业的2倍。这种情况的差别主要是由能源消耗结构决定的，2007年能源消耗量最多的金属冶炼及压延加工业，煤炭消耗量为58 460.74万吨，而电力、热力生产和供应业的煤炭消耗量为18 474.59万吨，是金属冶炼及压延加工业的3倍多。煤炭在热值相同情况下是二氧化碳排放量较大的一种能源形式，所以导致电力、热力生产和供应业超过其他部门，成为二氧化碳排放量最大的部门。二氧化碳排放量较大的部门主要是工业部门，前十位中有8个是工业部门，这一点与能源消耗量相同，是由生产技术特点决定的。二氧化碳排放量相对能源消耗量更为集中，这10个部门占各部门二氧化碳排放总量的94.16%。

从表10.8可以看出，相比2007年，2010年的二氧化碳排放量排名前五位的部门没有变化，交通运输及仓储业下降一位为第七位，农林牧渔业下降两位为第十位，造纸印刷及文教体育用品制造业，煤炭开采和洗选业各上升一位分别为第八位和第六位，食品制造及烟草加工业替换了前十位中的石油和天然气开采业排第九位，总体来说变化不大。2010 年二氧化碳排放量和能源消耗量排序差别不是很大，一般来说，能源消耗量大的部门二氧化碳排放量也会很大。2010 年二氧化碳排放量排名前十位的部门占各部门二氧化碳排放总量的 94.01%，说明二氧化碳排放量高的部门较为集中。

表 10.8　2010 年二氧化碳排放量排名前十位的部门

排序	部　　门	碳排放(万吨)
1	电力、热力生产和供应业	342 016.06
2	石油加工、炼焦及核燃料加工业	189 705.28
3	金属冶炼及压延加工业	168 636.53
4	化学工业	59 556.16
5	非金属矿物制品业	56 715.57
6	煤炭开采和洗选业	52 292.06
7	交通运输及仓储业	49 736.83
8	造纸印刷及文教体育用品制造业	10 095.97
9	食品制造及烟草加工业	9 250.95
10	农林牧渔业	8 295.95

由表 10.9 的数据可知，我国 2012 年二氧化碳排放量排名前十位的部门与 2010 年相同，只是煤炭开采和洗选业与交通运输及仓储业交换了位置，这 10 个部门的二氧化碳排放量达到 1 079 673.76 万吨，占我国二氧化碳排放总量的 94.51%。

表 10.9　2012 年二氧化碳排放量排名前十位的部门

排序	部　　门	碳排放(万吨)
1	电力、热力生产和供应业	393 943.73
2	石油加工、炼焦及核燃料加工业	218 304.08
3	金属冶炼及压延加工业	188 091.01
4	化学工业	70 268.88
5	非金属矿物制品业	60 846.92
6	交通运输及仓储业	59 840.41
7	煤炭开采和洗选业	59 445.06
8	造纸印刷及文教体育用品制造业	10 599.35
9	食品制造及烟草加工业	9 398.24
10	农林牧渔业	8 936.08

从上面分析可以看出，2007—2012 年二氧化碳排放量排名前五位的部门一直没有改变，都是电力、热力生产和供应业，石油加工、炼焦及核燃料加工业，金属冶炼及压延加工业，化学工业，非金属矿物制品业。这 5 个部门中，电力、热力生产和供应业，化学工业，非金属矿物制品业三个部门的二氧化碳排放量主要是由煤炭产生的，金属冶炼及压延加工业主要是由煤炭和焦炭产生的，石油加工、炼焦及核燃料加工业主要是由煤炭和原油产生的。总体来看，煤炭的二氧化碳排放量占比很大。我国二氧化碳排放量排名前十的部门占我国各部门二氧化碳排放总量的九成以上，相对能源消耗量来说更加集中。能源消耗量大的部门二氧化碳排放量也普遍较大，但它们的部门排序存在一定的差别，这主要是由能源消耗结构不同引起的。一般来说，煤炭消耗量较高的部门二氧化碳排放量较大，而天然气和电力消耗量较高的部门二氧化碳排放量较小。因此，我国降低二氧化碳排放量可以从能源消耗结构方面入手，降低煤炭消耗量，增加天然气与电力这两种能源形式的使用比例。

（三）部门碳排放诱发系数分析

碳排放诱发系数可以用于分析各项最终产出增加和减少时国民经济各部门的二氧化碳排放量的变动情况。最终产出可以分为消费、投资、出口三种形式，数据全部来自中国可比价低碳经济投入产出表，消费采用最终消费支出数据，投资采用资本形成总额数据，出口采用出口数据。碳排放诱发系数表明最终产出对某一部门二氧化碳排放量的影响，某一部门的系数越大，说明这一最终产出形式对这一部门的二氧化碳排放量影响越大。碳排放诱发系数的计算公式为：

$$U_{ik} = \frac{c_i \sum_{j}^{n} l_{ij} Y_{jk}}{\sum_{j}^{n} Y_{jk}} \tag{10.1}$$

式中：U_{ik} 是第 k 种最终产出对 i 部门的碳排放诱发系数；l_{ij} 为列昂惕夫逆阵中项目；Y_{jk} 为 j 部门第 k 项最终产出；c_i 为 i 部门的直接碳排放强度，即 i 部门二氧化碳排放量与总产出的比值。

通过表 10.10 可以看出，消费对二氧化碳排放量影响排名前五位的部门是电力、热力生产和供应业，石油加工、炼焦及核燃料加工业，金属冶炼及压延加工业，化学工业，交通运输及仓储业，这些部门仅有排名第五位的交通运输及仓储业属于服务业部门，其他全部属于工业部门。投资对二氧化碳排放量影响排名前五的部门是电力、热力生产和供应业，金属冶炼及压延加工业，石油加工、炼焦及核燃料加工业，非金属矿物制品业，煤炭开采和洗选业，全部属于工业部门。出口对二氧化碳排放量影响最大的前 5 个部门依次是电力、热力生产和供应业，石油加工、炼焦及核燃料加工业，金属冶炼及压延加工业；最大的前5个，化学工业，煤炭开采和洗选业，也全部属于工业部门。电力、热力生产和供应业的三个系数全部排名第一，这是由于这一部门属于能源部门，本身直接二氧化碳排放强度较高，而且每个部门的最终产出增加都会导致该部门总产出的增加，从而导致这一部门产生的二氧化碳排放量增加。总体来看，消费、投资、出口对不同部门的碳排放诱发系数有一些区别，但是主要还是对工业部门的影响较大，对农业和服务业部门的影响较小，所以降低二氧化碳排放量的重点部门为工业部门。投资增加引起的国民经济各部门的二氧化碳排放量增加最大，其次为出口，消费增加引起的二氧化碳排放量增加最小，所以控制投资规模就能够有效减少二氧化碳排放量。

表 10.10　2012 年各部门碳排放诱发系数

部　　门	消费	投资	出口
农林牧渔业	0.030 5	0.009 7	0.012 1
煤炭开采和洗选业	0.110 8	0.180 8	0.160 5
石油和天然气开采业	0.034 1	0.038 3	0.041 6
金属矿采选业	0.002 5	0.010 5	0.008 0
非金属矿及其他矿采选业	0.004 8	0.011 5	0.007 8
食品制造及烟草加工业	0.035 7	0.006 5	0.010 1
纺织业	0.008 9	0.003 6	0.020 6
纺织服装鞋帽皮革羽绒及其制品业	0.002 1	0.000 4	0.003 3
木材加工及家具制造业	0.001 0	0.002 7	0.003 4
造纸印刷及文教体育用品制造业	0.021 4	0.015 2	0.037 4
石油加工、炼焦及核燃料加工业	0.467 4	0.547 7	0.588 0
化学工业	0.164 0	0.142 4	0.233 7
非金属矿物制品业	0.028 8	0.224 2	0.082 1
金属冶炼及压延加工业	0.156 0	0.686 8	0.516 7
金属制品业	0.001 3	0.004 4	0.004 2
通用、专用设备制造业	0.003 1	0.019 2	0.011 6
交通运输设备制造业	0.004 2	0.011 0	0.005 3
电气机械及器材制造业	0.001 6	0.003 8	0.005 1

续表

部　　门	消费	投资	出口
通信设备、计算机及其他电子设备制造业	0.001 1	0.001 8	0.007 0
仪器仪表及文化办公用机械制造业	0.000 2	0.000 4	0.000 7
工艺品及其他制造业(含废品废料)	0.002 2	0.005 1	0.005 4
电力、热力生产和供应业	0.760 6	1.019 5	0.949 3
燃气生产和供应业	0.008 9	0.002 7	0.002 8
水的生产和供应业	0.000 5	0.000 2	0.000 2
建筑业	0.000 4	0.018 6	0.000 5
交通运输及仓储业	0.127 9	0.119 0	0.150 5
邮政业	0.001 3	0.000 5	0.000 6
信息传输、计算机服务和软件业	0.000 2	0.000 2	0.000 1
批发和零售业	0.003 3	0.002 5	0.004 5
住宿和餐饮业	0.021 2	0.005 9	0.007 1
金融业	0.001 4	0.001 0	0.001 0
房地产业	0.001 5	0.000 7	0.000 3
租赁和商务服务业	0.010 0	0.008 4	0.013 9
研究与试验发展业	0.000 4	0.000 3	0.000 4
综合技术服务业	0.003 9	0.004 6	0.002 0
水利、环境和公共设施管理业	0.003 7	0.000 4	0.000 6
居民服务和其他服务业	0.003 6	0.001 1	0.001 1
教育	0.006 3	0.000 1	0.000 1
卫生、社会保障和社会福利业	0.005 8	0.000 1	0.000 1
文化、体育和娱乐业	0.001 3	0.000 2	0.000 4
公共管理和社会组织	0.010 8	0.000 1	0.000 2

三、本部分结论与政策建议

本部分基于 2007—2012 年中国可比价低碳经济投入产出表,从能源消耗和二氧化碳排放两个方面对各部门情况进行研究。

从能源消耗的角度看:第一,我国的能源结构不太合理,煤炭这种高污染的能源形式消耗量远大于其他能源形式,占到能源消耗总量的40%以上。属于清洁能源的天然气和电力在能源消耗总量中所占的比例很小,这两种能源消耗量相加还不到能源消耗总量的四分之一,所以我国应大力推动能源消耗结构转型,对传统的消耗煤炭较多的能源消耗结构进行调整,加大天然气和电力所占比例,减少环境污染,最终完成能源消耗结构的优化升级。第二,在国民经济各部门中,工业部门的能源消耗量远超农业和服务业部门,其中应重点关注非金属矿物制品业以及金属冶炼及压延加工业,这两个部门不但能源消耗量很大,而且能源强度也很大。服务业部门中只有交通运输及仓储业的能源消耗量比较大,其他部门的能源消耗量和能源强度都较低,所以推动服务业的发展有助于减少能源消耗量。

从二氧化碳排放的角度看:第一,各种能源形式的二氧化碳排放量存在很大差别,煤炭形式大于其他能源形式的总和,达到二氧化碳排放总量的60%以上,超过煤炭在能源消耗总量中的比例,说明消耗煤炭在相同条件下产生的二氧化碳是较多的,而天然气在二氧化碳排放总量中的比重小于其在能源消耗总量中的比重。优化能源消耗结构,降低煤炭的消耗量,提高天然气和电力的消耗量有助于降低国民经济各部门的二氧化碳排放总量。第二,总体来看,能源消耗量较大的部门,二氧化碳排放量也较高,但能源消耗结构对各部门二氧化碳排放量也存在一定的影响。电力、热力生产和供应业的能源消耗排在第五位左右,但是由于能源消耗中煤炭占很大比例,所以二氧化碳排放量在各部门中排在第一位。非金属矿物制品业,金属冶炼及压延加工业,石油加工、炼焦及核燃料加工业,化学工业也是能源消耗量与二氧化碳排放量都较高的部门。第三,最终产出的碳排放诱发系数存在很大差异,总体来说工业部门的碳排放诱发系数要大于农业和服务业部门。在最终产出的不同形式中,碳排放诱发系数最大的是投资。

第十一部分　投入产出结构分解模型（IO-SDA）分析

本部分利用第二部分建立的可比价低碳经济投入产出表,结合运用投入产出结构分解模型,对我国各部门二氧化碳排放情况进行分解研究。首先,构建二氧化碳排放的IO-SDA模型;其次,分解分析二氧化碳排放总量,研究影响这一指标的主要因素;最后,对各部门的完全二氧化碳排放强度进行分解分析。

一、二氧化碳排放的IO-SDA模型

在投入产出模型理论里,直接消耗系数 a_{ij} 的经济含义是 j 部门增加单位总产出对 i 部门产品的消耗数量。同理,能够在可比价低碳经济投入产出表中计算能源直接消耗系数 f_{ij},所以有:

$$f_{ij} = \frac{r_{ij}}{X_j} \ (i = 1,2,\cdots,m \ j = 1,2,\cdots,n) \tag{11.1}$$

这里为了便于之后的分析,r_{ij} 需要用标准煤折算系数对各种能源消耗量进行换算。f_{ij} 是第 j 部门增加单位总产出对第 i 类能源的直接消耗量,表示由生产方式特征决定的对这一能源形式的依赖程度,可以构成 $m \times n$ 阶能源直接消耗系数矩阵 F。

依照可比价低碳经济投入产出表指标之间的联系,有下面矩阵形式的等式成立:

$$R = FX \tag{11.2}$$

将 $X = (I - A)^{-1}Y$ 代入上式,则有:

$$R = F(I - A)^{-1}Y \tag{11.3}$$

令 $\bar{F} = F(I - A)^{-1}$,$\bar{F}$ 中元素 $\bar{F}_{ij}$ 为获得第 j 部门单位最终产出对第 i 类能源的完全消耗量。

假设国民经济运行中所有二氧化碳排放都是由生产时能源消耗导致的,c_j 表示第 j 种能源消耗过程中用标准煤表示的二氧化碳排放系数,则所有的 c_j 构成 $1 \times m$ 阶向量 C。用 L 表示列昂惕夫逆阵,即 $L = (I - A)^{-1}$,TE 为生产时产生的二氧化碳排放总量:

$$TE = CFLY \tag{11.4}$$

式(11.4)说明了二氧化碳排放总量与最终产出、能源消耗的联系。根据式(11.4),能够进一步建立二氧化碳排放总量的IO-SDA模型。能源直接消耗系数矩阵F可以写成以下形式:

$$F = \begin{pmatrix} \frac{r_{11}}{X_1} & \frac{r_{12}}{X_2} & \cdots & \frac{r_{1n}}{X_n} \\ \frac{r_{21}}{X_1} & \frac{r_{22}}{X_2} & \cdots & \frac{r_{2n}}{X_n} \\ \vdots & \vdots & & \vdots \\ \frac{r_{m1}}{X_1} & \frac{r_{m2}}{X_2} & \cdots & \frac{r_{mn}}{X_n} \end{pmatrix} \tag{11.5}$$

把能源直接消耗系数矩阵F再一次变形,可以得到:

$$\begin{aligned} F &= \begin{pmatrix} \frac{r_{11}}{X_1} & \frac{r_{12}}{X_2} & \cdots & \frac{r_{1n}}{X_n} \\ \frac{r_{21}}{X_1} & \frac{r_{22}}{X_2} & \cdots & \frac{r_{2n}}{X_n} \\ \vdots & \vdots & & \vdots \\ \frac{r_{m1}}{X_1} & \frac{r_{m2}}{X_2} & \cdots & \frac{r_{mn}}{X_n} \end{pmatrix} \\ &= \begin{pmatrix} \frac{r_{11}}{\sum_{i=1}^{m} r_{i1}} & \frac{r_{12}}{\sum_{i=1}^{m} r_{i2}} & \cdots & \frac{r_{1n}}{\sum_{i=1}^{m} r_{in}} \\ \frac{r_{21}}{\sum_{i=1}^{m} r_{i1}} & \frac{r_{22}}{\sum_{i=1}^{m} r_{i2}} & \cdots & \frac{r_{2n}}{\sum_{i=1}^{m} r_{in}} \\ \vdots & \vdots & & \vdots \\ \frac{r_{m1}}{\sum_{i=1}^{m} r_{i1}} & \frac{r_{m2}}{\sum_{i=1}^{m} r_{i2}} & \cdots & \frac{r_{mn}}{\sum_{i=1}^{m} r_{in}} \end{pmatrix} \begin{pmatrix} \frac{\sum_{i=1}^{m} r_{i1}}{X_1} & 0 & \cdots & 0 \\ 0 & \frac{\sum_{i=1}^{m} r_{i2}}{X_2} & \cdots & 0 \\ \vdots & \vdots & & \vdots \\ 0 & 0 & \cdots & \frac{\sum_{i=1}^{m} r_{in}}{X_n} \end{pmatrix} \\ &= S \times T \end{aligned} \tag{11.6}$$

式中:S是$m \times n$阶矩阵,s_{ij}表示j部门能源消耗总量中第i类能源所占的比重,可以称为能源消耗结构矩阵;T是$n \times n$阶对角矩阵,对角线上各项t_{ii}表示i部门的能源强度,即i部门总产出与该部门的能源消耗量之比,可以称为直接能源强度矩阵。

根据式(11.4)和式(11.6)可以得到二氧化碳排放总量为:

$$TE = CSTLY \tag{11.7}$$

式中：C 是二氧化碳排放系数矩阵，为 $1 \times m$ 阶矩阵，矩阵中各项 c_j 表示第 j 类能源的二氧化碳排放系数，反映二氧化碳排放系数对二氧化碳排放总量的影响；S 是能源消耗结构矩阵，为 $m \times n$ 阶矩阵，矩阵中各项 s_{ij} 表示 j 部门能源消耗总量中第 i 类能源的比重，反映能源消耗结构对二氧化碳排放总量的影响；T 是能源强度矩阵，为 $n \times n$ 阶对角矩阵，对角线上各元素 t_{ii} 表示 i 部门的总产出与该部门能源消耗总量之比，反映能源强度对二氧化碳排放总量的影响；L 是列昂惕夫逆阵，为 $n \times n$ 阶矩阵，矩阵中各项 l_{ij} 表示 j 部门每提供单位最终产出对 i 部门产品的完全需要量，反映最终产出生产中的投入结构对二氧化碳排放总量的影响；Y 是最终需求矩阵(即最终产出)，为 1 阶矩阵，矩阵中各元素 Y_i 表示对第 i 种产品的最终需求，反映最终需求对二氧化碳排放总量的影响。

式(11.7)表明，二氧化碳排放总量与能源消耗结构、能源强度、投入结构、最终需求有关。

在式(11.7)中，CST 为 $1 \times n$ 阶矩阵，矩阵中各项表示 j 部门总产出与二氧化碳排放量之比，反映各部门的直接二氧化碳强度，称为直接二氧化碳强度矩阵。而 $CSTL$ 是指各部门直接二氧化碳强度矩阵与列昂惕夫逆阵相乘，反映各部门完全二氧化碳强度，称为完全二氧化碳强度矩阵，可以写成：

$$CI = CSTL \tag{11.8}$$

式(11.8)表明，各部门完全二氧化碳强度与能源消耗结构、能源强度、投入结构有关。

投入产出结构分解模型(IO-SDA)可以将不同时期的投入产出表进行比较静态研究。本部分运用 IO-SDA 模型对影响我国二氧化碳排放总量和各部门完全二氧化碳强度的因素进行分析，定量地分析各影响因素的大小与方向并找出影响其变动的主要因素。根据式(11.7)，可以运用结构分解分析法(SDA)对二氧化碳排放总量进行分析。为了尽可能精确地计算分解结果并减少计算量，本部分采用两极平均分解法计算各因素的影响效应。用下标 0，t 分别代表各变量在第 0 期与第 t 期的取值，Δ 代表变量在第 0 期到第 t 期的变化，由于二氧化碳排放系数是各类能源形式的自然属性，在分析阶段内保持不变，则二氧化碳排放总量可以分解为：

$$\Delta TE = \frac{C\Delta ST_tL_tY_t + C\Delta ST_0L_0Y_0}{2} + \frac{CS_0\Delta TL_tY_t + CS_t\Delta TL_0Y_0}{2} + \frac{CS_0T_0\Delta LY_t + CS_tT_t\Delta LY_0}{2} + \frac{CS_0T_0L_0\Delta Y + CS_tT_tL_t\Delta Y}{2} \tag{11.9}$$

式中：第一项为能源结构效应，记为 $\Delta TE(S)$，反映了当其他变量在分析阶段保持不变时，各部门能源消耗结构的变化导致二氧化碳排放总量的变化；第二项为能源强度效应，记为 $\Delta TE(T)$，反映了当其他变量在分析阶段保持不变时，各部门能源强度变化导致的二氧化碳排放总量的变化；第三项为投入结构效应，记为 $\Delta TE(L)$，反映了当其他变量在分析阶段保持不变时，由于中间投入结构的变化导致二氧化碳排放总量的变化；第四项为最终需求效应，记为 $\Delta TE(Y)$，反映了当其他变量在分析阶段保持不变时，由于最终需求变化导致二氧化碳排放总量的变化。

同理，根据式（11.8），可对各部门完全二氧化碳强度进行分解：

$$\Delta CI = \frac{C\Delta ST_tL_t + C\Delta ST_0L_0}{2} + \frac{CS_0\Delta TL_t + CS_t\Delta TL_0}{2} + \frac{CS_0T_0\Delta L + CS_tT_t\Delta L}{2} \tag{11.10}$$

式中：第一项为能源结构效应，记为 ΔCI（S），反映了当分析阶段的其他变量保持不变时，各部门能源消耗结构的变动导致各部门的完全二氧化碳强度变化；第二项为能源强度效应，记为 ΔCI（T），反映了当分析阶段的其他变量保持不变时，各部门能源强度变动导致的各部门的完全二氧化碳强度变化；第三项为投入结构效应，记为 ΔCI（L），反映了当分析阶段的其他变量保持不变时，由于中间投入结构的变化导致各部门的完全二氧化碳强度变化。

二、各部门二氧化碳排放总量的结构分解分析

根据 2007 年、2010 年、2012 年可比价低碳经济投入产出表，可以利用已知的二氧化碳排放系数矩阵和式（11.7）计算出能源消耗结构矩阵、能源强度对角矩阵、列昂惕夫逆阵、最终需求矩阵，从而对各部门二氧化碳排放总量进行分解分析，找出影响我国二氧化碳排放总量的主要因素。

（一）各部门二氧化碳排放总量的变动趋势

根据 2007 年、2010 年和 2012 年的可比价低碳经济投入产出表，对 41 个部门的二氧化碳排放量求和，可以计算出各部门二氧化碳排放总量。各部门二氧化碳排放总量数据如图 11.1 所示。

从图 11.1 可以看出，2007—2012 年各部门的二氧化碳排放总量不断上升，5 年间增加了 303 847.08 万吨，增长幅度达到 36.24%，年均增长幅度为 6.38%，二氧化碳排放总量的增长相对来说还是比较快的，节能减排的任务很重。2007—2010 年二氧化碳排放总量增加了 168 108.58 万吨，年均增加 6.28%；2010—2012 年二氧化碳排放总量增加了 135 738.50 万吨，年均增加 6.53%。可以看出 2010—2012 年相比于 2007—2010 年各部门二氧化碳排放总量的年均增长幅度有着小幅的上升。

（二）分阶段各部门二氧化碳排放总量影响效应分析

根据式（11.9），利用 2007 年、2010 年和 2012 年可比价低碳经济投入产出表

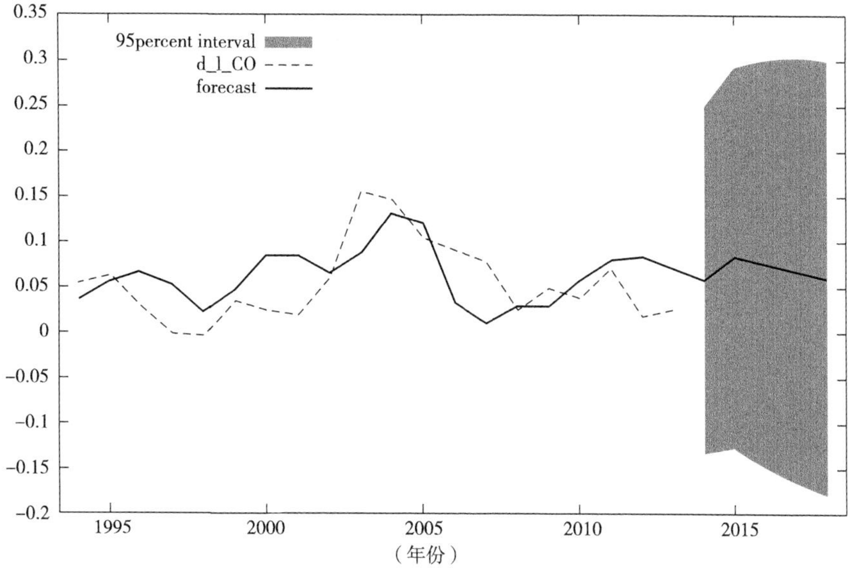

图 11.1　包含 2007—2012 年二氧化碳排放总量变动的趋势

对 2007—2012 年各个阶段各部门二氧化碳排放总量的变动进行结构分解分析,所得到的结果如表 11.1 所示。

表 11.1　二氧化碳排放总量分解结果

		单位	2007—2010 年	2010—2012 年	2007—2012 年
能源结构效应		万吨	-5 662.70	-6 582.64	-12 341.58
能源强度效应			-56 076.93	12 481.13	-48 890.20
投入结构效应			10 087.02	-81 058.23	-60 938.38
最终需求效应			219 761.20	210 898.24	426 017.24
总效应			168 108.58	135 738.50	303 847.08
各种效应占比	能源结构效应	%	-3.37	-4.85	-4.06
	能源强度效应		-33.36	9.19	-16.09
	投入结构效应		6.00	-59.72	-20.06
	最终需求效应		130.73	155.37	140.21
	总效应		100.00	100.00	100.00

表 11.1 表明,2007—2012 年分阶段各种效应引起我国各部门二氧化碳排放总

量变动的情况。表的上半部分列出了分阶段各种效应对各部门二氧化碳排放总量影响的具体数值,表的下半部分列出了分阶段各种效应对各部门二氧化碳排放总量影响的比重。不难看出,在各个阶段,能源结构效应都是负的,即能源消耗结构的变动始终对二氧化碳排放总量降低有利;而最终需求效应在各个时期均为正值,即最终需求效应始终不利于二氧化碳排放总量的降低。能源强度效应与投入结构效应在各个期间表现并不一致。2007—2012 年,能源消耗结构、能源强度与投入结构的变动是使各部门二氧化碳排放总量下降的影响因素,合计使二氧化碳排放总量下降 122 170.16 万吨,达到总效应的-40.21%。其中能源强度与投入结构的变动起到主要作用,能源结构效应仅仅让各部门二氧化碳排放总量有微幅下降。最终需求效应是使各部门二氧化碳排放总量上升的影响因素,使二氧化碳排放总量上升 426 017.24 万吨,占总效应的 140.21%。总体来看,在 2007—2012 年最终需求从 34.6 万亿元上升到 45.8 万亿元,最终需求效应的影响比能源结构效应、能源强度效应和投入结构效应的影响加起来还要大,导致二氧化碳排放总量上升的效应远大于下降的效应,所以各部门二氧化碳排放总量有较大幅度的上升。

2007—2010 年,能源消耗结构与能源强度变动是导致各部门二氧化碳排放总量下降的因素。能源结构效应使二氧化碳排放总量下降 5 662.70 万吨,占总效应的-3.37%;能源强度效应使二氧化碳排放总量下降 56 076.93 万吨,占总效应的-33.36%,几乎是能源结构效应的 10 倍,成为使二氧化碳排放总量下降的主要因素。投入结构与最终需求的变动是使各部门二氧化碳排放总量上升的重要因素。投入结构效应使二氧化碳排放总量上升 10 087.02 万吨,占总效应的 6.00%,最终需求效应使二氧化碳排放总量上升 219 761.20 万吨,占总效应的 130.73%。总体来看,使二氧化碳排放总量上升的效应远大于下降的效应,所以各部门二氧化碳排放总量有较大幅度的上升。2010—2012 年,能源结构效应和投入结构效应是使各部门二氧化碳排放总量下降的影响因素。能源结构效应使二氧化碳排放总量减少 6 582.64 万吨,占总效应的-4.85%;投入结构效应使二氧化碳排放总量下降 81 058.23万吨,占总效应的-59.72%,远大于能源结构效应,成为使二氧化碳排放总量下降的主要因素。能源强度与最终需求的变动是使各部门二氧化碳排放总量上升的重要因素。能源强度效应使二氧化碳排放总量上升 12 481.13 万吨,占总效应的 9.19%,最终需求效应使二氧化碳排放总量上升 210 898.24 万吨,占总效应的 155.37%。总体来看,使二氧化碳排放总量上升的效应远大于下降的效应,所以各部门二氧化碳排放总量有较大幅度的上升。

三、各部门二氧化碳强度的结构分解分析

根据式(11.8),可以利用已经得到的各年二氧化碳排放系数矩阵、能源消耗结构矩阵、能源强度对角矩阵、列昂惕夫逆阵和最终需求矩阵,采用结构分解方法研究各部门二氧化碳排放强度。

(一)各部门二氧化碳强度变动趋势

根据式(11.8),利用2007年、2010年和2012年可比价低碳经济投入产出表计算各部门的二氧化碳强度,所得结果如表11.2所示。

表11.2 各部门二氧化碳强度 单位:吨/万元

部 门	2007年	2010年	2012年
农林牧渔业	1.318 5	1.258 7	1.354 1
煤炭开采和洗选业	5.213 6	5.330 0	5.277 8
石油和天然气开采业	3.438 6	3.239 0	3.131 0
金属矿采选业	4.806 6	4.454 9	3.540 2
非金属矿及其他矿采选业	3.723 7	4.089 6	3.694 5
食品制造及烟草加工业	1.837 1	1.704 7	1.469 2
纺织业	3.026 9	2.454 0	2.219 8
纺织服装鞋帽皮革羽绒及其制品业	2.544 2	2.168 4	1.836 5
木材加工及家具制造业	2.985 6	2.911 0	2.297 8
造纸印刷及文教体育用品制造业	3.786 9	3.420 0	2.995 0
石油加工、炼焦及核燃料加工业	8.783 9	9.591 7	9.660 0
化学工业	5.569 1	4.634 5	4.295 8
非金属矿物制品业	6.000 8	5.689 6	5.209 1
金属冶炼及压延加工业	7.749 4	6.872 9	6.020 1
金属制品业	5.293 3	4.888 5	4.235 9
通用、专用设备制造业	4.390 1	3.908 7	3.206 8
交通运输设备制造业	3.917 8	3.301 1	2.765 2
电气机械及器材制造业	4.892 4	4.076 0	3.555 4

续表

部门	2007 年	2010 年	2012 年
通信设备、计算机及其他电子设备制造业	3.541 7	2.833 2	2.144 6
仪器仪表及文化办公用机械制造业	3.502 9	2.950 4	2.460 0
工艺品及其他制造业(含废品废料)	2.309 6	2.077 5	1.768 7
电力、热力生产和供应业	16.819 8	14.564 0	15.245 4
燃气生产和供应业	6.268 6	4.459 3	3.730 0
水的生产和供应业	4.344 4	4.556 6	3.479 2
建筑业	4.089 2	3.678 5	3.534 9
交通运输及仓储业	3.638 5	4.145 9	4.069 3
邮政业	1.812 4	2.333 1	3.394 9
信息传输、计算机服务和软件业	1.070 9	1.540 0	1.543 7
批发和零售业	0.922 1	0.955 7	1.148 3
住宿和餐饮业	1.326 8	1.580 9	1.418 8
金融业	0.582 0	0.849 7	1.179 9
房地产业	0.362 4	0.799 3	0.601 0
租赁和商务服务业	1.355 1	2.216 5	2.910 7
研究与试验发展业	1.316 3	2.352 2	3.053 1
综合技术服务业	0.978 5	1.724 6	2.910 4
水利、环境和公共设施管理业	1.470 8	2.600 8	2.802 0
居民服务和其他服务业	1.520 8	1.762 6	1.820 7
教育	1.193 7	0.978 4	0.912 6
卫生、社会保障和社会福利业	2.172 5	2.773 9	3.061 1
文化、体育和娱乐业	1.222 2	1.521 0	1.568 8
公共管理和社会组织	0.994 3	1.242 0	1.305 3

从表 11.2 可以看出,不同部门的二氧化碳强度相差很大,总体来看,工业中大部分部门的二氧化碳强度要大于农业和服务业。工业部门中的煤炭开采和洗选业,金属冶炼及压延加工业,石油加工、炼焦及核燃料加工业,非金属矿物制品业,电力、热力生产和供应业部门的二氧化碳强度在各个年份相对其他部门都很高。这主要是因为,这些部门属于能源密集型,它们在生产过程中需要大量能源的直接

投入,导致这些部门的二氧化碳强度较高。而服务业部门中的房地产业、教育、批发和零售业、金融业,以及住宿和餐饮业部门的二氧化碳强度在各个年份相对其他部门都很低,因为这几个部门属于人力资本密集型,更多地需要人力资本投入。2007—2012年,农业部门完全二氧化碳强度先减少后增加,总体来看还是呈上升趋势。工业部门中除了煤炭开采和洗选业,石油加工、炼焦及核燃料加工业两个部门外二氧化碳强度都是下降的,其中金属冶炼及压延加工业,电气机械及器材制造业,燃气生产和供应业,通信设备、计算机及其他电子设备制造业不但一直保持下降趋势而且下降幅度较大。服务业部门中除了教育部门的二氧化碳强度一直保持下降趋势外,其他部门总体来看都是上升的,但住宿和餐饮业、房地产业、交通运输及仓储业部门二氧化碳强度在2010—2012年曾有小幅的降低。不同部门的二氧化碳强度变化情况也存在着很大的差异。

(二)分阶段各部门二氧化碳强度影响效应分析

为了进一步研究不同阶段各部门二氧化碳强度变动的原因,根据式(11.10),利用结构分解法对各部门二氧化碳强度进行分析,将各部门二氧化碳强度变动拆分为能源结构、能源强度和投入结构三个变动因素。所得结果如表11.3和表11.4所示。

表11.3　2007—2010年各部门二氧化碳强度分解结果　单位:吨/万元

部　　门	$\Delta CI(S)$	$\Delta CI(T)$	$\Delta CI(L)$	合计
农林牧渔业	−0.002 2	−0.014 9	0.011 1	−0.006 0
煤炭开采和洗选业	0.000 7	−0.026 8	0.037 7	0.011 6
石油和天然气开采业	−0.002 1	−0.014 3	−0.003 5	−0.020 0
金属矿采选业	−0.001 4	−0.032 4	−0.001 4	−0.035 2
非金属矿及其他矿采选业	−0.004 4	−0.022 3	0.063 3	0.036 6
食品制造及烟草加工业	−0.001 6	−0.014 6	0.003 0	−0.013 2
纺织业	−0.002 3	−0.022 2	−0.032 8	−0.057 3
纺织服装鞋帽皮革羽绒及其制品业	−0.002 1	−0.016 5	−0.018 9	−0.037 6
木材加工及家具制造业	−0.002 7	−0.019 5	0.014 8	−0.007 5
造纸印刷及文教体育用品制造业	−0.001 3	−0.026 0	−0.009 4	−0.036 7
石油加工、炼焦及核燃料加工业	−0.007 4	0.064 0	0.024 2	0.080 8
化学工业	−0.002 8	−0.044 2	−0.046 5	−0.093 5
非金属矿物制品业	−0.000 1	−0.058 3	0.027 2	−0.031 1

续表

部门	$\Delta CI(S)$	$\Delta CI(T)$	$\Delta CI(L)$	合计
金属冶炼及压延加工业	-0.003 2	-0.041 0	-0.043 4	-0.087 6
金属制品业	-0.003 6	-0.031 8	-0.005 1	-0.040 5
通用、专用设备制造业	-0.002 6	-0.025 5	-0.020 1	-0.048 1
交通运输设备制造业	-0.003 6	-0.022 3	-0.035 8	-0.061 7
电气机械及器材制造业	-0.002 1	-0.026 8	-0.052 7	-0.081 6
通信设备、计算机及其他电子设备制造业	-0.002 0	-0.020 8	-0.048 0	-0.070 8
仪器仪表及文化办公用机械制造业	-0.001 7	-0.021 0	-0.032 6	-0.055 3
工艺品及其他制造业(含废品废料)	-0.002 2	-0.014 3	-0.006 7	-0.023 2
电力、热力生产和供应业	-0.009 6	-0.169 0	-0.047 0	-0.225 6
燃气生产和供应业	-0.014 1	-0.152 4	-0.014 4	-0.180 9
水的生产和供应业	0.000 8	-0.040 4	0.060 8	0.021 2
建筑业	-0.001 9	-0.023 5	-0.015 7	-0.041 1
交通运输及仓储业	-0.004 1	0.015 0	0.039 9	0.050 7
邮政业	-0.002 8	0.000 5	0.054 4	0.052 1
信息传输、计算机服务和软件业	-0.000 8	-0.007 3	0.055 0	0.046 9
批发和零售业	-0.001 5	-0.003 1	0.008 0	0.003 4
住宿和餐饮业	0.001 4	-0.003 4	0.027 5	0.025 4
金融业	-0.000 6	-0.001 4	0.028 8	0.026 8
房地产业	-0.000 4	0.000 7	0.043 3	0.043 7
租赁和商务服务业	-0.000 8	0.000 3	0.086 7	0.086 1
研究与试验发展业	-0.000 6	-0.008 5	0.112 6	0.103 6
综合技术服务业	-0.000 5	0.000 1	0.075 0	0.074 6
水利、环境和公共设施管理业	-0.000 3	0.001 4	0.111 9	0.113 0
居民服务和其他服务业	-0.000 1	-0.004 0	0.028 2	0.024 2
教育	0.000 2	-0.005 5	-0.016 2	-0.021 5
卫生、社会保障和社会福利业	-0.000 1	-0.017 5	0.077 7	0.060 1
文化、体育和娱乐业	-0.000 5	-0.006 7	0.037 1	0.029 9
公共管理和社会组织	-0.000 2	-0.001 4	0.026 4	0.024 8

从表 11.3 可以看出,2007—2010 年各部门的二氧化碳强度变动方向并不一

致,农业和工业的大部分部门二氧化碳强度是下降的,下降较快的有燃气生产和供应业,电力、热力生产和供应业两个部门,而服务业大部分部门二氧化碳强度是上升的,上升较快的有水利、环境和公共设施管理业,研究与试验发展业两个部门。影响各部门二氧化碳强度的因素中,除了煤炭开采和洗选业,水的生产和供应业,住宿和餐饮业,教育部门以外,能源结构效应均为负值,说明该阶段能源消耗结构变化有利于二氧化碳强度的下降,但从数值来看贡献很小,导致各部门二氧化碳强度变化的重要原因是能源强度和投入结构效应。能源强度效应在农业和工业部门均为负值,在服务业部门则差异较大有正有负。投入结构效应在工业部门中有少部分为负值,在农业和除教育外的服务业部门中均为正值。总体来看,投入结构效应对各部门二氧化碳强度变动的影响效应最大,大部分部门的二氧化碳强度变动与投入结构效应的变动一致,能源强度效应对各部门二氧化碳强度变动的影响略小于投入结构效应,而能源结构效应对各部门二氧化碳强度变化没有太大影响。

从表 11.4 可以看出,2010—2012 年,大部分部门的二氧化碳强度是下降或微幅上升的,只有邮政业与综合技术服务业二氧化碳强度上升幅度在 0.1 吨/万元以上。影响各部门二氧化碳强度的各种效应中,除了教育,综合技术服务业,租赁和商务服务业,住宿和餐饮业,邮政业,石油加工、炼焦及核燃料加工业部门以外,能源结构效应在大部分部门中均为负值,但是影响各部门二氧化碳强度变动的能力不大。而大部分部门的能源强度效应为正值和上一阶段出现差异,说明在 2010—2012 年,能源强度效应阻碍了各部门二氧化碳强度的下降,并且是阻碍二氧化碳强度下降的首要因素。而投入结构效应在各个部门差异较大,在有的部门促进二氧化碳强度下降,在有的部门阻碍二氧化碳强度下降。总体来看,投入结构效应仍然对各部门二氧化碳强度变动影响最大,各部门二氧化碳强度变动基本上与投入结构效应保持一致。

表 11.4　2010—2012 年各部门二氧化碳强度分解结果　单位:吨/万元

部　　门	$\Delta CI(S)$	$\Delta CI(T)$	$\Delta CI(L)$	合计
农林牧渔业	-0.000 3	0.003 7	0.006 2	0.009 5
煤炭开采和洗选业	-0.001 8	0.034 5	-0.037 9	-0.005 2
石油和天然气开采业	-0.002 9	0.016 2	-0.024 1	-0.010 8
金属矿采选业	-0.001 7	0.020 4	-0.110 2	-0.091 5
非金属矿及其他矿采选业	-0.002 4	0.035 6	-0.072 7	-0.039 5
食品制造及烟草加工业	-0.001 2	0.003 2	-0.025 5	-0.023 5
纺织业	-0.005 5	0.004 6	-0.022 6	-0.023 4

续表

部　门	$\Delta CI(S)$	$\Delta CI(T)$	$\Delta CI(L)$	合计
纺织服装鞋帽皮革羽绒及其制品业	-0.003 5	0.005 1	-0.034 8	-0.033 2
木材加工及家具制造业	-0.002 0	0.006 3	-0.065 6	-0.061 3
造纸印刷及文教体育用品制造业	-0.001 8	-0.007 4	-0.033 3	-0.042 5
石油加工、炼焦及核燃料加工业	0.002 5	0.018 5	-0.014 1	0.006 8
化学工业	-0.000 8	0.009 7	-0.042 7	-0.033 9
非金属矿物制品业	-0.004 3	0.015 0	-0.058 8	-0.048 0
金属冶炼及压延加工业	-0.003 3	-0.027 8	-0.054 2	-0.085 3
金属制品业	-0.001 7	-0.002 7	-0.060 8	-0.065 3
通用、专用设备制造业	-0.002 5	-0.002 6	-0.065 1	-0.070 2
交通运输设备制造业	-0.001 6	-0.001 0	-0.051 1	-0.053 6
电气机械及器材制造业	-0.001 5	-0.003 9	-0.046 7	-0.052 1
通信设备、计算机及其他电子设备制造业	-0.001 4	0.003 2	-0.070 6	-0.068 9
仪器仪表及文化办公用机械制造业	-0.001 4	0.002 4	-0.050 1	-0.049 0
工艺品及其他制造业(含废品废料)	-0.001 3	0.015 3	-0.044 9	-0.030 9
电力、热力生产和供应业	-0.001 1	0.117 2	-0.047 9	0.068 1
燃气生产和供应业	-0.008 7	-0.037 3	-0.026 9	-0.072 9
水的生产和供应业	-0.003 3	0.027 8	-0.132 2	-0.107 7
建筑业	-0.002 0	0.002 5	-0.014 8	-0.014 4
交通运输及仓储业	-0.000 9	0.020 3	-0.027 1	-0.007 7
邮政业	0.003 6	0.020 8	0.081 7	0.106 2
信息传输、计算机服务和软件业	-0.000 9	0.003 8	-0.002 5	0.000 4
批发和零售业	-0.004 3	0.005 2	0.018 3	0.019 3
住宿和餐饮业	0.006 8	0.010 8	-0.033 7	-0.016 2
金融业	-0.000 7	0.003 5	0.030 2	0.033 0
房地产业	-0.002 1	0.001 0	-0.018 7	-0.019 8
租赁和商务服务业	0.000 9	0.009 3	0.059 2	0.069 4
研究与试验发展业	-0.002 9	0.008 1	0.064 9	0.070 1
综合技术服务业	0.000 4	0.010 7	0.107 4	0.118 6

续表

部　　门	$\Delta CI(S)$	$\Delta CI(T)$	$\Delta CI(L)$	合计
水利、环境和公共设施管理业	-0.005 4	0.013 1	0.012 4	0.020 1
居民服务和其他服务业	-0.005 3	0.005 5	0.005 6	0.005 8
教育	0.002 5	0.003 1	-0.012 3	-0.006 6
卫生、社会保障和社会福利业	-0.000 8	0.008 3	0.021 1	0.028 7
文化、体育和娱乐业	-0.000 1	0.005 0	-0.000 2	0.004 8
公共管理和社会组织	-0.000 7	0.004 8	0.002 2	0.006 3

四、本部分结论与政策建议

本部分基于2007—2012年可比价低碳经济投入产出表,利用投入产出结构分解模型对我国国民经济各部门二氧化碳排放情况进行分析,找出导致我国二氧化碳排放总量与国民经济各部门完全二氧化碳强度变动的主要因素。

2007—2012年,各部门二氧化碳排放总量一直保持增长趋势,导致二氧化碳排放总量上升的重要原因是最终需求的上升。能源结构效应一直是抑制二氧化碳排放总量上升的因素,但作用很小;能源强度效应和投入结构效应在各个阶段所起的作用不一致,有时会促进二氧化碳排放总量上升,有时会抑制二氧化碳排放总量上升。长期来看,为了抑制各部门二氧化碳排放总量的过快增长,首先要调整最终需求的结构,减少最终需求增加导致的二氧化碳排放总量上升;其次要优化能源消耗结构,降低二氧化碳排放系数较大的能源形式,如煤炭的消耗;最后加快新技术的运用,降低能源强度并减少二氧化碳排放高的中间投入,从而抑制二氧化碳排放总量上升。

各部门二氧化碳强度方面,导致各部门二氧化碳强度变动较大的因素是投入结构效应。在三次产业中,农业与服务业部门的二氧化碳强度普遍低于工业部门,我国调整产业结构,加大服务业部门在国民经济中的比例可以有效降低二氧化碳排放总量。但同时需要看到,由于实施节能减排的政策,工业的二氧化碳强度一直趋于下降,而服务业部门的二氧化碳强度却在不断上升。为了切实降低二氧化碳排放量,加大服务业比重的同时还要注意抑制服务业二氧化碳强度的上升。

第十二部分　中国低碳经济优化模型研究

本部分将前面讨论的计量经济学模型、投入产出模型与线性规划模型结合起来，建立中国低碳经济优化模型。并以第四部分中预测出的 2017 年经济总量、能源消耗总量以及碳排总量的结果作为控制约束，分别以最大化国民经济总产出和最小化碳排放总量为目标函数，构建中国低碳经济优化模型，通过分析、求解得到我国最优的产业结构调整方案。

一、中国低碳经济优化模型的建立

本节首先以我国各部门的经济产出量作为优化模型的决策变量，以最大化经济总产出为目标构建规划模型。在这里，我们将碳排量的控制纳入限制约束中，以保证模型求解的便利性。然后，我们以能源消耗结构、碳排放结构以及经济产出结构等作为约束条件，运用一般线性规划方法对优化模型进行求解，求解的方法使用单纯型法(Simplex method)和内点法(interior method)。模型以直观的方式构建经济增长、能源消耗以及二氧化碳排放之间的内在联系，通过对国民经济 41 个部门的经济产出状况进行结构调整，在控制能耗总量与碳排放总量的基础上，找寻我国的最优产出方案。

(一)目标函数的设定

本节的数据主要来源于第二部分构建的中国 2012 年低碳经济投入产出表。以表中的中间投入矩阵(A)、能源消耗矩阵(E)以及二氧化碳排放矩阵(C)分别作为部门现有的生产结构、能耗结构以及碳排放结构，以第三部分的计量模型对经济总量、能耗总量以及碳排放总量的预测值作为上限约束进行问题构建。

优化问题目标函数表达式如下：

$$\max Z = i^T x = x_1 + x_2 + \cdots + x_{41} \tag{12.1}$$

式中：x 为决策变量，x_j 为投入产出表中 j 部门的总产出，部门数量及部门名称与第十部分投入产出表保持一致，$j=1,2,\cdots,41$；i 是一个系数全为 1 的标量(scaler)，$i=[1,1,\cdots,1]^T$；目标函数 Z 代表将我国所有 41 个部门的产出量进行加总；max$Z$

代表最大化我国的总产出量。

(二)限制约束条件的设定

(1)能源总消耗量约束:

$$i^T A_e x \leqslant e_f \tag{12.2}$$

$$A_e = \text{diag}(\beta^T E)$$

式中:E 表示部门的能源直接消耗系数矩阵;β 为各能源换算成标准煤的转换系数(具体数值见表 12.1);$\beta^T E$ 代表了各部门生产单位产出一共消耗能源的数量,即综合能源生产率,是一个 1×41 的矩阵;e_f 为预测出的我国 2017 年能源使用量。

表 12.1　能源转换系数

名称	煤炭	焦炭	原油	汽油	煤油	柴油	燃料油	天然气	电力
转换系数	0.714 3	0.971 4	1.428 6	1.471 4	1.471 4	1.457 1	1.428 6	12.300 0	1.229 0

注:单位除天然气为万吨标准煤/万立方米,电力为万吨标准煤/万千瓦时,其余都为万吨标准煤/万吨。

数据来源:《能源统计年鉴》。

约束条件(1)代表将所有部门生产活动消耗的所有能源量进行加总,不超过既定的预测值。加入能源总消耗量约束的原因在于低碳经济不仅是对一国的碳排放总量进行限制,也需要保证合理的能源消耗结构。

(2)二氧化碳气体排放约束:

$$i^T A_c x \leqslant c_f \tag{12.3}$$

$$A_c = \text{diag}(i^T C)$$

式中:C 表示直接碳排放矩阵;$i^T C$ 表示各部门生产单位产出分别消耗的二氧化碳总量,同样为一个 1×41 的矩阵。c_f 是预测出的我国 2017 年二氧化碳排放总量。

约束条件(2)代表将所有部门生产活动所排出的二氧化碳气体进行加总,不超过既定的预测值。

(3)经济发展水平约束:

$$i^T (I - A) x \geqslant y_f \tag{12.4}$$

式中:A 为部门中间消耗系数矩阵;I 为 41×41 的单位矩阵;$(I - A)$ 代表增加值系数矩阵;y_f 为预测出的我国 2017 年的 GDP 总量,由于我们是基于 2012 年的投入产出结构进行分析,因此在这里以 2012 年的价格水平为基期对 y_f 进行平减。

约束条件(3)代表将所有部门的增加值进行加总,总量不低于既定的 GDP 预测值。

(4)部门结构调整范围约束：

$$lb_j \leqslant x_j \leqslant ub_j (j \in R^{41}) \quad (12.5)$$

式中：lb_j 和 ub_j 分别表示部门 j 产出量的下界和上界。

因为在现实情况中，一些重要部门的产出量不可能从 0 到正无穷的区间内变化，最多只能进行小范围调整，否则会影响整体经济运行。因此人为地给行业的变动加入上下界，可以让优化的结果更符合实际情况。此外，加入这一条约束条件的另一个目的在于剔除可行解集合中出现的极端状况(例如，一个国家只有 1 个或几个部门有产出量，其他部门均为零)。

(5)合理性约束：

$$x_j \geqslant 0 \ (j=1,2,\cdots,41) \quad (12.6)$$

这个约束条件代表了所有部门的产出量必须都为非负值。

本部分构建优化问题的目的在于研究根据 2012 年的经济结构(由于投入产出表数据的限制，这已是我国最新的产业结构数据)，按照现有的经济增长模式(保持现有经济增速、能源消耗速度以及碳排量增速)，如何进行产业结构调整可以使得总产出量(增加值)最优。以 2017 年作为预测年份原因有两个：其一，本部分使用的样本数据截至 2013 年(国家统计局网站上经济数据已更新到 2015 年，但是能源使用量与碳排总量数据还没有更新)，使用计量模型进行预测时，外推越远误差就会越大，影响优化结果的准确性；其二，2017 年是我国“十三五”规划的中间时点，可以参考本部分得到的实证结果在中期进行一些结构性的微调，有着时效性与现实意义。此外，2017 年的总量仅是基于我国现有技术条件下的最优预测，并不考虑“十三五”期间各产业低碳发展过程中的技术进步。因此，碳排量及能耗量的增减变化只是产业结构调整造成的结果。

(三)中国低碳经济优化模型的求解

1. 部门产出量优化结果分析

使用 matlab 软件可以对预期年各部门的经济产出量进行求解，我们以 2012 年的部门产出量作为基年，与 2017 年的优化方案进行对比。

从整体看(见表 12.2)，2017 年三次产业增加值所占比重的优化结果分别为 6.07%，68.46%，25.47%。与基年相比，第一产业农林牧渔业占整体经济的比重变化不大，总产出量需要达到 12.2 万亿元；而第二产业产出量的下降趋势较为明显，说明节能减排的约束对于工业部门整体产生了影响；第三产业服务业占比则有小幅度的增加。我国经济总产出量相比 2012 年可以增加约 31.47%，而增加值(GDP)上涨了约 34.4%。

表 12.2　总体经济指标

	2012 年(基年)	2017 年
第一产业占比(%)	5.32	6.07
第二产业占比(%)	72.01	68.46
第三产业占比(%)	22.67	25.47
增加值(万亿元)	45.8	61.6
总产出(万亿元)	140.59	184.83

从表 12.3 中 41 个部门(决策变量)产出量的结果可以看出,在剔除价格因素后, 2017 年我国国民经济总产出量排名前 6 位的部门分别为建筑业,化学工业,食品制造及烟草加工业,农林牧渔业,通用、专用设备制造业,通信设备、计算机及其他电子设备制造业。而相对增长幅度(相比基年的增长比例)排名前 6 位的部门为邮政业,金融业,卫生、社会保障和社会福利业,批发和零售业,研究与试验发展业以及综合技术服务业。从 2012—2017 年的变化趋势看,相比 2012 年产出量需要下降(减少产能)的部门有 5 个,它们分别为煤炭开采和洗选业,石油加工、炼焦及核燃料加工业,非金属矿物制品业,金属冶炼及压延加工业以及电力、热力生产和供应业;其中,降低幅度最高的是金属冶炼及压延加工业,比例达到 50%左右。总产出比重下降的行业部门全部集中在第二产业。

表 12.3　部门产出量优化结果　　单位:万元

部　　门	2012 年(基期)	2017 年
1. 农林牧渔业	747 385 796	1 121 100 000
2. 煤炭开采和洗选业	210 565 950	105 300 000
3. 石油和天然气开采业	98 900 995	148 400 000
4. 金属矿采选业	120 044 322	180 100 000
5. 非金属矿及其他矿采选业	56 239 849	84 400 000
6. 食品制造及烟草加工业	797 499 515	1 196 200 000
7. 纺织业	340 846 021	511 300 000
8. 纺织服装鞋帽皮革羽绒及其制品业	279 803 834	419 700 000
9. 木材加工及家具制造业	177 196 078	265 800 000
10. 造纸印刷及文教体育用品制造业	282 660 673	424 000 000
11. 石油加工、炼焦及核燃料加工业	342 759 300	171 400 000

续表

部　　门	2012 年(基期)	2017 年
12. 化学工业	1 152 523 833	1 728 800 000
13. 非金属矿物制品业	441 741 609	220 900 000
14. 金属冶炼及压延加工业	1 089 318 949	544 700 000
15. 金属制品业	312 383 906	468 600 000
16. 通用、专用设备制造业	699 364 169	1 049 000 000
17. 交通运输设备制造业	649 887 540	974 800 000
18. 电气机械及器材制造业	499 413 920	749 100 000
19. 通信设备、计算机及其他电子设备制造业	675 654 898	1 013 500 000
20. 仪器仪表及文化办公用机械制造业	76 460 037	114 700 000
21. 工艺品及其他制造业(含废品废料)	65 256 795	97 900 000
22. 电力、热力生产和供应业	462 165 232	231 100 000
23. 燃气生产和供应业	27 985 509	42 000 000
24. 水的生产和供应业	16 191 322	24 300 000
25. 建筑业	1 249 356 335	1 874 000 000
26. 交通运输及仓储业	516 512 748	695 800 000
27. 邮政业	10 567 649	15 900 000
28. 信息传输、计算机服务和软件	188 825 122	283 200 000
29. 批发和零售业	442 435 435	663 700 000
30. 住宿和餐饮业	197 415 525	296 100 000
31. 金融业	351 870 078	527 800 000
32. 房地产业	305 540 197	458 300 000
33. 租赁和商务服务业	238 817 161	358 200 000
34. 研究与试验发展业	29 219 504	43 800 000
35. 综合技术服务业	124 087 085	186 100 000
36. 水利、环境和公共设施管理业	42 256 520	63 400 000
37. 居民服务和其他服务业	117 610 535	176 400 000
38. 教育	164 042 752	246 100 000
39. 卫生、社会保障和社会福利业	136 266 444	204 400 000
40. 文化、体育和娱乐业	49 524 412	74 300 000
41. 公共管理和社会组织	272 263 539	408 400 000

第二产业中的建筑业部类,不仅总产出量排在 41 个行业之首,与基期 2012 年相比,产出量占总国民经济的份额同样应有所提升,涨幅约为 2.3%,达到 18.7 万亿元。与 2012 年相比,第二产业中的 5 个能源部门中产量需要提升的有 2 个,分别为燃气生产和供应业以及石油和天然气开采业;剩下的煤炭开采和洗选业,电力、热力生产和供应业以及石油加工、炼焦及核燃料加工业这三个部门的产出量绝对额度都应有所下降。制造业部类除非金属矿物制品业与金属冶炼及压延加工业这两个部门的产出量需要控制外,其余部门的总产出相比 2012 年都应有不同程度的增加。

第三产业服务业部类,所有部门的产能相比 2012 年都需要有所提升,平均增加比例约为 50%。2012 年,我国第三产业全部 16 个部门的产出量占全国总产出量的约 20%;到了 2017 年,第三产业的产出量对于全国总量的贡献度上升至 25.5%,其中,上升幅度最大的为文化、体育和娱乐业,产出需要提升 2.48 万亿元,上升幅度高达 50.06%。此外,交通运输及仓储业以及金融业等 5 个部门的产出相比于 2012 年都需要提升 1 万亿元以上。

综上可知,从生产的角度看,要想完成优化问题中的节能减排的约束,我国产业结构必须全面向第三产业服务业转型,提高国民经济中第三产业的比重。此外,第二产业部门尤其是建筑业部类仍为我国的支柱产业,但能源部门的产能需要有所限制,部分金属加工业的生产规模需要降低。

2. 部门能耗量及碳排量的优化结果分析

通过式(12.2)至式(12.4),可以计算出我国 2017 年 41 个产业部门各自的能源消耗量与二氧化碳排放量,然后再与增加值对比得到优化方案中各部门的能源强度及二氧化碳强度。

(1)能源消耗量分析。从整体的能源使用情况看,2012 年能源消耗总量最高的部门是金属冶炼及压延加工业,占比高达 23%。在 2017 年的优化方案中,金属冶炼及压延加工业所占比例下降至 12.6%;而化学工业的能源消耗总量排在了第一位,达到660 890 000万吨标准煤,是排在第二位的交通运输及仓储业的约 1.5 倍。2012 年,能耗排名前五位的部门均为第二产业,占据了总能源使用量的 63.06%;而在优化方案中,这个比例下降至 53%。交通运输及仓储业的能源使用总量占到所有部门的第二位。

从行业的能源强度看(见表 12.4),优化方案中农林牧渔业部门的能源强度相比基年有所上升,说明第一产业的能源强度对于我国能源总量的影响并不大。为了满足优化模型中能源总量的限制,41 个部门中有 39 个部门必须降低现有的能源强度,且第二产业部类普遍需要比第三产业服务业的能源强度下降多一些。其中,金属矿采选业,非金属矿及其他矿采选业,金属制品业等部门,能源强度相比 2012

年需要下降一半以上。

表 12.4 部门能源消耗量优化结果 单位:万吨标准煤/万元

部　门	2012 年 能源强度(基期)	2017 年 能源强度
1. 农林牧渔业	1. 29576E-05	1. 60057E-05
2. 煤炭开采和洗选业	0. 000111212	8. 72605E-05
3. 石油和天然气开采业	5. 08234E-05	4. 50546E-05
4. 金属矿采选业	6. 21683E-05	3. 39742E-05
5. 非金属矿及其他矿采选业	7. 15982E-05	3. 49764E-05
6. 食品制造及烟草加工业	2. 8017E-05	0. 000263192
7. 纺织业	9. 1706E-05	4. 71967E-05
8. 纺织服装鞋帽皮革羽绒及其制品业	2. 2613E-05	1. 16813E-05
9. 木材加工及家具制造业	3. 177E-05	1. 43999E-05
10. 造纸印刷及文教体育用品制造业	6. 48195E-05	4. 44746E-05
11. 石油加工、炼焦及核燃料加工业	0. 000243438	4. 03561E-05
12. 化学工业	0. 000189901	4. 07063E-05
13. 非金属矿物制品业	0. 000249717	0. 000201366
14. 金属冶炼及压延加工业	0. 000375346	2. 9993E-05
15. 金属制品业	6. 03643E-05	2. 66024E-05
16. 通用、专用设备制造业	3. 38914E-05	4. 25716E-05
17. 交通运输设备制造业	3. 0429E-05	0. 000164786
18. 电气机械及器材制造业	2. 80014E-05	2. 72584E-05
19. 通信设备、计算机及其他电子设备制造业	2. 41848E-05	5. 86342E-06
20. 仪器仪表及文化办公用机械制造业	2. 2347E-05	6. 13646E-06
21. 工艺品及其他制造业(含废品废料)	4. 56754E-05	2. 86878E-05
22. 电力、热力生产和供应业	0. 000189651	0. 00021731
23. 燃气生产和供应业	0. 000102514	2. 928E-05
24. 水的生产和供应业	0. 000142724	7. 12042E-05
25. 建筑业	1. 6757E-05	3. 33481E-06
26. 交通运输及仓储业	0. 000142788	0. 001184699

续表

部　　门	2012 年 能源强度(基期)	2017 年 能源强度
27. 邮政业	2. 22602E-05	1. 10737E-05
28. 信息传输、计算机服务和软件	8. 45405E-06	7. 64646E-06
29. 批发和零售业	8. 16338E-06	1. 47412E-05
30. 住宿和餐饮业	4. 6954E-05	2. 58198E-05
31. 金融业	3. 98215E-06	0. 00020131
32. 房地产业	3. 24585E-06	3. 40585E-06
33. 租赁和商务服务业	3. 32965E-05	3. 57871E-05
34. 研究与试验发展业	1. 53181E-05	6. 74402E-06
35. 综合技术服务业	2. 19046E-05	1. 59044E-05
36. 水利、环境和公共设施管理业	4. 24268E-05	2. 01783E-05
37. 居民服务和其他服务业	1. 67259E-05	1. 17265E-05
38. 教育	7. 43115E-06	7. 26938E-06
39. 卫生、社会保障和社会福利业	1. 19465E-05	6. 5025E-06
40. 文化、体育和娱乐业	9. 21439E-06	5. 38497E-06
41. 公共管理和社会组织	1. 24753E-05	2. 23036E-05

(2)二氧化碳排放量分析。从行业的二氧化碳排放总量看,基期 2012 年碳排放总量最高的部门为电力、热力生产和供应业,占总量的 34. 49%;而在优化方案中化学工业的碳排放总量排名第一,占比约 20. 6%。此外,在优化模型中,除去交通运输及仓储业外,碳排放量排名前 10 的都属于第二产业部门。其中,煤炭开采和洗选业,非金属矿物制品业,电力、热力生产和供应业等 9 个行业的碳排总量相比 2012 年都需要有所降低;排放量需要下降最多的部门为电力、热力生产和供应业,二氧化碳排放数量要降低 38. 2 万吨,降幅达到 90%左右。这个结果说明在二氧化碳排放总量的约束条件下,工业部门是"碳排大户"这一点依旧没有改变,但整体的排放数量相比 2012 年需要大幅降低。第一产业农林牧渔业的碳排放比例从 0. 78%上升至 3. 2%左右,表明第一产业部门的碳减排潜力并不大。第三产业部门中只有交通运输及仓储业需要降低现有碳排放水平,其他部门都可以有不同程度的放松。

从二氧化碳强度看,优化模型中碳生产率(碳强度的倒数)排在前五位的是批发和零售业，信息传输、计算机服务和软件业，教育，金融业以及房地产业，全部属于第三产业部门；排在前十位的也只有仪器仪表及文化办公用机械制造业和通信设备、计算机以及其他电子设备制造业这两个部门属于第二产业的制造业。

第二产业中的制造业部类，能源部类中所包含的5个行业，非金属矿及其他矿采选业，食品制造及烟草加工业等11个部门为了满足碳排放总量的限制条件，相比基期都需要提升自身行业的碳生产率。其中，石油加工、炼焦及核燃料加工业与电力、热力生产和供应业需要提高碳生产率近两倍才能满足优化条件。在这11个部门中，只有5个行业是可以通过控制自身的产能而达到减排目的的，其余则都需要在保证现有产能增幅的前提下控制二氧化碳排放数量。因此，通过技术研发等手段提高第二产业部门整体的碳生产率水平，对我国实现减排目标意义重大。

在第三产业里，优化方案中有9个部门的碳强度相比基年需要提升，它们分别是信息传输、计算机服务和软件业，批发和零售业，金融业，房地产业，水利、环境和公共设施管理业，居民服务和其他服务业，研究与试验发展业，公共管理和社会组织以及文化、体育和娱乐业。这些部门相比其他服务业部门，有着经济产出高、碳排量相对较低等优势。即使相比基年的碳生产率略有下降，仍然可以保证碳排放总量约束的目标。因此，若能大力发展上述行业，则能够在保证经济总量增长的前提下，更有效地控制二氧化碳气体的排放。交通运输及仓储业是第三产业中唯一碳排总量排进前十的部门，从经济产出量看也排在优化结果的第八位（比起基年需要提升约50%的产出量），属于我国经济发展的支柱产业之一。作为我国经济产出的重要部分，如果未来以在交通运输部门多加推广及应用新能源，减少该部门的碳排放压力，很大程度上会有助于我国经济的低碳发展。

基于我们的优化模型结果，我国2017年能源强度整体比2012年下降26.04%，二氧化碳强度下降了48.95%，满足了“十三五”基本规划要求中所提出的单位GDP温室体气减排的目标。

为了满足我们所预测的我国经济2017年的最低增速，就必须对2012年现有的部门能源消耗量与二氧化碳排放量进行控制。由于在优化模型中，我们给定了能源使用结构，即假定2017年能源使用结构与2012年的结构相同。因此，我们唯一控制的就是部门的产能情况。高能源强度但对国民经济拉动效应低的部门，需要降低其产能，如第二产业能源工业部门中的电力、热力生产和供应业，石油加工、炼焦及核燃料加工业，煤炭开采和洗选业，燃气生产和供应业；与之相对应，能源强度较低且对国民经济起着较高杠杆作用的部门，我们要增加其产能，如第三产业服务业中的金融业，通信设备、计算机及其他电子设备制造业，水的生产和供应业，以及信息传输、计算机服务和软件业等。

对于优化的结果（见表12.5），给予的限制比较低，这样有利于全域寻优。因此，部分行业其产值增加或者减少的跨度会达到50%左右，可能部分夸大了实现的可能性。但是这样可以实现经济增长的最大化，因此出现能源强度或碳排放强度下降较大的结果，也就不足为奇了。

表12.5　部门碳排放量优化结果　　单位：万吨/万元

部　门	2012年 碳排强度(基期)	2017年 碳排强度
1. 农林牧渔业	2.09525E-05	1.59075E-05
2. 煤炭开采和洗选业	0.000541246	0.000112337
3. 石油和天然气开采业	0.000128337	6.73009E-05
4. 金属矿采选业	3.1701E-05	5.86083E-05
5. 非金属矿及其他矿采选业	0.000116356	8.04591E-05
6. 食品制造及烟草加工业	4.11203E-05	2.53742E-05
7. 纺织业	6.25463E-05	8.27306E-05
8. 纺织服装鞋帽皮革羽绒及其制品业	1.26333E-05	1.99165E-05
9. 木材加工及家具制造业	2.50595E-05	2.91976E-05
10. 造纸印刷及文教体育用品制造业	0.000135301	5.77816E-05
11. 石油加工、炼焦及核燃料加工业	0.002973936	0.000246804
12. 化学工业	0.000258989	0.000162389
13. 非金属矿物制品业	0.000481631	0.000232713
14. 金属冶炼及压延加工业	0.000784429	0.000310689
15. 金属制品业	2.16705E-05	5.55458E-05
16. 通用、专用设备制造业	2.90081E-05	3.00052E-05
17. 交通运输设备制造业	2.13677E-05	2.43216E-05
18. 电气机械及器材制造业	1.42951E-05	2.24489E-05
19. 通信设备、计算机及其他电子设备制造业	5.3006E-06	1.71989E-05
20. 仪器仪表及文化办公用机械制造业	8.58348E-06	1.8753E-05
21. 工艺品及其他制造业(含废品废料)	3.53064E-05	4.49927E-05
22. 电力、热力生产和供应业	0.002932723	0.000177258
23. 燃气生产和供应业	0.000338684	8.9004E-05
24. 水的生产和供应业	1.92796E-05	0.000132668

续表

部　门	2012 年 碳排强度(基期)	2017 年 碳排强度
25. 建筑业	1.32873E-05	1.88978E-05
26. 交通运输及仓储业	0.000297394	0.000155547
27. 邮政业	0.000454697	0.000247363
28. 信息传输、计算机服务和软件	1.34174E-06	1.27356E-05
29. 批发和零售业	5.9257E-06	1.47249E-05
30. 住宿和餐饮业	7.36167E-05	5.55394E-05
31. 金融业	3.1185E-06	8.00366E-06
32. 房地产业	2.16506E-06	4.41603E-06
33. 租赁和商务服务业	0.000110082	9.01584E-05
34. 研究与试验发展业	5.57065E-05	0.000117962
35. 综合技术服务业	9.47197E-05	7.84365E-05
36. 水利、环境和公共设施管理业	7.3849E-05	8.90034E-05
37. 居民服务和其他服务业	2.03884E-05	2.62333E-05
38. 教育	1.18092E-05	1.02868E-05
39. 卫生、社会保障和社会福利业	4.33451E-05	3.8028E-05
40. 文化、体育和娱乐业	1.45321E-05	1.57521E-05
41. 公共管理和社会组织	1.46671E-05	1.5113E-05

3. 情景优化分析

上一节基于我们所预测的我国 2017 年经济总量、能耗量和碳排放量的数值,进行总量控制的优化模型构建(非限制模型),然后以最大化总产出为目标,得到我国最优的产业结构。在这里我们将继续考察在现有产业结构下,我国能够达到的最大碳减排的潜力。我们同样使用 2012 年低碳经济投入产出表中的生产结构、能耗结构以及碳排放结构,不同的是在这里我们将加入减排的政策性因素,即减少式(12.3)约束条件中二氧化碳排放的总量。从本质上讲,是在优化模型得不到可行解前(不能满足现有经济增长速度),看我国最多能够减少多少万吨二氧化碳气体的排放。碳排放总量减少比例设定为从 99%至 50%,每 0.01%为一个步长。

我们重复上一节中的优化步骤,将式(12.5)中部门产出量变动的上下限放宽至±50%，可以得出碳排放总量减少比例与经济增加值比例的趋势。在保持现有经济最低增速的前提下，我国最多能承受的二氧化碳气体数量约为 2017 年碳排放总量预测值的 78%。如果再继续控制二氧化碳的排放量，将不能满足 2017 年经济总量的预测值[即式(12.4)中的约束条件将不能达到]。可以看出，一开始 GDP 的下降速度比较平缓；在强制减排比例达到 16%左右时，增加值下降的速度开始增加(函数的二阶导数增加)。总体来说，相比于非限制模型的优化方案结果，除了信息传输、计算机服务和软件业以及研究与试验发展业这两个部门的产出量需要增加以外，其余 39 个部门的产能都需要控制。尤其是邮政业，燃气生产和供应业，非金属矿及其他矿采选业，石油和天然气开采业以及水利、环境和公共设施管理业等 13 个部门，其总产出量相比基年 2012 年都需要减少 60%左右，可见这些部门与碳排量的联系十分密切，可以作为减排政策调节的重点(具体部门产出结果见表 12.6)。表 12.7 给出了经济总量与碳放量间的关系。

表 12.6　最低碳排放量条件下的 2017 年模型优化结果

部　　门	经济产出量(万元)	碳排放量(万吨)
1. 农林牧渔业	1 121 078 694	13 404.07
2.煤炭开采和洗选业	105 282 975	29 722.54
3.石油和天然气开采业	49 450 497.5	3 630.80
4.金属矿采选业	154 774 770.1	2 108.84
5.非金属矿及其他矿采选业	28 119 924.5	1 450.75
6.食品制造及烟草加工业	1 196 249 273	14 097.32
7.纺织业	170 423 010.5	2 402.96
8.纺织服装鞋帽皮革羽绒及其制品业	419 705 751	1 365.66
9.木材加工及家具制造业	265 794 117	1 740.72
10.造纸印刷及文教体育用品制造业	141 330 336.5	5 299.68
11.石油加工、炼焦及核燃料加工业	171 379 650	109 152.04
12.化学工业	576 261 916.5	35 134.46
13.非金属矿物制品业	220 870 804.5	30 423.41
14.金属冶炼及压延加工业	544 659 474.5	94 045.26
15.金属制品业	468 575 859	2 264.74
16.通用、专用设备制造业	1 049 046 254	7 604.17

续表

部　　门	经济产出量(万元)	碳排放量(万吨)
17.交通运输设备制造业	974 831 310	5 174.00
18.电气机械及器材制造业	749 120 880	2 233.80
19.通信设备、计算机及其他电子设备制造业	1 013 482 347	1 237.83
20.仪器仪表及文化办公用机械制造业	114 690 055.5	188.56
21.工艺品及其他制造业(含废品废料)	32 628 397.5	678.99
22.电力、热力生产和供应业	231 082 616	196 971.82
23.燃气生产和供应业	13 992 754.5	1 319.26
24.水的生产和供应业	24 286 983	243.13
25.建筑业	1 874 034 503	6 504.57
26.交通运输及仓储业	258 256 374	29 920.29
27.邮政业	5 283 824.5	207.70
28.信息传输、计算机服务和软件	283 237 683	157.64
29.批发和零售业	663 653 152.5	2 455.55
30.住宿和餐饮业	98 707 762.5	2 967.81
31.金融业	527 805 117	818.93
32.房地产业	458 310 295.5	745.90
33.租赁和商务服务业	119 408 580.5	2 279.94
34.研究与试验发展业	43 829 256	214.23
35.综合技术服务业	62 043 542.5	952.14
36.水利、环境和公共设施管理业	21 128 260	449.65
37.居民服务和其他服务业	176 415 802.5	1 590.43
38.教育	246 064 128	2 069.42
39.卫生、社会保障和社会福利业	204 399 666	1 900.82
40.文化、体育和娱乐业	74 286 618	450.00
41.公共管理和社会组织	408 395 308.5	3 590.46

表 12.7　经济总量与碳排放量间的关系(%)

GDP 增加比例	碳排量减少比例	GDP 增加比例	碳排放量减少比例
120.3	99	112.7	88
119.8	98	112.1	87
119.2	97	112.5	86
118.7	96	112.9	85
118.2	95	112.3	84
117.7	94	110.5	83
117.1	93	109.4	82
116.0	92	107.7	81
115.4	91	105.6	80
114.8	90	103.3	79
114.2	89	96.4	78

二、基于环境 DEA 的优化模型研究

本节将继续基于另外一类线性规划方法——数据包络分析(DEA),对我国各行业 2005—2012 年的环境(碳排放)效率指数(Environmental Performance Index, EPI)进行分析,并找出效率值不足的原因,提出改进方向。

(一)数据来源及模型构建

本节使用的数据依旧来源于中国 2005—2012 年可比价低碳经济投入产出表(价值型)。其中,投入向量 X 选用各部门生产过程中主要消耗的 9 种能源(煤、焦炭、原油、汽油、煤油、柴油、燃料油、天然气以及电力)的数量;期望产出量 Y 为部门的总产出量(包含中间消耗部分与增加值);非期望产出量 U 则为部门排放出的二氧化碳气体的数量。数据描述见表 12.8。

表 12.8　数据描述

	变量名称	样本	最大值	最小值	均值	标准差	单位
投入向量(X)	煤炭消费量	41	105 441.1	5.97	5 068.70	16 984.48	万吨
	焦炭消费量	41	19 381.9	0.00	539.40	3 025.45	万吨
	原油消费量	41	26 021.27	0.00	733.81	4 072.29	万吨

续表

	变量名称	样本	最大值	最小值	均值	标准差	单位
投入向量（X）	汽油消费量	41	2 463.28	0.82	110.96	382.48	万吨
	煤油消费量	41	880.00	0.00	25.64	136.85	万吨
	柴油消费量	41	5 005.66	1.33	264.27	812.56	万吨
	燃料油消费量	41	1 157.84	0.01	103.47	268.37	万吨
	天然气消费量	41	156.78	0.00	9.75	27.31	亿立方米
	电力消费量	41	4 014.00	16.99	538.72	914.69	亿千瓦时
期望产出量(Y)	总产出量	41	1.25e09	10 567 649	3.43e08	3.18e08	万元
非期望产出量(U)	二氧化碳排放总量	41	393 943. 7	105. 1	27 862.38	74 610. 07	万吨

图 12. 1 呈现了环境效率指数的基本含义，横轴代表非期望产出量 U，纵轴则表示期望产出量 Y。如 O 点是某一种投入产出量的组合，落在生产可能性边界(Production Possibility Frontier, PPF) ABCD 之内，因此被定义为非有效的。由于 EPI 实质上是对非有效单元向非期望产出量减少的方向进行压缩，因此从 O 点以平行于横轴的方向冲 PPF 做投影，相交于点 E，则 OE 长度的倒数就是该点的效率值。

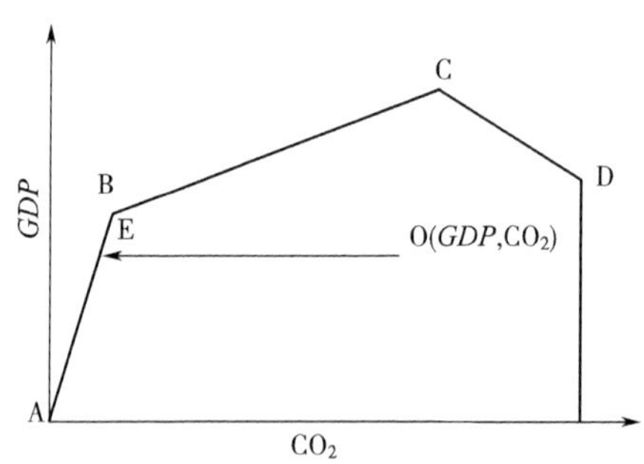

图 12. 1　EPI 视图

一般的环境 DEA 模型虽然可以对行业效率进行有效评价，但并不能指出效率不足的行业的改进方向(张恪渝、韩永明，2016)。因此，我们在约束条件中引入松弛变量 S，并在目标函数中加入非阿基米德无穷小变量 ε，即：

$$\min[\theta - \varepsilon(e^T s^- + e^T s^+)]$$

$$\text{s. t.} \quad \sum_{k=1}^{K} z_k x_{nk} + s^- = x_n,\ n = 1, 2, \cdots, N$$

$$\sum_{k=1}^{K} z_k y_{mk} - s^+ = y_m, m = 1, 2, \cdots, M$$

$$\sum_{k=1}^{K} z_k u_{Jk} = \lambda u_j, j = 1, 2, \cdots, J$$

$$(S^+ \geqslant 0, S^- \geqslant 0)$$

$$(z_k \geqslant 0, k = 1, 2, \cdots, K) \tag{12.7}$$

式中：ε 为小于一切正数且大于零的数，引入的目的是方便模型的计算，在本部分设定为 E-07；S^- 为投入向量的松弛变量，$S^- = (s_1^-, s_2^-, \cdots, s_N^-)$，含义为在给定非期望产出量下各部门冗余的投入量；$S^+$ 为产出向量的松弛变量，$S^+ = (s_1^+, s_2^+, \cdots, s_M^+)$，含义为在给定非期望产出量下各部门不足的期望产出量。$e = [1, 1, \cdots, 1]^T$。

（二）部门环境效率静态分析

首先，通过环境 DEA 模型，计算 2005—2012 年我国 41 个行业部门的环境效率指数（EPI），结果如表 12.9 所示。2005—2012 年，我国部门环境 DEA 有效的数量分别为 5 个、3 个、4 个、3 个。其中，化学工业，金属冶炼及压延加工业以及建筑业一直是 DEA 有效的，说明这三个部门在现有的二氧化碳排放水平下，投入与产出的数量、比例是最优的。农林牧渔业和食品制造及烟草加工业这两个行业在 2005 年是 DEA 有效的，而在 2012 年却是无效的，说明它们控制碳排放数量的能力有所下降，但综合各年平均来看环境效率较高，表现稳定。此外，通用、专用设备制造业，公共管理和社会组织，金融业，交通运输设备制造业等 12 个部门，2005—2012 年的环境效率指数一直保持在 0.5 左右变动，属于环境效率一般的部门。而煤炭开采和洗选业，金属矿采选业，非金属矿及其他矿采选业等几个行业，环境效率指数始终处于低位，在 0.1 左右徘徊，属于环境效率较差的部门，亟待进行调整。从图 12.2 中可以看出，2005—2012 年我国 41 个部门环境效率指数的差异。

表 12.9 2005—2012 年分行业环境效率指数

部门	2005 年	2007 年	2010 年	2012 年
1. 农林牧渔业	1.000	0.692	0.642	0.580
2. 煤炭开采和洗选业	0.166	0.137	0.125	0.114
3. 石油和天然气开采业	0.217	0.201	0.176	0.155
4. 金属矿采选业	0.198	0.187	0.203	0.190
5. 非金属矿及其他矿采选业	0.163	0.152	0.145	0.137
6. 食品制造及烟草加工业	1.000	0.776	1.000	0.662

续表

部　　门	2005 年	2007 年	2010 年	2012 年
7. 纺织业	0.403	0.409	0.362	0.337
8. 纺织服装鞋帽皮革羽绒及其制品业	0.371	0.349	0.329	0.318
9. 木材加工及家具制造业	0.242	0.251	0.239	0.237
10. 造纸印刷及文教体育用品制造业	0.277	0.252	0.240	0.263
11. 石油加工、炼焦及核燃料加工业	0.093	0.085	0.066	0.063
12. 化学工业	1.000	1.000	1.000	1.000
13. 非金属矿物制品业	0.192	0.197	0.198	0.190
14. 金属冶炼及压延加工业	1.000	1.000	1.000	1.000
15. 金属制品业	0.338	0.345	0.329	0.339
16. 通用、专用设备制造业	0.587	0.594	0.654	0.592
17. 交通运输设备制造业	0.446	0.527	0.624	0.575
18. 电气机械及器材制造业	0.480	0.465	0.536	0.484
19. 通信设备、计算机及其他电子设备制造业	0.608	0.619	0.642	0.629
20. 仪器仪表及文化办公用机械制造业	0.190	0.163	0.168	0.162
21. 工艺品及其他制造业(含废品废料)	0.220	0.243	0.226	0.149
22. 电力、热力生产和供应业	0.058	0.057	0.053	0.047
23. 燃气生产和供应业	0.119	0.103	0.111	0.117
24. 水的生产和供应业	0.140	0.115	0.115	0.114
25. 建筑业	1.000	1.000	1.000	1.000
26. 交通运输及仓储业	0.388	0.305	0.247	0.217
27. 邮政业	0.132	0.110	0.110	0.109
28. 信息传输、计算机服务和软件	0.423	0.303	0.264	0.252
29. 批发和零售业	0.665	0.719	0.487	0.438
30. 住宿和餐饮业	0.449	0.383	0.286	0.228
31. 金融业	0.546	0.517	0.410	0.378
32. 房地产业	0.516	0.473	0.382	0.342
33. 租赁和商务服务业	0.565	0.417	0.292	0.265
34. 研究与试验发展业	0.167	0.133	0.129	0.124

续表

部　　门	2005 年	2007 年	2010 年	2012 年
35. 综合技术服务业	0. 330	0. 212	0. 183	0. 192
36. 水利、环境和公共设施管理业	0. 172	0. 143	0. 138	0. 133
37. 居民服务和其他服务业	0. 319	0. 275	0. 208	0. 191
38. 教育	0. 427	0. 387	0. 253	0. 225
39. 卫生、社会保障和社会福利业	0. 427	0. 334	0. 255	0. 204
40. 文化、体育和娱乐业	0. 209	0. 177	0. 147	0. 140
41. 公共管理和社会组织	0. 597	0. 486	0. 328	0. 302

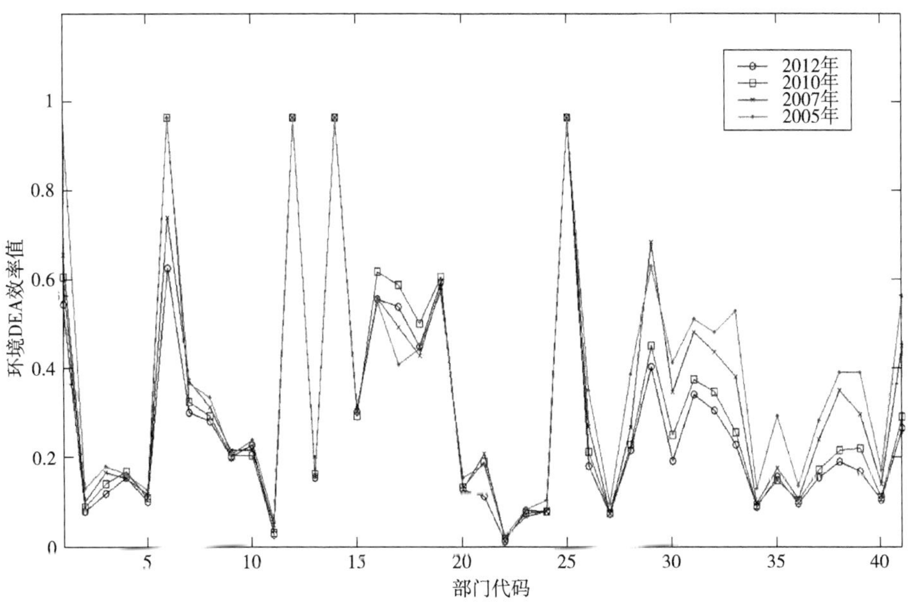

图 12. 2　2005—2012 年我国 41 个部门环境效率指数

其次,对于非 DEA 有效部门的具体调整方向,我们可以通过式(12. 7)计算得到。例如,2010 年第一产业的农林牧渔业的环境效率指数为 0. 642,如果它想达到 DEA 有效,必须每万元产品的能源投入减少 0. 037 吨原煤,0. 031 吨焦炭,0. 029 吨原油,0. 022 吨汽油,0. 026 吨煤油,0. 12 吨柴油,0. 015 吨燃料油,0. 028 立方米天然气以及 0. 103 千瓦时的电力消费量;同时还需要额外增加 10. 869 元的总产出。再如,第三产业的金融业,如果想达到环境 DEA 有效,则需要每万元产品的能源投入量减少 0.061 吨原煤,0.062 吨焦炭,0.062 吨原油,0.06 吨汽油,0.062 吨煤油,0.054 吨柴油,0.055 吨燃料油,0.062 立方米天然气以及 0.077 千瓦时的电力消费量。

表 12.10　2010 年松弛变量数据

部　门	S^{1-}	S^{2-}	S^{3-}	S^{4-}	S^{5-}	S^{6-}	S^{7-}	S^{8-}	S^{9-}	S^{1+}
农林牧渔业	0.037	0.031	0.029	0.022	0.026	0.12	0.015	0.028	0.103	10.869
煤炭开采和洗选业	0.210	0.074	0.073	0.057	0.073	0.074	0.069	0.089	0.144	0.000
石油和天然气开采业	0.083	0.081	0.105	0.072	0.080	0.09	0.100	0.697	0.108	54.942
金属矿采选业	0.082	0.085	0.081	0.070	0.081	0.08	0.077	0.080	0.140	0.430
非金属矿及其他矿采选业	0.089	0.087	0.086	0.077	0.086	0.089	0.084	0.088	0.102	88.803
食品制造及烟草加工业	0.000	0.000	0.000	0.000	0.000	0.000	0.000	0.000	0.000	0.000
纺织业	0.076	0.062	0.062	0.040	0.060	0.047	0.069	0.067	0.188	0.005
纺织服装鞋帽皮革羽绒及其制品业	0.070	0.070	0.070	0.053	0.068	0.059	0.071	0.069	0.079	12.274
木材加工及家具制造业	0.080	0.078	0.078	0.065	0.077	0.069	0.074	0.079	0.093	0.835
造纸印刷及文教体育用品制造业	0.097	0.073	0.073	0.057	0.071	0.064	0.083	0.083	0.135	17.724
石油加工、炼焦及核燃料加工业	0.240	0.067	0.964	0.046	0.066	0.048	0.761	0.249	0.108	1.886
化学工业	0.000	0.000	0.000	0.000	0.000	0.000	0.000	0.000	0.000	1.654
非金属矿物制品业	0.194	0.067	0.056	0.031	0.054	0.063	0.287	0.252	0.314	408.222
金属冶炼及压延加工业	0.000	0.000	0.000	0.000	0.000	0.000	0.000	0.000	0.000	124.913
金属制品业	0.070	0.072	0.069	0.054	0.069	0.060	0.071	0.084	0.162	41.386
通用、专用设备制造业	0.036	0.055	0.032	0.003	0.032	0.010	0.026	0.087	0.103	1.233
交通运输设备制造业	0.041	0.044	0.039	0.005	0.042	0.019	0.035	0.096	0.096	0.000
电气机械及器材制造业	0.050	0.051	0.050	0.022	0.048	0.032	0.045	0.069	0.080	20.869
通信设备、计算机及其他电子设备制造业	0.039	0.041	0.041	0.000	0.038	0.017	0.038	0.067	0.085	0.001
仪器仪表及文化办公用机械制造业	0.084	0.085	0.085	0.074	0.084	0.078	0.082	0.086	0.084	76.516

续表

部 门	S^{1-}	S^{2-}	S^{3-}	S^{4-}	S^{5-}	S^{6-}	S^{7-}	S^{8-}	S^{9-}	S^{1+}
工艺品及其他制造业(含废品废料)	0.081	0.079	0.079	0.064	0.078	0.070	0.077	0.079	0.111	0.000
电力、热力生产和供应业	0.950	0.052	0.052	0.022	0.050	0.044	0.123	0.892	0.687	532.764
燃气生产和供应业	0.097	0.090	0.089	0.081	0.089	0.083	0.087	0.141	0.090	0.069
水的生产和供应业	0.090	0.090	0.090	0.082	0.089	0.084	0.087	0.089	0.115	0.967
建筑业	0.000	0.000	0.000	0.000	0.000	0.000	0.000	0.000	0.000	1.266
交通运输及仓储业	0.050	0.048	0.052	0.909	0.946	0.922	0.938	0.530	0.101	0.000
邮政业	0.090	0.090	0.090	0.085	0.093	0.088	0.092	0.102	0.085	1.514
信息传输、计算机服务和软件	0.075	0.076	0.076	0.061	0.075	0.065	0.071	0.089	0.112	0.000
批发和零售业	0.056	0.053	0.053	0.042	0.062	0.040	0.046	0.062	0.101	0.000
住宿和餐饮业	0.077	0.072	0.072	0.070	0.079	0.066	0.068	0.185	0.128	20.735
金融业	0.061	0.062	0.062	0.060	0.062	0.054	0.055	0.062	0.077	0.000
房地产业	0.063	0.064	0.064	0.089	0.066	0.067	0.058	0.067	0.065	0.000
租赁和商务服务业	0.072	0.072	0.072	0.140	0.076	0.095	0.068	0.102	0.079	1.851
研究与试验发展业	0.088	0.088	0.088	0.082	0.088	0.084	0.086	0.089	0.087	0.355
综合技术服务业	0.083	0.083	0.083	0.094	0.084	0.084	0.080	0.085	0.079	0.000
水利、环境和公共设施管理业	0.088	0.087	0.087	0.099	0.088	0.090	0.085	0.093	0.094	0.857
居民服务和其他服务业	0.082	0.080	0.081	0.094	0.081	0.082	0.077	0.091	0.084	19.090
教育	0.077	0.077	0.077	0.074	0.077	0.071	0.072	0.090	0.095	1.456
卫生、社会保障和社会福利业	0.078	0.076	0.076	0.066	0.076	0.067	0.071	0.086	0.084	0.230
文化、体育和娱乐业	0.086	0.087	0.087	0.080	0.086	0.081	0.084	0.091	0.083	12.571
公共管理和社会组织	0.070	0.069	0.069	0.090	0.070	0.072	0.063	0.078	0.090	2.976

注:单位与表 12.8 中的投入向量一致。

总体来讲,我国 2005—2012 年多数部门的环境效率指数都是稳定的。第三产业服务业的个别部门如住宿和餐饮业,居民服务和其他服务业等出现了 EPI 小幅的波动,其主要原因在于产出量不足。

(三)基于马奎斯特指数的我国行业环境效率的动态分析

1. 马奎斯特环境表现指数

为了进一步研究各部门环境表现变化的趋势及其成因,本小节基于马奎斯特

(Malmquist)指数方法,将我国41个部门2005—2012年环境效率指数分解为技术效率指数(TEFCH)和技术进步指数(TECHCH)。本质上,马奎斯特环境效率指数是,在技术CRS的假设下,同时求解4个环境DEA方程。使用的投入产出数据与上一节相同,我们同样在每一个环境DEA模型中引入松弛变量,则任意部门n($n=1,2,\cdots,41$)基于t期技术的环境表现指数可以表示为:

$$
\begin{aligned}
D_c^t(E^t,Y^t,C^t) &= \min[\theta - \varepsilon(e^T s^- + e^T s^+)] \\
\text{s.t.} \quad & \sum_{k=1}^{K} z_k x_{nk}^t + s^- = x_n^t,\ n = 1,2,\cdots,N \\
& \sum_{k=1}^{K} z_k y_{mk}^t - s^+ = y_m^t,\ m = 1,2,\cdots,M \\
& \sum_{k=1}^{K} z_k u_{jk}^t = \lambda u_j^t,\ j = 1,2,\cdots,J \\
& (S^+ \geqslant 0,\ S^- \geqslant 0) \\
& (z_k \geqslant 0,\ k=1,2,\cdots,K)
\end{aligned} \tag{12.8}
$$

以及

$$
\begin{aligned}
D_c^t(E^{t+1},Y^{t+1},C^{t+1}) &= \min[\theta - \varepsilon(e^T s^- + e^T s^+)] \\
\text{s.t.} \quad & \sum_{k=1}^{K} z_k x_{nk}^t + s^- = x_n^{t+1},\ n = 1,2,\cdots,N \\
& \sum_{k=1}^{K} z_k y_{mk}^t - s^+ = y_m^{t+1},\ m = 1,2,\cdots,M \\
& \sum_{k=1}^{K} z_k u_{jk}^t = \lambda u_j^{t+1},\ j = 1,2,\cdots,J \\
& (S^+ \geqslant 0,\ S^- \geqslant 0) \\
& (z_k \geqslant 0,\ k=1,2,\cdots,K)
\end{aligned} \tag{12.9}
$$

基于相同思路,$t+1$期的距离函数$D_c^{t+1}(E^{t+1},Y^{t+1},C^{t+1})$以及$D_c^{t+1}(E^t,Y^t,C^t)$,只需要将式(12.8)、式(12.9)中的$t$与$t+1$期中的投入与产出数据进行互换就可以得到相同的表达形式。

2. 我国行业环境表现变化

基于一般马奎斯特指数的含义(FGNZ,1994),本文的部门的动态环境效率指数(MEPI)可以解释为:如果MEPI大于(小于)1,说明该行业的环境效率有所改善(恶化);如果TEFCH指数大于(小于)1,说明在两个时期内该部门的要素配置效率提高(降低);如果TECHCH指数大于(小于)1,则认为该部门的技术水平进步(退步)。

表12.11、表12.12以及表12.13显示了我国2005—2012年各部门动态环境效率指数的变化趋势。2005—2007年,全国平均动态环境效率指数为0.826,其

中，MEPI 大于 1 的部门只有综合技术服务业 1 个，说明我国行业的环境效率整体上有所恶化。从大的行业类别来看，第二产业整体的恶化速度最快。其中，金属冶炼及压延加工业的 MEPI 仅为 0.431；建筑业的环境效率恶化速度最慢，为 0.958。而服务业部类整体环境效率下降幅度不大，平均来看在 0.95 以上。而在 2007—2010 年，全国平均动态环境效率指数为 1.019，说明整体上我国行业的环境效率有所改善。其中，第二产业部类除建筑业外，整体环境效率提升，制造业部门提升幅度最为明显。2010—2012 年我国行业整体的环境效率呈下降趋势，MEPI 为 0.971。在第二产业部门中，MPEI 下降的部门有 14 个。其中，环境效率恶化速度最快的部门为食品制造及烟草加工业，MEPI 仅为 0.764，同时也是我国 41 个行业部门中 MEPI 最低的部门。服务业部类中，有 10 个部门的环境表现呈下降趋势。其中，MEPI 最低的部门为综合技术服务业，仅为 0.776。从 2010—2012 年这个阶段看，工业部门中石油和天然气开采业，纺织业，木材加工及家具制造业等 10 个行业动态环境效率指数呈上升趋势；服务业部门中有批发和零售业，住宿和餐饮业，金融业等 5 个行业 MEPI 呈上升趋势。

表 12.11　2005—2007 年 MEPI 及其分解结果

部　　门	MEPI	TEFCH	TECHCH
1. 农林牧渔业	0.861	0.902	0.954
2. 煤炭开采和洗选业	0.876	0.914	0.959
3. 石油和天然气开采业	0.808	0.878	0.921
4. 金属矿采选业	0.828	0.935	0.885
5. 非金属矿及其他矿采选业	0.839	0.946	0.887
6. 食品制造及烟草加工业	0.682	0.662	1.030
7. 纺织业	0.796	0.931	0.855
8. 纺织服装鞋帽皮革羽绒及其制品业	0.844	0.968	0.871
9. 木材加工及家具制造业	0.812	0.989	0.822
10. 造纸印刷及文教体育用品制造业	0.912	1.097	0.831
11. 石油加工、炼焦及核燃料加工业	0.846	0.949	0.891
12. 化学工业	0.591	1.000	0.591
13. 非金属矿物制品业	0.804	0.960	0.838
14. 金属冶炼及压延加工业	0.431	1.000	0.431

续表

部　门	MEPI	TEFCH	TECHCH
15. 金属制品业	0.837	1.032	0.811
16. 通用、专用设备制造业	0.690	0.904	0.763
17. 交通运输设备制造业	0.734	0.921	0.797
18. 电气机械及器材制造业	0.803	0.902	0.890
19. 通信设备、计算机及其他电子设备制造业	0.735	0.980	0.750
20. 仪器仪表及文化办公用机械制造业	0.879	0.962	0.914
21. 工艺品及其他制造业(含废品废料)	0.643	0.659	0.975
22. 电力、热力生产和供应业	0.796	0.888	0.896
23. 燃气生产和供应业	0.919	1.053	0.873
24. 水的生产和供应业	0.913	0.990	0.923
25. 建筑业	0.958	1.000	0.958
26. 交通运输及仓储业	0.878	0.876	1.002
27. 邮政业	0.908	0.988	0.918
28. 信息传输、计算机服务和软件	0.959	0.954	1.006
29. 批发和零售业	0.759	0.899	0.843
30. 住宿和餐饮业	0.805	0.796	1.010
31. 金融业	0.820	0.920	0.891
32. 房地产业	0.821	0.893	0.919
33. 租赁和商务服务业	0.921	0.905	1.018
34. 研究与试验发展业	0.916	0.966	0.949
35. 综合技术服务业	1.064	1.050	1.014
36. 水利、环境和公共设施管理业	0.894	0.960	0.931
37. 居民服务和其他服务业	0.858	0.917	0.936
38. 教育	0.826	0.892	0.926
39. 卫生、社会保障和社会福利业	0.842	0.802	1.050
40. 文化、体育和娱乐业	0.883	0.956	0.924
41. 公共管理和社会组织	0.885	0.922	0.960

表 12.12　2007—2010 年 MEPI 及其分解结果

部　　门	MEPI	TEFCH	TECHCH
1. 农林牧渔业	0.991	0.929	1.067
2. 煤炭开采和洗选业	1.005	0.913	1.101
3. 石油和天然气开采业	1.005	0.875	1.148
4. 金属矿采选业	1.005	1.087	0.925
5. 非金属矿及其他矿采选业	1.005	0.957	1.050
6. 食品制造及烟草加工业	1.419	1.289	1.101
7. 纺织业	1.005	0.884	1.137
8. 纺织服装鞋帽皮革羽绒及其制品业	1.005	0.943	1.066
9. 木材加工及家具制造业	1.005	0.954	1.053
10. 造纸印刷及文教体育用品制造业	1.005	0.951	1.057
11. 石油加工、炼焦及核燃料加工业	1.005	0.772	1.302
12. 化学工业	1.041	1.000	1.041
13. 非金属矿物制品业	1.005	1.005	0.999
14. 金属冶炼及压延加工业	1.163	1.000	1.163
15. 金属制品业	1.005	0.952	1.055
16. 通用、专用设备制造业	1.005	1.102	0.912
17. 交通运输设备制造业	1.005	1.184	0.848
18. 电气机械及器材制造业	1.005	1.153	0.871
19. 通信设备、计算机及其他电子设备制造业	1.005	1.038	0.967
20. 仪器仪表及文化办公用机械制造业	1.005	1.030	0.975
21. 工艺品及其他制造业(含废品废料)	1.005	0.930	1.080
22. 电力、热力生产和供应业	1.005	0.934	1.075
23. 燃气生产和供应业	1.005	1.082	0.928
24. 水的生产和供应业	1.005	1.005	0.999
25. 建筑业	0.983	1.000	0.983
26. 交通运输及仓储业	1.005	0.811	1.239
27. 邮政业	1.005	1.005	0.999
28. 信息传输、计算机服务和软件	1.005	0.870	1.155

续表

部门	MEPI	TEFCH	TECHCH
29. 批发和零售业	1.005	0.678	1.482
30. 住宿和餐饮业	1.005	0.749	1.342
31. 金融业	1.005	0.794	1.265
32. 房地产业	1.005	0.808	1.243
33. 租赁和商务服务业	1.005	0.701	1.432
34. 研究与试验发展业	1.005	0.971	1.035
35. 综合技术服务业	1.005	0.865	1.161
36. 水利、环境和公共设施管理业	1.005	0.967	1.039
37. 居民服务和其他服务业	1.005	0.757	1.328
38. 教育	1.005	0.654	1.537
39. 卫生、社会保障和社会福利业	1.005	0.764	1.316
40. 文化、体育和娱乐业	1.005	0.827	1.214
41. 公共管理和社会组织	1.005	0.675	1.488

表 12.13 2010—2012 年 MEPI 及其分解结果

部门	MEPI	TEFCH	TECHCH
1. 农林牧渔业	0.869	0.692	1.256
2. 煤炭开采和洗选业	0.942	0.823	1.145
3. 石油和天然气开采业	1.021	0.929	1.099
4. 金属矿采选业	0.998	0.945	1.056
5. 非金属矿及其他矿采选业	0.984	0.930	1.058
6. 食品制造及烟草加工业	0.764	0.776	0.985
7. 纺织业	1.037	1.016	1.020
8. 纺织服装鞋帽皮革羽绒及其制品业	0.978	0.941	1.040
9. 木材加工及家具制造业	1.016	1.037	0.980
10. 造纸印刷及文教体育用品制造业	0.905	0.913	0.992
11. 石油加工、炼焦及核燃料加工业	0.976	0.918	1.064
12. 化学工业	0.951	1.000	0.951
13. 非金属矿物制品业	1.027	1.027	1.000

续表

部　　门	MEPI	TEFCH	TECHCH
14. 金属冶炼及压延加工业	0.965	1.000	0.965
15. 金属制品业	0.987	1.020	0.967
16. 通用、专用设备制造业	1.050	1.013	1.037
17. 交通运输设备制造业	1.125	1.183	0.951
18. 电气机械及器材制造业	1.028	0.969	1.061
19. 通信设备、计算机及其他电子设备制造业	1.004	1.017	0.987
20. 仪器仪表及文化办公用机械制造业	0.939	0.861	1.090
21. 工艺品及其他制造业(含废品废料)	1.284	1.104	1.164
22. 电力、热力生产和供应业	1.037	0.970	1.069
23. 燃气生产和供应业	0.898	0.862	1.042
24. 水的生产和供应业	0.904	0.821	1.101
25. 建筑业	0.966	1.000	0.966
26. 交通运输及仓储业	0.941	0.787	1.195
27. 邮政业	0.909	0.830	1.096
28. 信息传输、计算机服务和软件	0.861	0.717	1.200
29. 批发和零售业	1.088	1.082	1.006
30. 住宿和餐饮业	1.026	0.851	1.205
31. 金融业	1.007	0.947	1.063
32. 房地产业	1.005	0.917	1.097
33. 租赁和商务服务业	0.896	0.738	1.214
34. 研究与试验发展业	0.901	0.796	1.132
35. 综合技术服务业	0.776	0.642	1.209
36. 水利、环境和公共设施管理业	0.924	0.831	1.111
37. 居民服务和其他服务业	0.962	0.862	1.117
38. 教育	1.000	0.905	1.104
39. 卫生、社会保障和社会福利业	0.980	0.782	1.253
40. 文化、体育和娱乐业	0.934	0.848	1.102
41. 公共管理和社会组织	0.933	0.815	1.145

从动态环境效率指数变化的原因来分析,第一产业农林牧渔业的环境效率变化原因主要来自技术进步,无论在环境表现恶化的2005—2007年、2010—2012年,还是在效率进步的2007—2010年,农林牧渔业的资源配置效率始终都低于技术进步率;从整个2005—2012年的时间段看,资源的配置率一直较为低效,而技术进步率则呈逐年上升的趋势。第二产业工业部门,在其环境效率上升阶段(2007—2010年),主要拉动力为科技的进步;在其效率下降阶段(2005—2007年),主要问题出在科技水平上(0.848),而2010—2012年的问题主要是要素配置效率较低(0.961)。第三产业服务业部类,无论是动态环境效率指数下降还是上升的时期,其主要问题都出在要素配置效率较低(分别为0.919、0.806、0.834),因此拖累整体的环境效率。

三、本部分结论与政策建议

本部分首先根据2012年低碳经济投入产出表,构建了基于经济、能耗与碳排放的总量控制优化模型,目的在于在保证现有的经济增长速度、能源消耗水平及二氧化碳排放水平下,得到2017年最优的产出(产业结构调整)方案,使能耗与碳排总量双重约束下经济产出达到最大,且相比基年(2012年)能源强度下降26.04%,二氧化碳强度下降48.95%。然后,在非限制模型的基础上又对碳排放总量加入政策性的减排条件。相比非限制优化模型,在满足最低限度经济增长的前提下,二氧化碳排放总量能够进一步下降约22%。

其中,第二产业制造业增加幅度最大的部门为金属制品业,通用、专用设备制造业,交通运输设备制造业,电气机械及器材制造业,通信设备、计算机及其他电子设备制造业,仪器仪表及文化办公用机械制造业以及工艺品及其他制造业(含废品废料),这些部门生产的产品大多属于模块化架构产品或属于大型复杂设备领域,是我国制造业优势的主要体现,因此需要加大投入,增加其产能。这也与我国"十三五"时期对于我国制造业的定位相一致。第三产业服务业所有的部门在原有基础上都应增加其产能,增幅在50%以上的行业有邮政业,批发和零售业,卫生、社会保障和社会福利业,文化、体育和娱乐业,公共管理和社会组织,这些大多属于生活服务业,从侧面反映出我国生产服务业的效率并不够高,如果想在保证碳生产率及能源效率的前提下发展低碳经济,必须加大生活服务业的产出,尽量提高生产服务业的效率。

本部分还基于中国2005—2012年可比价低碳经济投入产出表的数据,对我国41个部门的环境效率指数进行了测评,并使用马奎斯特指数法建立动态环境效率指数,对各部门的MEPI进行了分解。本部分得到以下几点结论:

(1)2005—2012 年,我国多数行业部门是非 DEA 有效的,且部门间的环境表现差距明显。改善行业环境表现效率不足的方式是减少能源投入的同时增加产出,无论是哪一段时期,我国各部门的产出缺口都很小,基本可以忽略不计,主要问题出在能源投入量上。部分能源的投入量过大,能源消耗结构不合理,造成部分行业的环境效率较低。

(2)动态环境效率指数结果显示,我国整体部门的环境效率在 2005—2012 年有所提高。其中,以第二产业部门对于我国整体环境效率的影响最大,当整体环境表现恶化时,主要是由于工业、制造业部门的表现不好(MEPI 小于 1);而当整体环境表现改善时,同样是因为第二产业部门的整体环境效率指数的拉动(MEPI 大于 1)。此外,影响第三产业服务业部门环境效率的主要原因在于投入资源的配置效率较低。而工业部门效率不足在 2005—2007 年主要因为技术水平较低;在 2007 年后主要因为资源配置效率低下。因此,只有优化能源结构,提高能源的使用效率,才能从根本上解决部门环境表现效率低下的问题,真正做到低碳发展。

决策者可以根据碳排放量与经济总量的关系,结合实际情况,拟定我国产业规划的最优方案。同时,也可以根据部门 DEA 分析,有的放矢地改善各行业的环境表现水平。

第十三部分　研究结论与政策建议

一、研究结论

(1)从经济、能耗、碳排放总量(ARIMA 模型)看,我国经济已进入新常态。根据对 GDP、能源消耗量和碳排放量数据的预测研究,我国的 GDP 从 2014 年开始增长稳定,其增长率会有所放缓。结合最近三年的实际经济状况来看,这一预测结果与现实情况是相符的,我国的经济增速逐渐地从 2010 年到 2014 年的 7%~10%下滑到了 2015 年以来的 6%~7%这一区间,估计 2017 年后经济增速有可能达到 7%以上。而能源消耗量和碳排放量预测的增长率却逐渐增加,但是预测的置信区间较大。从实际的能源消耗量的增长率来看,2013—2016 年的能源消耗总量实际增长率分别为 3.7%、2.2%、0.9%和 1.4%。预测结果与实际情况有偏差,能源消耗实际增长率不仅没有提高反而有逐年降低的趋势,预计 2017 年之后能耗增速在 7%以内,低于经济增速。由于近几年来我国对碳排放问题关注度较高,提高了对于天然气等能源品种的使用,而且加强了技术创新,使得单位 GDP 能耗逐渐下降,能源的利用效率不断提高。这些因素都使得二氧化碳排放量的增长率呈现出下降趋势,预计 2017 年之后,碳排增速在 6%以内,低于能耗增速。由此可知,我国经济发展进入新常态,即经济增长进入中高速,经济发展质量进入中高层次。

(2)从经济总量、能源消耗总量、碳排放总量的关系(VAR 模型)看,有的是互为因果关系,有的是单向因果关系。我国 GDP 的变动与能源消耗总量存在着双向的格兰杰因果关系;二氧化碳排放总量也与 GDP 存在着双向的格兰杰因果关系;而能源总消耗是二氧化碳总量变化的格兰杰原因,反过来因果关系并不成立。能源消耗的冲击对碳排放量与经济的影响都是正向的;经济增长冲击对能源消耗与碳排放的影响路径一致,呈现对称现象。

(3)从各省份碳排放现状分析可知,碳排放增速和总碳排放量都高的省份是重点减排对象。由于我国各省份发展水平、发展速度不一,能源消耗的绝对量有明显差距,二氧化碳排放量增速较快的省份不一定排放量的绝对数也较大。因此,碳排放增速和总碳排放量值都较高的省份存在的碳排放问题更加严峻,需要重点减排。由前述中国各省份二氧化碳排放现状分析中可以看出,碳排放量和碳排放增速都处于较高水平的省份按两种指标综合排序后以降序排列的前十个省份为：山东省、河北省、内蒙古自治区、江苏省、山西省、辽宁省、河南省、广东省、浙江省和陕西省。这十个省份是节能减排的重点实施对象。

(4)由空间计量分析可知，我国碳排放具有空间集聚性和空间相关性。我国各省份碳排放量的空间集聚和空间差异明显，总体呈东北高西南低的特征，总体上讲，辽宁省、河北省、山西省、山东省、河南省等省份碳排放量一直居高不下；另外，各省份的二氧化碳排放量具有明显的空间相关性，碳排放的重点关注区域为内蒙古自治区、辽宁省、河北省、山西省、陕西省、河南省、山东省和江苏省等省份。

(5)在空间面板模型的分析中，虽然不同模型的回归结果略有不同，但回归结果表现出一致性。在空间面板回归模型中均显示出实际地区生产总值和能源结构对碳排放的重要性；而在横截面的回归分析中，人口在碳排放中有一定的影响。通过面板模型和截面模型的对比发现，从长远角度进行考量，人口的变动并不是构成碳排放的主要因素，实际地区的生产总值才是影响碳排放的主要因素。同时，能源结构对碳排放的影响也不能忽视。

(6)从扩展生产函数模型分析可知，能源要素投入是我国经济增长中的次要因素，节能潜力大。第八部分(中国各省份扩展生产函数模型的实证研究)中的分析结果显示，能源投入要素每增长1个百分点，总产出增长约0.06个百分点，其对产出的贡献率仅为5%左右。在三种投入要素中，其利用效率和贡献率都是最低的。正因为能源投入是次要因素，才说明我国各省份节约能源的潜力很大。

(7)由投入产出分析可知，中国能耗高的产业主要是资源型产业，高排放部门主要为第二产业。由各产业部门能耗的价值量分析，2012年中国直接综合能耗系数排在前面的5个部门分别是石油加工、炼焦及核燃料加工业，燃气生产和供应业，电力、热力生产和供应业，煤炭开采和洗选业，交通运输及仓储业。其中4个化石能源部门对整个能源部门的依赖程度尤其高。我国对能源部门完全综合消耗系数最大的5个部门是电力、热力生产和供应业，石油加工、炼焦及核燃料加工业，燃气生产和供应业，化学工业，金属冶炼及压延加工业，以资源型产业为主。

2012年直接碳排放系数高的部门基本属于第二产业，只有交通运输及仓储业和邮政业属于第三产业。其中，电力、热力生产和供应业、石油加工、炼焦及核燃料加工业碳排放系数排在前两位，且都属于能源部门。2012年完全碳排放系数排名靠前的是电力、热力生产和供应业，石油加工、炼焦及核燃料加工业，金属冶炼及压延加工业，煤炭开采和洗选业，非金属矿物制品业，化学工业，金属制品业，主要因为这些产业部门直接与间接消耗的化石能源较多。

(8)同样由投入产出分析可知，我国能源供给结构不合理，煤炭的二氧化碳排放量大。从能源消耗的角度来看，我国的能源供给结构不太合理，煤炭这种高污染的能源产品消耗量远大于其他能源产品,占到能源消耗总量的40%以上。属于清洁能源的天然气和电力在能源消耗总量中所占的比例很小,这两种能源产品相加还不到能源消耗总量的四分之一。

从二氧化碳排放的角度来看,各种能源产品的二氧化碳排放量存在很大差别,煤炭的二氧化碳排放量大于其他能源产品的总和,占二氧化碳排放总量的60%以上,超过煤炭在能源消耗总量中的比例,说明消耗煤炭在相同条件下产生的二氧化碳是较多的,而天然气在二氧化碳排放总量中的比重小于其在能源消耗总量中的比重。

(9)由投入产出结构分解模型可知,各因素起的作用与效应不同。能源结构效应一直是抑制二氧化碳排放总量上升的因素,但作用很小;能源强度效应和投入结构效应在各个阶段所起的作用不一致,有时会促进二氧化碳排放总量上升,有时会抑制二氧化碳排放总量上升。各部门二氧化碳强度方面,导致各部门二氧化碳强度变动较大的因素是投入结构效应,在三次产业中,农业与服务业部门的二氧化碳强度普遍低于工业部门。因此,调整产业结构,加大服务业部门在国民经济中的比例可以有效降低二氧化碳排放总量。

(10)由优化模型可知,产出增加幅度较大的部门需要加大投入,增加其产能。通过优化模型分析,产出增幅较大的部门为金属制品业,通用、专用设备制造业,交通运输设备制造业,电气机械及器材制造业,通信设备、计算机及其他电子设备制造业,仪器仪表及文化办公用机械制造业以及工艺品及其他制造业(含废品废料),这些部门生产的产品大多属于模块化架构产品或属于大型复杂设备,是我国制造业优势的主要体现,因此需要加大投入,增加其产能,这也与我国"十三五"时期对于制造业的定位相一致。第三产业即服务业所有的部门在原有基础上都应增加其产能,增幅在50%以上的行业有邮政业,批发和零售业,卫生、社会保障和社会福利业,文化、体育和娱乐业,公共管理和社会组织,这些大多属于生活服务业,从侧面反映出我国生产服务业的效率并不够高,如果想在保证碳生产率及能源效率的前提下发展低碳经济,必须加大生活服务业的产出,同时尽量提高生产服务业的效率。

二、政策建议

(1)继续保持经济发展稳中求进,同时降低单位 GDP 能耗和二氧化碳排放量。由 ARIMA 模型和 VAR 模型分析可知,尽管我国的单位 GDP 能耗逐年下降,而且降幅逐年扩大,但是由于我国的 GDP 增速回落至中等水平,降低单位 GDP 能耗难度会增加。以 2012 年的能耗水平计,我国的单位 GDP 能耗是美国的 3.3 倍,日本的 7 倍,同时高于巴西、墨西哥等发展中国家,所以我国节能减排的潜力还是很大的。政府要对产业升级和技术创新给予更多的政策支持,对第二产业尤其是高耗能的工业产业提供更好的技术发展引导,促进技术工艺进步。

由于国内生产总值是二氧化碳排放的原因,而二氧化碳排放不是国内生产总值的原因,低碳发展要从生产入手,要在经济稳中求进的同时,降低单位 GDP 能耗和二氧化碳排放量。

(2)减排工作应以不同省份的特点和发展要求为依据,从实际出发制定合理有效的减排方案,即要因地制宜。由各省份碳排放现状分析可以知道,以山东省为首的十个省份是碳排放增速和总碳排放量值都较高的省份。对于这些重点减排实施对象,应按其不同的经济增长特点和发展要求为其制订减排方案。以山东省为例,山东省是中国经济最发达的省份之一,也是我国的能源大省,主导产业一直是煤炭、煤气、化工等资源导向型产业,加之近年来山东省的经济增速较快,从而导致二氧化碳的排放量和增速都较大。可见,要想使山东省的两项碳排放指标(即总碳排放量和碳排放增速)有明显下降,产业转型和清洁能源的开发是其减排的首选工作。与此同时,其他碳排放高的省份也要因地制宜地制订各自的减排方案。

(3)加强区域间政策关联性,从区域协同发展的角度降低碳排放量。由空间计量分析可知,在经济发展过程中,各省份的碳排放呈现出集聚效应和相关性。因此,可以考虑从区域而非单独省份的视角进行政策研究和政策制定,既从区域联动政策的角度实施经济发展,也从整体角度落实减少碳排放的措施,特别是要加强内蒙古自治区、辽宁省、河北省、山西省、陕西省、河南省、山东省和江苏省等省份之间的区域发展政策研究,进行协同发展。

(4)合理进行产业和人口的空间布局,降低二氧化碳排放量。由空间计量分析可知,要实现低碳发展必须合理地进行产业与人口的空间布局。要以雄安新区等国家级新区为依托,以国家中心城市、区域性中心城市以及省会城市为重点,通过城镇化的辐射合理地进行产业和人口的空间布局,集中治理大气污染;同时,对农村实行煤改电,以降低二氧化碳排放量。

(5)政府出面开发清洁能源,改变能源供给结构,为低碳发展提供更多原动力。由中国各省份扩展生产函数模型的实证研究可知,在实证模型中能源的产出弹性在三种投入要素中最低,且其对产出的贡献率也最低,证明节能有空间。我国目前的生产生活中,主要依靠煤炭、石油和天然气等有限的化石能源,这种能源的开采与提炼过程复杂,人员和物资耗费巨多,但最终的利用效率却不高。可见仅靠煤炭、石油等化石能源无法满足当前中国经济飞速发展的需要。如今,全世界都在呼吁经济绿色健康发展,开发更多的清洁能源,加大对清洁能源如风能、太阳能的普及利用,不仅能为经济发展提供更多的原动力,满足我国经济飞速发展的需要,还有利于改善生态环境。

(6)加快产业结构、能源消耗结构战略性调整,以实现减少二氧化碳排放总量的目标。由投入产出分析可知,如果仅靠减少能源消耗量来达到减少碳排放量的目的,会产生一定的副作用,即经济发展速度会下降。如果政府用行政手段强行控制能源消耗量,则会严重地干扰经济运行,导致经济社会运行紊乱,并非长久之计。从长远考虑控制碳排放量,首先,要优化产业结构,培育更多高新技术产业,提高能源利用效率,降低全社会的单位 GDP 能耗水平;其次,要改变能源供给结构,减少对煤炭这类低热值高碳排放能源的依赖,以实现减少二氧化碳排放总量的目标。

(7)政府出重拳限制高能耗、高排放产业。由投入产出分析可知,我国要以低能耗、低排放为标准发展支柱和重点行业,对高能耗、高排放的产业出重拳加以限制。从第二产业看,主要限制火力发电,石油加工、炼焦及核燃料加工业,煤炭开采和洗选业。从第三产业看,继续由传统服务业向现代服务业过渡。限制交通运输及仓储业,主要是限制高能耗、高排放的交通业。

(8)实现最终产品低碳化。由结构分解模型分析可知,最终需求是引起碳排放的重要原因。为了控制二氧化碳排放总量的增加,政府通过市场引导居民消费,倡导低碳生活的理念,从而使消费产品中低碳产品不断增加。同时,还要在投资和出口方面实现低碳发展,使整个最终产品(最终需求)低碳化。

(9)加强供给侧结构调整,优化资源配置,提高资源能源利用率。由优化模型分析并结合总量分析可知,我国经济目前处于增速换挡期“L 型经济”中的一横阶段,站在新周期的起点上。中国自 1978 年改革开放以来经历了 4 轮产能周期,平均每轮产能周期经历 10 年左右,本轮经济周期开始于 2000—2001 年,在 2007 年中期见顶后开始下滑,但是 2008 年实行的“四万亿投资计划”使得本轮产能周期被推迟了 2—3 年,即本该在 2013—2014 年结束的去产能化周期被推迟到了 2015—2017 年。自 2010 年以来,经过 6 年的经济衰退和长达 54 个月的通缩,钢铁、煤炭、水泥、玻璃、化工、机械等传统行业领域中大量中小型企业退出,行业龙头压缩过剩产能,市场自发进行产能出清。2016 年启动的供给侧结构性改革和去产能加速了国企占比高的行业的产能出清。2016 年以来,中国工业企业的产能利用率正在逐步触底,应加强供给侧结构性调整以达到提高能源利用率的目的。

(10)实现低碳发展,优化产业结构和能耗结构,需要市场引导、政府主导、科技先导。由优化模型分析可知,低碳经济涉及方方面面。实现低碳发展需要优化产业结构和能耗结构。而优化结构,市场要起关键引导作用,应合理配置好资源,把优良资源尽可能配置到低碳产业中去。与此同时,政府要发挥主导作用,决策者可以根据碳排放量与经济总量的关系,结合实际情况,拟订我国产业规划的最优方案,有的放矢地改善各行业的环境表现水平。除此之外,要大力发展节能减排技术,通过科技进步的先导作用,优化结构,实现低碳发展。

参考文献

[1]庄贵阳．气候变化挑战与中国经济低碳发展[J]．国际经济评论，2007(5)：50-52.

[2]冯长根，胡秀峰．2002年我国事故与灾害状况综述[J]．安全与环境学报，2003(6)：3.

[3]闫凯，王跃思．霾从哪里来？[N]．科学世界，2014-04-03.

[4]林伯强．中国能源需求的经济计量分析[J]．统计研究，2001（10）：34-39.

[5]韩智勇，魏一鸣．中国能源消费与经济增长的协整性与因果关系分析[J]．系统工程，2004（12）：17-21.

[6]张志柏．中国能源消费因果关系分析[J]．财贸研究，2008(3)：15-21.

[7]范雪红，张意翔．基于计量经济模型的能源消费与经济增长关系实证研究[J]．理论月刊，2005(12)：78-81.

[8]彭方平．STR模型及我国货币政策传导非线性研究[D]．武汉：华中科技大学，2007.

[9]陆虹．中国环境问题与经济发展的关系分析：以大气污染为例[J]．财经研究，2000（10）：53-59.

[10]范金．可持续发展下的最优经济增长[M]．北京：经济管理出版社，2002.

[11]王瑞玲，陈印军．我国“三废”排放的库兹涅茨曲线特征及其成因的灰色关联度分析[J]．中国人口·资源与环境，2005(2)：42-47.

[12]雷厉，仲云云，袁晓玲．中国区域碳排放的因素分解模型及实证分析[J]．当代经济科学，2011(5)：59-65.

[13]姚幸颖，王克，刘琦媛．基于Theil指数KAYA分解方法的中国地区碳排放差异性及其影响因素分析[J]．环境保护科学，2014(5).

[14]包群，彭水军．经济增长与环境污染：基于面板数据的联立方程估计[J]．世界经济，2006（11）：48-58.

[15]彭水军，包群．经济增长与环境污染：环境库兹涅茨曲线假说的中国检验[J]．财经问题研究，2006(8)：3-17.

[16]李达，王春晓．我国经济增长与大气污染物排放的关系:基于分省面板数据的经验研究[J]．财经科学，2007（2）：43-50.

[17]许士春，何正霞．中国经济增长与环境污染关系的实证分析[J]．经济体制改革，2007(4) :22-26.

[18]田晓四，陈杰．南京市经济增长与工业“三废”污染水平计量模型研究[J]．长江流域资源与环境，2007(4)：410-413.

[19]沈锋．上海市经济增长与环境污染关系的研究[J]．财经研究，2008(9)：81-90.

[20]邓志强 ,任淑花．长株潭地区经济增长与工业污染变迁的实证研究[J]．长江流域资源与环境，2008(4)：517-521.

[21]高辉．环境污染与经济增长方式转变[J]．财经科学，2009（4）：102-109.

[22]杨万平，袁晓玲．环境库兹涅茨曲线假说在中国的经验研究[J]．长江流域资源与环境，2009(8)：704-710.

[23]刘金全，郑挺国．中国环境污染与经济增长之间的相关性研究[J]．中国软科学，2009(2)：98-106.

[24]许广月，宋德勇．中国碳排放环境库兹涅茨曲线的实证研究:基于省域面板数据[J]．中国工业经济,2010（5）：37-47.

[25]刘华军，闫庆悦．中国二氧化碳排放的环境库兹涅茨曲线:基于时间序列与面板数据的经验估计[J]．中国科技论坛,2011（4）：108-116.

[26]杨子晖．“经济增长”与“二氧化碳排放”关系的非线性研究:基于发展中国家的非线性 Granger 因果检验[J]．世界经济，2010(10)：139-161.

[27]赵爱文，李东．中国碳排放与经济增长的协整与因果关系分析[J]．长江流域资源与环境，2011(11)：1297-1213.

[28]王俊松，贺灿飞．能源消费、经济增长与中国 CO_2 排放量变化[J]．长江流域资源与环境．2010(1)：18-23.

[29]李静．中国区域环境效率的差异与影响因素研究[J]．南方经济，2009(12)：24-35.

[30]查建平，唐方方．中国工业碳排放绩效:静态水平及动态变化——基于中国省级面板数据的实证分析[J]．山西财经大学学报，2012(3)：71-80.

[31]范晓．巴西能源消费、经济增长与碳排放的关系研究[J]．开发研究，2010(3)：20-23.

[32]巴曙松，吴大义．能源消费、二氧化碳排放与经济增长:基于二氧化碳减排成本视角的实证分析[J]．经济与管理研究，2010(6) :5-11.

[33]刘志雄．我国能源消费、经济增长与碳排放的关系研究[J]．煤炭经济研究,2011(4)：37-43.

[34]赵欣娜,雷明．中国2007绿色投入产出表编制及应用分析[J]．经济科学, 2011(4)：16-27.

[35]葛守中．浙江省“碳排”投入产出表编制方法研究[J]．统计科学与实践, 2013(3)：34-37.

[36]陈灯塔．应用计量经济学:Eviews高级讲义[M]．北京:北京大学出版社, 2012：748-751.

[37]张恪渝, 廖明球．非线性视角下煤炭类能源消费对中国经济的影响[J]．工业技术经济, 2015(09)：78-83.

[38]夏南新．单位根的DF、ADF检验与PP检验比较研究[J]．数量经济技术经济研究, 2005(9)：84-90.

[39]列昂惕夫．投入产出经济学[M]．北京：中国统计出版社, 1989.

[40]列昂惕夫．1919—1939年美国经济结构：均衡分析的经验作用[M]．北京：商务印书馆, 1993.

[41]廖明球．低碳经济量化模型设计研究[J]．统计与决策, 2014(24)：30-33.

[42]张恪渝, 廖明球．政府投资对我国大气环境与经济的影响[J]．企业经济, 2016(06).

[43]赵振全, 于震．金融加速器效应在中国存在吗？[J]．经济研究, 2007(6)：27-38.

[44]刘起运．关于投入产出系数结构分析方法的研究[J]．统计研究,2002(2)：40-42.

[45]沈利生．重新审视传统的影响力系数公式:评影响力系数公式的两个缺陷[J]．数量经济技术经济研究, 2010(2)：133-141.

[46]张恪渝, 霍忻．我国股票价格指数与经济增长间的动态关联研究:基于VAR和ARMA模型的实证考察[J]．价格理论与实践, 2015(12).

[47]王巧英．影响力系数和感应度系数计算方法新探[J]．统计教育, 2010(10)：93-101.

[48]杨丽华．外贸商品结构合理性评价指标的构建及实证研究[J]．国际贸易问题, 2011(08)：43-51.

[49]隗斌贤,顾继红,黄敏．基于IO-SDA模型的浙江省外贸隐含碳影响因素分析[J]．统计研究,2012(1)：101-105.

[50]唐德才,王云,仲凤霞,等．基于IO-SDA模型的广东省外贸隐含碳的分

解分析[J]. 中国科技论坛, 2014(1):140-146.

[51]张恪渝, 韩永明. 改进型环境 DEA 模型的北京市碳排效率度量[J]. 计算机与应用化学, 2016, 33(5): 615-622.

[52]IPCC. Climate Change 2007: The Physical Science Basis. Contribution of Working Group I to the Fourth Assessment Report of the Intergovernmental Panel on Climate Change [M]. Cambridge, UK and New York, USA: Cambridge University Press, 2007: 533-497.

[53] IPCC. Climate change 2007: the fourth assessment report of the intergovmental panel on climate change[M]. Cambridge: Cambridge University Press, 2007.

[54]RAY S C, DESLI E. Productivity growth, technical progress, and efficiency change in industrialization countries: Comment[J]. American Economic Review, 1997, 87(5): 1033-1039.

[55]FORSUND F R, KITTELSEN S A C. Productivity development of Norwegian electricity distribution utilities [J]. Resource and Energy Economics, 1998 (20): 207-224.

[56]FAMA. The behavior of stock-market prices [J]. The Journal of Business, 1965 (38): 34-106.

[57] KRAFT J, KRAFT A. On the relationship between energy and GNP [J]. Journal of Energy Development, 1978 (3): 401-403.

[58]FRANCIS B W, MOSELEY L. Energy Consumption and Projected Growth in Selected Caribbean Countries[J]. Energy Economics, 2007, 29(6):1224-1232.

[59]STERN D I. Energy use and economic growth in theUSA: a multivariate approach[J]. Energy Economics, 1993 (22): 615-625.

[60] WOLDE-RUFAEL Y. Disaggregated industrial energy consumption and GDP: The case ofShanghai 1952-1999[J]. Energy Economics, 2004 (26): 69-75.

[61]HAMILTON J D. What is an oil shock [J]. Journal of Econometrics, 2003 (2): 363-398.

[62]LEE C C, CHANG C P. The impact of energy consumption on economic growth: Evidence from linear and nonlinear models inTaiwan [J]. Energy, 2007(32): 2282-2294

[63] FALLAHI. Causal relationship between energy consumption and GDP: A Markov-switching causality[J]. Energy, 2011(36): 4165-4170.

[64]STERN D I, COMMON M S. Is there an Environmental Kuznets Curve for

Sulfur? [J]. Journal of Environmental Economics and Management, 2001, 41(2): 162-178.

[65] STERN D I. Progress on the Environmental Kuznets Curve? [J]. Environmental and Development Economics, 1998, 3(2):175-198.

[66]LI Gang, Song Wing. Thye Woo. China's Dilemma-Economic Growth, the Environment and Climate Change [M]. Canberra: Asia Pacific Press, Brookings Institution Press, 2008.

[67]AZOMAHOU T, LAISNEY F, PHU N V. Economic development and CO_2 emissions: a nonparametric panel approach [J]. Journal of Public Economics, 2006 (90): 1347-1363.

[68] COONDOO D, DINDA S. Causality between Income and Emission: A Country Group Specific Economic Analysis [J]. Ecological Economics, 2002 (40): 351- 367.

[69]SOYTAS U, SAR I R. Energy Consumption, Economic Growth, and Carbon Emissions: Challenges Faced by an EUcandidate Member[J]. Ecological Economics, 2009(68): 1667-1675.

[70]GHOSH S. Examining carbon emissions economic growth nexus for India: A multivariate co-integration approach[J]. Energy Policy, 2010(38): 3008-3014.

[71] HANKINSON G A, RHYS J M W. Electricity consumption, electricity intensity and industrial structure [J]. Energy Economics, 1983, 5(3): 146-152.

[72] ANG B W. Decomposition of industrial energy consumption: The energy intensity approach[J]. Energy Economics, 1994, 16(3): 163-174.

[73]ANG B W, ZHANG F Q. A survey of index decomposition analysis in energy and environmental studies [J]. Energy, 2000, 25(12): 1149-1176.

[74] HATZIGEORGIOU E, POLATIDIS H, HARALAMBOPOULOS D. CO_2 emissions in Greece for 1990—2002: A decomposition analysis and comparison of results using the Arithmetic Mean Divisia Index and Logarithmic Mean Divisia Index techniques [J]. Energy, 2008, 33(3): 492-499.

[75]ANG B W, CHOI K H. Decomposition of aggregate energy and gas emission intensities for industry: a refined Divisia index method[J]. The Energy Journal, 1997, 18(3): 59-73.

[76]FARRELL M J. The Measurement of Productive Efficiency[J]. Journal of the Royal Statistical Society, 1957, 120(3): 253-290.

[77] CHAMES A, COOPER W W, RHODES E. Measuring the efficiency of

decision making units[J]. European Journal of Operational Research, 1978, 2(6): 429-444.

[78] CAVES D W, CHRISTENSEN L R, DIEWERT W E. Multilateral Comparisons of Output, Input and Productivity: Using Superlative Index Numbers [J]. The Economic Journal, 1982, 92(365): 73-86.

[79] ZHOU P, ANG B W, POH K L. Slacks-based Efficiency Measures for Modeling Environmental Performance [J]. Ecological Economics, 2006 (18): 111-118.

[80] KOLSTAD C D, KRAUTKRAEMER J A. Natural resource use and the environment[J]. Handbook of Natural Resource and Energy Economics, 1993, 3(1): 1219-1265.

[81] ANG J. CO_2 emissions, energy consumption, and output in France[J]. Energy Policy, 2007, 35(10): 4772-4778.

[82] ZHANG X P, CHENG X M. Energy consumption, carbon emissions, and economic growth in China. [J]. Ecological Economics, 2009(68): 2706-2712.

[83] LEOTIEF W. Environmental repercussions and economic structure: an input-output approach [J]. The review of economics and statistics, 1970(8): 262-271.

[84] LEOTIEF W. National income, economic structure, and environmental externalities[J]. The measurement of economic and social performance, 1973(23): 565-576.

[85] SUPPES. A probabilistic theory of causality[M]. North Holland, Amsterdam, 1979.

[86] GRANGER. Testing f or Causality: a Personal Viewpoint[J]. Journal of Economic Dynamics and control, 1980(2): 329-352.

[87] LUHE Z, KOICHI M. On spurious granger causality[J]. Economic Letter, 2001(73): 307-313.

[88] JOHANSEN S. JUSELIUS K. Maximum likelihood estimation and inference on cointegration with application to the demand for money[J]. Oxford Bulletin of Economics and Statistics, 1990(52): 169-210.

[89] BEWLEY, R, YANG M. On the size and power of cointegration tests[J]. Review of Economics and Statistics, 1997(11): 675-679.

[90] TODA H Y, YAMAMOTO T. Statistical inference in vector autoregressions with possibly integrated processes [J]. Journal of econometrics, 1995, 66 (1): 225-250.

[91] CHIOU - WEI, CHEN C F, ZHU Z. Economic growth and energy consumption revisited-evidence from linear and nonlinear Granger causality[J]. Energy Economics, 2008(30): 3063-3076.

[92] HIEMSTRA C, JONES J D. Testing for linear and nonlinear Granger causality in the stock price-volume relation[J]. The Journal of Finance, 1994, 49(5): 1639-1664.

[93]EFRON,B. Bootstrap Method: Another look at the jackknife[J]. Annals of Statistics, 1997, 7(1): 1-26.

[94] DAVIDSON, HINKLEY. Bootstrap method and their application [M]. Cambridge: MIT Press,1997:141-145.

[95]FARE R, GROSSKOPF S, LOVELL C A K, et al. Multilateral productivity comparisons when some outputs are undesirable: a nonparametric approach [J]. The Review of Economics and Statistics, 1989(71): 90-98.

[96]RAMANATHAN R. A multi-factor efficiency perspective to the relationships among world GDP, energy consumption and carbon dioxide emissions[J]. Technological Forecasting & Social Change, 2006(73): 483-494.

[97]CHUNG Y H, FARE R. Productivity and undesirable outputs: a directional distance function approach [J]. Journal of Environmental Management, 1997 (51): 229-240.

[98] FARE R, GROSSKOPF S. Modeling undesirable factors in efficiency evaluation: comment [J]. European Journal of Operational Research, 2004 (157): 242-245.

[99] TYTECA D. On the measurement of the environmental performance of firms—a literature review and a productive efficiency perspective [J]. Journal of Environmental Management, 1996(46): 281-308.

[100] GRANGER C W J. Some recent development in a concept of causality [J]. Journal of Econometrics, 1988, 39(1): 199-211.

[101] JOHANSEN S. Likelihood - based inference in cointegrated vector autoregressive models[M]. Cambridge:OUP, 1995.

[102]DOLADO J J, LÜTKEPOHL H. Making Wald tests work for cointegrated VAR systems[J]. Econometric Reviews, 1996, 15(4): 369-386.

[103]HALL P. On bootstrap confidence intervals in nonparametric regression[J]. The Annals of Statistics, 1992: 695-711.

[104]ANDREWS D W K, BUCHINSKY M. A Three-step method for choosing

the number of bootstrap repetitions[J]. Econometrica, 2000, 68(1): 23-51.

[105] DIKS C, PANCHENKO V. A new statistic and practical guidelines for nonparametric Granger causality testing[J]. Journal of Economic Dynamics and Control, 2006, 30(9): 1647-1669.

[106] POWELL J L, STOKER T M. Optimal bandwidth choice for density-weighted averages[J]. Journal of Econometrics, 1996, 75(2): 291-316.

[107] PHILLIPS P C B. Understanding spurious regressions in econometrics[J]. Journal of Econometrics, 1986, 33(3): 311-340.

[108] YANG H Y. A note on the causal relationship between energy and GDP in Taiwan[J]. Energy Economics, 2000, 22(3): 309-317.

[109] DOORNIK, J A. Testing general restrictions on the cointegrating space[R]. Discussion Paper, Nuffield College, 1995.

附表

表 1　中国 GDP、能耗、碳排时间序列表

年份	能源消耗（万吨标准煤）	二氧化碳排放量（万吨）	GDP（现价，亿元）	GDP（以 1990 年为基准，亿元）
1953	5 411.00	16 378.01	824.20	824.76
1954	6 234.00	18 767.46	859.40	852.81
1955	6 968.00	20 953.08	910.80	894.78
1956	8 800.00	26 389.16	1 029.00	1 017.41
1957	9 644.00	28 740.92	1 069.30	1 078.48
1958	17 599.00	53 469.59	1 308.20	1 323.90
1959	23 926.00	72 804.08	1 440.40	1 461.89
1960	30 188.00	91 162.59	1 457.50	1 679.37
1961	20 390.00	60 521.69	1 220.90	1 219.49
1962	16 540.00	48 406.20	1 151.20	1 121.96
1963	15 567.00	45 628.08	1 236.40	1 230.35
1964	16 637.00	48 566.01	1 455.50	1 467.69
1965	18 901.00	55 225.57	1 717.20	1 692.05
1966	20 269.00	59 001.41	1 873.10	1 887.91
1967	18 328.00	52 793.83	1 780.30	1 804.17
1968	18 405.00	52 927.13	1 730.20	1 664.50
1969	22 730.00	64 860.36	1 945.80	1 893.89
1970	29 291.00	83 232.10	2 261.30	2 275.98
1971	34 496.00	97 144.85	2 435.30	2 437.57
1972	37 273.00	103 947.62	2 530.20	2 533.27
1973	39 109.00	106 993.14	2 733.40	2 740.66
1974	40 144.00	120 819.96	2 803.70	2 771.94
1975	45 425.00	122 563.20	3 013.10	3 009.65
1976	47 831.00	128 036.55	2 961.50	2 993.59
1977	52 354.00	140 261.12	3 221.10	3 263.38
1978	57 144.00	154 007.40	3 645.2	3 775.65
1979	58 588.00	157 869.21	4 062.6	4 216.70
1980	60 275.00	162 677.64	4 545.6	4 649.81
1981	59 447.00	160 499.47	4 891.6	4 879.38

续表

年份	能源消耗（万吨标准煤）	二氧化碳排放量（万吨）	GDP（现价，亿元）	GDP（以1990年为基准，亿元）
1982	62 067.00	167 974.48	5 323.4	5 376.65
1983	66 040.00	178 644.13	5 962.7	6 257.03
1984	70 904.00	193 207.32	7 208.1	7 943.61
1985	76 682.00	209 643.71	9 016.0	9 444.12
1986	80 850.00	221 212.64	10 275.2	10 805.20
1987	86 632.00	237 741.91	12 058.6	13 515.54
1988	92 997.00	255 209.21	15 042.8	17 276.07
1989	96 934.00	265 919.10	16 992.3	17 984.39
1990	98 703.00	270 019.60	18 667.8	18 667.8
1991	103 783.00	284 707.80	21 781.5	20 385.24
1992	109 170.00	299 060.89	26 923.5	23 279.94
1993	115 993.00	315 875.47	35 333.9	26 539.13
1994	122 737.00	333 280.40	48 197.9	30 015.76
1995	131 176.00	354 839.27	60 793.7	33 287.48
1996	135 192.00	364 546.39	71 176.6	36 616.23
1997	135 909.00	363 807.47	78 973.0	40 021.53
1998	136 184.00	362 312.95	84 402.3	43 143.21
1999	140 569.00	374 777.55	89 677.1	46 422.10
2000	145 531.00	383 835.88	99 214.6	50 321.55
2001	150 406.00	391 175.23	109 655.2	54 498.24
2002	159 431.00	414 867.26	120 332.7	59 457.58
2003	183 792.00	484 242.73	135 822.8	65 403.34
2004	213 456.00	560 858.95	159 878.3	72 009.08
2005	235 997.00	622 056.94	184 937.4	80 146.11
2006	258 676.00	681 480.35	216 314.4	90 324.66
2007	280 508.00	735 984.47	265 810.3	103 150.76
2008	291 448.00	754 279.66	314 045.4	113 053.24
2009	306 647.00	791 937.77	340 902.8	123 454.13
2010	324 939.00	822 515.37	401 512.8	136 293.36
2011	348 002.00	882 252.37	473 104.0	148 968.65
2012	361 732.00	898 288.98	519 470.1	160 439.23
2013	375 000.00	920 993.30	568 845.2	172 793.05

表 2　中国低碳经济统计数据库面板数据列表

北京市

年份	地区生产总值(现价,亿元)	地区生产总值指数(1990 年价)	地区生产总值(不变价,1990 年价,亿元)	年末总人口(万人)	年末从业人员(万人)	年末资本存量(1990 年价格,含存货,亿元)	能源消耗总量(万吨标准煤)	二氧化碳排放量(万吨)
1989				1 075. 00	593. 90	1 921. 49		
1990	500. 80	100. 00	500. 80	1 086. 00	627. 10	2 155. 89	2 709. 00	9 032. 49
1991	598. 90	109. 91	550. 44	1 094. 00	634. 00	2 387. 83	2 872. 00	9 297. 30
1992	709. 10	122. 31	612. 54	1 102. 00	649. 30	2 661. 70	2 987. 50	9 562. 11
1993	886. 20	137. 37	687. 96	1 112. 00	627. 80	2 928. 94	3 264. 60	9 826. 92
1994	1 145. 30	156. 18	782. 16	1 125. 00	664. 30	3 278. 45	3 385. 90	10 091. 73
1995	1 507. 70	174. 92	876. 01	1 251. 00	665. 30	3 685. 35	3 518. 00	10 356. 52
1996	1 789. 20	190. 65	954. 77	1 259. 40	660. 20	4 037. 97	3 663. 00	10 701. 50
1997	2 077. 10	209. 91	1 051. 24	1 240. 00	655. 80	4 457. 04	3 833. 00	10 280. 07
1998	2 377. 20	229. 84	1 151. 05	1 245. 60	622. 20	4 908. 33	3 913. 00	10 309. 78
1999	2 678. 80	254. 89	1 276. 47	1 257. 20	618. 60	5 433. 08	3 986. 00	10 355. 09
2000	3 161. 70	284. 97	1 427. 15	1 363. 60	619. 30	6 007. 32	4 144. 00	10 779. 49
2001	3 708. 00	318. 32	1 594. 14	1 385. 10	628. 90	6 663. 79	4 313. 00	10 754. 70
2002	4 315. 00	354. 92	1 777. 45	1 423. 20	679. 20	7 475. 66	4 436. 00	10 620. 37
2003	5 007. 20	394. 33	1 974. 78	1 456. 40	703. 30	8 394. 49	4 648. 00	11 044. 73
2004	6 033. 20	449. 91	2 253. 16	1 492. 70	854. 10	9 389. 27	5 140. 00	12 336. 08
2005	6 969. 50	504. 48	2 526. 45	1 538. 00	878. 00	10 485. 92	5 522. 00	12 662. 94
2006	8 117. 80	570. 05	2 854. 82	1 601. 00	919. 70	11 665. 47	5 904. 00	12 988. 93
2007	9 846. 80	652. 64	3 268. 44	1 676. 00	942. 70	12 954. 58	6 285. 00	13 779. 00
2008	11 115. 00	712. 08	3 566. 12	1 771. 00	980. 90	14 129. 60	6 327. 00	13 953. 76
2009	12 153. 00	784. 73	3 929. 92	1 860. 00	998. 30	15 455. 20	6 570. 00	14 287. 15
2010	14 113. 60	865. 57	4 334. 77	1 961. 90	1 031. 60	17 028. 70	6 954. 00	14 475. 26
2011	16 251. 90	935. 69	4 685. 94	2 018. 60	1 069. 70	18 626. 96	6 995. 00	13 464. 31
2012	17 879. 40	1 007. 74	5 046. 77	2 069. 30	1 107. 30	20 394. 26	7 178. 00	13 658. 81
2013	19 500. 60	1 085. 32	5 435. 30	2 114. 80	1 141. 00	22 243. 98		

表 3　中国低碳经济统计数据库面板数据列表

天津市

年份	地区生产总值(现价,亿元)	地区生产总值指数(1990 年价)	地区生产总值(不变价,1990 年价,亿元)	年末总人口(万人)	年末从业人员(万人)	年末资本存量(1990 年价格,含存货,亿元)	能源消耗总量(万吨标准煤)	二氧化碳排放量(万吨)
1989				899.54	467.79	1 191.59		
1990	310.95	100.00	310.95	914.21	470.07	1 276.87	2 071.00	6 503.31
1991	342.65	105.99	329.57	920.94	479.67	1 371.78	1 989.63	6 247.79
1992	411.04	118.38	368.09	927.63	485.70	1 489.20	2 140.73	6 722.27
1993	538.94	132.69	412.60	934.93	503.10	1 620.60	2 292.67	7 151.54
1994	732.89	151.68	471.65	939.85	513.00	1 785.76	2 345.10	7 315.09
1995	931.97	174.28	541.93	944.20	515.30	1 967.88	2 569.00	8 013.50
1996	1 121.93	199.22	619.48	948.19	512.00	2 179.17	2 500.00	7 657.59
1997	1 264.63	223.30	694.34	952.59	513.33	2 413.80	2 459.00	8 032.59
1998	1 374.60	244.09	759.01	956.64	508.10	2 675.60	2 445.00	7 947.34
1999	1 500.95	268.50	834.90	959.48	508.14	2 926.87	2 553.00	8 207.92
2000	1 701.88	297.50	925.07	1 001.14	486.89	3 211.48	2 794.00	9 130.08
2001	1 919.09	333.18	1 036.03	1 004.06	488.34	3 544.35	2 918.00	9 565.69
2002	2 150.76	375.51	1 167.66	1 007.18	492.61	3 928.41	3 022.00	9 934.59
2003	2 578.03	431.09	1 340.48	1 011.30	510.90	4 408.48	3 215.00	10 815.62
2004	3 110.97	499.18	1 552.20	1 023.67	527.78	4 973.78	3 697.00	12 417.99
2005	3 905.64	573.58	1 783.56	1 043.00	542.52	5 635.21	4 085.00	13 195.98
2006	4 462.74	657.88	2 045.66	1 075.00	562.92	6 424.16	4 500.00	14 064.65
2007	5 252.76	759.84	2 362.74	1 115.00	613.93	7 379.39	4 943.00	14 964.60
2008	6 719.01	885.23	2 752.63	1 176.00	647.32	8 626.24	5 364.00	14 922.10
2009	7 521.85	1 031.30	3 206.82	1 228.16	677.13	10 461.43	5 874.00	16 030.77
2010	9 224.46	1 210.75	3 764.82	1 299.29	728.70	12 723.47	6 818.00	19 484.14
2011	11 307.28	1 409.31	4 382.25	1 354.58	763.16	15 349.51	7 598.00	21 371.10
2012	12 893.88	1 604.51	4 989.23	1 413.15	803.14	18 327.06	8 208.00	21 547.06
2013	14 370.16	1 805.09	5 612.92	1 472.00	847.46	21 632.04		

表 4　中国低碳经济统计数据库面板数据列表

河北省

年份	地区生产总值(现价,亿元)	地区生产总值指数(1990 年价)	地区生产总值(不变价,1990 年价,亿元)	年末总人口(万人)	年末从业人员(万人)	年末资本存量(1990 年价格,含存货,亿元)	能源消耗总量(万吨标准煤)	二氧化碳排放量(万吨)
1989				5 881.00	2 857.92	2 491.81		
1 990	896.33	100.00	896.33	6 159.00	2 955.47	2 728.16	6 124.00	19 977.94
1991	1 072.07	111.00	994.95	6 220.00	3 040.30	2 989.66	6 471.90	21 141.67
1992	1 278.50	128.30	1 149.96	6 275.00	3 106.28	3 236.14	6 866.30	22 440.24
1993	1 690.84	151.02	1 353.61	6 334.00	3 171.37	3 521.24	7 861.90	25 692.59
1994	2 187.49	173.51	1 555.24	6 388.00	3 210.37	3 861.65	8 168.60	26 754.07
1995	2 849.52	197.63	1 771.38	6 437.00	3 252.01	4 324.32	8 990.00	29 053.20
1996	3 452.97	224.34	2 010.83	6 484.00	3 300.16	4 897.13	8 938.00	29 559.85
1997	3 953.78	252.37	2 262.10	6 525.00	3 324.23	5 571.88	9 033.00	30 196.99
1998	4 256.01	279.35	2 503.92	6 569.00	3 367.18	6 333.87	9 151.00	30 205.19
1999	4 514.19	304.79	2 731.88	6 614.00	3 322.30	7 138.94	9 379.00	31 073.60
2000	5 043.96	333.76	2 991.59	6 674.00	3 385.71	7 942.52	11 196.00	32 425.88
2001	5 516.76	362.77	3 251.64	6 699.00	3 409.16	8 752.20	12 114.30	35 085.46
2002	6 018.28	397.63	3 564.04	6 735.00	3 435.00	9 589.95	13 405.00	37 431.28
2003	6 921.29	443.75	3 977.42	6 769.00	3 470.23	10 559.57	15 298.00	42 594.81
2004	8 477.63	500.98	4 490.43	6 809.00	3 516.71	11 735.15	17 348.00	49 664.15
2005	10 012.11	568.12	5 092.26	6 851.00	3 568.97	13 277.21	19 836.00	62 011.41
2006	11 467.60	644.24	5 774.47	6 898.00	3 609.99	15 032.54	21 794.00	66 801.42
2007	13 607.32	726.71	6 513.76	6 943.00	3 664.97	17 105.37	23 585.00	88 495.15
2008	16 011.97	800.08	7 171.32	6 989.00	3 725.66	19 481.34	24 322.00	75 903.18
2009	17 235.48	880.11	7 888.65	7 034.00	3 792.49	22 238.94	25 419.00	80 999.11
2010	20 394.26	987.49	8 851.17	7 194.00	3 865.14	25 346.16	27 531.00	87 089.77
2011	24 515.76	1 099.06	9 851.19	7 241.00	3 962.42	29 094.64	29 498.00	98 458.72
2012	26 575.01	1 204.56	10 796.83	7 288.00	4 085.74	33 125.09	30 250.00	99 846.82
2013	28 301.41	1 303.32	11 682.05	7 333.00	4 183.93	37 356.05		

表 5　中国低碳经济统计数据库面板数据列表

山西省

年份	地区生产总值(现价,亿元)	地区生产总值指数(1990 年价)	地区生产总值(不变价,1990 年价,亿元)	年末总人口(万人)	年末从业人员(万人)	年末资本存量(1990 年价格,含存货,亿元)	能源消耗总量(万吨标准煤)	二氧化碳排放量(万吨)
1989				2 853.00	1 281.70	1 542.30		
1990	429.27	100.00	429.27	2 899.00	1 304.00	1 669.02	4 710.00	18 827.56
1991	468.51	104.20	447.30	2 941.90	1 332.20	1 770.91	4 802.30	19 233.27
1992	551.12	117.23	503.22	2 979.30	1 363.80	1 888.75	5 034.40	26 815.77
1993	680.41	132.58	569.14	3 012.60	1 383.60	2 021.65	5 472.50	29 145.05
1994	826.66	146.24	627.76	3 045.20	1 403.80	2 160.75	5 200.30	27 699.43
1995	1 076.03	163.79	703.09	3 077.30	1 424.50	2 311.47	6 574.40	35 546.96
1996	1 292.11	183.11	786.05	3 109.30	1 441.20	2 487.44	6 848.00	36 475.92
1997	1 476.00	203.80	874.88	3 140.90	1 439.40	2 696.82	6 983.00	34 971.71
1998	1 611.08	223.98	961.49	3 172.20	1 398.30	3 011.79	6 626.00	36 025.04
1999	1 667.10	240.33	1 031.68	3 203.60	1 402.20	3 327.44	6 501.00	32 823.48
2000	1 845.72	262.92	1 128.66	3 247.80	1 392.40	3 662.49	6 728.00	34 031.01
2001	2 029.53	289.48	1 242.65	3 271.60	1 399.50	4 010.13	7 968.00	38 061.42
2002	2 324.80	326.82	1 402.95	3 293.70	1 403.30	4 428.09	9 340.00	46 530.94
2003	2 855.22	375.52	1 611.99	3 314.30	1 469.50	4 947.61	10 386.00	52 637.10
2004	3 571.37	432.60	1 857.02	3 335.10	1 474.60	5 597.09	11 251.00	55 682.46
2005	4 230.53	491.00	2 107.72	3 355.20	1 500.20	6 368.95	12 750.00	61 465.68
2006	4 878.61	553.84	2 377.50	3 374.60	1 561.20	7 279.33	14 098.00	68 312.51
2007	6 024.45	641.90	2 755.53	3 392.60	1 595.70	8 361.61	15 601.00	71 141.13
2008	7 315.40	696.47	2 989.75	3 410.60	1 614.10	9 526.09	15 675.00	68 335.02
2009	7 358.31	734.08	3 151.19	3 427.36	1 630.60	11 039.50	15 576.00	67 658.09
2010	9 200.86	836.11	3 589.21	3 574.11	1 685.90	12 880.12	16 808.00	72 592.48
2011	11 237.55	944.81	4 055.80	3 593.28	1 738.90	14 894.89	18 315.00	80 059.19
2012	12 112.83	1 040.23	4 465.44	3 510.83	1 790.20	17 084.17	19 336.00	83 577.45
2013	12 602.24	1 132.81	4 862.86	3 629.80	1 844.20	19 498.56		

表 6　中国低碳经济统计数据库面板数据列表

内蒙古自治区

年份	地区生产总值(现价,亿元)	地区生产总值指数(1990 年价)	地区生产总值(不变价,1990 年价,亿元)	年末总人口(万人)	年末从业人员(万人)	年末资本存量(1990 年价格,含存货,亿元)	能源消耗总量(万吨标准煤)	二氧化碳排放量(万吨)
1989				2 122.20	910.30	1 092.96		
1990	319.31	100.00	319.31	2 162.60	924.60	1 173.92	2 424.00	9 195.76
1991	359.66	107.50	343.26	2 183.90	962.90	1 257.61	2 505.20	9 356.31
1992	421.68	119.33	381.02	2 206.60	976.00	1 377.57	2 555.00	9 319.26
1993	537.81	133.29	425.60	2 232.40	1 008.20	1 519.13	2 676.10	10 970.60
1994	695.06	148.21	473.26	2 260.50	1 033.40	1 666.19	2 612.20	10 708.64
1995	857.06	163.18	521.06	2 284.40	1 029.40	1 820.17	2 632.00	10 789.81
1996	1 023.09	186.68	596.09	2 306.60	1 039.00	1 989.53	2 822.00	11 811.99
1997	1 153.51	206.84	660.47	2 325.70	1 050.30	2 173.26	3 374.00	13 773.90
1998	1 262.54	228.98	731.14	2 344.90	1 050.30	2 383.90	3 050.00	12 520.38
1999	1 379.31	249.13	795.48	2 361.90	1 056.70	2 607.42	3 803.00	13 042.57
2000	1 539.12	276.03	881.40	2 372.40	1 061.60	2 848.41	3 549.00	14 005.06
2001	1 713.81	305.57	975.71	2 381.40	1 067.00	3 103.77	4 073.00	14 938.01
2002	1 940.94	345.90	1 104.50	2 384.10	1 086.10	3 448.43	4 560.00	16 472.32
2003	2 388.38	407.82	1 302.20	2 385.80	1 005.20	4 025.82	5 778.00	21 478.01
2004	3 041.07	491.42	1 569.16	2 392.70	1 026.10	4 847.71	7 623.00	27 251.07
2005	3 905.03	608.38	1 942.62	2 403.10	1 041.10	6 030.08	9 666.00	33 764.07
2006	4 944.25	724.58	2 313.66	2 415.10	1 051.20	7 414.16	11 221.00	54 503.61
2007	6 423.18	863.70	2 757.88	2 428.80	1 081.50	9 137.43	12 777.00	45 804.43
2008	8 496.20	1 017.44	3 248.78	2 444.30	1 103.30	11 132.89	14 100.00	54 503.61
2009	9 740.25	1 189.38	3 797.82	2 458.20	1 142.50	13 851.43	15 344.00	59 320.62
2010	11 672.00	1 367.79	4 367.50	2 472.20	1 184.70	16 890.94	16 820.00	65 411.20
2011	14 359.88	1 563.39	4 992.05	2 481.70	1 249.30	20 313.57	18 737.00	81 749.91
2012	15 880.58	1 743.18	5 566.13	2 489.90	1 304.90	24 372.85	19 786.00	84 994.47
2013	16 832.38	1 900.06	6 067.09	2 497.61	1 408.20	29 125.89		

表 7 中国低碳经济统计数据库面板数据列表

辽宁省

年份	地区生产总值(现价,亿元)	地区生产总值指数(1990 年价)	地区生产总值(不变价,1990 年价,亿元)	年末总人口(万人)	年末从业人员(万人)	年末资本存量(1990 年价格,含存货,亿元)	能源消耗总量(万吨标准煤)	二氧化碳排放量(万吨)
1989				3 921.60	1 874.80	3 901.82		
1990	1 062.70	100.00	1 062.70	3 963.40	1 897.30	4 147.19	7 856.00	30 406.18
1991	1 200.10	106.10	1 127.52	3 984.90	1 938.30	4 412.49	7 218.00	27 936.67
1992	1 473.00	118.94	1 263.96	4 004.50	1 957.80	4 686.08	7 191.60	27 834.66
1993	2 010.80	136.66	1 452.28	4 029.80	2 006.10	5 018.00	8 695.50	30 705.05
1994	2 461.80	151.97	1 614.94	4 054.40	2 009.30	5 323.12	9 204.60	31 444.21
1995	2 793.40	162.76	1 729.60	4 081.50	2 027.80	5 597.03	9 671.00	33 037.50
1996	3 157.70	176.75	1 878.35	4 104.60	2 031.80	5 863.10	9 738.00	32 888.89
1997	3 582.50	192.48	2 045.52	4 125.10	1 967.10	6 137.58	9 474.00	33 339.91
1998	3 881.70	208.46	2 215.30	4 138.60	1 958.80	6 438.16	9 106.00	32 142.12
1999	4 171.70	225.55	2 396.95	4 151.50	1 994.40	6 751.86	9 384.00	32 621.04
2000	4 669.10	245.63	2 610.28	4 184.00	2 052.00	7 125.50	10 656.00	37 126.40
2001	5 033.10	267.73	2 845.21	4 194.00	2 069.30	7 547.28	10 356.90	36 967.11
2002	5 458.20	295.04	3 135.42	4 203.00	2 025.30	8 036.04	10 602.00	38 313.85
2003	6 002.50	328.97	3 495.99	4 210.00	2 018.90	8 689.27	11 253.00	41 699.88
2004	6 672.00	371.08	3 943.48	4 217.00	2 097.30	9 593.38	13 074.00	45 979.14
2005	8 047.30	418.21	4 444.30	4 221.00	2 120.30	10 960.80	13 611.00	51 669.10
2006	9 304.50	477.59	5 075.39	4 271.00	2 128.10	12 587.61	14 987.00	55 833.79
2007	11 164.30	549.23	5 836.70	4 298.00	2 180.70	14 438.30	16 544.00	60 094.79
2008	13 668.60	622.83	6 618.81	4 315.00	2 198.20	16 631.83	17 801.00	62 792.49
2009	15 212.50	704.42	7 485.88	4 341.00	2 277.10	19 105.70	19 112.00	65 063.49
2010	18 457.30	804.45	8 548.87	4 375.00	2 317.50	22 054.18	20 947.00	71 218.99
2011	22 226.70	902.59	9 591.84	4 383.00	2 364.90	25 380.05	22 712.00	76 068.10
2012	24 846.40	988.34	10 503.06	4 389.00	2 423.80	28 986.67	23 526.00	78 753.59
2013	27 077.65	1 074.32	11 416.83	4 390.00	2 518.90	32 861.92		

表 8　中国低碳经济统计数据库面板数据列表

吉林省

年份	地区生产总值(现价,亿元)	地区生产总值指数(1990 年价)	地区生产总值(不变价,1990 年价,亿元)	年末总人口(万人)	年末从业人员(万人)	年末资本存量(1990 年价格,含存货,亿元)	能源消耗总量(万吨标准煤)	二氧化碳排放量(万吨)
1989				2 445. 30	1 142. 19	1 528. 93		
1990	425. 28	100. 00	425. 28	2 491. 00	1 169. 41	1 654. 10	3 523. 00	10 874. 15
1991	463. 47	105. 9	450. 37	2 510. 90	1 194. 69	1 771. 66	3 572. 80	10 976. 27
1992	558. 06	118. 82	505. 32	2 525. 50	1 235. 02	1 880. 97	3 614. 60	11 007. 71
1993	718. 58	134. 03	570. 00	2 548. 10	1 237. 67	1 994. 59	3 793. 80	11 793. 04
1994	937. 73	153. 19	651. 51	2 568. 00	1 250. 24	2 150. 16	3 856. 50	11 987. 94
1995	1 137. 23	168. 05	714. 70	2 604. 00	1 270. 77	2 325. 25	4 109. 00	12 772. 84
1996	1 346. 79	191. 08	812. 62	2 632. 80	1 257. 14	2 553. 30	4 175. 00	13 597. 59
1997	1 464. 34	208. 28	885. 75	2 654. 20	1 237. 73	2 738. 45	4 333. 00	13 692. 70
1998	1 577. 05	227. 23	966. 36	2 657. 40	1 130. 85	2 949. 76	3 751. 00	12 166. 77
1999	1 682. 07	245. 86	1 045. 60	2 670. 60	1 120. 00	3 169. 45	3 693. 00	12 315. 23
2000	1 951. 51	268. 48	1 141. 79	2 682. 00	1 164. 02	3 378. 88	3 766. 00	12 141. 78
2001	2 120. 35	293. 45	1 247. 98	2 691. 00	1 167. 41	3 624. 62	3 863. 00	12 686. 79
2002	2 348. 54	321. 33	1 366. 54	2 699. 00	1 186. 60	3 903. 45	4 531. 00	13 225. 30
2003	2 662. 08	354. 10	1 505. 92	2 704. 00	1 202. 50	4 235. 24	5 174. 00	14 964. 75
2004	3 122. 01	397. 30	1 689. 65	2 709. 00	1 222. 00	4 650. 35	5 207. 00	16 049. 96
2005	3 620. 27	445. 38	1 894. 09	2 716. 00	1 238. 90	5 248. 35	5 315. 00	18 676. 79
2006	4 275. 12	512. 18	2 178. 21	2 723. 00	1 250. 50	6 201. 87	5 908. 00	19 749. 45
2007	5 284. 69	594. 64	2 528. 90	2 730. 00	1 266. 10	7 451. 27	6 557. 00	20 843. 24
2008	6 426. 10	689. 79	2 933. 52	2 734. 00	1 281. 40	9 087. 08	7 221. 00	23 589. 99
2009	7 278. 75	783. 60	3 332. 48	2 740. 00	1 297. 30	10 884. 33	7 698. 00	24 141. 68
2010	8 667. 58	891. 73	3 792. 37	2 747. 00	1 311. 60	12 937. 22	8 297. 00	26 929. 88
2011	10 568. 83	1 014. 79	4 315. 71	2 749. 00	1 337. 78	15 081. 54	9 103. 00	30 827. 50
2012	11 939. 24	1 136. 26	4 832. 30	2 750. 00	1 355. 90	17 413. 36	9 443. 00	30 478. 11
2013	12 981. 46	1 230. 57	5 233. 39	2 751. 00	1 415. 43	19 816. 91		

表 9　中国低碳经济统计数据库面板数据列表

黑龙江省

年份	地区生产总值(现价,亿元)	地区生产总值指数(1990 年价)	地区生产总值(不变价,1990 年价,亿元)	年末总人口(万人)	年末从业人员(万人)	年末资本存量(1990 年价格,含存货,亿元)	能源消耗总量(万吨标准煤)	二氧化碳排放量(万吨)
1989				3 510. 00	1 395. 00	2 630. 65		
1990	715. 20	100. 00	715. 20	3 543. 00	1 436. 20	2 798. 63	5 285. 00	18 868. 34
1991	822. 30	106. 59	762. 32	3 575. 00	1 481. 90	2 951. 67	5 656. 40	19 135. 48
1992	959. 70	113. 49	811. 71	3 608. 00	1 483. 40	3 118. 34	5 531. 20	18 785. 68
1993	1 198. 40	121. 90	871. 82	3 640. 00	1 500. 20	3 273. 97	5 078. 30	17 512. 04
1994	1 604. 90	132. 17	945. 26	3 672. 00	1 515. 20	3 473. 85	5 745. 10	19 018. 20
1995	1 991. 40	144. 25	1 031. 69	3 701. 00	1 543. 10	3 727. 53	5 935. 00	19 288. 64
1996	2 370. 50	159. 02	1 137. 30	3 728. 00	1 557. 80	4 030. 64	5 869. 00	18 875. 86
1997	2 667. 50	174. 97	1 251. 36	3 751. 00	1 647. 60	4 338. 92	6 435. 00	20 800. 13
1998	2 774. 40	189. 37	1 354. 36	3 773. 00	1 700. 00	4 723. 28	5 975. 00	19 359. 97
1999	2 866. 30	203. 59	1 456. 07	3 792. 00	1 654. 20	5 037. 62	6 058. 00	19 538. 64
2000	3 151. 40	220. 22	1 575. 00	3 807. 00	1 600. 80	5 346. 74	6 166. 00	20 169. 90
2001	3 390. 10	240. 71	1 721. 55	3 811. 00	1 592. 60	5 709. 42	6 037. 00	19 534. 27
2002	3 637. 20	265. 24	1 897. 02	3 813. 00	1 603. 10	6 142. 51	6 004. 00	19 359. 46
2003	4 057. 40	292. 32	2 090. 68	3 815. 00	1 614. 00	6 551. 36	6 714. 00	21 668. 32
2004	4 750. 60	326. 53	2 335. 37	3 816. 80	1 681. 10	7 064. 13	7 466. 00	23 511. 39
2005	5 513. 70	364. 43	2 606. 37	3 820. 00	1 748. 90	7 661. 63	8 050. 00	26 548. 81
2006	6 211. 80	408. 54	2 921. 89	3 823. 00	1 784. 10	8 394. 57	8 731. 00	28 269. 18
2007	7 104. 00	457. 56	3 272. 50	3 824. 00	1 827. 60	9 341. 89	9 377. 00	30 420. 26
2008	8 314. 40	511. 54	3 658. 54	3 825. 00	1 852. 40	10 452. 84	9 979. 00	32 356. 94
2009	8 587. 00	569. 88	4 075. 76	3 826. 00	1 877. 00	11 847. 50	10 467. 00	33 711. 99
2010	10 368. 60	642. 25	4 593. 40	3 833. 40	1 932. 00	13 480. 34	11 234. 00	36 582. 63
2011	12 582. 00	721. 26	5 158. 47	3 834. 01	1 977. 80	15 324. 26	12 119. 00	39 246. 11
2012	13 691. 60	793. 41	5 674. 48	3 834. 04	2 027. 80	17 504. 35	12 758. 00	41 135. 38
2013	14 382. 90	856. 88	6 128. 43	3 835. 02	2 060. 40	20 041. 84	13 178. 00	

表 10　中国低碳经济统计数据库面板数据列表

上海市

年份	地区生产总值(现价,亿元)	地区生产总值指数(1990 年价)	地区生产总值(不变价,1990 年价,亿元)	年末总人口(万人)	年末从业人员(万人)	年末资本存量(1990 年价格,含存货,亿元)	能源消耗总量(万吨标准煤)	二氧化碳排放量(万吨)
1989				1 310. 59	784. 96	2 641. 04		
1990	781. 66	100. 00	781. 66	1 334. 00	787. 72	2 879. 33	3 175. 00	11 530. 19
1991	893. 77	107. 14	837. 45	1 349. 63	798. 13	3 094. 33	3 466. 52	12 588. 86
1992	1 114. 32	122. 97	961. 23	1 365. 44	806. 91	3 389. 15	3 656. 92	13 280. 31
1993	1 519. 23	141. 55	1 106. 47	1 381. 44	787. 25	3 739. 74	3 946. 73	13 485. 77
1994	1 990. 86	162. 08	1 266. 90	1 397. 63	786. 04	4 270. 10	4 176. 64	14 271. 36
1995	2 499. 43	185. 26	1 448. 12	1 414. 00	794. 19	4 976. 23	4 466. 00	15 260. 09
1996	2 957. 55	209. 54	1 637. 92	1 450. 83	851. 21	5 804. 94	4 782. 00	15 645. 23
1997	3 438. 79	236. 36	1 847. 53	1 488. 62	847. 25	6 643. 05	4 759. 00	16 110. 18
1998	3 801. 09	260. 68	2 037. 66	1 527. 40	836. 21	7 448. 72	4 874. 00	16 169. 35
1999	4 188. 73	287. 80	2 249. 58	1 567. 18	812. 09	8 219. 54	5 208. 00	16 890. 00
2000	4 771. 17	319. 47	2 497. 15	1 608. 63	828. 35	9 055. 16	5 499. 00	18 301. 84
2001	5 210. 12	353. 00	2 759. 25	1 614. 00	752. 26	9 948. 79	5 818. 00	18 856. 58
2002	5 741. 03	392. 91	3 071. 18	1 625. 00	792. 04	10 898. 99	6 249. 00	19 410. 94
2003	6 694. 23	441. 22	3 448. 81	1 711. 00	813. 05	12 045. 81	6 796. 00	21 571. 01
2004	8 072. 83	503. 89	3 938. 67	1 742. 15	836. 87	13 366. 80	7 406. 00	22 740. 81
2005	9 247. 66	561. 32	4 387. 59	1 778. 42	863. 32	14 827. 65	8 225. 00	24 183. 05
2006	10 572. 24	632. 60	4 944. 79	1 815. 08	885. 51	16 526. 43	8 876. 00	24 047. 07
2007	12 494. 01	728. 76	5 696. 41	1 858. 08	1 024. 33	18 462. 73	9 670. 00	24 684. 55
2008	14 069. 87	799. 45	6 248. 99	1 888. 46	1 053. 24	20 299. 88	10 207. 00	26 045. 43
2009	15 046. 45	864. 99	6 761. 29	2 210. 28	1 064. 42	22 445. 54	10 367. 00	25 907. 38
2010	17 165. 98	954. 10	7 457. 79	2 302. 66	1 090. 76	24 573. 38	11 201. 00	28 351. 42
2011	19 195. 69	1 032. 35	8 069. 45	2 347. 46	1 104. 33	26 560. 73	11 270. 00	29 172. 48
2012	20 181. 72	1 109. 76	8 674. 51	2 380. 43	1 115. 50	28 496. 44	11 362. 00	28 708. 68
2013	21 602. 12	1 195. 19	9 342. 29	2 415. 15	1 137. 35	30 619. 92	11 704. 00	

表 11　中国低碳经济统计数据库面板数据列表

江苏省

年份	地区生产总值(现价,亿元)	地区生产总值指数(1990 年价)	地区生产总值(不变价,1990 年价,亿元)	年末总人口(万人)	年末从业人员(万人)	年末资本存量(1990 年价格,含存货,亿元)	能源消耗总量(万吨标准煤)	二氧化碳排放量(万吨)
1989				6 535. 85	3 519. 83	5 151. 39		
1990	1 416. 50	100. 00	1 416. 50	6 766. 90	4 225. 02	5 552. 91	5 509. 00	17 606. 77
1991	1 601. 38	108. 30	1 534. 07	6 843. 70	4 272. 97	6 016. 30	5 780. 80	18 237. 96
1992	2 136. 02	136. 02	1 926. 79	6 911. 20	4 315. 12	6 718. 66	6 296. 50	19 945. 33
1993	2 998. 16	162. 96	2 308. 30	6 967. 27	4 339. 81	7 489. 64	6 625. 80	20 867. 46
1994	4 057. 39	189. 85	2 689. 16	7 020. 54	4 362. 76	8 332. 32	7 357. 70	23 139. 27
1995	5 155. 25	219. 08	3 103. 30	7 066. 02	4 385. 17	9 274. 98	8 047. 00	24 455. 07
1996	6 004. 21	245. 81	3 481. 90	7 110. 16	4 386. 97	10 301. 89	8 111. 00	24 586. 49
1997	6 680. 34	275. 31	3 899. 73	7 147. 86	4 388. 79	11 373. 42	7 991. 00	23 837. 29
1998	7 199. 95	305. 59	4 328. 70	7 182. 46	4 389. 92	12 649. 76	8 118. 00	24 381. 53
1999	7 697. 82	336. 46	4 765. 89	7 213. 13	4 390. 71	14 042. 02	8 164. 00	24 972. 25
2000	8 553. 69	372. 12	5 271. 08	7 327. 24	4 418. 14	15 588. 67	8 612. 00	25 979. 88
2001	9 456. 84	410. 08	5 808. 73	7 358. 52	4 436. 45	17 241. 24	8 881. 00	26 181. 84
2002	10 606. 85	458. 06	6 488. 35	7 405. 50	4 472. 84	19 010. 92	9 609. 00	28 245. 66
2003	12 442. 87	520. 35	7 370. 77	7 457. 70	4 499. 97	21 246. 19	11 060. 00	32 169. 07
2004	15 003. 60	597. 36	8 461. 64	7 522. 95	4 537. 07	23 874. 48	13 652. 00	39 558. 16
2005	18 598. 69	683. 98	9 688. 58	7 588. 24	4 578. 75	26 986. 23	17 167. 00	51 402. 04
2006	21 742. 05	785. 89	11 132. 18	7 655. 66	4 628. 95	30 417. 75	19 041. 00	56 268. 70
2007	26 018. 48	902. 99	12 790. 87	7 723. 13	4 677. 88	34 185. 76	20 948. 00	60 752. 07
2008	30 981. 98	1 017. 67	14 415. 31	7 762. 48	4 700. 96	38 217. 11	22 232. 00	61 647. 88
2009	34 457. 30	1 143. 86	16 202. 81	7 810. 27	4 726. 54	43 176. 51	23 709. 00	64 382. 76
2010	41 425. 48	1 289. 13	18 260. 56	7 869. 34	4 754. 68	48 838. 93	25 774. 00	71 865. 81
2011	49 110. 27	1 430. 94	20 269. 23	7 898. 80	4 758. 23	55 024. 92	27 589. 00	82 932. 58
2012	54 058. 22	1 575. 46	22 316. 42	7 919. 98	4 759. 53	61 752. 52	28 850. 00	84 646. 66
2013	59 161. 75	1 726. 71	24 458. 80	7 939. 49	4 759. 89	68 573. 65		

表 12　中国低碳经济统计数据库面板数据列表

浙江省

年份	地区生产总值(现价,亿元)	地区生产总值指数(1990 年价)	地区生产总值(不变价,1990 年价,亿元)	年末总人口(万人)	年末从业人员(万人)	年末资本存量(1990 年价格,含存货,亿元)	能源消耗总量(万吨标准煤)	二氧化碳排放量(万吨)
1989				4 210.88	2 522.86	2 613.71		
1990	904.69	100.00	904.69	4 238.00	2 554.46	2 777.07	2 580.00	7 093.60
1991	1 089.33	117.83	1 066.03	4 269.50	2 579.36	3 009.63	3 123.17	8 587.02
1992	1 375.70	140.24	1 268.72	4 304.40	2 600.38	3 354.74	3 484.22	9 579.71
1993	1 925.91	171.12	1 548.13	4 334.80	2 615.89	3 860.66	4 044.22	11 079.86
1994	2 689.28	205.28	1 857.18	4 363.70	2 640.51	4 436.04	4 496.67	12 319.42
1995	3 557.55	239.74	2 168.87	4 389.00	2 621.47	5 247.73	4 580.00	12 547.72
1996	4 188.53	270.15	2 443.98	4 413.00	2 625.06	6 160.30	4 853.00	13 593.63
1997	4 686.11	300.16	2 715.50	4 434.80	2 619.66	7 152.86	5 069.00	14 126.97
1998	5 052.62	330.67	2 991.57	4 456.20	2 612.54	8 296.15	5 222.00	14 118.95
1999	5 443.92	363.86	3 291.78	4 475.40	2 625.17	9 454.31	5 457.00	14 876.90
2000	6 141.03	404.02	3 655.09	4 679.91	2 726.09	10 627.54	6 560.00	17 506.06
2001	6 898.34	447.03	4 044.22	4 728.80	2 796.65	11 888.43	7 253.11	18 006.95
2002	8 003.67	503.54	4 555.48	4 776.40	2 858.56	13 416.74	8 280.00	20 776.76
2003	9 705.02	577.54	5 224.97	4 856.80	2 918.74	15 462.96	9 523.00	23 271.00
2004	11 648.70	661.16	5 981.47	4 925.20	2 991.95	17 825.63	10 825.00	27 303.70
2005	13 417.68	745.55	6 744.90	4 990.90	3 100.76	20 423.54	12 032.00	31 826.65
2006	15 718.47	849.01	7 680.90	5 071.80	3 172.38	23 270.49	13 219.00	35 971.89
2007	18 753.73	973.53	8 807.40	5 154.90	3 405.01	26 448.44	14 524.00	40 225.04
2008	21 462.69	1 071.39	9 692.73	5 212.40	3 486.53	29 432.57	15 107.00	41 028.20
2009	22 990.35	1 167.21	10 559.66	5 275.50	3 591.98	33 027.82	15 567.00	42 622.26
2010	27 722.31	1 306.53	11 820.01	5 446.51	3 636.02	37 210.96	16 865.00	45 716.69
2011	32 318.85	1 424.76	12 889.62	5 463.00	3 674.11	41 533.57	17 827.00	48 400.47
2012	34 665.33	1 538.49	13 918.60	5 477.00	3 691.24	46 012.46	18 076.00	46 962.53
2013	37 568.49	1 663.94	15 053.47	5 498.00	3 708.73	50 961.33		

表 13　中国低碳经济统计数据库面板数据列表

安徽省

年份	地区生产总值(现价,亿元)	地区生产总值指数(1990 年价)	地区生产总值(不变价,1990 年价,亿元)	年末总人口(万人)	年末从业人员(万人)	年末资本存量(1990 年价格,含存货,亿元)	能源消耗总量(万吨标准煤)	二氧化碳排放量(万吨)
1989				5 469. 00	2 723. 90	1 897. 90		
1990	658. 00	100. 00	658. 00	5 618. 00	2 807. 60	2 028. 20	2 761. 00	8 659. 11
1991	663. 50	99. 07	651. 90	5 737. 00	2 877. 10	2 136. 45	2 910. 50	9 127. 97
1992	801. 20	115. 68	761. 18	5 794. 00	2 985. 80	2 261. 45	3 138. 30	9 842. 40
1993	1 037. 14	137. 17	902. 55	5 825. 00	3 156. 50	2 427. 43	3 320. 40	10 413. 51
1994	1 320. 43	157. 07	1 033. 51	5 889. 00	3 119. 50	2 597. 30	3 671. 60	11 523. 19
1995	1 810. 66	179. 57	1 181. 55	5 923. 00	3 206. 90	2 862. 72	4 194. 00	13 153. 31
1996	2 093. 30	202. 42	1 331. 95	5 957. 00	3 257. 70	3 159. 73	4 516. 00	14 016. 00
1997	2 347. 32	226. 08	1 487. 62	5 992. 00	3 322. 10	3 503. 59	4 405. 00	13 622. 75
1998	2 542. 96	244. 95	1 611. 78	6 061. 00	3 379. 30	3 864. 61	4 575. 00	14 360. 79
1999	2 712. 34	267. 32	1 758. 99	6 051. 00	3 398. 60	4 222. 54	4 683. 00	14 748. 03
2000	2 902. 09	289. 42	1 904. 41	6 093. 00	3 450. 70	4 576. 82	4 879. 00	15 726. 70
2001	3 246. 71	315. 15	2 073. 67	6 128. 00	3 463. 00	4 975. 17	5 118. 00	16 511. 18
2002	3 519. 72	345. 42	2 272. 87	6 144. 00	3 500. 50	5 372. 42	5 316. 00	17 256. 82
2003	3 923. 11	377. 76	2 485. 63	6 163. 00	3 544. 90	5 795. 42	5 457. 00	19 329. 96
2004	4 759. 30	428. 02	2 816. 39	6 228. 00	3 605. 20	6 396. 12	6 017. 00	20 077. 23
2005	5 350. 17	474. 99	3 125. 41	6 120. 00	3 669. 70	7 074. 22	6 506. 00	21 189. 19
2006	6 112. 50	534. 51	3 517. 08	6 110. 00	3 741. 00	7 860. 49	7 069. 00	22 748. 41
2007	7 360. 92	610. 24	4 015. 39	6 118. 00	3 818. 00	8 794. 36	7 739. 00	25 391. 44
2008	8 851. 66	687. 53	4 523. 96	6 135. 00	3 916. 00	9 895. 37	8 325. 00	29 048. 58
2009	10 062. 82	776. 53	5 109. 55	6 131. 00	3 988. 00	11 188. 01	8 896. 00	31 977. 50
2010	12 359. 33	889. 79	5 854. 84	5 957. 00	4 050. 00	12 742. 02	9 707. 00	33 887. 13
2011	15 300. 65	1 009. 98	6 645. 69	5 968. 00	4 120. 90	14 539. 56	10 570. 00	36 318. 35
2012	17 212. 05	1 132. 19	7 449. 81	5 988. 00	4 206. 80	16 574. 46	11 358. 00	37 952. 36
2013	19 038. 87	1 249. 37	8 220. 86	6 030. 00	4 275. 90	18 816. 22		

表 14 中国低碳经济统计数据库面板数据列表

福建省

年份	地区生产总值(现价,亿元)	地区生产总值指数(1990 年价)	地区生产总值(不变价,1990 年价,亿元)	年末总人口(万人)	年末从业人员(万人)	年末资本存量(1990 年价格,含存货,亿元)	能源消耗总量(万吨标准煤)	二氧化碳排放量(万吨)
1989				2 984.00	1 301.81	1 345.42		
1990	522.28	100.00	522.28	3 037.00	1 348.38	1 445.64	1 451.00	3 244.70
1991	619.87	114.20	596.44	3 079.00	1 436.50	1 568.98	1 530.60	3 422.70
1992	784.68	137.38	717.52	3 116.00	1 489.61	1 725.49	1 624.10	3 631.78
1993	1 114.20	168.43	879.68	3 150.00	1 531.42	1 933.76	1 848.00	4 232.97
1994	1 644.39	202.62	1 058.26	3 183.00	1 553.57	2 279.40	1 953.50	4 474.63
1995	2 094.90	232.21	1 212.76	3 227.00	1 567.09	2 695.10	2 280.00	5 222.50
1996	2 484.25	263.09	1 374.06	3 261.00	1 594.37	3 165.04	2 452.00	5 734.28
1997	2 870.90	299.92	1 566.43	3 282.00	1 613.41	3 686.93	2 536.00	5 568.75
1998	3 159.91	332.31	1 735.60	3 299.00	1 621.87	4 301.40	2 579.00	5 858.31
1999	3 414.19	365.21	1 907.43	3 316.00	1 630.85	4 938.82	2 772.00	6 428.58
2000	3 764.54	399.18	2 084.82	3 410.00	1 660.19	5 575.97	2 942.60	7 061.93
2001	4 072.85	433.90	2 266.20	3 445.00	1 677.79	6 246.60	3 163.00	7 106.02
2002	4 467.55	478.16	2 497.35	3 476.00	1 711.32	6 970.07	4 236.00	8 374.04
2003	4 983.67	533.15	2 784.54	3 502.00	1 756.71	7 776.50	4 808.00	9 930.80
2004	5 763.35	596.06	3 113.12	3 529.00	1 814.03	8 700.33	5 449.00	11 663.08
2005	6 554.69	665.21	3 474.24	3 557.00	1 868.50	9 810.63	6 142.00	14 088.87
2006	7 583.85	763.66	3 988.43	3 585.00	1 949.58	11 173.63	6 828.00	15 668.58
2007	9 248.53	879.73	4 594.67	3 612.00	2 015.33	12 866.16	7 587.00	17 689.39
2008	10 823.01	994.10	5 191.98	3 639.00	2 079.78	14 906.68	8 254.00	18 501.72
2009	12 236.53	1 116.37	5 830.59	3 666.00	2 168.86	17 281.93	8 916.00	21 846.24
2010	14 737.12	1 271.55	6 641.05	3 693.00	2 241.59	19 927.46	9 809.00	24 144.64
2011	17 560.18	1 427.95	7 457.90	3 720.00	2 459.99	23 043.59	10 653.00	27 650.95
2012	19 701.78	1 590.74	8 308.10	3 748.00	2 568.93	26 507.35	11 185.00	27 406.99
2013	21 759.64	1 765.72	9 221.99	3 774.00	2 555.86	30 408.20		

表 15 中国低碳经济统计数据库面板数据列表

江西省

年份	地区生产总值(现价,亿元)	地区生产总值指数(1990年价)	地区生产总值(不变价,1990年价,亿元)	年末总人口(万人)	年末从业人员(万人)	年末资本存量(1990年价格,含存货,亿元)	能源消耗总量(万吨标准煤)	二氧化碳排放量(万吨)
1989				3 746.219 6	1 760.40	981.21		
1990	428.62	100.00	428.62	3 810.641 8	1 816.50	1 074.35	1 732.00	6 007.41
1991	479.37	108.21	463.79	3 864.637 4	1 874.50	1 176.26	1 793.40	6 220.37
1992	572.55	124.23	532.46	3 913.092 7	1 870.40	1 325.43	1 871.40	6 490.91
1993	723.04	141.24	605.40	3 966.040 5	1 903.70	1 477.44	1 946.10	6 750.01
1994	948.16	153.68	658.69	4 015.445 9	2 007.70	1 635.41	2 071.50	6 906.38
1995	1 169.73	164.12	703.45	4 062.540 6	2 100.50	1 809.76	2 392.00	7 974.93
1996	1 409.74	183.34	785.83	4 105.463 5	2 107.20	1 996.65	2 155.00	7 311.34
1997	1 605.77	205.90	882.52	4 150.333 8	2 120.60	2 226.05	2 132.00	7 026.96
1998	1 719.87	220.53	945.25	4 191.207 4	2 094.30	2 472.08	2 028.00	6 887.33
1999	1 853.65	237.73	1 018.94	4 231.174 2	2 089.00	2 735.98	2 134.00	7 113.77
2000	2 003.07	256.73	1 100.40	4 148.544 7	2 060.90	2 986.26	2 505.00	7 379.56
2001	2 175.68	279.33	1 197.24	4 185.767 6	2 054.80	3 269.50	2 628.00	7 607.54
2002	2 450.48	308.67	1 323.01	4 222.427 3	2 130.60	3 635.37	2 933.00	7 916.69
2003	2 807.41	348.81	1 495.07	4 254.225 5	2 168.20	4 106.81	3 426.00	9 382.43
2004	3 456.70	394.85	1 692.40	4 283.566 7	2 214.00	4 671.45	3 814.00	11 428.05
2005	4 056.76	445.40	1 909.07	4 311.243 9	2 276.70	5 323.16	4 286.00	12 562.63
2006	4 820.53	500.18	2 143.86	4 339.128 7	2 321.10	6 124.45	4 660.00	13 705.65
2007	5 800.25	566.22	2 426.92	4 368.412 5	2 369.60	7 052.83	5 053.00	14 997.49
2008	6 971.05	640.96	2 747.28	4 400.103 8	2 404.50	8 068.64	5 383.00	15 237.21
2009	7 655.18	724.94	3 107.23	4 432.158 1	2 445.20	9 236.28	5 813.00	15 942.59
2010	9 451.26	826.43	3 542.24	4 462.248 9	2 498.80	10 513.78	6 355.00	18 569.52
2011	11 702.82	929.73	3 985.02	4 488.436 7	2 532.60	11 954.81	6 928.00	20 487.49
2012	12 948.88	1 032.01	4 423.39	4 503.932 1	2 556.00	13 474.58	7 233.00	20 568.65
2013	14 338.50	1 136.23	4 870.13	4 522.146 8	2 588.70	15 107.68		

表 16 中国低碳经济统计数据库面板数据列表

山东省

年份	地区生产总值(现价,亿元)	地区生产总值指数(1990 年价)	地区生产总值(不变价,1990 年价,亿元)	年末总人口(万人)	年末从业人员(万人)	年末资本存量(1990 年价格,含存货,亿元)	能源消耗总量(万吨标准煤)	二氧化碳排放量(万吨)
1989				8 160.00	3 940.30	4 711.75		
1990	1 511.19	100.00	1 511.19	8 493.00	4 043.20	5 168.41	6 830.00	21 821.16
1991	1 810.54	114.60	1 731.82	8 570.00	4 219.30	5 711.49	7 038.30	22 486.66
1992	2 196.53	133.97	2 024.50	8 610.00	4 302.60	6 309.79	7 173.40	22 918.29
1993	2 770.37	161.30	2 437.50	8 642.00	4 379.30	6 926.68	7 096.60	22 789.17
1994	3 844.50	187.43	2 832.38	8 671.00	4 382.10	7 609.71	8 025.50	25 903.60
1995	4 953.35	213.67	3 228.91	8 705.00	5 207.40	8 416.28	8 780.00	28 338.87
1996	5 883.80	239.52	3 619.61	8 738.00	5 227.40	9 389.91	9 163.00	29 265.78
1997	6 537.07	266.11	4 021.38	8 785.00	5 256.00	10 525.63	9 154.00	29 331.40
1998	7 021.35	294.85	4 455.69	8 838.00	5 287.60	11 786.18	9 012.00	28 600.54
1999	7 493.84	324.33	4 901.26	8 883.00	5 314.70	13 135.00	9 068.00	28 718.00
2000	8 337.47	357.74	5 406.09	8 998.00	5 441.80	14 639.78	11 362.00	27 749.09
2001	9 195.04	393.51	5 946.70	9 041.00	5 475.30	16 210.82	13 778.50	32 590.00
2002	10 275.50	439.55	6 642.46	9 082.00	5 527.00	17 902.23	14 599.00	35 466.58
2003	12 078.15	498.45	7 532.55	9 125.00	5 620.60	19 824.60	16 625.00	43 506.50
2004	15 021.84	574.71	8 685.03	9 180.00	5 728.10	22 218.52	19 624.00	55 155.97
2005	18 366.87	660.92	9 987.79	9 248.00	5 840.70	25 206.72	24 162.00	76 386.58
2006	21 900.19	758.08	11 455.99	9 309.00	5 960.00	28 689.17	26 759.00	87 610.14
2007	25 776.91	865.72	13 082.75	9 367.00	6 081.40	32 558.38	29 177.00	95 304.96
2008	30 933.28	969.61	14 652.67	9 417.00	6 187.60	36 762.88	30 570.00	101 072.22
2009	33 896.65	1 087.90	16 440.30	9 470.00	6 294.20	41 877.96	32 420.00	105 137.17
2010	39 169.92	1 221.72	18 462.46	9 579.00	6 401.90	47 684.21	34 808.00	116 080.31
2011	45 361.85	1 354.88	20 474.87	9 637.00	6 485.60	53 876.69	37 132.00	122 237.11
2012	50 013.24	1 487.66	22 481.40	9 685.00	6 554.30	60 558.78	38 899.00	128 560.42
2013	54 684.33	1 630.48	24 639.62	9 733.00	6 580.40	67 953.69		

表 17　中国低碳经济统计数据库面板数据列表

河南省

年份	地区生产总值(现价,亿元)	地区生产总值指数(1990 年价)	地区生产总值(不变价,1990 年价,亿元)	年末总人口(万人)	年末从业人员(万人)	年末资本存量(1990 年价格,含存货,亿元)	能源消耗总量(万吨标准煤)	二氧化碳排放量(万吨)
1989				8 491. 00	3 943. 00	3 080. 14		
1990	934. 65	100. 00	934. 65	8 553. 40	4 086. 00	3 325. 82	5 206. 00	15 093. 01
1991	1 045. 73	106. 90	999. 14	8 548. 00	4 216. 00	3 592. 71	5 363. 00	15 643. 08
1992	1 279. 75	121. 55	1 136. 02	8 644. 00	4 332. 00	3 922. 40	5 583. 00	16 289. 24
1993	1 660. 18	140. 75	1 315. 51	8 727. 00	4 400. 00	4 206. 16	5 862. 00	17 120. 70
1994	2 216. 83	160. 17	1 497. 06	8 806. 00	4 448. 00	4 553. 78	6 225. 00	18 113. 41
1995	2 988. 37	183. 88	1 718. 62	8 877. 00	4 509. 00	5 035. 76	6 473. 00	20 186. 74
1996	3 634. 69	209. 44	1 957. 51	8 947. 00	4 638. 00	5 600. 44	6 654. 00	20 524. 96
1997	4 041. 09	231. 22	2 161. 09	9 016. 00	4 820. 00	6 224. 58	6 711. 00	20 003. 83
1998	4 308. 24	251. 57	2 351. 27	9 087. 00	5 000. 00	6 930. 39	7 244. 00	20 703. 44
1999	4 517. 94	271. 94	2 541. 72	9 157. 00	5 205. 00	7 677. 95	7 380. 00	21 406. 44
2000	5 052. 99	297. 78	2 783. 18	9 255. 80	5 572. 00	8 457. 25	7 919. 00	22 560. 89
2001	5 533. 01	324. 58	3 033. 67	9 321. 00	5 517. 00	9 277. 88	8 244. 00	24 029. 90
2002	6 035. 48	355. 41	3 321. 87	9 378. 00	5 522. 00	10 196. 12	9 055. 00	26 213. 29
2003	6 867. 70	393. 44	3 677. 30	9 430. 00	5 536. 00	11 184. 38	10 595. 00	26 894. 55
2004	8 553. 79	447. 34	4 181. 10	9 479. 00	5 587. 00	12 415. 92	13 074. 00	37 837. 99
2005	10 587. 42	510. 87	4 774. 81	9 380. 00	5 662. 00	14 121. 60	14 625. 00	45 864. 55
2006	12 362. 79	584. 43	5 462. 38	9 392. 00	5 719. 00	16 293. 05	16 232. 00	52 017. 39
2007	15 012. 46	669. 76	6 259. 89	9 360. 00	5 773. 00	19 084. 82	17 838. 00	57 610. 24
2008	18 018. 53	750. 80	7 017. 34	9 429. 00	5 835. 00	22 337. 62	18 976. 00	59 422. 83
2009	19 480. 46	832. 64	7 782. 23	9 487. 00	5 949. 00	26 612. 23	19 751. 00	60 717. 63
2010	23 092. 36	936. 72	8 755. 01	9 405. 00	6 042. 00	31 516. 19	21 438. 00	65 638. 01
2011	26 931. 03	1 048. 18	9 796. 85	9 388. 00	6 198. 00	36 880. 23	23 062. 00	72 319. 78
2012	29 599. 31	1 154. 05	10 786. 34	9 406. 00	6 288. 00	42 923. 16	23 647. 00	67 537. 16
2013	32 155. 86	1 257. 92	11 757. 11	9 413. 00	6 387. 00	49 641. 01		

表 18 中国低碳经济统计数据库面板数据列表

湖北省

年份	地区生产总值(现价,亿元)	地区生产总值指数(1990 年价)	地区生产总值(不变价,1990 年价,亿元)	年末总人口(万人)	年末从业人员(万人)	年末资本存量(1990 年价格,含存货,亿元)	能源消耗总量(万吨标准煤)	二氧化碳排放量(万吨)
1989				5 258.83	2 432.8	2 556.82		
1990	824.38	100.00	824.38	5 439.29	3 040.4	2 720.85	3 997.0	10 975.51
1991	913.38	106.60	878.79	5 512.33	3 082.7	2 876.65	4 162.5	11 429.96
1992	1 088.39	121.63	1 002.70	5 579.85	3 118.6	3 055.25	4 472.4	12 280.93
1993	1 325.83	137.44	1 133.05	5 653.48	3 157.6	3 261.31	4 778.7	13 381.66
1994	1 700.92	156.27	1 288.28	5 718.81	3 196.9	3 561.11	5 239.2	14 671.18
1995	2 109.38	176.90	1 458.33	5 772.07	3 232.5	3 945.91	5 655.0	15 835.54
1996	2 499.77	197.42	1 627.50	5 825.13	3 275.5	4 406.01	5 998.0	16 818.84
1997	2 856.47	220.91	1 821.17	5 872.60	3 311.2	4 958.44	6 109.0	17 604.31
1998	3 114.02	239.91	1 977.79	5 907.23	3 328.2	5 569.48	6 046.0	17 128.18
1999	3 229.29	258.63	2 132.06	5 938.03	3 358.1	6 235.40	5 988.0	17 645.35
2000	3 545.39	280.87	2 315.41	5 646.00	3 384.9	6 921.13	6 269.0	18 029.63
2001	3 880.53	305.86	2 521.48	5 658.00	3 414.5	7 596.61	6 052.0	17 595.40
2002	4 212.82	334.00	2 753.46	5 672.00	3 443.0	8 264.97	6 713.0	18 808.57
2003	4 757.45	366.40	3 020.55	5 685.00	3 476.0	8 939.23	7 708.0	21 023.51
2004	5 633.24	407.44	3 358.85	5 698.00	3 507.0	9 749.51	9 120.0	23 154.14
2005	6 590.19	456.74	3 765.27	5 710.00	3 537.0	10 688.11	10 082.0	25 915.76
2006	7 617.47	517.03	4 262.28	5 693.00	3 564.0	11 873.21	11 049.0	29 029.07
2007	9 333.40	592.52	4 884.58	5 699.00	3 584.0	13 285.69	12 143.0	32 003.73
2008	11 328.92	671.91	5 539.11	5 711.00	3 607.0	14 926.22	12 845.0	31 366.98
2009	12 961.10	762.62	6 286.89	5 720.00	3 622.0	16 975.58	13 708.0	33 688.44
2010	15 967.61	875.49	7 217.35	5 723.77	3 645.0	19 426.61	15 138.0	38 739.80
2011	19 632.26	996.31	8 213.34	5 758.00	3 672.0	22 411.12	16 579.0	44 134.90
2012	22 250.45	1 108.89	9 141.45	5 779.00	3 687.0	25 707.61	17 675.0	44 154.48
2013	24 668.49	1 220.89	10 064.74	5 799.00	3 692.0	29 402.07		

表 19　中国低碳经济统计数据库面板数据列表

湖南省

年份	地区生产总值(现价,亿元)	地区生产总值指数(1990 年价)	地区生产总值(不变价,1990 年价,亿元)	年末总人口(万人)	年末从业人员(万人)	年末资本存量(1990 年价格,含存货,亿元)	能源消耗总量(万吨标准煤)	二氧化碳排放量(万吨)
1989				6 013.62	3 091.37	1 770.20		
1990	744.44	100.00	744.44	6 110.89	3 158.42	1 895.44	3 821.0	10 574.80
1991	833.30	107.90	803.25	6 166.33	3 222.43	2 040.08	3 917.0	10 840.48
1992	986.98	119.89	892.54	6 207.78	3 278.83	2 204.03	4 097.0	11 338.64
1993	1 244.71	134.75	1 003.15	6 245.58	3 345.61	2 362.51	4 506.7	11 954.18
1994	1 650.02	149.04	1 109.50	6 302.58	3 400.29	2 530.80	4 957.4	13 149.68
1995	2 132.13	164.39	1 223.77	6 392.00	3 467.31	2 751.09	5 426.0	14 392.66
1996	2 540.13	184.28	1 371.87	6 428.00	3 514.16	3 002.97	5 473.0	14 824.63
1997	2 849.27	203.81	1 517.22	6 465.00	3 560.29	3 282.01	4 808.0	12 632.19
1998	3 025.53	221.12	1 646.12	6 502.00	3 603.17	3 574.29	4 894.0	12 831.38
1999	3 214.54	239.71	1 784.46	6 532.00	3 601.39	3 874.78	4 087.0	10 777.03
2000	3 551.49	261.28	1 945.05	6 562.05	3 577.58	4 189.00	4 071.0	10 440.01
2001	3 831.90	284.77	2 119.96	6 595.85	3 607.96	4 543.52	4 622.0	11 708.66
2002	4 151.54	310.40	2 310.72	6 628.50	3 644.52	4 962.05	5 382.0	12 535.42
2003	4 659.99	340.20	2 532.56	6 662.80	3 694.78	5 431.89	6 298.0	14 237.34
2004	5 641.94	381.38	2 839.11	6 697.70	3 747.10	6 054.32	7 599.0	17 480.77
2005	6 596.10	427.92	3 185.58	6 326.00	3 801.48	6 783.96	9 709.0	23 203.87
2006	7 688.67	482.69	3 593.30	6 342.00	3 842.17	7 695.15	10 581.0	24 686.07
2007	9 439.60	555.10	4 132.36	6 355.00	3 883.41	8 859.89	11 629.0	28 555.59
2008	11 555.00	632.26	4 706.76	6 380.00	3 910.06	10 271.48	12 355.0	28 245.99
2009	13 059.69	718.87	5 351.56	6 406.00	3 935.21	11 977.43	13 331.0	29 711.13
2010	16 037.96	823.82	6 132.87	6 570.00	3 982.73	14 125.22	14 880.0	31 526.52
2011	19 669.56	929.27	6 917.84	6 596.00	4 005.03	16 581.19	16 161.0	35 180.51
2012	22 154.23	1 034.30	7 699.76	6 639.00	4 019.31	19 308.15	16 744.0	34 585.12
2013	24 501.67	1 138.76	8 477.41	6 691.00	4 036.45	22 288.39		

表 20 中国低碳经济统计数据库面板数据列表

广东省

年份	地区生产总值(现价,亿元)	地区生产总值指数(1990 年价)	地区生产总值(不变价,1990 年价,亿元)	年末总人口(万人)	年末从业人员(万人)	年末资本存量(1990 年价格,含存货,亿元)	能源消耗总量(万吨标准煤)	二氧化碳排放量(万吨)
1989				6 204.96	3 041.27	4 935.70		
1990	1 559.03	100.00	1 559.03	6 347.19	3 118.10	5 246.55	4 065	11 893.60
1991	1 893.30	117.67	1 834.52	6 527.01	3 295.20	5 653.82	4 668	13 465.13
1992	2 447.54	143.69	2 240.18	6 706.45	3 367.21	6 276.11	5 183	14 372.52
1993	3 469.28	176.73	2 755.30	6 936.69	3 433.91	7 110.38	5 773	15 264.53
1994	4 619.02	211.55	3 298.15	7 209.58	3 493.15	7 959.99	6 691	17 691.83
1995	5 933.05	244.45	3 811.04	7 387.49	3 551.20	8 887.00	7 345	19 421.09
1996	6 834.97	272.01	4 240.74	7 569.78	3 641.30	9 913.12	7 746	20 133.30
1997	7 774.53	302.44	4 715.18	7 779.69	3 701.90	11 014.24	7 953	20 309.75
1998	8 530.88	335.13	5 224.75	7 990.03	3 783.87	12 332.15	8 376	21 094.48
1999	9 250.68	369.05	5 753.55	8 217.91	3 796.32	13 749.80	8 735	22 638.39
2000	10 741.25	411.36	6 413.25	8 650.00	3 989.32	15 252.29	9 448	25 327.66
2001	12 039.25	454.51	7 085.89	8 733.00	4 058.63	16 973.26	10 179	26 317.29
2002	13 502.42	510.74	7 962.66	8 842.00	4 134.37	18 850.40	11 355	28 102.06
2003	15 844.64	586.57	9 144.88	8 963.00	4 395.93	21 173.78	13 099	32 000.32
2004	18 864.62	673.32	10 497.20	9 111.00	4 681.89	23 818.35	15 210	36 367.90
2005	22 557.37	768.43	11 980.05	9 194.00	5 022.97	26 793.69	17 921	40 600.20
2006	26 587.76	882.21	13 753.93	9 442.00	5 177.02	30 101.62	19 971	45 059.90
2007	31 777.01	1 013.35	15 798.49	9 660.00	5 341.50	33 799.61	22 217	49 005.74
2008	36 796.71	1 119.09	17 447.01	9 893.00	5 471.72	37 597.69	23 476	50 931.98
2009	39 482.56	1 227.09	19 130.66	10 130.00	5 688.62	42 569.79	24 654	54 837.77
2010	46 013.06	1 379.86	21 512.47	10 441.00	5 870.48	48 257.10	26 908	61 582.73
2011	53 210.28	1 517.67	23 660.94	10 505.00	5 960.74	54 584.72	28 480	66 535.12
2012	57 067.92	1 641.44	25 590.50	10 594.00	5 965.95	61 289.87	29 144	65 367.34
2013	62 163.97	1 780.83	27 763.75	10 644.00	6 117.68	68 786.78		

表 21　中国低碳经济统计数据库面板数据列表

广西壮族自治区

年份	地区生产总值(现价,亿元)	地区生产总值指数(1990年价)	地区生产总值(不变价,1990年价,亿元)	年末总人口(万人)	年末从业人员(万人)	年末资本存量(1990年价格,含存货,亿元)	能源消耗总量(万吨标准煤)	二氧化碳排放量(万吨)
1989				4 150	2 046.3	1 082.66		
1990	449.06	100.00	449.06	4 242	2 108.5	1 148.55	1 309.00	3 909.87
1991	518.59	112.74	506.27	4 324	2 170.8	1 238.23	1 386.88	4 142.49
1992	646.60	133.41	599.07	4 380	2 217.0	1 381.35	1 549.30	4 540.87
1993	871.70	157.79	708.59	4 438	2 275.0	1 550.53	1 809.21	4 687.47
1994	1 198.29	181.79	816.33	4 493	2 336.0	1 755.29	2 047.95	5 091.78
1995	1 497.56	202.45	909.13	4 543	2 383.0	2 008.43	2 384.00	5 927.29
1996	1 697.90	219.31	984.83	4 589	2 417.0	2 239.44	2 422.00	5 925.73
1997	1 817.25	236.95	1 064.06	4 633	2 454.0	2 453.40	2 605.00	5 505.31
1998	1 911.30	260.68	1 170.62	4 675	2 499.0	2 699.89	2 438.00	5 588.51
1999	1 971.41	281.52	1 264.21	4 713	2 514.9	2 951.56	2 473.00	5 597.71
2000	2 080.04	303.77	1 364.09	4 751	2 566.0	3 203.65	2 669.00	5 982.71
2001	2 279.34	328.98	1 477.34	4 788	2 578.0	3 482.14	2 898.00	6 080.00
2002	2 523.73	363.84	1 633.84	4 822	2 589.0	3 804.29	3 120.00	6 177.29
2003	2 821.11	400.96	1 800.57	4 857	2 601.0	4 181.88	3 523.00	7 378.34
2004	3 433.50	448.25	2 012.91	4 889	2 631.8	4 675.77	4 203.00	9 673.62
2005	3 984.10	507.66	2 279.71	4 660	2 703.0	5 353.69	4 869.00	10 612.36
2006	4 746.16	576.44	2 588.58	4 719	2 760.0	6 179.55	5 390.00	11 575.85
2007	5 823.41	663.31	2 978.66	4 768	2 769.0	7 290.06	5 997.00	13 456.16
2008	7 021.00	748.25	3 360.09	4 816	2 799.0	8 704.70	6 497.00	13 684.98
2009	7 759.16	852.54	3 828.41	4 856	2 848.0	10 867.27	7 075.00	17 544.86
2010	9 569.85	973.95	4 373.62	4 610	2 903.0	13 797.48	7 919.00	18 439.08
2011	11 720.87	1 093.74	4 911.54	4 645	2 936.0	17 216.46	8 591.00	22 580.39
2012	13 035.10	1 216.94	5 464.81	4 682	2 768.0	20 823.08	9 155.00	24 734.61
2013	14 378.10	1 340.59	6 020.04	4 719	2 782.0	23 891.25		

表 22　中国低碳经济统计数据库面板数据列表

海南省

年份	地区生产总值(现价,亿元)	地区生产总值指数(1990 年价)	地区生产总值(不变价,1990 年价,亿元)	年末总人口(万人)	年末从业人员(万人)	年末资本存量(1990 年价格,含存货,亿元)	能源消耗总量(万吨标准煤)	二氧化碳排放量(万吨)
1989				639. 20	298. 53	279. 43		
1990	102. 42	100. 00	102. 42	662. 77	304. 32	329. 09	121. 0	223. 37
1991	120. 52	114. 89	117. 67	674. 13	316. 99	383. 63	178. 9	330. 26
1992	184. 92	162. 55	166. 48	686. 40	322. 50	482. 77	214. 6	396. 16
1993	260. 41	195. 98	200. 72	701. 00	333. 33	584. 39	241. 8	467. 66
1994	331. 98	218. 03	223. 31	711. 39	335. 56	699. 66	278. 7	539. 02
1995	363. 25	226. 24	231. 71	723. 79	334. 49	801. 48	303. 0	586. 02
1996	389. 68	236. 85	242. 58	734. 14	333. 30	877. 26	345. 0	639. 40
1997	411. 16	253. 01	259. 13	743. 00	343. 07	949. 40	390. 0	678. 25
1998	442. 13	274. 40	281. 04	752. 82	326. 70	1 027. 55	407. 0	770. 70
1999	476. 67	297. 66	304. 86	761. 93	326. 77	1 119. 47	431. 0	841. 86
2000	526. 82	324. 52	332. 38	788. 05	335. 17	1 215. 58	480. 0	925. 08
2001	579. 17	353. 99	362. 56	795. 55	338. 39	1 316. 01	520. 0	1 002. 39
2002	642. 73	387. 90	397. 28	803. 13	349. 89	1 429. 62	602. 0	1 640. 31
2003	713. 96	429. 02	439. 41	810. 52	360. 34	1 555. 76	684. 0	1 863. 74
2004	819. 66	474. 87	486. 37	817. 83	367. 74	1 695. 24	742. 0	2 021. 78
2005	918. 75	524. 75	537. 45	828. 00	379. 55	1 860. 51	822. 0	1 699. 84
2006	1 065. 67	594. 01	608. 39	835. 88	389. 03	2 058. 14	920. 0	2 534. 13
2007	1 254. 17	687. 86	704. 51	845. 03	397. 46	2 279. 63	1 057. 0	4 633. 21
2008	1 503. 06	758. 71	777. 07	854. 18	408. 36	2 542. 65	1 135. 0	4 809. 01
2009	1 654. 21	847. 50	868. 01	864. 07	424. 56	2 852. 95	1 233. 0	5 118. 58
2010	2 064. 50	983. 11	1 006. 90	868. 55	439. 65	3 241. 51	1 359. 0	5 594. 48
2011	2 522. 66	1 101. 08	1 127. 72	877. 38	459. 22	3 704. 90	1 601. 0	6 599. 28
2012	2 855. 54	1 201. 27	1 230. 34	886. 55	483. 90	4 335. 83	1 688. 0	6 890. 83
2013	3 146. 46	1 320. 18	1 352. 13	895. 28	514. 56	5 068. 31		

表 23　中国低碳经济统计数据库面板数据列表

重庆市

年份	地区生产总值(现价,亿元)	地区生产总值指数(1990年价)	地区生产总值(不变价,1990年价,亿元)	年末总人口(万人)	年末从业人员(万人)	年末资本存量(1990年价格,含存货,亿元)	能源消耗总量(万吨标准煤)	二氧化碳排放量(万吨)
1989				2 755.68	1 540.03	642.06		
1990	327.75	100.00	327.75	2 778.59	1 569.34	712.54	1 516.60	3 700.97
1991	374.18	109.22	357.95	2 795.61	1 620.67	790.24	1 558.60	3 807.82
1992	461.32	127.24	417.03	2 806.82	1 662.58	868.81	1 601.00	3 912.47
1993	608.53	147.08	482.04	2 815.37	1 658.95	956.56	1 644.90	4 023.25
1994	833.60	166.91	547.06	2 839.93	1 729.55	1 063.08	1 696.70	4 365.15
1995	1 123.06	187.45	614.38	2 855.32	1 709.26	1 205.58	1 776.90	4 571.48
1996	1 315.12	208.81	684.37	2 875.30	1 719.43	1 353.87	1 871.10	4 813.83
1997	1 509.75	232.20	761.03	2 873.36	1 715.40	1 549.55	2 656.00	6 833.17
1998	1 602.38	252.18	826.53	2 870.75	1 710.97	1 779.28	3 277.00	7 384.94
1999	1 663.20	271.84	890.94	2 860.37	1 699.06	1 998.73	3 689.00	7 837.43
2000	1 791.00	295.48	968.45	2 848.82	1 661.16	2 245.94	2 428.00	7 791.29
2001	1 976.86	322.69	1 057.61	2 829.21	1 616.08	2 540.82	3 016.00	7 259.55
2002	2 232.86	356.55	1 168.59	2 814.83	1 551.77	2 900.84	2 696.00	7 944.87
2003	2 555.72	398.26	1 305.30	2 803.19	1 499.99	3 379.03	3 069.00	7 141.53
2004	3 034.58	447.63	1 467.11	2 793.32	1 471.34	3 940.45	3 670.00	8 074.84
2005	3 467.72	500.00	1 638.75	2 798.00	1 456.30	4 592.10	4 943.00	11 500.88
2006	3 907.23	561.99	1 841.93	2 808.00	1 454.77	5 311.27	5 368.00	12 520.99
2007	4 676.13	651.33	2 134.74	2 816.00	1 468.87	6 121.48	5 947.00	13 619.63
2008	5 793.66	745.78	2 444.30	2 839.00	1 492.43	6 999.94	6 472.00	14 244.96
2009	6 530.01	856.88	2 808.44	2 859.00	1 513.00	8 078.04	7 030.00	15 330.39
2010	7 925.58	1 003.40	3 288.66	2 884.62	1 539.95	9 347.38	7 856.00	16 922.26
2011	10 011.37	1 167.51	3 826.50	2 919.00	1 585.16	10 864.06	8 792.00	19 263.99
2012	11 409.60	1 326.28	4 346.87	2 945.00	1 633.14	12 466.23	9 278.00	18 982.60
2013	12 656.69	1 489.42	4 881.56	2 970.00	1 683.51	14 172.93		

表 24 中国低碳经济统计数据库面板数据列表

四川省

年份	地区生产总值(现价,亿元)	地区生产总值指数(1990 年价)	地区生产总值(不变价,1990 年价,亿元)	年末总人口(万人)	年末从业人员(万人)	年末资本存量(1990 年价格,含存货,亿元)	能源消耗总量(万吨标准煤)	二氧化碳排放量(万吨)
1989				7 730. 30	4 217. 60	2 318. 14		
1990	890. 95	100. 00	890. 95	7 818. 80	4 265. 20	2 452. 94	4 418. 60	9 902. 79
1991	1 016. 31	109. 13	972. 34	7 873. 60	4 425. 10	2 616. 16	4 721. 50	10 202. 21
1992	1 177. 27	122. 84	1 094. 42	7 917. 60	4 512. 20	2 814. 29	4 897. 10	10 985. 75
1993	1 486. 08	138. 92	1 237. 67	7 962. 40	4 556. 80	3 042. 98	4 999. 80	12 063. 56
1994	2 001. 41	154. 62	1 377. 61	8 023. 10	4 587. 90	3 309. 96	5 364. 00	13 009. 54
1995	2 443. 21	171. 22	1 525. 50	8 085. 10	4 619. 10	3 650. 30	6 367. 40	15 579. 56
1996	2 871. 65	189. 38	1 687. 28	8 138. 70	4 627. 20	4 045. 28	6 609. 50	16 171. 92
1997	3 241. 47	209. 32	1 864. 94	8 187. 50	4 641. 20	4 498. 10	6 628. 00	16 217. 19
1998	3 474. 09	229. 56	2 045. 25	8 238. 00	4 651. 40	4 995. 03	6 750. 00	16 148. 52
1999	3 649. 12	244. 78	2 180. 89	8 280. 60	4 654. 30	5 509. 53	6 370. 00	13 920. 52
2000	3 928. 20	265. 50	2 365. 50	8 329. 00	4 658. 40	6 095. 51	6 518. 00	14 243. 95
2001	4 293. 49	289. 34	2 577. 90	8 143. 00	4 664. 80	6 735. 88	6 810. 00	14 513. 33
2002	4 725. 01	319. 01	2 842. 24	8 110. 00	4 667. 60	7 466. 69	7 510. 00	16 005. 15
2003	5 333. 09	355. 18	3 164. 48	8 176. 00	4 683. 50	8 306. 32	9 204. 00	20 301. 35
2004	6 379. 63	400. 41	3 567. 44	8 090. 00	4 691. 00	9 267. 38	10 700. 00	23 271. 83
2005	7 385. 10	450. 87	4 017. 05	8 212. 00	4 702. 00	10 409. 92	11 816. 00	24 624. 66
2006	8 690. 24	511. 73	4 559. 30	8 169. 00	4 715. 00	11 849. 54	12 986. 00	27 151. 47
2007	10 562. 39	585. 96	5 220. 64	8 127. 00	4 731. 10	13 582. 12	14 214. 00	30 415. 75
2008	12 601. 23	650. 39	5 794. 65	8 138. 00	4 740. 00	15 493. 97	15 145. 00	31 918. 85
2009	14 151. 28	744. 71	6 634. 98	8 185. 00	4 756. 62	17 806. 61	16 322. 00	35 908. 87
2010	17 185. 48	857. 15	7 636. 76	8 045. 00	4 772. 53	20 503. 09	17 892. 00	36 893. 99
2011	21 026. 68	985. 74	8 782. 46	8 050. 00	4 785. 47	23 562. 90	19 696. 00	37 214. 76
2012	23 872. 80	1 109. 95	9 889. 11	8 076. 20	4 798. 30	26 950. 29	20 575. 00	38 756. 22
2013	26 260. 77	1 220. 94	10 877. 99	8 107. 00	4 817. 31	30 515. 99		

表 25 中国低碳经济统计数据库面板数据列表

贵州省

年份	地区生产总值(现价,亿元)	地区生产总值指数(1990 年价)	地区生产总值(不变价,1990 年价,亿元)	年末总人口(万人)	年末从业人员(万人)	年末资本存量(1990 年价格,含存货,亿元)	能源消耗总量(万吨标准煤)	二氧化碳排放量(万吨)
1989				3 184. 05	1 570. 84	701. 57		
1990	260. 14	100. 00	260. 14	3 267. 53	1 651. 75	752. 39	2 133. 00	6 371. 03
1991	295. 90	109. 20	284. 07	3 314. 63	1 701. 47	802. 45	2 313. 10	6 645. 48
1992	339. 91	118. 05	307. 09	3 360. 96	1 739. 03	851. 81	2 518. 80	7 017. 59
1993	417. 69	130. 27	338. 88	3 408. 69	1 779. 01	901. 97	2 545. 50	7 343. 78
1994	524. 46	141. 27	367. 50	3 458. 41	1 828. 30	946. 12	2 819. 70	8 131. 96
1995	636. 21	151. 82	394. 95	3 508. 08	1 812. 20	1 019. 07	3 183. 00	9 182. 97
1996	723. 18	165. 26	429. 89	3 555. 41	1 783. 20	1 100. 45	3 690. 00	10 940. 01
1997	805. 79	180. 15	468. 63	3 605. 81	1 796. 70	1 197. 99	3 960. 00	11 841. 78
1998	858. 39	195. 38	508. 27	3 657. 60	1 844. 43	1 316. 58	4 315. 00	12 518. 35
1999	937. 50	212. 57	552. 97	3 710. 06	1 832. 50	1 459. 74	4 018. 00	11 604. 30
2000	1 029. 92	230. 37	599. 29	3 756. 00	1 866. 28	1 618. 05	4 279. 00	11 878. 53
2001	1 133. 27	250. 54	651. 75	3 799. 00	2 068. 01	1 830. 52	4 438. 00	11 491. 03
2002	1 243. 43	273. 24	710. 80	3 837. 00	2 106. 14	2 057. 43	4 470. 00	12 059. 50
2003	1 426. 34	300. 80	782. 50	3 870. 00	2 145. 00	2 313. 12	5 534. 00	15 458. 99
2004	1 677. 80	335. 09	871. 71	3 904. 00	2 186. 00	2 583. 23	6 021. 00	18 060. 52
2005	2 005. 42	377. 65	982. 41	3 730. 00	1 944. 29	2 888. 98	5 641. 00	17 954. 89
2006	2 338. 98	426. 00	1 108. 19	3 690. 00	1 953. 24	3 236. 88	6 172. 00	20 611. 07
2007	2 884. 11	489. 03	1 272. 17	3 632. 00	1 872. 64	3 649. 13	6 800. 00	22 262. 76
2008	3 561. 56	544. 29	1 415. 92	3 596. 00	1 867. 20	4 116. 88	7 084. 00	22 789. 71
2009	3 912. 68	606. 35	1 577. 36	3 537. 00	1 841. 92	4 677. 68	7 566. 00	24 981. 53
2010	4 602. 16	683. 96	1 779. 26	3 479. 00	1 770. 90	5 355. 00	8 175. 00	25 768. 30
2011	5 701. 84	786. 57	2 046. 18	3 469. 00	1 792. 80	6 166. 72	9 068. 00	27 829. 42
2012	6 852. 20	893. 54	2 324. 47	3 484. 00	1 825. 82	7 225. 92	9 878. 00	30 458. 70
2013	8 006. 79	1 005. 24	2 615. 02	3 502. 00	1 864. 21	8 574. 20		

表 26　中国低碳经济统计数据库面板数据列表

云南省

年份	地区生产总值(现价,亿元)	地区生产总值指数(1990 年价)	地区生产总值(不变价,1990 年价,亿元)	年末总人口(万人)	年末从业人员(万人)	年末资本存量(1990 年价格,含存货,亿元)	能源消耗总量(万吨标准煤)	二氧化碳排放量(万吨)
1989				3 648.00	1 880.70	874.17		
1990	451.67	100.00	451.67	3 730.60	1 922.70	970.05	1 954.00	5 704.53
1991	517.41	106.60	481.48	3 782.10	1 989.50	1 098.08	1 961.92	5 727.65
1992	618.69	118.22	533.96	3 831.60	2 032.60	1 250.29	2 016.61	5 887.31
1993	783.27	131.34	593.23	3 885.20	2 071.50	1 412.02	2 089.80	6 100.98
1994	983.78	147.37	665.61	3 939.20	2 108.70	1 577.87	2 282.80	6 424.62
1995	1 222.15	164.61	743.48	3 989.60	2 149.00	1 754.24	2 641.00	7 432.72
1996	1 517.69	182.88	826.01	4 041.50	2 186.20	1 967.15	2 768.00	8 001.27
1997	1 676.17	200.62	906.13	4 094.00	2 233.50	2 200.01	3 429.00	8 703.20
1998	1 831.33	216.87	979.53	4 143.80	2 240.50	2 449.37	3 364.00	8 495.73
1999	1 899.82	232.70	1 051.03	4 192.40	2 244.00	2 676.38	3 288.00	8 066.80
2000	2 011.19	250.15	1 129.86	4 240.80	2 295.40	2 880.99	3 468.00	8 088.73
2001	2 138.31	267.16	1 206.69	4 287.40	2 322.50	3 160.77	3 490.00	8 478.39
2002	2 312.82	291.21	1 315.29	4 333.10	2 341.30	3 414.98	4 131.00	10 212.75
2003	2 556.02	316.83	1 431.04	4 375.60	2 353.30	3 757.85	4 450.00	13 035.28
2004	3 081.91	352.63	1 592.75	4 415.20	2 401.40	4 147.08	5 210.00	16 268.51
2005	3 462.73	384.02	1 734.50	4 450.40	2 461.30	4 618.13	6 024.00	19 062.85
2006	3 988.14	428.57	1 935.70	4 483.00	2 517.60	5 133.17	6 621.00	21 041.30
2007	4 772.52	480.85	2 171.86	4 514.00	2 573.80	5 630.10	7 133.00	21 928.77
2008	5 692.12	531.82	2 402.07	4 543.00	2 638.37	6 310.12	7 511.00	22 717.87
2009	6 169.75	596.17	2 692.73	4 571.00	2 684.80	7 238.81	8 032.00	24 785.76
2010	7 224.18	669.50	3 023.93	4 601.60	2 765.90	8 648.15	8 674.00	25 696.10
2011	8 893.12	761.22	3 438.21	4 631.00	2 857.24	10 370.49	9 540.00	26 538.99
2012	10 309.47	860.18	3 885.18	4 659.00	2 881.90	12 397.68	10 434.00	27 630.43
2013	11 720.91	964.26	4 355.28	4 687.00	2 912.36	14 699.17		

表 27　中国低碳经济统计数据库面板数据列表

西藏自治区

年份	地区生产总值(现价,亿元)	地区生产总值指数(1990年价)	地区生产总值(不变价,1990年价,亿元)	年末总人口(万人)	年末从业人员(万人)	年末资本存量(1990年价格,含存货,亿元)	能源消耗总量(万吨标准煤)	二氧化碳排放量(万吨)
1989				215.91	107.56	42.40		
1990	27.70	100.00	27.70	221.47	107.88	49.51	225.82	531.55
1991	30.53	100.40	27.81	225.03	109.73	58.56	213.84	503.36
1992	33.29	107.53	29.79	228.53	110.92	67.39	218.72	514.84
1993	37.42	124.20	34.40	232.22	112.35	74.16	234.86	540.90
1994	45.99	143.69	39.80	236.14	114.34	85.06	259.70	543.69
1995	56.11	169.42	46.93	239.84	115.09	100.47	286.48	599.75
1996	64.98	191.78	53.12	243.70	117.70	111.49	297.31	597.84
1997	77.24	214.41	59.39	247.60	120.47	123.32	311.26	664.71
1998	91.50	240.35	66.58	251.54	120.22	138.22	337.91	685.26
1999	105.98	269.91	74.77	255.51	123.91	158.73	443.16	818.67
2000	117.80	297.99	82.54	259.83	124.18	170.60	426.03	729.86
2001	139.16	335.83	93.02	263.55	126.33	183.22	449.89	889.05
2002	162.04	379.15	105.02	268.24	130.20	202.95	500.94	932.25
2003	185.09	424.65	117.63	272.16	132.81	233.19	553.81	1 065.55
2004	220.34	476.03	131.86	276.35	137.32	285.01	672.32	1 140.25
2005	248.80	533.63	147.82	280.31	143.60	334.70	813.21	1 400.14
2006	290.76	604.61	167.48	285.08	148.20	404.52	921.91	1 634.52
2007	341.43	689.25	190.92	288.83	158.15	479.08	997.01	1 888.96
2008	394.85	758.86	210.21	292.33	163.50	560.02	1 042.64	1 980.72
2009	441.36	852.96	236.27	295.84	169.07	659.46	1 102.39	2 070.41
2010	507.46	957.88	265.33	300.22	173.39	813.56	1 166.64	1 995.39
2011	605.83	1 079.53	299.03	303.30	185.55	944.95	1 429.47	2 325.01
2012	701.03	1 206.91	334.31	307.62	202.06	1 116.29	1 662.27	2 921.34
2013	807.67	1 352.95	374.77	312.04	205.54	1 329.46		

表 28　中国低碳经济统计数据库面板数据列表

陕西省

年份	地区生产总值(现价,亿元)	地区生产总值指数(1990 年价)	地区生产总值(不变价,1990 年价,亿元)	年末总人口(万人)	年末从业人员(万人)	年末资本存量(1990 年价格,含存货,亿元)	能源消耗总量(万吨标准煤)	二氧化碳排放量(万吨)
1989				3 198.00	1 529.00	1 300.72		
1990	404.30	100.00	404.30	3 316.00	1 576.00	1 421.12	2 239.00	6 518.26
1991	468.37	107.19	433.37	3 363.00	1 640.00	1 543.05	2 358.70	6 849.38
1992	531.63	116.09	469.34	3 405.00	1 672.00	1 636.80	2 440.80	7 105.75
1993	678.20	130.13	526.13	3 443.00	1 708.00	1 769.14	2 476.30	7 781.73
1994	839.03	141.34	571.43	3 481.00	1 720.00	1 914.16	2 599.00	8 167.31
1995	1 036.85	156.05	630.92	3 513.00	1 748.00	2 075.46	3 134.00	9 848.54
1996	1 215.84	173.08	699.75	3 543.00	1 776.00	2 240.95	3 525.00	10 617.20
1997	1 363.60	191.61	774.66	3 570.00	1 792.00	2 390.89	3 111.00	9 970.84
1998	1 458.40	213.85	864.58	3 596.00	1 788.00	2 572.66	3 022.00	9 881.53
1999	1 592.64	235.89	953.69	3 618.00	1 808.00	2 760.90	2 668.00	9 078.66
2000	1 804.00	260.43	1 052.94	3 644.00	1 813.00	2 999.41	2 731.00	8 810.18
2001	2 010.62	285.95	1 156.11	3 653.00	1 785.00	3 265.02	3 257.00	9 970.63
2002	2 253.39	317.69	1 284.43	3 662.00	1 874.00	3 564.60	3 713.00	11 372.92
2003	2 587.72	355.18	1 436.01	3 672.00	1 912.00	3 915.43	4 170.00	12 969.13
2004	3 175.58	401.00	1 621.26	3 681.00	1 941.00	4 326.62	4 776.00	16 369.88
2005	3 933.72	455.95	1 843.42	3 690.00	1 976.00	4 842.75	5 571.00	19 116.63
2006	4 743.61	519.33	2 099.66	3 699.00	1 986.00	5 494.86	6 129.00	23 425.85
2007	5 757.29	601.37	2 431.34	3 708.00	2 013.00	6 366.82	6 775.00	25 562.96
2008	7 314.58	700.00	2 830.10	3 718.00	2 039.00	7 428.89	7 417.00	28 358.33
2009	8 169.80	795.18	3 214.93	3 727.00	2 060.00	8 697.79	8 044.00	30 813.90
2010	10 123.48	911.27	3 684.27	3 735.00	2 074.00	10 242.22	8 882.00	36 542.81
2011	12 512.30	1 037.93	4 196.34	3 743.00	2 059.00	12 031.45	9 761.00	40 461.69
2012	14 453.68	1 171.81	4 737.61	3 753.00	2 061.00	14 050.79	10 626.00	46 523.54
2013	16 045.21	1 300.70	5 258.74	3 764.00	2 058.00	16 206.87		

表 29　中国低碳经济统计数据库面板数据列表

甘肃省

年份	地区生产总值（现价，亿元）	地区生产总值指数（1990 年价）	地区生产总值（不变价，1990 年价，亿元）	年末总人口（万人）	年末从业人员（万人）	年末资本存量（1990 年价格，含存货，亿元）	能源消耗总量（万吨标准煤）	二氧化碳排放量（万吨）
1989				2 184.86	1 214.00	626.47		
1990	242.80	100.00	242.80	2 254.67	1 292.40	707.71	2 172.00	6 021.33
1991	271.39	106.57	258.75	2 284.92	1 302.40	782.59	2 311.00	6 610.02
1992	317.79	117.11	284.34	2 314.19	1 305.90	858.25	2 349.00	6 914.71
1993	372.24	130.66	317.23	2 345.23	1 417.80	928.76	2 508.10	7 707.92
1994	453.61	144.74	351.43	2 387.25	1 438.81	997.31	2 683.60	8 247.27
1995	557.76	159.73	387.83	2 437.95	1 483.32	1 076.70	2 738.00	8 414.45
1996	722.52	178.84	434.23	2 466.86	1 521.46	1 174.45	2 803.00	8 688.40
1997	793.57	195.08	473.66	2 494.20	1 530.32	1 286.81	2 581.00	8 491.84
1998	887.67	214.05	519.70	2 519.37	1 539.80	1 417.85	2 687.00	8 535.76
1999	956.32	233.38	566.65	2 542.58	1 489.00	1 564.62	2 917.00	8 590.78
2000	1 052.88	256.02	621.62	2 515.31	1 476.45	1 711.74	3 012.00	9 186.27
2001	1 125.37	281.02	682.32	2 523.35	1 488.93	1 876.82	3 068.00	9 376.09
2002	1 232.03	308.74	749.63	2 530.76	1 500.59	2 060.38	3 174.00	9 894.66
2003	1 399.83	341.90	830.14	2 537.19	1 510.85	2 266.01	3 525.00	11 136.81
2004	1 688.49	381.26	925.69	2 541.48	1 520.46	2 501.94	3 908.00	12 625.15
2005	1 933.98	426.42	1 035.36	2 545.10	1 391.36	2 755.87	4 368.00	13 728.88
2006	2 277.35	475.49	1 154.50	2 546.79	1 401.36	3 045.71	4 743.00	14 641.86
2007	2 703.98	533.97	1 296.47	2 548.19	1 414.76	3 391.34	5 109.00	16 326.49
2008	3 166.82	588.11	1 427.94	2 550.88	1 446.34	3 788.31	5 346.00	16 632.63
2009	3 387.56	648.63	1 574.87	2 554.91	1 488.63	4 258.89	5 482.00	16 405.98
2010	4 120.75	724.97	1 760.23	2 559.98	1 499.56	4 815.22	5 923.00	18 315.32
2011	5 020.37	815.74	1 980.61	2 564.19	1 500.26	5 465.30	6 496.00	21 165.04
2012	5 650.20	918.19	2 229.38	2 577.55	1 491.59	6 193.66	7 007.00	21 805.93
2013	6 268.01	1 016.99	2 469.26	2 582.18	1 504.97	7 024.41		

表 30　中国低碳经济统计数据库面板数据列表

青海省

年份	地区生产总值(现价,亿元)	地区生产总值指数(1990年价)	地区生产总值(不变价,1990年价,亿元)	年末总人口(万人)	年末从业人员(万人)	年末资本存量(1990年价格,含存货,亿元)	能源消耗总量(万吨标准煤)	二氧化碳排放量(万吨)
1989				440.20	200.83	266.78		
1990	69.94	100.00	69.94	447.66	241.25	285.52	507.00	1 193.42
1991	75.10	104.69	73.22	454.43	245.21	303.51	474.30	1 116.45
1992	87.52	112.43	78.63	461.02	249.24	321.11	499.30	1 175.30
1993	109.68	123.28	86.22	466.70	253.33	339.58	560.00	1 289.72
1994	138.40	133.29	93.22	474.00	257.49	359.49	625.40	1 309.29
1995	167.80	143.95	100.68	481.20	261.71	385.51	688.00	1 440.34
1996	184.17	156.50	109.46	488.30	266.01	415.78	698.00	1 403.55
1997	202.79	170.65	119.35	495.60	270.38	454.20	707.00	1 509.82
1998	220.92	185.87	130.00	502.80	274.81	498.94	739.00	1 498.64
1999	239.38	200.94	140.54	509.80	279.32	547.24	939.00	1 734.66
2000	263.68	218.91	153.10	516.50	283.91	602.35	897.00	1 536.71
2001	300.13	244.54	171.03	523.10	285.66	676.60	930.00	1 837.82
2002	340.65	274.08	191.69	528.60	287.72	765.27	1 019.00	1 896.36
2003	390.20	306.59	214.43	533.80	289.80	864.16	1 123.00	2 160.70
2004	466.10	344.21	240.74	538.60	290.42	968.84	1 364.00	2 313.34
2005	543.32	386.20	270.11	543.20	291.04	1 085.35	1 670.00	2 875.32
2006	648.50	437.41	305.93	547.70	294.19	1 216.08	1 903.00	3 373.97
2007	797.35	496.33	347.14	551.60	298.56	1 361.04	2 095.00	3 969.25
2008	1 018.62	563.49	394.10	554.30	301.00	1 530.84	2 279.00	4 329.46
2009	1 081.27	620.62	434.06	557.30	303.26	1 749.78	2 348.00	4 409.81
2010	1 350.43	715.77	500.61	563.47	307.65	2 046.04	2 568.00	4 392.24
2011	1 670.44	812.04	567.94	568.17	309.18	2 406.61	3 189.00	5 186.86
2012	1 893.54	911.51	637.51	573.17	310.89	2 850.69	3 524.00	6 193.22
2013	2 101.05	1 010.32	706.62	577.79	314.21	3 501.45		

表 31　中国低碳经济统计数据库面板数据列表

宁夏回族自治区

年份	地区生产总值(现价,亿元)	地区生产总值指数(1990 年价)	地区生产总值(不变价,1990 年价,亿元)	年末总人口(万人)	年末从业人员(万人)	年末资本存量(1990 年价格,含存货,亿元)	能源消耗总量(万吨标准煤)	二氧化碳排放量(万吨)
1989				454.81	203.50	237.70		
1990	64.84	100.00	64.84	465.68	211.10	265.40	707.00	2 068.61
1991	71.78	104.79	67.95	473.88	219.20	292.16	694.40	1 969.68
1992	83.14	113.81	73.80	482.27	225.90	317.84	705.00	2 062.76
1993	104.49	125.53	81.39	490.86	229.40	346.35	715.80	2 511.07
1994	136.26	135.14	87.62	503.87	232.70	373.20	740.80	2 598.77
1995	175.19	147.97	95.94	512.38	240.60	403.68	759.00	2 662.62
1996	202.90	164.04	106.36	521.21	245.40	439.63	801.00	2 723.43
1997	224.59	177.06	114.80	528.94	260.50	476.52	805.00	2 772.82
1998	245.44	192.61	124.89	536.57	254.80	524.26	827.00	2 721.20
1999	264.58	210.03	136.18	543.29	272.30	575.84	848.00	2 706.21
2000	295.02	231.45	150.07	554.32	275.50	631.49	1 179.00	3 762.53
2001	337.44	254.84	165.24	563.22	279.00	704.47	1 211.00	4 450.78
2002	377.16	280.94	182.16	571.54	282.40	793.17	1 378.00	5 064.56
2003	445.36	316.49	205.21	580.19	291.40	898.45	2 015.00	7 405.73
2004	537.11	351.96	228.21	587.71	298.10	1 026.78	2 322.00	7 050.58
2005	612.61	390.32	253.08	596.20	299.60	1 181.49	2 536.00	7 953.42
2006	725.90	439.88	285.22	603.73	308.10	1 359.06	2 830.00	8 702.97
2007	919.11	495.77	321.45	610.25	309.50	1 556.50	3 077.00	9 686.25
2008	1 203.92	558.21	361.94	617.69	303.90	1 815.22	3 229.00	10 786.73
2009	1 353.31	624.64	405.02	625.20	328.50	2 174.36	3 388.00	11 871.13
2010	1 689.65	708.96	459.69	632.96	326.00	2 585.14	3 681.00	14 054.25
2011	2 102.21	794.76	515.32	639.45	339.60	2 995.76	4 316.00	18 754.46
2012	2 341.29	886.15	574.58	647.19	344.50	3 477.65	4 562.00	20 082.14
2013	2 565.06	972.99	630.89	654.00	351.30	4 013.87		

表 32 中国低碳经济统计数据库面板数据列表

新疆维吾尔自治区

年份	地区生产总值(现价,亿元)	地区生产总值指数(1990 年价)	地区生产总值(不变价,1990 年价,亿元)	年末总人口(万人)	年末从业人员(万人)	年末资本存量(1990 年价格,含存货,亿元)	能源消耗总量(万吨标准煤)	二氧化碳排放量(万吨)
1989				1 454. 16	599. 55	715. 52		
1990	261. 44	100. 00	261. 44	1 529. 16	617. 70	829. 84	2 063. 00	6 366. 27
1991	335. 91	114. 41	299. 12	1 554. 57	624. 20	949. 52	2 071. 40	6 841. 05
1992	402. 31	129. 40	338. 31	1 580. 63	625. 70	1 104. 50	2 260. 80	7 411. 76
1993	495. 25	142. 61	372. 83	1 605. 26	646. 00	1 274. 53	2 497. 00	7 842. 00
1994	662. 32	159. 87	417. 96	1 632. 70	649. 70	1 485. 75	2 605. 70	8 183. 38
1995	814. 85	174. 42	456. 02	1 661. 35	676. 00	1 663. 07	2 830. 00	8 887. 81
1996	900. 93	185. 76	485. 65	1 689. 29	684. 00	1 815. 85	3 224. 00	10 020. 19
1997	1 039. 85	201. 35	526. 42	1 718. 08	715. 40	2 000. 14	3 230. 00	10 002. 34
1998	1 106. 95	216. 46	565. 90	1 747. 35	680. 29	2 227. 89	3 280. 00	10 286. 81
1999	1 163. 17	232. 48	607. 80	1 775. 00	694. 34	2 406. 36	3 215. 00	10 054. 53
2000	1 363. 56	252. 70	660. 67	1 849. 41	672. 50	2 585. 79	3 328. 00	10 664. 53
2001	1 491. 60	274. 42	717. 46	1 876. 19	685. 38	2 809. 60	3 496. 00	10 969. 56
2002	1 612. 65	296. 92	776. 27	1 905. 19	701. 49	3 063. 90	3 723. 00	11 427. 24
2003	1 886. 35	330. 18	863. 22	1 933. 95	721. 27	3 395. 24	4 177. 00	12 437. 00
2004	2 209. 09	367. 81	961. 60	1 963. 11	744. 49	3 772. 79	4 910. 00	14 191. 66
2005	2 604. 14	407. 91	1 066. 44	2 010. 35	791. 62	4 174. 54	5 506. 00	16 160. 20
2006	3 045. 26	452. 79	1 183. 78	2 050. 00	811. 75	4 607. 03	6 047. 00	18 460. 62
2007	3 523. 16	508. 03	1 328. 18	2 095. 19	830. 42	5 101. 88	6 576. 00	20 119. 48
2008	4 183. 21	563. 90	1 474. 25	2 130. 81	847. 58	5 617. 22	7 069. 00	22 324. 02
2009	4 277. 05	609. 58	1 593. 69	2 158. 63	866. 15	6 196. 35	7 526. 00	26 161. 23
2010	5 437. 47	674. 19	1 762. 61	2 181. 58	894. 65	6 956. 35	8 290. 00	29 281. 32
2011	6 610. 05	755. 09	1 974. 11	2 208. 71	953. 34	7 828. 60	9 927. 00	34 673. 84
2012	7 505. 31	845. 71	2 211. 03	2 232. 78	1 010. 44	9 110. 35	11 831. 00	40 163. 43
2013	8 360. 24	938. 75	2 454. 27	2 264. 30	1 096. 59	10 735. 87		

表 33　中国 2012 年低碳经济

产出 / 投入		部门名称	中间			
			农林牧渔业	煤炭开采和洗选业	石油和天然气开采业	金属矿采选业
部门		代码	1	2	3	4
中间投入	农林牧渔业	1	123 205 603	154 357	4 047	43 953
	煤炭开采和洗选业	2	54 132	35 955 974	315 734	748 492
	石油和天然气开采业	3	0	63 373	1 012 993	87 490
	金属矿采选业	4	0	129 046	67	17 824 613
	非金属矿及其他矿采选业	5	5 417	624 613	12 749 523	352 473
	食品制造及烟草加工业	6	94 118 244	748 592	510 362	710 962
	纺织业	7	134 406	165 672	16 356	141 553
	纺织服装鞋帽皮革羽绒及其制品业	8	262 708	559 135	229 468	329 105
	木材加工及家具制造业	9	209 703	4 045 374	14 572	190 964
	造纸印刷及文教体育用品制造业	10	142 531	246 207	69 963	514 058
	石油加工、炼焦及核燃料加工业	11	14 491 312	1 492 135	3 890 555	6 318 008
	化学工业	12	75 796 652	4 800 498	3 088 877	6 329 175
	非金属矿物制品业	13	289 938	980 437	97 287	628 453
	金属冶炼及压延加工业	14	21 669	9 828 926	4 689 284	2 006 043
	金属制品业	15	407 957	4 496 662	626 905	2 839 536
	通用、专用设备制造业	16	6 097 424	8 849 884	5 165 071	6 710 837
	交通运输设备制造业	17	1 145 095	167 735	107 730	484 091
	电气机械及器材制造业	18	128 768	1 195 942	435 179	815 382
	通信设备、计算机及其他电子设备制造业	19	29 280	834 070	144 787	174 828
	仪器仪表及文化办公用机械制造业	20	108 579	69 554	1 475 229	80 603
	工艺品及其他制造业	21	115 000	406 251	22 214	19 619
	废品废料	22	2 339	48 851	4 106	5 596
	电力、热力生产和供应业	23	8 886 566	8 905 198	5 547 196	12 243 395
	燃气生产和供应业	24	7 776	3 753	14 004	1 006
	水的生产和供应业	25	33 769	107 429	24 599	162 384
	建筑业	26	81 428	580 945	196 309	251 967
	交通运输及仓储业	27	10 366 992	5 046 068	867 371	4 430 241
	邮政业	28	478 123	201 730	22 949	60 389
	信息传输、计算机服务和软件业	29	879 315	236 129	109 965	405 906
	批发和零售业	30	13 186 515	3 117 414	1 077 753	1 916 306
	住宿和餐饮业	31	792 683	834 777	173 681	812 976
	金融业	32	11 048 752	10 603 858	1 951 431	3 854 580
	房地产业	33	12 124	53 665	22 733	10 807
	租赁和商务服务业	34	308 011	4 741 396	789 447	2 564 565
	研究与试验发展业	35	327 110	632 983	963 724	62 595
	综合技术服务业	36	4 832 962	1 211 483	741 222	1 218 295

投入产出表(现价) 单位:万元

使　用

非金属矿及其他矿采选业	食品制造及烟草加工业	纺织业	纺织服装鞋帽皮革羽绒及其制品业	木材加工及家具制造业	造纸印刷及文教体育用品制造业	石油加工、炼焦及核燃料加工业	化学工业
5	6	7	8	9	10	11	12
47 673	318 414 724	64 544 944	8 945 867	21 020 755	12 898 294	18 585	44 189 445
649 335	1 839 124	1 164 523	431 349	523 147	2 736 766	22 964 708	21 684 983
90 972	0	0	0	0	0	224 378 024	13 883 991
178 422	0	0	0	0	0	88 071	5 356 067
817 158	368 558	1 494	8 505	33 556	503 503	230	8 813 146
366 793	200 205 808	1 269 267	12 116 067	881 799	1 495 091	2 318 855	28 202 271
49 731	769 240	149 984 388	104 712 919	2 496 218	11 373 077	86 741	14 585 059
135 911	742 765	1 396 717	39 368 804	2 642 703	1 446 707	194 150	2 794 070
71 488	364 632	538 849	298 345	64 461 215	5 022 960	100 267	1 365 774
86 729	10 972 038	1 262 804	2 450 467	1 781 089	76 522 829	150 678	7 962 635
3 704 546	1 379 490	430 901	513 461	949 117	988 991	28 380 279	74 379 901
4 844 396	17 482 243	36 169 235	19 676 615	15 045 715	36 412 826	9 944 239	523 624 408
1 632 597	3 967 006	330 256	162 586	1 260 466	829 418	2 891 878	7 451 888
1 205 967	168 618	150 661	150 173	2 127 903	19 294 523	74 391	8 896 545
1 760 133	2 602 551	208 375	590 855	6 565 349	2 119 092	220 082	7 556 854
4 726 186	2 667 773	2 438 391	2 050 443	2 420 078	2 629 321	3 628 602	11 539 757
566 158	109 410	15 650	33 612	17 693	66 244	123 597	205 734
660 558	433 965	203 853	209 150	220 432	656 420	535 200	2 020 889
87 383	101 735	47 694	104 932	95 355	1 295 890	513 421	1 265 273
191 211	121 686	21 510	8 627	59 810	83 714	688 219	552 127
63 948	61 160	39 239	1 147 443	17 947	413 909	94 043	130 410
20 727	122 750	8 094	21 402	13 038	6 925 720	11 944	1 653 445
4 227 027	7 214 974	7 084 650	2 232 235	3 735 163	5 589 227	6 465 143	50 737 903
1 885	31 140	4 370	6 711	1 136	19 685	361 015	1 273 260
71 066	616 274	163 480	81 265	106 789	177 442	46 048	761 157
224 806	953 145	276 166	382 038	314 552	518 547	525 533	1 413 199
2 317 735	27 612 119	6 712 320	6 650 707	5 980 409	8 135 273	7 056 802	33 597 806
18 767	344 743	42 579	87 318	60 420	137 501	58 034	436 941
165 732	844 820	382 546	580 754	329 158	501 609	123 873	1 523 222
1 279 273	42 347 104	13 630 980	21 453 831	4 666 538	9 860 389	4 717 289	34 774 570
325 444	3 198 179	726 499	789 208	721 695	1 081 385	339 970	5 622 860
2 027 916	9 663 332	3 976 365	3 043 639	3 097 463	5 577 540	4 779 680	23 104 551
22 249	207 206	97 278	215 784	141 017	266 458	57 632	428 228
1 119 519	11 132 409	1 366 296	3 135 881	1 600 028	4 985 371	2 244 392	18 538 142
38 657	693 127	209 212	154 126	170 125	195 691	247 153	3 436 387
973 225	1 611 362	261 617	720 056	603 922	1 034 038	114 902	7 709 315

产出 / 投入		部门名称	中间			
			农林牧渔业	煤炭开采和洗选业	石油和天然气开采业	金属矿采选业
部门		代码	1	2	3	4
中间投入	水利、环境和公共设施管理业	37	1 286 354	95 821	77 923	175 444
	居民服务和其他服务业	38	764 823	1 363 474	317 186	225 617
	教育	39	114 015	162 690	16 372	60 082
	卫生、社会保障和社会福利业	40	180 653	96 017	31 546	47 228
	文化、体育和娱乐业	41	36 387	242 117	71 415	250 958
	公共管理和社会组织	42	234 198	30 644	28 207	66 034
	中间投入合计	TII	370 625 314	114 130 877	47 715 344	76 176 613
增加值	劳动者报酬	VA001	529 963 186	56 420 753	15 120 004	20 698 798
	生产税净额	VA002	-28 956 569	23 043 287	22 578 743	8 834 514
	固定资产折旧	VA003	22 581 542	9 607 792	9 342 956	5 527 444
	营业盈余	VA004	0	21 879 658	27 882 165	13 578 187
	增加值合计	TVA	523 588 159	110 951 490	74 923 868	48 638 942
总投入		TO1	894 213 473	225 082 366	122 639 212	124 815 555
	能源消耗总量(万吨标准煤)		6 784. 43	12 339. 12	3 807. 89	3 023. 80
	煤炭消耗量(万吨)		1 766. 12	26 163. 30	477. 89	312. 92
	焦炭消耗量(万吨)		57. 48	65. 41	0. 00	139. 35
	原油消耗量(万吨)		0. 00	0. 00	1 050. 41	0. 01
	汽油消耗量(万吨)		192. 86	16. 33	14. 24	14. 36
	煤油消耗量(万吨)		1. 19	2. 16	0. 00	0. 44
	柴油消耗量(万吨)		1 335. 50	215. 21	63. 41	148. 34
	燃料油消耗量(万吨)		1. 98	0. 92	13. 27	0. 09
	天然气消耗量(亿立方米)		0. 64	7. 48	122. 94	0. 03
	电力消耗量(亿千瓦时)		1 012. 57	879. 14	396. 81	766. 24
	煤炭二氧化碳排放量(万吨)		3 938. 44	58 344. 16	1 065. 69	697. 82
	焦炭二氧化碳排放量(万吨)		174. 74	198. 85	0. 00	423. 62
	原油二氧化碳排放量(万吨)		0. 00	0. 00	3 224. 76	0. 03
	汽油二氧化碳排放量(万吨)		578. 57	48. 99	42. 72	43. 08
	煤油二氧化碳排放量(万吨)		3. 67	6. 65	0. 00	1. 36
	柴油二氧化碳排放量(万吨)		4 220. 18	680. 06	200. 38	468. 75
	燃料油二氧化碳排放量(万吨)		6. 42	2. 98	42. 99	0. 29
	天然气二氧化碳排放量(万吨)		14. 06	163. 37	2 685. 05	0. 68
	电力二氧化碳排放量(万吨)		0. 00	0. 00	0. 00	0. 00
	二氧化碳排放量(万吨)		8 936. 08	59 445. 06	7 261. 60	1 635. 63

续表

使　用

非金属矿及其他矿采选业	食品制造及烟草加工业	纺织业	纺织服装鞋帽皮革羽绒及其制品业	木材加工及家具制造业	造纸印刷及文教体育用品制造业	石油加工、炼焦及核燃料加工业	化学工业
5	6	7	8	9	10	11	12
159 569	349 060	593 135	61 690	46 847	507 728	188 637	1 796 670
362 888	1 831 168	352 395	478 592	386 460	893 995	588 728	3 032 796
17 546	144 324	33 458	59 268	39 353	68 678	33 791	234 711
30 208	86 313	39 301	61 436	37 185	61 633	235 615	152 501
65 578	631 063	262 022	296 806	200 132	298 409	109 355	1 213 350
17 662	193 860	43 851	49 848	59 642	69 257	16 880	331 031
35 424 772	672 600 997	296 485 367	233 542 814	144 931 419	223 695 150	325 716 678	978 233 274
12 145 297	64 181 323	33 083 686	34 788 094	18 494 463	33 126 910	14 848 035	79 805 545
7 263 773	62 368 023	9 698 474	8 045 693	8 160 547	11 351 149	40 820 504	38 694 422
2 962 396	21 676 418	8 312 279	5 223 375	5 462 175	10 523 244	8 796 455	34 999 850
5 647 597	58 769 078	18 225 006	15 415 995	10 440 151	14 832 916	9 950 051	78 512 697
28 019 064	206 994 841	69 319 445	63 473 158	42 557 336	69 834 219	74 415 044	232 012 514
63 443 836	879 595 838	365 804 812	297 015 972	187 488 755	293 529 370	400 131 723	1 210 245 788
2 006. 12	5 799. 37	6 357. 01	1 435. 32	1 352. 05	4 526. 62	18 115. 44	44 059. 31
806. 07	3 850. 22	2 065. 59	307. 90	455. 14	4 582. 67	36 450. 25	20 103. 05
46. 10	14. 39	3. 08	3. 49	4. 16	5. 51	73. 65	2 611. 22
23. 66	0. 08	0. 00	0. 15	0. 17	0. 12	42 413. 38	3 060. 83
13. 09	51. 00	16. 89	24. 97	12. 75	22. 94	40. 82	79. 91
0. 04	0. 16	0. 12	0. 62	0. 13	0. 40	0. 21	3. 97
204. 81	90. 71	20. 20	29. 54	22. 00	36. 27	20. 87	142. 95
2. 16	14. 41	8. 80	6. 16	0. 49	9. 34	1 308. 09	522. 28
9. 05	12. 89	2. 15	1. 04	1. 03	6. 77	98. 89	261. 37
349. 71	954. 10	1 448. 70	349. 45	309. 91	750. 23	594. 92	5 547. 50
1 797. 54	8 585. 98	4 606. 27	686. 62	1 014. 96	10 219. 36	81 284. 05	44 829. 81
140. 14	43. 75	9. 36	10. 61	12. 65	16. 75	223. 90	7 938. 10
72. 64	0. 25	0. 00	0. 46	0. 52	0. 37	130 209. 08	9 396. 75
39. 27	153. 00	50. 67	74. 91	38. 25	68. 82	122. 46	239. 73
0. 12	0. 49	0. 37	1. 91	0. 40	1. 23	0. 65	12. 23
647. 20	286. 64	63. 83	93. 35	69. 52	114. 61	65. 95	451. 72
7. 00	46. 69	28. 51	19. 96	1. 59	30. 26	4 238. 21	1 692. 19
197. 58	281. 45	46. 90	22. 63	22. 59	147. 94	2 159. 79	5 708. 36
0. 00	0. 00	0. 00	0. 00	0. 00	0. 00	0. 00	0. 00
2 901. 49	9 398. 24	4 805. 92	910. 44	1 160. 48	10 599. 35	218 304. 08	70 268. 88

产出 / 投入	部门名称	中间			
		非金属矿物制品业	金属冶炼及压延加工业	金属制品业	通用、专用设备制造业
部　门	代码	13	14	15	16
中间投入	农林牧渔业 1	175 061	123 070	154 122	138 657
	煤炭开采和洗选业 2	23 688 420	29 335 495	1 357 418	1 506 621
	石油和天然气开采业 3	729 523	433 117	209 027	343 195
	金属矿采选业 4	2 504 933	178 132 047	2 163 853	321 609
	非金属矿及其他矿采选业 5	33 047 336	904 439	112 341	196 125
	食品制造及烟草加工业 6	2 121 072	4 253 508	1 456 262	3 311 373
	纺织业 7	2 013 383	633 539	784 979	1 199 201
	纺织服装鞋帽皮革羽绒及其制品业 8	1 960 658	1 018 299	695 153	2 045 135
	木材加工及家具制造业 9	1 826 509	748 984	2 428 793	2 919 762
	造纸印刷及文教体育用品制造业 10	7 023 200	773 727	1 688 998	3 904 936
	石油加工、炼焦及核燃料加工业 11	17 690 503	50 824 465	2 251 325	3 671 770
	化学工业 12	36 538 017	16 313 233	17 531 424	27 420 739
	非金属矿物制品业 13	92 477 447	17 705 230	3 424 973	4 038 071
	金属冶炼及压延加工业 14	11 151 377	389 378 505	111 472 265	130 903 004
	金属制品业 15	12 539 874	6 514 938	42 757 937	31 083 922
	通用、专用设备制造业 16	14 384 252	24 090 834	13 153 224	161 130 827
	交通运输设备制造业 17	2 119 829	353 459	432 965	13 422 570
	电气机械及器材制造业 18	1 092 566	1 286 159	1 368 163	37 758 475
	通信设备、计算机及其他电子设备制造业 19	257 710	343 229	366 747	26 799 027
	仪器仪表及文化办公用机械制造业 20	364 078	497 540	500 502	4 539 378
	工艺品及其他制造业 21	104 791	167 180	154 911	424 443
	废品废料 22	2 150 501	46 589 893	4 025 081	780 665
	电力、热力生产和供应业 23	26 532 454	46 743 652	14 603 827	12 200 142
	燃气生产和供应业 24	78 601	312 217	214 120	501 054
	水的生产和供应业 25	417 805	366 959	160 633	331 236
	建筑业 26	900 480	1 036 063	695 986	1 128 327
	交通运输及仓储业 27	18 569 663	23 541 956	9 487 217	20 529 652
	邮政业 28	124 190	80 030	120 894	437 244
	信息传输、计算机服务和软件业 29	979 124	746 558	706 519	1 909 657
	批发和零售业 30	10 255 077	9 337 117	7 722 950	21 307 506
	住宿和餐饮业 31	2 459 094	1 693 097	1 726 473	4 787 280
	金融业 32	11 468 895	32 380 356	6 545 968	14 568 118
	房地产业 33	285 732	180 609	247 562	535 930
	租赁和商务服务业 34	5 163 163	5 387 161	3 589 688	10 735 613
	研究与试验发展业 35	442 719	2 978 786	371 724	3 320 145
	综合技术服务业 36	1 707 520	3 260 357	1 439 308	6 149 293

续表

使　用

交通运输设备制造业	电气机械及器材制造业	通信设备、计算机及其他电子设备制造业	仪器仪表及文化办公用机械制造业	工艺品及其他制造业	废品废料	电力、热力生产和供应业	燃气生产和供应业
17	18	19	20	21	22	23	24
31 773	19 562	0	181	1 302 834	10 436	48 523	614
334 722	220 353	0	20 209	809 719	97 913	88 525 034	2 047 977
160 653	0	0	599	0	0	4 816 481	14 171 021
38 565	607 794	0	0	11 759	58 145	413	81 140
71 011	448 558	0	330	3 403	1 898	178 177	499
1 501 307	2 091 883	2 591 072	383 644	450 730	203 743	1 577 822	101 280
2 766 228	911 699	228 740	65 482	2 342 150	225 456	4 116	553
5 104 841	816 057	384 494	128 394	141 179	41 286	284 804	48 691
4 082 768	845 844	338 161	141 357	721 533	21 053	11 293	3 670
1 468 044	5 603 397	4 772 641	764 663	375 821	90 681	679 865	27 387
2 244 495	1 718 160	1 400 643	203 010	238 967	223 773	19 206 750	458 925
32 690 119	46 479 041	36 785 719	5 709 678	4 568 658	1 457 104	573 993	144 335
6 985 078	13 522 126	7 241 323	2 607 346	411 867	127 866	358 173	9 017
78 620 287	130 609 121	20 940 538	3 919 713	1 979 811	982 799	234 721	63 316
13 274 412	19 886 085	9 408 547	2 539 619	665 607	105 592	147 917	21 681
36 478 389	21 524 912	5 916 467	3 903 153	671 042	196 344	1 915 719	107 970
204 553 880	139 950	309 698	110 167	22 664	41 634	30 467	6 170
20 400 962	80 022 029	29 926 127	4 275 486	410 937	964 845	23 043 632	25 491
10 922 471	26 705 627	325 255 894	17 378 981	389 699	9 409	240 614	27 439
5 586 675	2 811 038	2 389 455	8 313 058	86 895	544	12 167 974	59 170
290 362	174 487	825 925	13 746	693 396	470	21 485	920
308 537	13 944	67 840	36 225	2 862	1 922 628	0	0
5 862 926	6 030 847	5 712 698	669 455	294 937	438 026	158 927 697	680 703
4 623	27 130	52 478	1 439	60 942	4 483	626 335	3 243 776
133 776	180 162	209 477	27 241	111 719	59 445	722 307	9 532
833 442	615 184	1 207 838	101 506	61 396	72 608	1 947 866	44 918
18 904 701	12 644 302	10 412 574	1 813 259	747 817	762 209	6 338 377	899 642
208 684	193 410	155 997	31 457	5 636	7 476	27 607	1 243
523 160	811 517	3 675 505	207 261	39 264	47 012	1 490 954	44 363
29 456 256	16 130 477	26 835 802	2 709 399	1 124 079	341 945	5 550 675	236 493
1 991 237	2 466 477	1 934 146	605 864	123 692	109 431	842 963	99 127
9 462 392	8 728 670	16 849 465	1 531 361	656 880	549 541	23 339 279	1 406 110
187 521	315 151	475 670	113 600	20 679	22 291	27 382	40 452
8 809 586	7 254 886	8 198 105	722 428	173 417	213 166	1 796 232	150 064
3 297 756	2 489 796	6 220 317	600 690	46 882	11 096	427 319	8 474
7 296 192	2 339 771	4 935 209	601 637	57 494	30 513	1 638 489	18 127

投入＼产出		部门名称	中间			
			非金属矿物制品业	金属冶炼及压延加工业	金属制品业	通用、专用设备制造业
部门		代码	13	14	15	16
中间投入	水利、环境和公共设施管理业	37	258 134	833 118	93 149	340 180
	居民服务和其他服务业	38	1 605 584	2 076 699	1 391 245	3 082 554
	教育	39	130 380	85 643	108 121	244 865
	卫生、社会保障和社会福利业	40	145 138	236 731	134 139	345 196
	文化、体育和娱乐业	41	692 102	675 804	412 744	1 162 365
	公共管理和社会组织	42	132 213	283 617	114 320	297 231
	中间投入合计	TII	348 309 102	902 657 418	258 377 048	561 773 094
增加值	劳动者报酬	VA001	46 780 570	61 900 757	28 181 575	71 765 696
	生产税净额	VA002	25 059 412	31 840 069	10 592 399	25 831 177
	固定资产折旧	VA003	19 280 143	38 967 893	8 396 779	18 430 010
	营业盈余	VA004	26 617 005	65 766 937	16 717 120	37 707 487
	增加值合计	TVA	117 737 130	198 475 656	63 887 873	153 734 370
总投入		TO1	466 046 232	1 101 133 074	322 264 921	715 507 465
	能源消耗总量(万吨标准煤)		29 400. 92	74 497. 11	3 870. 07	5 247. 73
	煤炭消耗量(万吨)		24 814. 00	36 707. 23	361. 37	699. 55
	焦炭消耗量(万吨)		756. 74	34 268. 10	105. 31	904. 33
	原油消耗量(万吨)		7. 78	0. 24	0. 01	0. 07
	汽油消耗量(万吨)		33. 16	21. 60	23. 12	64. 11
	煤油消耗量(万吨)		4. 69	2. 57	1. 49	3. 06
	柴油消耗量(万吨)		260. 67	145. 86	39. 42	78. 62
	燃料油消耗量(万吨)		231. 15	71. 65	7. 41	2. 57
	天然气消耗量(亿立方米)		68. 72	59. 17	7. 39	13. 81
	电力消耗量(亿千瓦时)		2 951. 26	9 039. 60	1 040. 41	1 088. 32
	煤炭二氧化碳排放量(万吨)		55 335. 22	81 857. 11	805. 85	1 560. 00
	焦炭二氧化碳排放量(万吨)		2 300. 49	104 175. 03	320. 13	2 749. 16
	原油二氧化碳排放量(万吨)		23. 88	0. 74	0. 03	0. 21
	汽油二氧化碳排放量(万吨)		99. 48	64. 80	69. 36	192. 33
	煤油二氧化碳排放量(万吨)		14. 45	7. 92	4. 60	9. 42
	柴油二氧化碳排放量(万吨)		823. 72	460. 92	124. 56	248. 44
	燃料油二氧化碳排放量(万吨)		748. 93	232. 15	24. 00	8. 33
	天然气二氧化碳排放量(万吨)		1 500. 76	1 292. 34	161. 30	301. 55
	电力二氧化碳排放量(万吨)		0. 00	0. 00	0. 00	0. 00
	二氧化碳排放量(万吨)		60 846. 92	188 091. 01	1 509. 83	5 069. 44

续表

使 用

交通运输设备制造业	电气机械及器材制造业	通信设备、计算机及其他电子设备制造业	仪器仪表及文化办公用机械制造业	工艺品及其他制造业	废品废料	电力、热力生产和供应业	燃气生产和供应业
17	18	19	20	21	22	23	24
234 224	170 572	136 580	19 668	28 800	10 119	1 637 752	30 589
3 509 814	1 881 357	1 661 511	227 543	69 495	65 094	934 798	74 625
143 965	94 022	104 379	26 506	11 396	5 468	50 277	7 665
192 645	145 615	91 958	26 135	10 339	2 541	162 273	10 207
420 331	607 919	592 809	95 083	39 431	28 734	789 351	43 333
753 150	198 622	520 839	31 361	8 138	4 196	45 033	5 466
520 141 959	418 497 554	538 766 645	60 677 934	19 993 966	9 569 012	361 390 935	24 462 173
58 072 539	33 862 430	59 267 091	7 551 181	2 638 486	1 537 190	36 028 791	1 928 213
22 842 076	12 258 521	11 643 324	1 877 372	664 828	578 589	20 498 973	700 473
14 905 047	8 830 384	16 428 790	1 472 792	521 860	406 873	43 854 161	1 576 237
33 263 033	28 574 467	23 451 201	4 880 452	1 405 802	30 134 219	25 160 731	2 561 374
129 082 695	83 525 803	110 790 407	15 781 797	5 230 976	32 656 871	125 542 655	6 766 297
649 224 654	502 023 358	649 557 052	76 459 731	25 224 942	42 225 883	486 933 591	31 228 470
3 926. 16	2 338. 58	2 677. 63	311. 26	1 623. 07	107. 36	23 809. 24	693. 64
817. 34	492. 75	246. 32	30. 73	541. 74	14. 42	174 273. 38	1 074. 57
199. 34	18. 08	2. 43	4. 17	0. 51	20. 04	0. 49	7. 49
0. 08	0. 07	0. 00	0. 00	0. 00	0. 00	2. 46	0. 00
47. 36	28. 25	14. 07	4. 97	1. 86	0. 64	27. 76	2. 64
10. 45	0. 52	0. 35	0. 20	0. 02	0. 01	0. 03	0. 00
83. 92	32. 90	20. 01	5. 09	3. 83	3. 58	74. 17	2. 33
10. 94	4. 09	3. 22	0. 36	0. 29	1. 28	22. 51	0. 19
24. 98	6. 03	6. 94	0. 54	0. 68	0. 20	225. 02	9. 32
821. 02	615. 31	767. 96	81. 14	439. 18	20. 27	6 566. 61	108. 90
1 822. 66	1 098. 83	549. 29	68. 52	1 208. 08	32. 15	388 629. 64	2 396. 30
605. 99	54. 97	7. 38	12. 68	1. 54	60. 92	1. 49	22. 77
0. 25	0. 21	0. 00	0. 00	0. 00	0. 00	7. 55	0. 00
142. 08	84. 76	42. 20	14. 91	5. 58	1. 92	83. 28	7. 92
32. 18	1. 59	1. 07	0. 62	0. 07	0. 03	0. 09	0. 00
265. 19	103. 96	63. 23	16. 08	12. 09	11. 31	234. 38	7. 36
35. 44	13. 24	10. 43	1. 17	0. 95	4. 15	72. 93	0. 62
545. 56	131. 64	151. 62	11. 73	14. 81	4. 37	4 914. 37	203. 57
0. 00	0. 00	0. 00	0. 00	0. 00	0. 00	0. 00	0. 00
3 449. 34	1 489. 20	825. 22	125. 71	1 243. 12	114. 85	393 943. 73	2 638. 53

产出 投入		部门名称	中间			
			水的生产和供应业	建筑业	交通运输及仓储业	邮政业
部门		代码	25	26	27	28
中间投入	农林牧渔业	1	7 576	10 930 661	7 950 149	0
	煤炭开采和洗选业	2	20 559	365 530	550 054	19 763
	石油和天然气开采业	3	0	0	0	0
	金属矿采选业	4	0	0	0	0
	非金属矿及其他矿采选业	5	214	7 752 477	9 827	0
	食品制造及烟草加工业	6	201 796	3 471 279	7 621 660	220 581
	纺织业	7	1 468	632 490	412 207	15 822
	纺织服装鞋帽皮革羽绒及其制品业	8	85 676	5 445 393	2 064 775	81 871
	木材加工及家具制造业	9	1 935	32 925 216	306 593	109 915
	造纸印刷及文教体育用品制造业	10	42 472	3 506 128	1 868 048	675 234
	石油加工、炼焦及核燃料加工业	11	37 819	17 571 932	89 967 014	588 724
	化学工业	12	1 159 843	60 657 771	8 052 817	139 261
	非金属矿物制品业	13	15 149	269 633 356	565 770	271 364
	金属冶炼及压延加工业	14	26 576	219 216 731	1 813 016	45 448
	金属制品业	15	403 345	57 754 955	2 463 030	49 677
	通用、专用设备制造业	16	142 405	13 005 136	9 320 125	137 491
	交通运输设备制造业	17	3 752	1 238 859	41 744 464	2 091 273
	电气机械及器材制造业	18	20 118	51 740 483	788 133	30 955
	通信设备、计算机及其他电子设备制造业	19	11 909	3 240 672	673 060	100 673
	仪器仪表及文化办公用机械制造业	20	83 278	1 630 076	164 999	6 541
	工艺品及其他制造业	21	268	875 785	145 376	0
	废品废料	22	0	0	0	0
	电力、热力的生产和供应业	23	2 680 920	17 964 131	6 153 054	132 463
	燃气生产和供应业	24	2 862	10 533	6 776 470	14 078
	水的生产和供应业	25	744 592	1 005 964	194 828	9 468
	建筑业	26	113 388	37 351 141	4 553 108	323 066
	交通运输及仓储业	27	197 811	43 309 490	85 036 202	1 624 777
	邮政业	28	3 649	188 596	239 006	1 128 979
	信息传输、计算机服务和软件业	29	147 170	15 555 564	5 010 214	751 902
	批发和零售业	30	249 859	27 229 552	11 694 163	1 471 035
	住宿和餐饮业	31	97 798	6 667 814	8 085 548	296 590
	金融业	32	1 213 867	38 561 060	51 237 414	262 142
	房地产业	33	2 255	107 551	1 980 304	260 684
	租赁和商务服务业	34	54 469	9 373 159	7 030 535	788 973
	研究与试验发展业	35	7 185	1 434 833	251 689	4 633
	综合技术服务业	36	28 073	48 453 173	617 159	37 086

续表

使　用

信息传输、计算机服务和软件业	批发和零售业	住宿和餐饮业	金融业	房地产业	租赁和商务服务业	研究与试验发展业	综合技术服务业
29	30	31	32	33	34	35	36
519 633	141 179	25 865 304	6 441	93 437	2 419 275	2 026 665	72 731
0	3 999	35 256	0	30 240	9 574	27 467	101 024
0	0	0	0	0	0	0	0
0	0	0	0	0	0	82 289	10 106
0	0	0	0	0	0	995	8 607
2 018 326	2 112 516	71 118 702	1 558 187	1 567 392	4 973 996	1 334 593	818 165
19 641	167 624	1 424 895	56 396	187 621	313 870	608 618	76 608
275 818	620 739	989 981	3 285 758	782 672	4 514 410	10 312	164 594
107 888	236 328	201 354	445 050	214 506	176 579	10 739	73 541
7 965 851	7 386 395	893 395	18 879 083	2 138 704	27 695 490	510 639	2 265 671
466 578	2 115 435	734 797	2 444 786	691 580	20 450 054	215 465	7 061 163
1 675 329	1 401 609	2 131 360	516 473	562 990	6 920 388	4 467 311	10 882 500
122 524	45 360	102 924	50 870	45 719	180 497	344 226	415 835
120	45 752	1 411	0	1 630	856	37 744	514 997
43 920	161 272	183 982	79 606	652 557	9 917 931	1 559 350	8 494 244
41 621	176 368	109 353	892 893	181 678	196 124	30 362	367 869
1 361 241	1 749 872	292 768	625 812	60 987	15 073 633	391 032	2 061 372
14 341 463	6 836 962	83 460	97 136	479 084	15 949 282	3 195 846	4 682 700
23 536 191	3 498 024	97 542	787 564	364 294	14 979 792	1 511 917	15 248 414
822 811	26 600	25 953	513 978	140 148	70 452	1 305 879	5 896 004
20 618	16 683	72 154	303 252	520 809	5 266 577	86 568	1 694 622
0	0	0	0	0	0	0	0
3 069 148	7 668 030	1 864 471	3 282 657	2 025 574	779 323	721 181	656 154
7 372	14 108	708 928	23 662	772 005	74 480	10 797	34 181
30 272	147 654	426 702	257 446	221 482	30 207	92 971	57 675
1 095 559	1 861 199	914 448	5 071 291	10 053 557	728 375	440 354	805 315
2 717 823	24 108 531	4 253 802	6 801 552	2 250 137	17 159 588	1 688 719	5 826 192
430 894	609 317	235 648	5 536 225	235 801	476 946	105 509	350 595
31 029 587	2 238 753	971 345	15 758 326	1 755 171	1 769 923	227 415	920 786
6 697 588	20 307 047	14 130 378	7 021 187	1 733 873	15 187 833	1 509 475	5 939 286
1 647 338	3 895 913	419 398	20 587 683	1 964 960	13 294 338	1 777 950	5 550 094
9 992 928	28 354 633	3 235 776	36 484 766	44 100 293	23 397 764	212 155	9 273 579
5 374 177	33 159 670	2 342 784	37 288 889	13 472 788	3 033 828	220 151	1 103 221
11 432 822	64 298 446	2 416 046	54 193 017	16 746 985	19 618 145	1 709 408	3 830 460
3 055 346	1 497 657	3 032	349 022	53 826	146 881	673 434	341 809
510 809	1 297 459	4 131	698 023	39 502	35 226	2 662 024	28 049 775

投入 \ 产出		部门名称	中间			
			水的生产和供应业	建筑业	交通运输及仓储业	邮政业
部门		代码	25	26	27	28
中间投入	水利、环境和公共设施管理业	37	1 181 397	183 094	282 189	7 617
	居民服务和其他服务业	38	118 843	6 166 222	10 936 156	75 668
	教育	39	13 872	624 370	354 522	17 823
	卫生、社会保障和社会福利业	40	3 227	343 581	235 501	2 257
	文化、体育和娱乐业	41	64 703	1 596 922	1 002 314	160 686
	公共管理和社会组织	42	4 434	356 414	187 315	26 172
	中间投入合计	TII	9 196 532	1 018 078 096	378 338 809	11 980 693
增加值	劳动者报酬	VA001	3 889 431	224 617 185	102 281 872	8 025 053
	生产税净额	VA002	874 824	51 214 681	7 246 521	159 450
	固定资产折旧	VA003	2 718 855	16 459 285	48 629 027	1 571 570
	营业盈余	VA004	331 220	75 756 625	61 040 347	393 222
	增加值合计	TVA	7 814 330	368 047 776	219 197 766	10 149 294
总投入		TO1	17 010 862	1 386 125 872	597 536 575	22 129 988
	能源消耗总量(万吨标准煤)		1 115.29	6 167.37	31 298.78	225.92
	煤炭消耗量(万吨)		63.66	753.41	592.96	21.30
	焦炭消耗量(万吨)		0.04	6.31	0.09	0.00
	原油消耗量(万吨)		0.00	0.00	118.62	0.78
	汽油消耗量(万吨)		3.50	286.87	3 728.63	24.40
	煤油消耗量(万吨)		0.00	7.89	1 775.47	11.62
	柴油消耗量(万吨)		1.73	518.01	10 657.29	69.74
	燃料油消耗量(万吨)		0.00	27.05	1 374.94	9.00
	天然气消耗量(亿立方米)		0.18	1.26	154.19	0.32
	电力消耗量(亿千瓦时)		342.33	608.40	896.08	19.29
	煤炭二氧化碳排放量(万吨)		141.96	1 680.10	1 322.30	47.51
	焦炭二氧化碳排放量(万吨)		0.12	19.18	0.27	0.00
	原油二氧化碳排放量(万吨)		0.00	0.00	364.17	2.38
	汽油二氧化碳排放量(万吨)		10.50	860.62	11 185.88	73.20
	煤油二氧化碳排放量(万吨)		0.00	24.31	5 468.45	35.78
	柴油二氧化碳排放量(万吨)		5.47	1 636.92	33 677.04	220.37
	燃料油二氧化碳排放量(万吨)		0.00	87.65	4 454.82	29.15
	天然气二氧化碳排放量(万吨)		4.04	27.58	3 367.48	7.00
	电力二氧化碳排放量(万吨)		0.00	0.00	0.00	0.00
	二氧化碳排放量(万吨)		162.09	4 336.37	59 840.41	415.40

续表

使　用

信息传输、计算机服务和软件业	批发和零售业	住宿和餐饮业	金融业	房地产业	租赁和商务服务业	研究与试验发展业	综合技术服务业
29	30	31	32	33	34	35	36
130 062	384 830	63 884	652 673	120 244	1 262 253	20 360	47 452
789 126	5 100 858	962 385	3 491 228	818 278	2 521 629	745 502	2 054 076
182 961	434 454	76 493	2 981 601	144 629	144 428	208 275	200 715
36 447	245 434	32 752	217 417	68 136	29 782	15 201	33 650
877 111	665 729	517 686	6 494 262	818 950	585 309	172 446	438 118
408 863	210 854	31 003	528 543	490 249	2 511 958	20 870	156 011
132 855 805	223 243 295	137 975 680	238 262 755	106 602 488	231 896 999	30 992 215	126 579 914
36 683 240	147 983 609	63 809 450	110 239 772	38 781 541	55 269 389	10 535 145	39 074 493
5 075 642	163 077 077	8 587 777	39 314 016	54 865 335	11 294 285	582 408	5 543 477
29 836 272	27 962 793	10 644 736	9 100 456	156 358 484	24 264 153	875 945	6 653 203
46 399 993	159 286 617	12 327 263	193 223 256	62 477 520	21 327 096	7 772 020	20 727 308
117 995 147	498 310 097	95 369 225	351 877 500	312 482 880	112 154 923	19 765 518	71 998 481
250 850 952	721 553 392	233 344 905	590 140 254	419 085 368	344 051 923	50 757 733	198 578 395
997.54	4 067.90	4 477.96	1 401.23	1 014.27	3 734.37	302.77	1 577.10
0.00	240.63	2 121.37	0.00	45.40	14.37	41.23	151.66
0.02	4.94	1.72	0.11	0.03	0.95	0.01	0.33
0.00	0.00	0.00	0.00	0.00	0.00	0.00	0.00
16.23	148.49	51.58	85.06	24.06	711.52	7.50	245.68
0.82	21.26	7.38	4.32	1.22	36.13	0.38	12.48
16.06	169.96	59.04	84.14	23.80	703.83	7.42	243.02
0.22	6.45	2.24	1.16	0.33	9.71	0.10	3.35
0.11	0.75	37.93	0.34	11.16	1.08	0.16	0.49
460.95	1 360.65	330.84	493.01	304.22	117.04	108.31	98.55
0.00	536.61	4 730.65	0.00	101.24	32.05	91.95	338.20
0.07	15.03	5.22	0.34	0.10	2.87	0.03	0.99
0.00	0.00	0.00	0.00	0.00	0.00	0.00	0.00
48.70	445.46	154.73	255.18	72.19	2 134.56	22.49	737.04
2.54	65.47	22.74	13.31	3.76	111.29	1.17	38.43
50.74	537.08	186.56	265.89	75.21	2 224.10	23.43	767.96
0.72	20.90	7.26	3.76	1.06	31.47	0.33	10.87
2.33	16.49	828.47	7.47	243.71	23.51	3.41	10.79
0.00	0.00	0.00	0.00	0.00	0.00	0.00	0.00
105.10	1 637.03	5 935.62	545.96	497.27	4 559.87	142.82	1 904.27

投入 \ 产出		部门名称	中间			
			水利、环境和公共设施管理业	居民服务和其他服务业	教育	卫生、社会保障和社会福利业
部门		代码	37	38	39	40
中间投入	农林牧渔业	1	4 228 028	683 290	1 189 725	650 092
	煤炭开采和洗选业	2	170 714	179 529	291 169	340 379
	石油和天然气开采业	3	0	0	0	0
	金属矿采选业	4	0	0	0	0
	非金属矿及其他矿采选业	5	1 258	3 337	147	264
	食品制造及烟草加工业	6	574 562	4 098 347	4 738 470	3 349 697
	纺织业	7	422 044	703 935	477 259	3 198 009
	纺织服装鞋帽皮革羽绒及其制品业	8	452 147	768 692	66 472	1 827 282
	木材加工及家具制造业	9	167 219	271 044	612	32 134
	造纸印刷及文教体育用品制造业	10	689 959	1 891 122	4 965 819	751 816
	石油加工、炼焦及核燃料加工业	11	1 234 692	1 135 938	1 501 545	429 783
	化学工业	12	4 331 327	10 616 746	4 101 938	73 573 053
	非金属矿物制品业	13	939 168	195 429	517 124	210 827
	金属冶炼及压延加工业	14	99 060	329 297	30 447	43
	金属制品业	15	323 966	1 402 253	441 993	63 355
	通用、专用设备制造业	16	236 409	218 264	232 516	7 318 516
	交通运输设备制造业	17	1 671 204	7 372 315	2 152	255 901
	电气机械及器材制造业	18	1 124 224	2 861 803	8 755	565 656
	通信设备、计算机及其他电子设备制造业	19	203 701	6 654 274	455 149	224 128
	仪器仪表及文化办公用机械制造业	20	366 661	666 313	2 002 108	141 531
	工艺品及其他制造业	21	369 010	1 258 498	82	46 968
	废品废料	22	0	0	0	0
	电力、热力的生产和供应业	23	1 755 095	2 193 046	1 237 915	1 393 548
	燃气生产和供应业	24	176 895	662 291	234 843	104 718
	水的生产和供应业	25	224 219	440 144	228 815	181 420
	建筑业	26	1 305 936	984 033	1 123 418	650 390
	交通运输及仓储业	27	2 197 254	3 717 150	5 048 895	2 997 441
	邮政业	28	111 133	351 435	644 352	135 258
	信息传输、计算机服务和软件业	29	608 465	705 466	3 099 229	2 766 034
	批发和零售业	30	1 451 195	4 995 741	2 336 356	7 887 490
	住宿和餐饮业	31	827 252	2 038 306	4 109 017	1 239 335
	金融业	32	4 048 590	3 380 519	7 910 109	3 127 937
	房地产业	33	248 607	7 809 690	1 877 824	1 282 079
	租赁和商务服务业	34	1 082 350	2 976 599	1 239 534	284 428
	研究与试验发展业	35	30 766	6 219	1 062 094	91 270
	综合技术服务业	36	176 476	6 449	573 849	73 581

续表

使　用			最终使用				
文化、体育和娱乐业	公共管理和社会组织	中间使用合计	农村居民消费	城镇居民消费	政府消费	消费小计	固定资本形成总额
41	42						
220 366	0	652 497 635	80 368 698	125 492 146	6 076 074	211 936 919	30 944 274
64 351	306 445	239 528 202	992 966	638 967	0	1 631 933	0
0	0	260 380 458	0	0	0	0	0
0	0	207 588 937	0	0	0	0	0
2 660	15	67 022 095	0	0	0	0	0
4 863 247	4 860 020	482 489 341	104 067 823	272 142 476	0	376 210 299	0
268 707	3 156 822	307 834 923	3 144 288	5 338 524	0	8 482 812	0
2 036 567	7 429 600	93 673 992	19 235 442	83 217 907	0	102 453 349	0
259 048	1 433 707	127 747 278	2 528 416	9 054 911	0	11 583 327	14 912 181
5 534 249	8 129 562	225 125 026	3 584 008	14 939 493	0	18 523 502	2 732 946
269 684	6 075 607	390 044 079	2 012 473	21 169 282	0	23 181 755	0
1 336 364	2 735 638	1 174 689 654	10 841 058	48 761 882	0	59 602 940	0
317 419	1 203 158	444 607 444	1 493 455	3 567 737	0	5 061 193	0
14 696	0	1 151 047 981	0	0	0	0	0
62 816	711 347	253 710 080	876 819	4 031 790	0	4 908 609	28 568 213
21 828	119 929	375 145 788	138 272	1 211 394	0	1 349 666	333 092 829
165 939	5 166 949	305 915 730	8 773 873	61 057 877	0	69 831 750	269 958 673
236 170	917 500	312 050 341	8 478 835	26 264 135	0	34 742 970	83 336 415
132 197	1 133 742	486 244 737	7 981 823	28 965 853	0	36 947 676	56 861 394
213 947	632 762	55 487 215	1 031 578	2 554 471	0	3 586 049	17 344 082
224 681	2 269	16 307 519	735 265	1 690 740	0	2 426 005	0
0	0	64 736 188	0	0	0	0	0
479 576	2 938 773	458 561 102	6 454 218	22 067 951	0	28 522 169	0
79 740	93 582	16 654 483	708 759	13 043 487	0	13 752 246	0
37 807	240 512	9 654 173	760 071	6 655 916	0	7 415 988	0
652 782	4 219 933	86 611 543	0	0	0	0	1 289 122 578
2 953 805	14 119 825	469 434 206	11 897 603	50 160 724	19 730 148	81 788 475	19 236 982
173 453	5 012 650	19 312 806	503 199	1 790 073	0	2 293 272	0
848 910	9 240 480	110 668 663	11 478 758	47 495 804	0	58 974 562	78 572 400
3 462 637	7 091 597	423 432 031	29 294 678	95 990 153	0	125 284 830	46 661 633
1 889 970	13 000 869	121 648 406	16 839 229	100 301 837	0	117 141 065	0
1 553 040	9 163 393	485 726 113	14 231 499	81 652 800	9 360 490	105 244 789	0
950 999	3 311 269	117 814 530	46 580 010	160 102 380	0	206 682 390	94 064 000
1 335 061	5 326 564	308 455 968	547 047	10 396 350	11 370 817	22 314 214	0
90 200	6 001	36 452 489	0	0	16 759 400	16 759 400	0
2 409	126 023	133 897 539	310 542	2 036 792	50 419 117	52 766 451	12 097 460

产出 / 投入		部门名称	中间			
			水利、环境和公共设施管理业	居民服务和其他服务业	教育	卫生、社会保障和社会福利业
部门		代码	37	38	39	40
中间投入	水利、环境和公共设施管理业	37	1 023 249	157 779	106 247	96 469
	居民服务和其他服务业	38	2 713 753	3 015 609	2 500 251	1 637 886
	教育	39	171 840	126 006	2 990 635	512 677
	卫生、社会保障和社会福利业	40	16 756	53 819	111 578	999 959
	文化、体育和娱乐业	41	217 055	525 433	879 902	412 809
	公共管理和社会组织	42	80 472	199 978	243 675	108 771
	中间投入合计	TII	36 072 713	75 656 139	58 582 018	118 962 934
增加值	劳动者报酬	VA001	15 012 516	55 073 874	138 712 606	77 927 460
	生产税净额	VA002	330 078	6 974 824	915 012	752 474
	固定资产折旧	VA003	4 850 740	4 196 184	17 251 652	8 923 126
	营业盈余	VA004	5 358 038	15 323 467	4 841 250	5 452 441
	增加值合计	TVA	25 551 373	81 568 349	161 720 520	93 055 501
总投入		TO1	61 624 086	157 224 488	220 302 538	212 018 435
	能源消耗总量(万吨标准煤)		1 084.06	1 364.30	1 201.77	1 111.69
	煤炭消耗量(万吨)		256.28	269.51	437.11	510.98
	焦炭消耗量(万吨)		0.06	0.05	0.07	0.02
	原油消耗量(万吨)		0.00	0.00	0.00	0.00
	汽油消耗量(万吨)		42.96	39.52	52.24	14.95
	煤油消耗量(万吨)		2.18	2.01	2.65	0.76
	柴油消耗量(万吨)		42.49	39.10	51.68	14.79
	燃料油消耗量(万吨)		0.59	0.54	0.71	0.20
	天然气消耗量(亿立方米)		2.56	9.57	3.39	1.51
	电力消耗量(亿千瓦时)		263.59	329.37	185.92	209.29
	煤炭二氧化碳排放量(万吨)		571.50	601.01	974.75	1 139.49
	焦炭二氧化碳排放量(万吨)		0.17	0.16	0.21	0.06
	原油二氧化碳排放量(万吨)		0.00	0.00	0.00	0.00
	汽油二氧化碳排放量(万吨)		128.88	118.57	156.73	44.86
	煤油二氧化碳排放量(万吨)		6.72	6.18	8.17	2.34
	柴油二氧化碳排放量(万吨)		134.28	123.54	163.30	46.74
	燃料油二氧化碳排放量(万吨)		1.90	1.75	2.31	0.66
	天然气二氧化碳排放量(万吨)		55.84	209.07	74.14	33.06
	电力二氧化碳排放量(万吨)		0.00	0.00	0.00	0.00
	二氧化碳排放量(万吨)		899.30	1 060.29	1 379.61	1 267.21

续表

使　用			最终使用				
文化、体育和娱乐业	公共管理和社会组织	中间使用合计	农村居民消费	城镇居民消费	政府消费	消费小计	固定资本形成总额
41	42						
99 991	638 376	15 589 929	709 716	4 224 851	42 354 261	47 288 828	0
904 991	6 677 251	78 408 156	12 913 001	64 589 167	0	77 502 168	0
106 669	2 638 418	13 927 364	15 215 399	51 412 126	140 776 580	207 404 106	0
31 772	966 038	6 005 860	23 477 184	83 952 407	99 292 223	206 721 814	0
2 779 413	3 754 220	31 200 667	3 652 547	24 362 384	17 818 652	45 833 583	0
62 728	1 774 844	10 938 451	369 897	2 804 592	317 860 171	321 034 661	0
34 740 888	134 355 690	10 648 269 125	452 228 452	1 533 139 381	731 817 933	2 717 185 766	2 377 506 060
19 205 155	172 028 538	2 641 340 939					
2 795 717	168 878	736 062 253					
5 698 893	22 737 557	716 819 825					
7 595 916	2 771 763	1 273 778 692					
35 295 680	197 706 737	5 368 001 709					
70 036 568	332 062 427	16 016 270 834					
325.23	2 466.45	322 043.24	9 962.137 184	12 001.954 59			
96.61	460.04	343 491.03	7 621.4	1 532.04			
0.01	0.28	39 325.90	17.83	37.93			
0.00	0.00	46 678.92	0.00	0.00			
9.38	211.39	6 473.66	525.52	1 141			
0.48	10.74	1 930.62	22.44	3.14			
9.28	209.10	16 000.69	285.18	678.91			
0.13	2.89	3 683.27	0	0			
1.15	1.35	1 174.59	0.78	287.49			
72.03	441.37	43 540.49	2 659.62	3 559.34			
215.43	1 025.89	765 984.99	16 995.722	3 416.449 2			
0.04	0.85	119 550.74	54.203 2	115.307 2			
0.00	0.00	143 304.28	0	0			
28.15	634.17	19 420.98	1 576.56	3 423			
1.47	33.07	5 946.32	69.115 2	9.671 2			
29.33	660.77	50 562.19	901.168 8	2 145.355 6			
0.42	9.35	11 933.80	0	0			
25.17	29.54	25 653.12	17.035 2	6 278.781 6			
0.00	0.00	0.00	0	0			
300.00	2 393.64	1 142 356.42	19 613.804 4	15 388.564 8			

产出 / 投入		部门名称	最终使用			
			存货增加	资本形成总额	出口	最终使用合计
	部　　门	代码				
中间投入	农林牧渔业	1	35 981 553	66 925 827	7 816 221	286 678 967
	煤炭开采和洗选业	2	2 976 956	2 976 956	912 685	5 521 575
	石油和天然气开采业	3	3 340 162	3 340 162	1 873 689	5 213 850
	金属矿采选业	4	614 968	614 968	592 933	1 207 901
	非金属矿及其他矿采选业	5	−756 402	−756 402	1 282 682	526 280
	食品制造及烟草加工业	6	18 035 235	18 035 235	28 019 945	422 265 480
	纺织业	7	2 273 849	2 273 849	51 756 009	62 512 669
	纺织服装鞋帽皮革羽绒及其制品业	8	1 149 239	1 149 239	107 608 377	211 210 966
	木材加工及家具制造业	9	1 094 347	16 006 528	36 167 611	63 757 467
	造纸印刷及文教体育用品制造业	10	5 736 757	8 469 703	55 912 141	82 905 346
	石油加工、炼焦及核燃料加工业	11	4 407 940	4 407 940	11 744 438	39 334 133
	化学工业	12	2 298 943	2 298 943	98 856 503	160 758 386
	非金属矿物制品业	13	−681 010	−681 010	26 733 885	31 114 068
	金属冶炼及压延加工业	14	1 839 245	1 839 245	44 572 692	46 411 937
	金属制品业	15	769 835	29 338 048	42 881 563	77 128 219
	通用、专用设备制造业	16	−750 687	332 342 142	91 509 004	425 200 812
	交通运输设备制造业	17	1 663 946	271 622 619	58 430 796	399 885 166
	电气机械及器材制造业	18	4 013 879	87 350 294	107 262 425	229 355 688
	通信设备、计算机及其他电子设备制造业	19	7 526 252	64 387 647	300 892 430	402 227 752
	仪器仪表及文化办公用机械制造业	20	872 075	18 216 157	32 631 579	54 433 785
	工艺品及其他制造业	21	1 505 483	1 505 483	4 932 956	8 864 444
	废品废料	22	93 287	93 287	478 932	572 218
	电力、热力的生产和供应业	23	0	0	778 107	29 300 277
	燃气生产和供应业	24	627 489	627 489	0	14 379 734
	水的生产和供应业	25	0	0	0	7 415 988
	建筑业	26	0	1 289 122 578	7 730 236	1 296 852 814
	交通运输及仓储业	27	2 999 268	22 236 250	56 560 724	160 585 449
	邮政业	28	0	0	385 538	2 678 811
	信息传输、计算机服务和软件业	29	0	78 572 400	9 977 397	147 524 359
	批发和零售业	30	8 760 285	55 421 919	117 731 419	298 438 168
	住宿和餐饮业	31	0	0	5 654 922	122 795 987
	金融业	32	0	0	4 148 022	109 392 811
	房地产业	33	0	94 064 000	0	300 746 390
	租赁和商务服务业	34	0	0	41 329 287	63 643 502
	研究与试验发展业	35	0	0	263 636	17 023 035
	综合技术服务业	36	0	12 097 460	1 868	64 865 780

续表

投入 \ 产出		部门名称	最终使用			
			存货增加	资本形成总额	出口	最终使用合计
部　　门		代码				
中间投入	水利、环境和公共设施管理业	37	0	0	1 075 368	48 364 196
	居民服务和其他服务业	38	0	0	1 171 172	78 673 340
	教育	39	0	0	434 054	207 838 159
	卫生、社会保障和社会福利业	40	0	0	427 962	207 149 776
	文化、体育和娱乐业	41	0	0	5 494 354	51 327 937
	公共管理和社会组织	42	0	0	624 965	321 659 626
	中间投入合计	TII	106 392 894	2 483 898 954	1 366 658 526	6 567 743 246
增加值	劳动者报酬	VA001				
	生产税净额	VA002				
	固定资产折旧	VA003				
	营业盈余	VA004				
	增加值合计	TVA				
总投入		TO1				
	能源能耗总量(万吨标准煤)					
	煤炭能耗量(万吨)					
	焦炭能耗量(万吨)					
	原油能耗量(万吨)					
	汽油能耗量(万吨)					
	煤油能耗量(万吨)					
	柴油能耗量(万吨)					
	燃料油能耗量(万吨)					
	天然气能耗量(亿立方米)					
	电力消耗量(亿千瓦时)					
	煤炭二氧化碳排放量(万吨)					
	焦炭二氧化碳排放量(万吨)					
	原油二氧化碳排放量(万吨)					
	汽油二氧化碳排放量(万吨)					
	煤油二氧化碳排放量(万吨)					
	柴油二氧化碳排放量(万吨)					
	燃料油二氧化碳排放量(万吨)					
	天然气二氧化碳排放量(万吨)					
	电力二氧化碳排放量(万吨)					
	二氧化碳排放量(万吨)					

续表

产出 / 投入		部门名称	最终使用		
			进口	总产出	误差
部　　门		代码			
中间投入	农林牧渔业	1	51 186 807	894 213 473	6 223 678
	煤炭开采和洗选业	2	18 130 507	225 082 366	-1 836 904
	石油和天然气开采业	3	142 868 283	122 639 212	-86 813
	金属矿采选业	4	84 029 760	124 815 555	48 476
	非金属矿及其他矿采选业	5	3 941 338	63 443 836	-163 200
	食品制造及烟草加工业	6	33 809 817	879 595 838	8 650 834
	纺织业	7	9 397 354	365 804 812	4 854 574
	纺织服装鞋帽皮革羽绒及其制品业	8	11 145 841	297 015 972	3 276 854
	木材加工及家具制造业	9	5 069 475	187 488 755	1 053 485
	造纸印刷及文教体育用品制造业	10	14 717 322	293 529 370	216 320
	石油加工、炼焦及核燃料加工业	11	28 816 783	400 131 723	-429 707
	化学工业	12	123 067 057	1 210 245 788	-2 135 195
	非金属矿物制品业	13	7 026 282	466 046 232	-2 648 997
	金属冶炼及压延加工业	14	89 528 366	1 101 133 074	-6 798 479
	金属制品业	15	8 121 476	322 264 921	-451 903
	通用、专用设备制造业	16	85 097 052	715 507 465	257 917
	交通运输设备制造业	17	60 203 496	649 224 654	3 627 254
	电气机械及器材制造业	18	39 881 487	502 023 358	498 816
	通信设备、计算机及其他电子设备制造业	19	240 100 110	649 557 052	1 184 672
	仪器仪表及文化办公用机械制造业	20	33 251 264	76 459 731	-210 004
	工艺品及其他制造业	21	344 853	25 224 942	397 831
	废品废料	22	23 000 941	42 225 883	-81 582
	电力、热力的生产和供应业	23	221 872	486 933 591	-705 915

续表

投入 \ 产出		部门名称	最终使用		
			进口	总产出	误差
部门		代码			
中间投入	燃气生产和供应业	24	0	31 228 470	194 252
	水的生产和供应业	25	0	17 010 862	-59 299
	建筑业	26	2 284 307	1 386 125 872	4 945 821
	交通运输及仓储业	27	32 382 332	597 536 575	-100 747
	邮政业	28	279 827	22 129 988	418 197
	信息传输、计算机服务和软件业	29	7 389 509	250 850 952	47 439
	批发和零售业	30	0	721 553 392	-316 807
	住宿和餐饮业	31	11 526 917	233 344 905	427 429
	金融业	32	4 433 607	590 140 254	-545 063
	房地产业	33	0	419 085 368	524 448
	租赁和商务服务业	34	27 953 887	344 051 923	-93 659
	研究与试验发展业	35	2 240 809	50 757 733	-476 982
	综合技术服务业	36	4 750	198 578 395	-180 174
	水利、环境和公共设施管理业	37	2 192 016	61 624 086	-138 023
	居民服务和其他服务业	38	1 364 308	157 224 488	1 507 301
	教育	39	1 315 772	220 302 538	-147 213
	卫生、社会保障和社会福利业	40	872 352	212 018 435	-264 848
	文化、体育和娱乐业	41	12 415 233	70 036 568	-76 803
	公共管理和社会组织	42	656 617	332 062 427	120 967
	中间投入合计	TII	1 220 269 787	16 016 270 834	20 528 250

表 34　中国 2012 年低碳

投入 \ 产出		部门名称	中间			
			农林牧渔业	煤炭开采和洗选业	石油和天然气开采业	金属矿采选业
部　门			1	2	3	4
中间投入	农林牧渔业	1	102 975 543	129 012	3 382	36 736
	煤炭开采和洗选业	2	50 641	33 637 037	295 371	700 219
	石油和天然气开采业	3	0	51 106	816 917	70 556
	金属矿采选业	4	0	124 113	64	17 143 245
	非金属矿及其他矿采选业	5	4 802	553 688	11 301 827	312 450
	食品制造及烟草加工业	6	85 333 798	678 722	462 728	644 605
	纺织业	7	125 236	154 369	15 240	131 895
	纺织服装鞋帽皮革羽绒及其制品业	8	247 484	526 733	216 170	310 033
	木材加工及家具制造业	9	198 190	3 823 293	13 772	180 480
	造纸印刷及文教体育用品制造业	10	137 253	237 090	67 373	495 024
	石油加工、炼焦及核燃料加工业	11	12 413 492	1 278 187	3 332 712	5 412 108
	化学工业	12	72 181 576	4 571 541	2 941 555	6 027 309
	非金属矿物制品业	13	274 817	929 306	92 214	595 679
	金属冶炼及压延加工业	14	21 436	9 723 470	4 638 972	1 984 520
	金属制品业	15	395 448	4 358 789	607 683	2 752 473
	通用、专用设备制造业	16	5 959 853	8 650 213	5 048 536	6 559 427
	交通运输设备制造业	17	1 146 264	167 906	107 840	484 586
	电气机械及器材制造业	18	128 099	1 189 726	432 917	811 144
	通信设备、计算机及其他电子设备制造业	19	30 457	867 581	150 604	181 853
	仪器仪表及文化办公用机械制造业	20	108 580	69 554	1 475 235	80 603
	工艺品及其他制造业(含废品废料)	21	113 522	440 299	25 464	24 395
	电力、热力的生产和供应业	22	8 434 542	8 452 227	5 265 032	11 620 623
	燃气生产和供应业	23	6 969	3 363	12 549	902
	水的生产和供应业	24	32 142	102 254	23 414	154 561
	建筑业	25	73 394	523 623	176 939	227 105
	交通运输及仓储业	26	8 961 265	4 361 839	749 759	3 829 516
	邮政业	27	228 316	96 331	10 959	28 837
	信息传输、计算机服务和软件业	28	661 894	177 743	82 775	305 541
	批发和零售业	29	8 085 585	1 911 507	660 847	1 175 023
	住宿和餐饮业	30	670 629	706 242	146 938	687 797
	金融业	31	6 587 799	6 322 531	1 163 537	2 298 287
	房地产业	32	8 839	39 125	16 574	7 879

经济投入产出表(2010 年不变价)　　单位:万元

使　用

非金属矿及其他矿采选业	食品制造及烟草加工业	纺织业	纺织服装鞋帽皮革羽绒及其制品业	木材加工及家具制造业	造纸印刷及文教体育用品制造业	石油加工、炼焦及核燃料加工业	化学工业
5	6	7	8	9	10	11	12
39 845	266 131 801	53 946 822	7 476 977	17 569 198	10 780 425	15 534	36 933 646
607 457	1 720 512	1 089 418	403 530	489 407	2 560 262	21 483 627	20 286 437
73 363	0	0	0	0	0	180 947 100	11 196 586
171 601	0	0	0	0	0	84 704	5 151 325
724 370	326 709	1 325	7 540	29 746	446 330	204	7 812 422
332 559	181 519 770	1 150 801	10 985 224	799 497	1 355 548	2 102 427	25 570 036
46 338	716 755	139 750 982	97 568 377	2 325 902	10 597 095	80 823	13 589 923
128 035	699 721	1 315 777	37 087 374	2 489 558	1 362 870	182 899	2 632 153
67 563	344 614	509 268	281 966	60 922 451	4 747 211	94 763	1 290 797
83 517	10 565 769	1 216 045	2 359 732	1 715 140	73 689 370	145 099	7 667 798
3 173 374	1 181 693	369 117	439 839	813 029	847 186	24 311 006	63 715 025
4 613 345	16 648 438	34 444 165	18 738 150	14 328 118	34 676 138	9 469 954	498 650 453
1 547 456	3 760 124	313 033	154 107	1 194 731	786 164	2 741 065	7 063 267
1 193 028	166 809	149 044	148 562	2 105 073	19 087 511	73 593	8 801 093
1 706 165	2 522 754	201 986	572 738	6 364 048	2 054 118	213 334	7 325 153
4 619 554	2 607 583	2 383 376	2 004 181	2 365 476	2 569 998	3 546 734	11 279 397
566 736	109 522	15 666	33 646	17 711	66 312	123 724	205 944
657 125	431 709	202 794	208 062	219 286	653 008	532 419	2 010 384
90 894	105 822	49 610	109 148	99 186	1 347 956	534 049	1 316 110
191 212	121 687	21 510	8 627	59 810	83 714	688 221	552 129
81 921	177 928	45 793	1 130 825	29 978	7 100 887	102 540	1 725 830
4 012 015	6 847 977	6 724 282	2 118 690	3 545 170	5 304 925	6 136 287	48 157 069
1 689	27 906	3 916	6 014	1 018	17 641	323 525	1 141 037
67 642	586 584	155 604	77 350	101 644	168 893	43 829	724 486
202 624	859 098	248 917	344 342	283 515	467 382	473 679	1 273 758
2 003 459	23 868 014	5 802 154	5 748 895	5 169 486	7 032 159	6 099 925	29 042 063
8 962	164 624	20 333	41 696	28 852	65 660	27 713	208 651
124 753	635 928	287 957	437 156	247 770	377 581	93 244	1 146 588
784 413	25 966 005	8 358 118	13 154 862	2 861 385	6 046 102	2 892 504	21 322 749
275 334	2 705 738	614 636	667 689	610 571	914 878	287 623	4 757 077
1 209 142	5 761 744	2 370 901	1 814 764	1 846 857	3 325 598	2 849 876	13 776 048
16 221	151 067	70 922	157 320	102 811	194 265	42 018	312 206

投入 \ 产出		部门名称	中间			
			农林牧渔业	煤炭开采和洗选业	石油和天然气开采业	金属矿采选业
部门			1	2	3	4
中间投入	租赁和商务服务业	33	213 800	3 291 150	547 980	1 780 145
	研究与试验发展业	34	188 306	364 387	554 783	36 034
	综合技术服务业	35	3 020 007	757 028	463 173	761 285
	水利、环境和公共设施管理业	36	882 072	65 706	53 433	120 304
	居民服务和其他服务业	37	572 120	1 019 936	237 269	168 771
	教育	38	84 899	121 143	12 191	44 738
	卫生、社会保障和社会福利业	39	116 108	61 711	20 275	30 354
	文化、体育和娱乐业	40	25 730	171 206	50 499	177 458
	公共管理和社会组织	41	192 023	25 125	23 127	54 142
	中间投入合计	TII	320 892 930	100 735 915	42 318 631	68 448 641
	增加值合计	TVA	426 492 866	109 830 035	56 582 364	51 595 680
	总投入	TO1	747 385 796	210 565 950	98 900 995	120 044 322
能源消耗	能源消耗总量(万吨标准煤)		6 784.43	12 339.12	3 807.89	3 023.80
	煤炭消耗量(万吨)		1 766.12	26 163.30	477.89	312.92
	焦炭消耗量(万吨)		57.48	65.41	0.00	139.35
	原油消耗量(万吨)		0.00	0.00	1 050.41	0.01
	汽油消耗量(万吨)		192.86	16.33	14.24	14.36
	煤油消耗量(万吨)		1.19	2.16	0.00	0.44
	柴油消耗量(万吨)		1 335.50	215.21	63.41	148.34
	燃料油消耗量(万吨)		1.98	0.92	13.27	0.09
	天然气消耗量(亿立方米)		0.64	7.48	122.94	0.03
	电力消耗量(亿千瓦时)		1 012.57	879.14	396.81	766.24
二氧化碳排放量	煤炭二氧化碳排放量(万吨)		3 938.44	58 344.16	1 065.69	697.82
	焦炭二氧化碳排放量(万吨)		174.74	198.85	0.00	423.62
	原油二氧化碳排放量(万吨)		0.00	0.00	3 224.76	0.03
	汽油二氧化碳排放量(万吨)		578.57	48.99	42.72	43.08
	煤油二氧化碳排放量(万吨)		3.67	6.65	0.00	1.36
	柴油二氧化碳排放量(万吨)		4 220.18	680.06	200.38	468.75
	燃料油二氧化碳排放量(万吨)		6.42	2.98	42.99	0.29
	天然气二氧化碳排放量(万吨)		14.06	163.37	2 685.05	0.68
	电力二氧化碳排放量(万吨)		0.00	0.00	0.00	0.00
	二氧化碳排放量(万吨)		8 936.08	59 445.06	7 261.60	1 635.63

续表

使　用							
非金属矿及其他矿采选业	食品制造及烟草加工业	纺织业	纺织服装鞋帽皮革羽绒及其制品业	木材加工及家具制造业	造纸印刷及文教体育用品制造业	石油加工、炼焦及核燃料加工业	化学工业
5	6	7	8	9	10	11	12
777 093	7 727 352	948 389	2 176 713	1 110 629	3 460 501	1 557 902	12 867 902
22 253	399 010	120 436	88 725	97 935	112 653	142 278	1 978 211
608 146	1 006 903	163 479	449 947	377 377	646 147	71 800	4 817 374
109 419	239 355	406 721	42 302	32 124	348 156	129 351	1 232 002
271 455	1 369 791	263 606	358 007	289 088	668 746	440 393	2 268 659
13 065	107 467	24 914	44 132	29 303	51 139	25 161	174 771
19 415	55 474	25 259	39 486	23 899	39 612	151 432	98 014
46 372	446 239	185 282	209 878	141 518	211 012	77 327	857 987
14 481	158 949	35 954	40 871	48 901	56 785	13 840	271 418
31 303 410	568 944 946	264 008 311	207 737 446	130 887 199	204 321 938	269 353 524	881 203 978
24 936 439	228 554 569	76 837 710	72 066 388	46 308 878	78 338 735	73 405 776	271 319 855
56 239 849	797 499 515	340 846 021	279 803 834	177 196 078	282 660 673	342 759 300	1 152 523 833
2 006.12	5 799.37	6 357.01	1 435.32	1 352.05	4 526.62	18 115.44	44 059.31
806.07	3 850.22	2 065.59	307.90	455.14	4 582.67	36 450.25	20 103.05
46.10	14.39	3.08	3.49	4.16	5.51	73.65	2 611.22
23.66	0.08	0.00	0.15	0.17	0.12	42 413.38	3 060.83
13.09	51.00	16.89	24.97	12.75	22.94	40.82	79.91
0.04	0.16	0.12	0.62	0.13	0.40	0.21	3.97
204.81	90.71	20.20	29.54	22.00	36.27	20.87	142.95
2.16	14.41	8.80	6.16	0.49	9.34	1 308.09	522.28
9.05	12.89	2.15	1.04	1.03	6.77	98.89	261.37
349.71	954.10	1 448.70	349.45	309.91	750.23	594.92	5 547.50
1 797.54	8 585.98	4 606.27	686.62	1 014.96	10 219.36	81 284.05	44 829.81
140.14	43.75	9.36	10.61	12.65	16.75	223.90	7 938.10
72.64	0.25	0.00	0.46	0.52	0.37	130 209.08	9 396.75
39.27	153.00	50.67	74.91	38.25	68.82	122.46	239.73
0.12	0.49	0.37	1.91	0.40	1.23	0.65	12.23
647.20	286.64	63.83	93.35	69.52	114.61	65.95	451.72
7.00	46.69	28.51	19.96	1.59	30.26	4 238.21	1 692.19
197.58	281.45	46.90	22.63	22.59	147.94	2 159.79	5 708.36
0.00	0.00	0.00	0.00	0.00	0.00	0.00	0.00
2 901.49	9 398.24	4 805.92	910.44	1 160.48	10 599.35	218 304.08	70 268.88

产出 / 投入		部门名称	中间			
			非金属矿物制品业	金属冶炼及压延加工业	金属制品业	通用、专用设备制造业
部门			13	14	15	16
中间投入	农林牧渔业	1	146 316	102 863	128 816	115 890
	煤炭开采和洗选业	2	22 160 664	27 443 538	1 269 873	1 409 454
	石油和天然气开采业	3	588 315	349 282	168 567	276 766
	金属矿采选业	4	2 409 179	171 322 723	2 081 137	309 315
	非金属矿及其他矿采选业	5	29 294 842	801 741	99 584	173 855
	食品制造及烟草加工业	6	1 923 103	3 856 511	1 320 343	3 002 308
	纺织业	7	1 876 010	590 312	731 420	1 117 379
	纺织服装鞋帽皮革羽绒及其制品业	8	1 847 037	959 288	654 869	1 926 619
	木材加工及家具制造业	9	1 726 238	707 867	2 295 458	2 759 474
	造纸印刷及文教体育用品制造业	10	6 763 148	745 078	1 626 459	3 760 345
	石油加工、炼焦及核燃料加工业	11	15 153 971	43 537 058	1 928 521	3 145 297
	化学工业	12	34 795 358	15 535 183	16 695 273	26 112 923
	非金属矿物制品业	13	87 654 686	16 781 890	3 246 358	3 827 483
	金属冶炼及压延加工业	14	11 031 733	385 200 839	110 276 272	129 498 538
	金属制品业	15	12 155 387	6 315 182	41 446 929	30 130 853
	通用、专用设备制造业	16	14 059 714	23 547 296	12 856 461	157 495 389
	交通运输设备制造业	17	2 121 993	353 820	433 407	13 436 275
	电气机械及器材制造业	18	1 086 887	1 279 474	1 361 052	37 562 212
	通信设备、计算机及其他电子设备制造业	19	268 064	357 019	381 482	27 875 756
	仪器仪表及文化办公用机械制造业	20	364 079	497 542	500 504	4 539 396
	工艺品及其他制造业(含废品废料)	21	2 181 932	45 236 166	4 044 026	1 165 909
	电力、热力的生产和供应业	22	25 182 854	44 365 990	13 860 989	11 579 570
	燃气生产和供应业	23	70 439	279 795	191 884	449 021
	水的生产和供应业	24	397 676	349 280	152 895	315 278
	建筑业	25	811 629	933 834	627 313	1 016 995
	交通运输及仓储业	26	16 051 683	20 349 751	8 200 784	17 745 904
	邮政业	27	59 304	38 216	57 730	208 796
	信息传输、计算机服务和软件业	28	737 024	561 963	531 824	1 437 472
	批发和零售业	29	6 288 113	5 725 247	4 735 487	13 065 139
	住宿和餐饮业	30	2 080 454	1 432 401	1 460 638	4 050 157
	金融业	31	6 838 308	19 306 730	3 903 022	8 686 215
	房地产业	32	208 317	131 676	180 488	390 727

续表

使　用

交通运输设备制造业	电气机械及器材制造业	通信设备、计算机及其他电子设备制造业	仪器仪表及文化办公用机械制造业	工艺品及其他制造业(含废品废料)	电力、热力的生产和供应业	燃气生产和供应业	水的生产和供应业
17	18	19	20	21	22	23	24
26 556	16 350	0	152	1 097 634	40 556	513	6 332
313 135	206 142	0	18 906	849 095	82 815 718	1 915 895	19 233
129 557	0	0	483	0	3 884 196	11 428 059	0
37 091	584 560	0	0	67 231	397	78 038	0
62 948	397 625	0	293	4 699	157 945	442	189
1 361 184	1 896 639	2 349 237	347 837	593 388	1 430 557	91 827	182 962
2 577 488	849 494	213 133	61 014	2 392 419	3 835	516	1 368
4 809 014	768 766	362 213	120 954	171 891	268 300	45 869	80 711
3 858 634	799 409	319 597	133 597	701 820	10 673	3 469	1 829
1 413 686	5 395 916	4 595 922	736 349	449 228	654 691	26 373	40 900
1 922 671	1 471 804	1 199 813	173 902	396 391	16 452 812	393 123	32 396
31 130 984	44 262 251	35 031 246	5 437 359	5 738 366	546 617	137 451	1 104 525
6 620 801	12 816 938	6 863 683	2 471 371	511 585	339 494	8 547	14 359
77 776 765	129 207 807	20 715 866	3 877 658	2 930 824	232 203	62 636	26 290
12 867 403	19 276 355	9 120 070	2 461 751	747 554	143 382	21 017	390 978
35 655 363	21 039 267	5 782 980	3 815 090	847 816	1 872 497	105 534	139 192
204 762 738	140 093	310 014	110 279	64 363	30 498	6 176	3 756
20 294 921	79 606 087	29 770 575	4 253 263	1 368 631	22 923 855	25 358	20 014
11 361 313	27 778 604	338 323 997	18 077 232	415 144	250 281	28 542	12 387
5 586 697	2 811 049	2 389 465	8 313 091	87 439	12 168 023	59 170	83 278
579 418	182 302	864 693	48 346	2 534 154	20 786	890	260
5 564 702	5 724 082	5 422 116	635 403	695 680	150 843 683	646 078	2 544 552
4 143	24 312	47 028	1 290	58 631	561 292	2 906 922	2 565
127 331	171 482	199 385	25 928	162 917	687 508	9 073	708 720
751 206	554 484	1 088 661	91 491	120 782	1 755 669	40 486	102 200
16 341 291	10 929 779	9 000 666	1 567 388	1 305 272	5 478 916	777 653	170 989
99 652	92 358	74 493	15 021	6 261	13 183	593	1 742
393 803	610 860	2 766 693	156 013	64 943	1 122 298	33 394	110 780
18 061 714	9 890 737	16 454 929	1 661 325	898 923	3 403 511	145 010	153 206
1 684 635	2 086 700	1 636 335	512 576	197 228	713 167	83 864	82 740
5 641 934	5 204 454	10 046 464	913 071	719 327	13 916 004	838 391	723 766
136 715	229 765	346 794	82 821	31 328	19 963	29 492	1 644

产出 / 投入		部门名称	中间			
			非金属矿物制品业	金属冶炼及压延加工业	金属制品业	通用、专用设备制造业
部门			13	14	15	16
中间投入	租赁和商务服务业	33	3 583 912	3 739 396	2 491 714	7 451 924
	研究与试验发展业	34	254 858	1 714 786	213 989	1 911 295
	综合技术服务业	35	1 066 990	2 037 322	899 391	3 842 552
	水利、环境和公共设施管理业	36	177 006	571 281	63 873	233 266
	居民服务和其他服务业	37	1 201 045	1 553 458	1 040 710	2 305 880
	教育	38	97 084	63 772	80 509	182 332
	卫生、社会保障和社会福利业	39	93 281	152 149	86 212	221 861
	文化、体育和娱乐业	40	489 400	477 876	291 861	821 934
	公共管理和社会组织	41	108 403	232 542	93 733	243 704
	中间投入合计	TII	315 406 438	849 538 136	242 711 857	525 801 462
	增加值合计	TVA	126 335 171	239 780 813	69 672 048	173 562 707
	总投入	TO1	441 741 609	1 089 318 949	312 383 906	699 364 169
能源消耗	能源消费总量(万吨标准煤)		29 400.92	74 497.11	3 870.07	5 247.73
	煤炭消费量(万吨)		24 814.00	36 707.23	361.37	699.55
	焦炭消费量(万吨)		756.74	34 268.10	105.31	904.33
	原油消费量(万吨)		7.78	0.24	0.01	0.07
	汽油消费量(万吨)		33.16	21.60	23.12	64.11
	煤油消费量(万吨)		4.69	2.57	1.49	3.06
	柴油消费量(万吨)		260.67	145.86	39.42	78.62
	燃料油消费量(万吨)		231.15	71.65	7.41	2.57
	天然气消费量(亿立方米)		68.72	59.17	7.39	13.81
	电力消费量(亿千瓦小时)		2 951.26	9 039.60	1 040.41	1 088.32
二氧化碳排放量	煤炭二氧化碳排放量(万吨)		55 335.22	81 857.11	805.85	1 560.00
	焦炭二氧化碳排放量(万吨)		2 300.49	104 175.03	320.13	2 749.16
	原油二氧化碳排放量(万吨)		23.88	0.74	0.03	0.21
	汽油二氧化碳排放量(万吨)		99.48	64.80	69.36	192.33
	煤油二氧化碳排放量(万吨)		14.45	7.92	4.60	9.42
	柴油二氧化碳排放量(万吨)		823.72	460.92	124.56	248.44
	燃料油二氧化碳排放量(万吨)		748.93	232.15	24.00	8.33
	天然气二氧化碳排放量(万吨)		1 500.76	1 292.34	161.30	301.55
	电力二氧化碳排放量(万吨)		0.00	0.00	0.00	0.00
	二氧化碳排放量(万吨)		60 846.92	188 091.01	1 509.83	5 069.44

续表

使　用

交通运输设备制造业	电气机械及器材制造业	通信设备、计算机及其他电子设备制造业	仪器仪表及文化办公用机械制造业	工艺品及其他制造业(含废品废料)	电力、热力的生产和供应业	燃气生产和供应业	水的生产和供应业
17	18	19	20	21	22	23	24
6 115 008	5 035 842	5 690 560	501 460	268 339	1 246 820	104 164	37 808
1 898 406	1 433 291	3 580 825	345 797	33 376	245 993	4 878	4 136
4 559 223	1 462 069	3 083 899	375 949	54 994	1 023 854	11 327	17 542
160 611	116 964	93 655	13 487	26 687	1 123 030	20 975	810 101
2 625 489	1 407 335	1 242 880	170 212	100 679	699 268	55 822	88 900
107 200	70 011	77 723	19 737	12 558	37 438	5 708	10 329
123 815	93 588	59 102	16 797	8 278	104 294	6 560	2 074
297 225	429 873	419 189	67 235	48 201	558 167	30 642	45 753
617 521	162 853	427 044	25 714	10 113	36 923	4 482	3 635
488 459 990	395 238 298	519 970 947	57 657 639	26 794 189	327 838 298	20 194 958	7 784 142
161 427 549	104 175 622	155 683 951	18 802 398	38 462 606	134 326 934	7 790 551	8 407 180
649 887 540	499 413 920	675 654 898	76 460 037	65 256 795	462 165 232	27 985 509	16 191 322
3 926.16	2 338.58	2 677.63	311.26	1 730.42	23 809.24	693.64	1 115.29
817.34	492.75	246.32	30.73	556.16	174 273.38	1 074.57	63.66
199.34	18.08	2.43	4.17	20.55	0.49	7.49	0.04
0.08	0.07	0.00	0.00	0.00	2.46	0.00	0.00
47.36	28.25	14.07	4.97	2.50	27.76	2.64	3.50
10.45	0.52	0.35	0.20	0.03	0.03	0.00	0.00
83.92	32.90	20.01	5.09	7.41	74.17	2.33	1.73
10.94	4.09	3.22	0.36	1.57	22.51	0.19	0.00
24.98	6.03	6.94	0.54	0.88	225.02	9.32	0.18
821.02	615.31	767.96	81.14	459.44	6 566.61	108.90	342.33
1 822.66	1 098.83	549.29	68.52	1 240.24	388 629.64	2 396.30	141.96
605.99	54.97	7.38	12.68	62.46	1.49	22.77	0.12
0.25	0.21	0.00	0.00	0.00	7.55	0.00	0.00
142.08	84.76	42.20	14.91	7.50	83.28	7.92	10.50
32.18	1.59	1.07	0.62	0.10	0.09	0.00	0.00
265.19	103.96	63.23	16.08	23.41	234.38	7.36	5.47
35.44	13.24	10.43	1.17	5.10	72.93	0.62	0.00
545.56	131.64	151.62	11.73	19.18	4 914.37	203.57	4.04
0.00	0.00	0.00	0.00	0.00	0.00	0.00	0.00
3 449.34	1 489.20	825.22	125.71	1 357.98	393 943.73	2 638.53	162.09

产出 投入		部门名称	中间			
			建筑业	交通运输及仓储业	邮政业	信息传输、计算机服务和软件业
部门			25	26	27	28
中间投入	农林牧渔业	1	9 135 873	6 644 754	0	434 310
	煤炭开采和洗选业	2	341 956	514 579	18 489	0
	石油和天然气开采业	3	0	0	0	0
	金属矿采选业	4	0	0	0	0
	非金属矿及其他矿采选业	5	6 872 191	8 711	0	0
	食品制造及烟草加工业	6	3 147 290	6 910 299	199 994	1 829 947
	纺织业	7	589 335	384 082	14 742	18 301
	纺织服装鞋帽皮革羽绒及其制品业	8	5 129 831	1 945 121	77 127	259 834
	木材加工及家具制造业	9	31 117 702	289 762	103 881	101 966
	造纸印刷及文教体育用品制造业	10	3 376 305	1 798 879	650 232	7 670 894
	石油加工、炼焦及核燃料加工业	11	15 052 401	77 067 198	504 310	399 678
	化学工业	12	57 764 734	7 668 742	132 619	1 595 425
	非金属矿物制品业	13	255 571 796	536 265	257 212	116 135
	金属冶炼及压延加工业	14	216 864 741	1 793 564	44 960	118
	金属制品业	15	55 984 121	2 387 510	48 154	42 574
	通用、专用设备制造业	16	12 711 714	9 109 845	134 389	40 682
	交通运输设备制造业	17	1 240 124	41 787 087	2 093 409	1 362 631
	电气机械及器材制造业	18	51 471 544	784 036	30 794	14 266 919
	通信设备、计算机及其他电子设备制造业	19	3 370 876	700 102	104 718	24 481 826
	仪器仪表及文化办公用机械制造业	20	1 630 083	164 999	6 541	822 814
	工艺品及其他制造业(含废品废料)	21	847 298	140 647	0	19 947
	电力、热力的生产和供应业	22	17 050 368	5 840 073	125 725	2 913 033
	燃气生产和供应业	23	9 439	6 072 758	12 616	6 606
	水的生产和供应业	24	957 499	185 442	9 012	28 814
	建筑业	25	33 665 690	4 103 851	291 189	987 460
	交通运输及仓储业	26	37 436 878	73 505 597	1 404 463	2 349 296
	邮政业	27	90 060	114 132	539 117	205 763
	信息传输、计算机服务和软件业	28	11 709 269	3 771 380	565 986	23 357 159
	批发和零售业	29	16 696 365	7 170 519	901 996	4 106 765
	住宿和餐饮业	30	5 641 134	6 840 572	250 922	1 393 688
	金融业	31	22 991 964	30 550 217	156 302	5 958 265
	房地产业	32	78 412	1 443 769	190 055	3 918 121

续表

使 用

批发和零售业	住宿和餐饮业	金融业	房地产业	租赁和商务服务业	研究与试验发展业	综合技术服务业	水利、环境和公共设施管理业
29	30	31	32	33	34	35	36
117 998	21 618 284	5 383	78 095	2 022 036	1 693 891	60 789	3 533 796
3 741	32 982	0	28 290	8 957	25 695	94 509	159 704
0	0	0	0	0	0	0	0
0	0	0	0	0	79 143	9 720	0
0	0	0	0	0	882	7 629	1 115
1 915 346	64 480 899	1 412 755	1 421 101	4 509 752	1 210 029	741 802	520 936
156 187	1 327 675	52 548	174 820	292 454	567 092	71 381	393 248
584 767	932 611	3 095 347	737 316	4 252 799	9 714	155 056	425 945
223 354	190 301	420 618	202 730	166 886	10 149	69 504	158 039
7 112 895	860 315	18 180 036	2 059 512	26 669 991	491 732	2 181 778	664 412
1 812 116	629 439	2 094 243	592 418	17 517 847	184 571	6 048 707	1 057 657
1 334 760	2 029 706	491 840	536 138	6 590 324	4 254 245	10 363 466	4 124 747
42 995	97 556	48 217	43 335	171 084	326 274	394 149	890 190
45 261	1 396	0	1 612	847	37 339	509 472	97 998
156 327	178 341	77 165	632 548	9 613 836	1 511 538	8 233 801	314 033
172 389	106 885	872 747	177 579	191 699	29 677	359 569	231 075
1 751 659	293 067	626 451	61 049	15 089 024	391 431	2 063 477	1 672 910
6 801 425	83 026	96 631	476 594	15 866 380	3 179 234	4 658 360	1 118 380
3 638 567	101 461	819 206	378 930	15 581 649	1 572 663	15 861 064	211 885
26 600	25 953	513 980	140 149	70 452	1 305 884	5 896 028	366 663
16 140	69 807	293 388	503 868	5 095 266	83 753	1 639 499	357 007
7 277 988	1 769 633	3 115 682	1 922 541	739 682	684 498	622 779	1 665 820
12 643	635 309	21 205	691 835	66 746	9 676	30 631	158 525
140 541	406 145	245 043	210 812	28 752	88 492	54 896	213 417
1 677 553	824 219	4 570 905	9 061 569	656 506	396 905	725 855	1 177 079
20 839 501	3 677 002	5 879 285	1 945 027	14 832 809	1 459 735	5 036 181	1 899 314
290 965	112 528	2 643 693	112 601	227 754	50 383	167 418	53 069
1 685 195	731 169	11 861 895	1 321 185	1 332 289	171 184	693 111	458 015
12 451 687	8 664 334	4 305 187	1 063 160	9 312 735	925 566	3 641 796	889 830
3 296 038	354 821	17 417 686	1 662 405	11 247 337	1 504 189	4 695 516	699 876
16 906 400	1 929 326	21 753 977	26 294 721	13 950 875	126 497	5 529 355	2 413 964
24 175 533	1 708 040	27 185 999	9 822 530	2 211 856	160 504	804 319	181 250

产出 投入		部门名称	中间			
			建筑业	交通运输及仓储业	邮政业	信息传输、计算机服务和软件业
部门			25	26	27	28
中间投入	租赁和商务服务业	33	6 506 201	4 880 114	547 651	7 935 878
	研究与试验发展业	34	825 984	144 889	2 667	1 758 859
	综合技术服务业	35	30 277 277	385 649	23 174	319 193
	水利、环境和公共设施管理业	36	125 550	193 501	5 223	89 185
	居民服务和其他服务业	37	4 612 594	8 180 705	56 603	590 299
	教育	38	464 921	263 986	13 271	136 237
	卫生、社会保障和社会福利业	39	220 823	151 359	1 451	23 425
	文化、体育和娱乐业	40	1 129 219	708 759	113 625	620 225
	公共管理和社会组织	41	292 230	153 583	21 459	335 234
	中间投入合计	TII	923 001 792	315 297 036	9 654 077	110 497 506
	增加值合计	TVA	326 354 542	201 215 711	913 572	78 327 616
	总投入	TO1	1 249 356 335	516 512 748	10 567 649	188 825 122
能源消耗	能源消耗总量(万吨标准煤)		6 167.37	31 298.78	225.92	997.54
	煤炭消耗量(万吨)		753.41	592.96	21.30	0.00
	焦炭消耗量(万吨)		6.31	0.09	0.00	0.02
	原油消耗量(万吨)		0.00	118.62	0.78	0.00
	汽油消耗量(万吨)		286.87	3 728.63	24.40	16.23
	煤油消耗量(万吨)		7.89	1 775.47	11.62	0.82
	柴油消耗量(万吨)		518.01	10 657.29	69.74	16.06
	燃料油消耗量(万吨)		27.05	1 374.94	9.00	0.22
	天然气消耗量(亿立方米)		1.26	154.19	0.32	0.11
	电力消耗量(亿千瓦时)		608.40	896.08	19.29	460.95
二氧化碳排放量	煤炭二氧化碳排放量(万吨)		1 680.10	1 322.30	47.51	0.00
	焦炭二氧化碳排放量(万吨)		19.18	0.27	0.00	0.07
	原油二氧化碳排放量(万吨)		0.00	364.17	2.38	0.00
	汽油二氧化碳排放量(万吨)		860.62	11 185.88	73.20	48.70
	煤油二氧化碳排放量(万吨)		24.31	5 468.45	35.78	2.54
	柴油二氧化碳排放量(万吨)		1 636.92	33 677.04	220.37	50.74
	燃料油二氧化碳排放量(万吨)		87.65	4 454.82	29.15	0.72
	天然气二氧化碳排放量(万吨)		27.58	3 367.48	7.00	2.33
	电力二氧化碳排放量(万吨)		0.00	0.00	0.00	0.00
	二氧化碳排放量(万吨)		4 336.37	59 840.41	415.40	105.10

续表

使　用

批发和零售业	住宿和餐饮业	金融业	房地产业	租赁和商务服务业	研究与试验发展业	综合技术服务业	水利、环境和公共设施管理业
29	30	31	32	33	34	35	36
44 631 555	1 677 053	37 617 062	11 624 604	13 617 566	1 186 553	2 658 842	751 293
862 150	1 745	200 920	30 986	84 555	387 673	196 768	17 711
810 753	2 581	436 179	24 684	22 012	1 663 438	17 527 661	110 276
263 884	43 806	447 547	82 453	865 545	13 961	32 538	701 657
3 815 656	719 905	2 611 586	612 107	1 886 285	557 667	1 536 535	2 030 002
323 505	56 959	2 220 174	107 694	107 545	155 087	149 458	127 957
157 743	21 050	139 736	43 791	19 141	9 770	21 627	10 770
470 752	366 067	4 592 237	579 098	413 885	121 940	309 803	153 484
172 882	25 420	433 361	401 964	2 059 596	17 111	127 916	65 981
166 175 452	116 786 812	176 799 915	75 861 851	197 394 755	26 655 768	103 982 765	30 079 029
276 259 983	80 628 713	175 070 163	229 678 346	41 422 406	2 563 736	20 104 320	12 177 491
442 435 435	197 415 525	351 870 078	305 540 197	238 817 161	29 219 504	124 087 085	42 256 520
4 067.90	4 477.96	1 401.23	1 014.27	3 734.37	302.77	1 577.10	1 084.06
240.63	2 121.37	0.00	45.40	14.37	41.23	151.66	256.28
4.94	1.72	0.11	0.03	0.95	0.01	0.33	0.06
0.00	0.00	0.00	0.00	0.00	0.00	0.00	0.00
148.49	51.58	85.06	24.06	711.52	7.50	245.68	42.96
21.26	7.38	4.32	1.22	36.13	0.38	12.48	2.18
169.96	59.04	84.14	23.80	703.83	7.42	243.02	42.49
6.45	2.24	1.16	0.33	9.71	0.10	3.35	0.59
0.75	37.93	0.34	11.16	1.08	0.16	0.49	2.56
1 360.65	330.84	493.01	304.22	117.04	108.31	98.55	263.59
536.61	4 730.65	0.00	101.24	32.05	91.95	338.20	571.50
15.03	5.22	0.34	0.10	2.87	0.03	0.99	0.17
0.00	0.00	0.00	0.00	0.00	0.00	0.00	0.00
445.46	154.73	255.18	72.19	2 134.56	22.49	737.04	128.88
65.47	22.74	13.31	3.76	111.29	1.17	38.43	6.72
537.08	186.56	265.89	75.21	2 224.10	23.43	767.96	134.28
20.90	7.26	3.76	1.06	31.47	0.33	10.87	1.90
16.49	828.47	7.47	243.71	23.51	3.41	10.79	55.84
0.00	0.00	0.00	0.00	0.00	0.00	0.00	0.00
1 637.03	5 935.62	545.96	497.27	4 559.87	142.82	1 904.27	899.30

产出 / 投入		部门名称	中间			
			居民服务和其他服务业	教育	卫生、社会保障和社会福利业	文化、体育和娱乐业
部门			37	38	39	40
中间投入	农林牧渔业	1	571 096	994 375	543 349	184 183
	煤炭开采和洗选业	2	167 951	272 390	318 427	60 201
	石油和天然气开采业	3	0	0	0	0
	金属矿采选业	4	0	0	0	0
	非金属矿及其他矿采选业	5	2 958	130	234	2 358
	食品制造及烟草加工业	6	3 715 831	4 296 209	3 037 056	4 409 340
	纺织业	7	655 905	444 696	2 979 809	250 373
	纺织服装鞋帽皮革羽绒及其制品业	8	724 146	62 620	1 721 390	1 918 547
	木材加工及家具制造业	9	256 164	579	30 370	244 826
	造纸印刷及文教体育用品制造业	10	1 821 098	4 781 947	723 978	5 329 328
	石油加工、炼焦及核燃料加工业	11	973 063	1 286 247	368 159	231 016
	化学工业	12	10 110 387	3 906 298	70 064 030	1 272 627
	非金属矿物制品业	13	185 237	490 155	199 832	300 865
	金属冶炼及压延加工业	14	325 764	30 120	42	14 538
	金属制品业	15	1 359 258	428 441	61 412	60 890
	通用、专用设备制造业	16	213 340	227 270	7 153 396	21 335
	交通运输设备制造业	17	7 379 843	2 154	256 162	166 108
	电气机械及器材制造业	18	2 846 928	8 710	562 716	234 943
	通信设备、计算机及其他电子设备制造业	19	6 921 629	473 435	233 133	137 508
	仪器仪表及文化办公用机械制造业	20	666 315	2 002 116	141 531	213 947
	工艺品及其他制造业(含废品废料)	21	1 217 562	79	45 440	217 372
	电力、热力的生产和供应业	22	2 081 495	1 174 948	1 322 664	455 182
	燃气生产和供应业	23	593 514	210 455	93 844	71 459
	水的生产和供应业	24	418 939	217 791	172 680	35 986
	建筑业	25	886 938	1 012 570	586 216	588 372
	交通运输及仓储业	26	3 213 118	4 364 283	2 590 998	2 553 280
	邮政业	27	167 819	307 695	64 589	82 828
	信息传输、计算机服务和软件业	28	531 032	2 332 908	2 082 100	639 007
	批发和零售业	29	3 063 242	1 432 585	4 836 378	2 123 188
	住宿和餐饮业	30	1 724 457	3 476 329	1 048 508	1 598 961
	金融业	31	2 015 629	4 716 388	1 865 027	925 998
	房地产业	32	5 693 767	1 369 054	934 718	693 339

续表

使　　用		最终使用			
公共管理和社会组织	中间使用合计	农村居民消费	城镇居民消费	政府消费	消费小计
41					
0	545 359 111	67 172 354	104 886 641	5 078 398	177 137 392
286 681	224 080 119	928 926	597 758	0	1 526 684
0	209 980 853	0	0	0	0
0	199 653 587	0	0	0	0
14	59 411 800	0	0	0	0
4 406 414	437 456 613	94 354 742	246 742 292	0	341 097 034
2 941 433	286 831 407	2 929 754	4 974 278	0	7 904 031
6 999 053	88 245 565	18 120 744	78 395 412	0	96 516 156
1 355 000	120 734 262	2 389 612	8 557 819	0	10 947 431
7 828 544	216 789 180	3 451 301	14 386 319	0	17 837 620
5 204 463	334 118 062	1 723 917	18 133 949	0	19 857 866
2 605 163	1 118 663 528	10 324 001	46 436 213	0	56 760 213
1 140 412	421 420 868	1 415 571	3 381 678	0	4 797 248
0	1 138 698 316	0	0	0	0
689 536	245 931 036	849 935	3 908 171	0	4 758 105
117 223	366 681 740	135 152	1 184 063	0	1 319 215
5 172 225	306 228 083	8 782 832	61 120 219	0	69 903 051
912 731	310 428 353	8 434 763	26 127 618	0	34 562 381
1 179 293	505 781 036	8 302 516	30 129 641	0	38 432 157
632 765	55 487 437	1 031 582	2 554 482	0	3 586 063
2 195	78 407 530	711 349	1 635 744	0	2 347 093
2 789 289	435 235 937	6 125 918	20 945 443	0	27 071 361
83 864	14 924 977	635 157	11 688 969	0	12 324 126
228 925	9 189 060	723 453	6 335 251	0	7 058 704
3 803 551	78 065 551	0	0	0	0
12 205 227	405 780 602	10 284 331	43 359 109	17 054 810	70 698 250
2 393 672	9 222 371	240 291	854 807	0	1 095 098
6 955 664	83 304 543	8 640 501	35 751 911	0	44 392 412
4 348 360	259 636 136	17 962 640	58 858 354	0	76 820 993
10 999 054	102 917 542	14 246 401	84 857 819	0	99 104 221
5 463 657	289 613 332	8 485 506	48 685 337	5 581 176	62 752 018
2 414 128	85 894 373	33 959 824	116 724 935	0	150 684 760

产出 / 投入		部门名称	中间			
			居民服务和其他服务业	教育	卫生、社会保障和社会福利业	文化、体育和娱乐业
部　　门			37	38	39	40
中间投入	租赁和商务服务业	33	2 066 150	860 399	197 430	926 708
	研究与试验发展业	34	3 580	611 411	52 541	51 925
	综合技术服务业	35	4 030	358 585	45 979	1 506
	水利、环境和公共设施管理业	36	108 192	72 855	66 150	68 565
	居民服务和其他服务业	37	2 255 803	1 870 293	1 225 208	676 971
	教育	38	93 827	2 226 901	381 752	79 428
	卫生、社会保障和社会福利业	39	34 590	71 712	642 684	20 420
	文化、体育和娱乐业	40	371 545	622 198	291 906	1 965 385
	公共管理和社会组织	41	163 965	199 793	89 183	51 431
	中间投入合计	TII	65 606 106	47 217 128	107 031 023	28 880 247
	增加值合计	TVA	52 004 428	116 825 625	29 235 420	20 644 165
	总投入	TO1	117 610 535	164 042 752	136 266 444	49 524 412
能源消耗	能源消耗总量(万吨标准煤)		1 364.30	1 201.77	1 111.69	325.23
	煤炭消耗量(万吨)		269.51	437.11	510.98	96.61
	焦炭消耗量(万吨)		0.05	0.07	0.02	0.01
	原油消耗量(万吨)		0.00	0.00	0.00	0.00
	汽油消耗量(万吨)		39.52	52.24	14.95	9.38
	煤油消耗量(万吨)		2.01	2.65	0.76	0.48
	柴油消耗量(万吨)		39.10	51.68	14.79	9.28
	燃料油消耗量(万吨)		0.54	0.71	0.20	0.13
	天然气消耗量(亿立方米)		9.57	3.39	1.51	1.15
	电力消耗量(亿千瓦时)		329.37	185.92	209.29	72.03
二氧化碳排放量	煤炭二氧化碳排放量(万吨)		601.01	974.75	1 139.49	215.43
	焦炭二氧化碳排放量(万吨)		0.16	0.21	0.06	0.04
	原油二氧化碳排放量(万吨)		0.00	0.00	0.00	0.00
	汽油二氧化碳排放量(万吨)		118.57	156.73	44.86	28.15
	煤油二氧化碳排放量(万吨)		6.18	8.17	2.34	1.47
	柴油二氧化碳排放量(万吨)		123.54	163.30	46.74	29.33
	燃料油二氧化碳排放量(万吨)		1.75	2.31	0.66	0.42
	天然气二氧化碳排放量(万吨)		209.07	74.14	33.06	25.17
	电力二氧化碳排放量(万吨)		0.00	0.00	0.00	0.00
	二氧化碳排放量(万吨)		1 060.29	1 379.61	1 267.21	300.00

续表

使　用		最终使用			
公共管理和社会组织	中间使用合计	农村居民消费	城镇居民消费	政府消费	消费小计
41					
3 697 334	214 108 900	379 722	7 216 431	7 892 838	15 488 991
3 454	20 984 460	0	0	9 647 817	9 647 817
78 749	83 669 502	194 051	1 272 745	31 505 750	32 972 545
437 744	10 690 238	486 663	2 897 041	29 042 924	32 426 628
4 994 865	58 652 601	9 659 468	48 315 416	0	57 974 884
1 964 632	10 370 662	11 329 765	38 282 749	104 825 745	154 438 259
620 883	3 860 028	15 089 029	53 957 081	63 816 140	132 862 250
2 654 692	22 062 684	2 582 797	17 227 182	12 599 965	32 409 944
1 455 224	8 968 619	303 285	2 299 532	260 618 872	263 221 689
109 066 112	9 477 540 601	372 387 851	1 252 682 406	547 664 435	2 172 734 692
163 197 427	4 581 320 490				
272 263 539	14 058 861 091				
2 466.45	322 043.24	9 962.137 184	12 001.954 59	0	21 964.091 78
460.04	343 491.03	7 621.4	1 532.04	0	9 153.44
0.28	39 325.90	17.83	37.93	0	55.76
0.00	46 678.92	0.00	0.00	0	0
211.39	6 473.66	525.52	1 141	0	1 666.52
10.74	1 930.62	22.44	3.14	0	25.58
209.10	16 000.69	285.18	678.91	0	964.09
2.89	3 683.27	0	0	0	0
1.35	1 174.59	0.78	287.49	0	288.27
441.37	43 540.49	2 659.62	3 559.34	0	6 218.96
1 025.89	765 984.99	16 995.722	3 416.449 2	0	20 412.171 2
0.85	119 550.74	54.203 2	115.307 2	0	169.510 4
0.00	143 304.28	0	0	0	0
634.17	19 420.98	1 576.56	3 423	0	4 999.56
33.07	5 946.32	69.115 2	9.671 2	0	78.786 4
660.77	50 562.19	901.168 8	2 145.355 6	0	3 046.524 4
9.35	11 933.80	0	0	0	0
29.54	25 653.12	17.035 2	6 278.781 6	0	6 295.816 8
0.00	0.00	0	0	0	0
2 393.64	1 142 356.42	19 613.804 4	15 388.564 8	0	35 002.369 2

投入 \ 产出		部门名称	最终			
			固定资本形成总额	存货增加	资本形成总额	出口
部门						
中间投入	农林牧渔业	1	25 863 300	30 073 469	55 936 769	6 532 816
	煤炭开采和洗选业	2	0	2 784 961	2 784 961	853 823
	石油和天然气开采业	3	0	2 693 635	2 693 635	1 511 015
	金属矿采选业	4	0	591 460	591 460	570 267
	非金属矿及其他矿采选业	5	0	-670 513	-670 513	1 137 035
	食品制造及烟草加工业	6	0	16 351 932	16 351 932	25 404 728
	纺织业	7	0	2 118 704	2 118 704	48 224 706
	纺织服装鞋帽皮革羽绒及其制品业	8	0	1 082 641	1 082 641	101 372 449
	木材加工及家具制造业	9	14 093 539	1 034 270	15 127 809	34 182 097
	造纸印刷及文教体育用品制造业	10	2 631 751	5 524 339	8 156 090	53 841 847
	石油加工、炼焦及核燃料加工业	11	0	3 775 912	3 775 912	10 060 475
	化学工业	12	0	2 189 296	2 189 296	94 141 601
	非金属矿物制品业	13	0	-645 495	-645 495	25 339 695
	金属冶炼及压延加工业	14	0	1 819 512	1 819 512	44 094 468
	金属制品业	15	27 692 279	746 230	28 438 509	41 566 764
	通用、专用设备制造业	16	325 577 581	-733 750	324 843 831	89 444 376
	交通运输设备制造业	17	270 234 312	1 665 645	271 899 957	58 490 457
	电气机械及器材制造业	18	82 903 245	3 993 016	86 896 261	106 704 891
	通信设备、计算机及其他电子设备制造业	19	59 145 966	7 828 641	66 974 608	312 981 659
	仪器仪表及文化办公用机械制造业	20	17 344 151	872 078	18 216 230	32 631 710
	工艺品及其他制造业(含废品废料)	21	0	1 546 765	1 546 765	5 235 851
	电力、热力的生产和供应业	22	0	0	0	738 528
	燃气生产和供应业	23	0	562 326	562 326	0
	水的生产和供应业	24	0	0	0	0
	建筑业	25	1 161 924 390	0	1 161 924 390	6 967 491
	交通运输及仓储业	26	16 628 516	2 592 578	19 221 094	48 891 291
	邮政业	27	0	0	0	184 105
	信息传输、计算机服务和软件业	28	59 144 456	0	59 144 456	7 510 369
	批发和零售业	29	28 611 549	5 371 551	33 983 099	72 189 463
	住宿和餐饮业	30	0	0	0	4 784 203
	金融业	31	0	0	0	2 473 251
	房地产业	32	68 578 708	0	68 578 708	0

续表

使　用			
最终使用合计	进口	总产出	误差
239 606 978	42 782 058	747 385 796	5 201 766
5 165 467	16 961 202	210 565 950	-1 718 435
4 204 650	115 214 499	98 900 995	-70 010
1 161 727	80 817 616	120 044 322	46 623
466 521	3 493 803	56 239 849	-144 669
382 853 693	30 654 206	797 499 515	7 843 415
58 247 442	8 756 175	340 846 021	4 523 347
198 971 246	10 499 937	279 803 834	3 086 960
60 257 337	4 791 173	177 196 078	995 652
79 835 557	14 172 374	282 660 673	208 310
33 694 254	24 684 922	342 759 300	-368 094
153 091 111	117 197 447	1 152 523 833	-2 033 358
29 491 448	6 659 857	441 741 609	-2 510 850
45 913 981	88 567 810	1 089 318 949	-6 725 538
74 763 379	7 872 462	312 383 906	-438 047
415 607 422	83 177 091	699 364 169	252 098
400 293 465	60 264 966	649 887 540	3 630 958
228 163 534	39 674 190	499 413 920	496 223
418 388 423	249 746 831	675 654 898	1 232 270
54 434 002	33 251 397	76 460 037	-210 005
9 129 708	22 586 405	65 256 795	305 962
27 809 889	210 587	462 165 232	-670 008
12 886 452	0	27 985 509	174 080
7 058 704	0	16 191 322	-56 442
1 168 891 881	2 058 913	1 249 356 335	4 457 815
138 810 635	27 991 404	516 512 748	-87 086
1 279 202	133 625	10 567 649	199 700
111 047 237	5 562 367	188 825 122	35 709
182 993 556	0	442 435 435	-194 257
103 888 423	9 752 055	197 415 525	361 615
65 225 269	2 613 530	351 870 078	-324 993
219 263 468	0	305 540 197	382 356

产出 / 投入		部门名称	最终			
			固定资本形成总额	存货增加	资本形成总额	出口
部门						
中间投入	租赁和商务服务业	33	0	0	0	28 687 946
	研究与试验发展业	34	0	0	0	151 766
	综合技术服务业	35	7 559 425	0	7 559 425	1 167
	水利、环境和公共设施管理业	36	0	0	0	737 395
	居民服务和其他服务业	37	0	0	0	876 086
	教育	38	0	0	0	323 207
	卫生、社会保障和社会福利业	39	0	0	0	275 056
	文化、体育和娱乐业	40	0	0	0	3 885 180
	公共管理和社会组织	41	0	0	0	512 419
	中间投入合计	TII	2 167 933 168	93 169 205	2 261 102 373	1 273 511 654

续表

使　用			
最终使用合计	进口	总产出	误差
44 176 938	19 403 664	238 817 161	-65 012
9 799 583	1 289 958	29 219 504	-274 582
40 533 138	2 968	124 087 085	-112 586
33 164 023	1 503 097	42 256 520	-94 644
58 850 970	1 020 560	117 610 535	1 127 524
154 761 466	979 757	164 042 752	-109 619
133 137 306	560 670	136 266 444	-170 220
36 295 124	8 779 087	49 524 412	-54 309
263 734 108	538 371	272 263 539	99 183
5 707 348 719	1 144 257 032	14 058 861 091	18 228 804